IMPLEMENTANDO O DESENVOLVIMENTO LEAN DE SOFTWARE

Sobre o autor

Mary Poppendieck é uma líder experiente no desenvolvimento de operações e produtos com mais de 30 anos de experiência em TI. Liderou equipes na implementação de soluções que vão da gestão de cadeia logística à mídia digital e construiu um dos primeiros sistemas de produção *lean* Just-in-Time da 3M. Mary é presidente da Poppendieck LLC, especializada em levar técnicas *lean* ao desenvolvimento de software.

Tom Poppendieck é analista de empresas, arquiteto e mentor de processos ágeis, com mais de 25 anos de experiência no desenvolvimento e na implementação de sistemas complexos. Atualmente auxilia organizações na aplicação dos princípios e das ferramentas *lean* em processos de desenvolvimento de software.

P831I   Poppendieck, Mary.
        Implementando o desenvolvimento Lean de software : do conceito ao dinheiro / Mary Poppendieck, Tom Poppendieck ; tradução: Luiz Cláudio Parzianello, Jean Felipe Patikowski Cheiran ; revisão técnica: Marcelo Soares Pimenta. – Porto Alegre : Bookman, 2011.
        280 p. ; 25 cm.

        ISBN 978-85-7780-756-7

        1. Ciência da computação. 2. Desenvolvimento de software Lean. I. Poppendieck, Tom. II. Título.

        CDU 004.4

Catalogação na publicação: Ana Paula M. Magnus – CRB-10/Prov-009/10

MARY E TOM
POPPENDIECK

IMPLEMENTANDO O DESENVOLVIMENTO LEAN DE SOFTWARE

DO CONCEITO AO DINHEIRO

Tradução:
Luiz Cláudio Parzianello
Jean Felipe Patikowski Cheiran

Consultoria, supervisão e revisão técnica desta edição:
Marcelo Soares Pimenta
Doutor em Informática pela Université Toulouse1/França
Professor do Departamento de Informática/Ufrgs

Obra originalmente publicada sob o título *Implementing Lean Software Development: From Concept to Cash*
ISBN 9780321437389

Authorized translation from the English language edition, entitled IMPLEMENTING LEAN SOFTWARE DEVELOPMENT: FROM CONCEPT TO CASH, 1st Edition by MARY POPPENDIECK; TOM POPPENDIECK, published by Pearson Education, Inc., publishing as Addison-Wesley Professional, Copyright © 2007. All rights reserved. No part of this book may be reproduced or transmitted in any form or by any means, electronic or mechanical, including photocopying, recording or by any information storage retrieval system, without permission from Pearson Education, Inc.

Portuguese language edition published by Bookman Companhia Editora Ltda, a Division of Artmed Editora SA, Copyright © 2011.

Tradução autorizada a partir do original em língua inglesa da obra intitulada IMPLEMENTING LEAN SOFTWARE DEVELOPMENT: FROM CONCEPT TO CASH, 1ª Edição de autoria de MARY POPPENDIECK; TOM POPPENDIECKLOGIC, publicado por Pearson Education, Inc., sob o selo de Addison-Wesley Professional, Copyright © 2007. Todos os direitos reservados. Este livro não poderá ser reproduzido nem em parte nem na íntegra, nem ter partes ou sua íntegra armazenado em qualquer meio, seja mecânico ou eletrônico, inclusive fotoreprografação, sem permissão da Pearson Education,Inc.

A edição em língua portuguesa desta obra é publicada por Bookman Companhia Editora Ltda, uma divisão da Artmed Editora SA, Copyright © 2011.

Capa: *Rogério Grilho (arte sobre capa original)*

Foto da capa: *Tom Poppendick*

Preparação de original: *Ronald Saraiva de Menezes*

Editora Sênior: *Denise Weber Nowaczyk*

Projeto e editoração: *Techbooks*

Reservados todos os direitos de publicação, em língua portuguesa, à
ARTMED® EDITORA S. A.
(BOOKMAN® COMPANHIA EDITORA é uma divisão da ARTMED® EDITORA S.A.)
Av. Jerônimo de Ornelas, 670 - Santana
90040-340 Porto Alegre RS
Fone (51) 3027-7000 Fax (51) 3027-7070

É proibida a duplicação ou reprodução deste volume, no todo ou em parte, sob quaisquer formas ou por quaisquer meios (eletrônico, mecânico, gravação, fotocópia, distribuição na Web e outros), sem permissão expressa da Editora.

SÃO PAULO
Av. Embaixador Macedo Soares, 10.735 - Pavilhão 5 - Cond. Espace Center
Vila Anastácio 05095-035 São Paulo SP
Fone (11) 3665-1100 Fax (11) 3667-1333

SAC 0800 703-3444

IMPRESSO NO BRASIL
PRINTED IN BRAZIL
Impresso sob demanda na Meta Brasil a pedido de Grupo A Educação.

Aos nossos pais:
John e Marge Brust
e
Elmer e Ruth Poppendieck

Apresentação
Jeff Sutherland

Criei o primeiro Scrum em 1993 na Easel Corporation em Burlington, Massachusetts,[1] em cooperação com nosso CEO, que apostou sua empresa na equipe que fez o primeiro Scrum funcionar. Em 1995, comecei a trabalhar com Ken Schwaber, que formalizou o processo para implantação pelo mundo afora.[2] Em quatro empresas desde a Easel, tenho usado a natureza de auto-organização de Scrum para avançar de um Scrum Tipo A (equipes vencedoras) para um Scrum Tipo B (portfólios de produtos vencedores) para um Scrum Tipo C (empresas vencedoras).

Em 2000, introduzi o Scrum na PatientKeeper, e ele se revelou um excelente veículo para desenvolvimento *lean*. Ao longo dos anos, encurtamos os tempos de ciclo para exatamente o que os clientes precisavam: uma semana para itens críticos, um mês para melhorias menores e três meses para novos produtos significativos. Os *releases* de três meses são acúmulos de Sprints de um mês, e cada Sprint é um *release*.

Na PatientKeeper, a empresa inteira seguia como um Scrum e inspecionava, adaptava, auto-organizava-se e mudava toda segunda-feira quando tínhamos nossa reunião de MetaScrum.[3] O Product Owner conduz essa reunião, e todos os *stakeholders* da empresa estão presentes, incluindo o CEO. Conceitos *lean* são cuidadosamente examinados aqui, e Sprints são iniciados, parados ou mudados apenas nessa reunião. Toda a empresa, incluindo clientes envolvidos, pode ser restabelecida em uma tarde com decisões tomadas durante o MetaScrum semanal.

Temos um Product Owner chefe com uma equipe que obtém o Product Backlog "pronto". Temos um ScrumMaster* chefe, que faz um Scrum de Scrums

---

[1] Sutherland, J., "Agile Development: Lessons Learned from the First Scrum," Cutter Agile Project Management Advisory Service: Executive Update, 2004, 5(20): pp. 14.
[2] Schwaber, K., "Scrum Development Process," em *OOPSLA Business Object Design and Implementation Workshop*, J. Sutherland, et al., editors. 1997, Springer: London.
[3] Sutherland, J., "Future of Scrum: Parallel Pipelining of Sprints in Complex Projects," em *AGILE 2005 Conference*. 2005. Denver, Colorado: IEEE.

diário de 15 minutos. O que as equipes fizeram ontem, o que farão amanhã e quais são os impedimentos para a entrega? Gerenciamos 45 *releases* de software por ano em empresas grandes e de missão crítica usando essas reuniões curtas e um sistema automatizado que rastreia o estado dos *backlogs* do Sprint atual. Datas são enviadas a clientes antes de início de um Sprint, e milhares de usuários Web e centenas de médicos com PDAs ficam operacionais ao final de cada Sprint. Para a PatientKeeper, o percurso do conceito (Product Backlog) ao dinheiro (produto em produção) ocorre em intervalos de um mês. Tivemos que eliminar desperdício em todo o lugar antes, durante e depois do processo de implementação.

Em 1993, o desenvolvimento enxuto de produtos não era bem compreendido em indústria alguma. O Scrum foi a primeira implementação concreta do pensamento *lean* para desenvolvimento de software que permitiu que organizações de todos os tipos e tamanhos iniciassem equipes *lean* em poucos dias usando um padrão normativo que era facilmente compreendido. Difícil era explicar por que e como implementar o padrão para gerar melhorias contínuas de qualidade e produtividade.

Hoje, a produção escrita e os cursos de Mary e Tom Poppendieck fornecem um conjunto comprovado de princípios que as organizações podem usar para adaptar ferramentas, técnicas e métodos em seus próprios contextos e capacidades específicos. Agora, podemos explicar como usar o Scrum para enxugar o desenvolvimento de software. Além da minha empresa, a PatientKeeper, eu uso os procedimentos e processos traçados neste livro para ensinar praticantes ao redor do mundo a otimizar o Scrum.

O desenvolvimento *lean* de software vê todos os métodos ágeis como aplicações válidas e comprovadas do pensamento *lean* para software. Isso também vai além do ágil, fornecendo uma perspectiva ampla que permite que métodos ágeis prosperem. Primeiro, ele olha ao longo de toda a corrente de valor, do conceito ao dinheiro, e tenta lidar com todos os desperdícios e atrasos que acontecem antes e depois dos codificadores contribuírem com sua parte. Segundo, ele estabelece um contexto de gestão para estender, nutrir e nivelar práticas ágeis de software. Terceiro, ele fornece um conjunto comprovado de práticas que cada organização pode usar para adaptar ferramentas, técnicas e métodos em seus próprios contextos e capacidades específicos.

Cada capítulo neste livro ilustra um conjunto de princípios que podem ser implementados para construir equipes mais produtivas. Se você quer ser como a Toyota, onde a produtividade é, consistentemente, quatro vezes a produtividade de seus competidores e a qualidade é 12 vezes melhor, essas práticas são essenciais. Se você executa bem os princípios deste livro, a resistência de seus competidores é inútil, e vencer no seu mercado é certo. O retorno de investimento nas práticas descritas neste livro pode ser muito alto.

Para criar o "molho secreto" de *lean* para sua empresa, achamos que você deve implementar sistematicamente essa sabedoria *lean* acumulada. Resumindo, você deve entender profundamente os conceitos japoneses de Muri, Mura e Muda. Mary e Tom revelam os sete princípios *lean* e os sete desperdícios de desenvolvimento de software para ajudá-lo a entender facilmente como funcionam e a saber o que fazer.

Muri refere-se a carregar adequadamente um sistema, e Mura refere-se a nunca estressar uma pessoa, sistema ou processo. Contudo, muitos gerentes querem carregar os desenvolvedores a 110%. Eles querem criar desesperadamente um grande sentido de "urgência" para que os desenvolvedores "trabalhem mais arduamente". Eles querem microgerenciar equipes, o que asfixia a auto-organização. Essas noções mal-concebidas frequentemente introduzem tempo de espera, reclamações, marchas fúnebres, estafa e projetos mal-sucedidos.

Quando pergunto aos gerentes técnicos se eles carregam a CPU em seus *laptops* a 110%, eles riem e dizem "Claro que não. Meu computador pararia de rodar!". Entretanto, sobrecarregando equipes, os projetos frequentemente atrasam, o software torna-se frágil e difícil de manter, e as coisas gradativamente ficam piores, e não melhores. É preciso entender que a Toyota e o Scrum usam um sistema puxado que evita estresse (Mura) e elimina gargalos (Muri). Os desenvolvedores pegam o que eles precisam do Product Backlog no momento que precisam. Eles escolhem apenas o Product Backlog que está pronto para ser levado em um Sprint, e nunca pegam mais do que eles podem fazer em um Sprint. Eles atuam mais rápido porque fazem emergir impedimentos e trabalham com a gestão para eliminar desperdício (Muda). Removendo o desperdício, eles têm menos trabalho para fazer. A produtividade aumenta, e eles têm tempo para entregar software de qualidade e para se concentrarem exatamente no que os clientes precisam.

Assim, entendendo a carga (Muri) e evitando o estresse (Mura), você encurta o tempo de ciclo. Isso enxuga o ambiente fazendo com que impedimentos que criam desperdício (Muda) sejam altamente visíveis. Quando você elimina esses impedimentos, suas equipes avançam mais rápido, fazem mais com menos, aumentam a qualidade e levam o produto ao ponto mais favorável para o cliente.

Recomendo que você mantenha o livro dos Poppendiecks em sua mesa e o use regularmente para ajudar na implementação sistemática e contínua dos princípios *lean*. Pratique bastante e você rapidamente duplicará a produtividade utilizando o desenvolvimento *lean* para fazer menos por meio da eliminação de desperdício, para então duplicá-la novamente por meio do trabalho inteligente da eliminação de impedimentos. Indo quatro vezes mais rápido da maneira certa, sua qualidade aumentará a um fator de 12 como na Toyota.

— Jeff Sutherland, Ph.D.
Administrador Chefe de Tecnologia, PatientKeeper
Treinador ScrumMaster Certificado
Inventor do Processo de Desenvolvimento Scrum
Julho de 2006

Apresentação
Kent Beck

Desenvolvimento de software é uma corrente com muitos elos, e melhorar a eficácia global requer um exame de toda a cadeia. Este livro é para as pessoas envolvidas em desenvolvimento de software – não apenas programadores, mas também gerentes, responsáveis, clientes, testadores e projetistas. Os princípios apresentados aqui afetam de alguma forma a todos aqueles ligados ao desenvolvimento de software. Este livro fala para aqueles de vocês que estão prontos para olhar para o grande panorama do desenvolvimento.

Para ideias terem impacto, elas devem ser fundamentadas em teoria e experiência. Traduzindo ideias bem comprovadas da produção *lean*, este livro apresenta teoria e prática e as aplica para o desenvolvimento de software. Muitos dos problemas fundamentais com produção são também problemas com desenvolvimento de software: lidar com incerteza e mudança, melhorar continuamente os processos e entregar valor aos clientes.

O que este livro oferece a você? Primeiro, uma ampla variedade de teorias que fornecem formas alternativas de pensar sobre como o desenvolvimento de software pode ser melhorado. Segundo, um conjunto de histórias sobre a aplicação dessas teorias em projetos reais. Terceiro, questões provocativas para ajudá-lo a aplicar as teorias e as lições contidas nas histórias para sua situação.

Mary tem uma qualificação para apresentar este material. Ela experimentou a produção *lean* em primeira mão, ajudando a salvar uma fábrica de ser fechada por meio da transformação de suas operações. Certa vez, dividi um seminário com Mary, e foi um deleite ver a força e a confiança com que ela apresenta seu material. Sou capaz de ouvir aquela mesma voz franca escrita aqui.

Se você leu o livro precursor dos Poppendiecks, *Lean Software Development*, este livro oferece nova orientação rumo à sua implementação. Ele reitera a teoria do volume anterior, mas sempre com um olhar em direção à aplicação das ideias em situações reais. O resultado é um guia prático de leitura agradável, que tem o potencial para ajudá-lo a transformar seu desenvolvimento.

Este é um livro para pessoas de ação, pessoas que querem suas ações alinhadas com o local onde podem fazer o melhor. Se você é tal pessoa, recomendo este livro como uma fonte de ideias e energia para mudança positiva.

— Kent Beck
Three Rivers Institute
Julho de 2006

Prefácio

A Sequência

Lean foi uma ideia emprestada dos anos 90, quando escrevemos o livro *Lean Software Development: An Agile Toolkit*, em 2003. Observamos que o avanço das ideias da produção e da logística quase sempre leva uma década ou duas antes de estar adaptado para fornecer uma orientação adequada para os esforços de desenvolvimento. Por isso, decidimos que ainda não era tarde demais para utilizarmos os bem comprovados conceitos "enxutos" (*lean*) das décadas de 80 e 90 a fim de nos ajudar a explicar por que os métodos ágeis representam uma abordagem eficaz para o desenvolvimento de software.

A estratégia funcionou. O livro *Lean Software Development* apresenta um conjunto de ferramentas de raciocínio baseado no pensamento *lean*, que os líderes ainda consideram úteis na compreensão do desenvolvimento de software ágil. O livro foi comprado por diversos desenvolvedores que os deram a seus gerentes, e por muitos gerentes que distribuíram cópias para seus colegas a fim de apoiar a transição para o desenvolvimento *lean*/ágil de software.

Entretanto, aconteceu algo inesperado ao "enxuto". Nos últimos anos, iniciativas enxutas vêm experimentando um ressurgimento em popularidade. A palavra *lean* foi originalmente popularizada no início dos anos 90 para caracterizar a abordagem japonesa para a fabricação de automóveis.[1] Recentemente, a Honda e Toyota estão se saindo cada vez melhor no mercado automobilístico norte-americano, enquanto as montadoras de Detroit estão se reestruturando. Por exemplo, os lucros da Toyota cresceram de mais de 8 bilhões de dólares no ano fiscal que terminou em 31 de março de 2003 para mais de 10 bilhões de dólares em 2004, 11 bilhões de dólares em 2005 e 12 bilhões de dólares em 2006. Muitas empresas

---

[1] James Womack, Daniel Jones e Daniel Roos, *The Machine That Changed the World*, Rawson Associates, 1990.

estão dando uma segunda olhada no pensamento *lean* a fim de compreender o que está por trás deste estável e sustentável sucesso.

As iniciativas *lean* raramente são iniciadas no desenvolvimento de software ou no desenvolvimento de produto de uma empresa. Porém, ao longo do tempo, as iniciativas *lean* bem-sucedidas trilham um caminho que vai da produção ou logística para os departamentos de desenvolvimento da empresa. No entanto, as práticas enxutas das áreas operacionais e de produção não se adaptam facilmente ao ambiente de desenvolvimento, e assim as iniciativas *lean* possuem a tendência de empacar quando chegam ao desenvolvimento de software. Enquanto os princípios subjacentes permaneçam válidos, é muito comum ser inapropriado aplicar as práticas operacionais e suas medições num ambiente de desenvolvimento de produto. Quando as iniciativas *lean* empacam nas áreas de desenvolvimento de software, muitas empresas descobrem que o livro *Lean Software Development* lhes dá bons fundamentos para pensar sobre como modificar suas abordagens e adaptar as ideias *lean* à organização de desenvolvimento.

Os benefícios do desenvolvimento *lean* e ágil de software se tornaram amplamente conhecidos e apreciados nos últimos anos, de tal forma que muitas organizações estão mudando a forma como desenvolvem software. Temos viajado pelo mundo visitando organizações e vendo como elas implementam estas novas abordagens, e temos aprendido muito da nossa interação com quem está trabalhando duro para mudar a maneira pela qual se desenvolve software. À medida que nosso conhecimento cresce, também cresce a demanda por mais informações sobre como implementar o desenvolvimento *lean* de software. Percebemos que um novo livro nos permitiria compartilhar tudo o que temos aprendido com muito mais pessoas do que seríamos capazes de fazer pessoalmente. Desta forma, resumimos nossas experiências neste livro, *Implementando o Desenvolvimento Lean de Software*.

Este livro não é um livro de receitas para implementar o desenvolvimento enxuto de software. Como nosso último livro, é um conjunto de ferramentas para se pensar como adaptar os princípios enxutos ao seu mundo. Começamos este livro de onde paramos no último, aprofundando as questões e os problemas que as pessoas encontram quando tentam implementar o desenvolvimento *lean* e ágil de software. Você pode considerar este livro uma sequência do *Lean Software Development*. Em vez de repetir o que está naquele livro, nós utilizamos uma perspectiva diferente. Assumimos que o leitor está convencido de que o desenvolvimento *lean* de software é uma boa ideia e nos concentramos nos elementos essenciais de uma implementação de sucesso. Olhamos para os aspectos-chave da implementação e discutimos o que é importante, o que não é e por quê. Nosso objetivo é ajudar as organizações a iniciar o caminho rumo a um desenvolvimento de software mais efetivo.

O primeiro capítulo deste livro revisa a história do *lean*, o segundo capítulo revisa os sete princípios do desenvolvimento *lean* de software apresentados no *Lean Software Development*. Estes são seguidos por capítulos sobre *valor*, *desperdício*, *velocidade*, *pessoas*, *conhecimento*, *qualidade*, *parceiros* e a *jornada* ao final. Cada um destes oito capítulos se inicia com uma história que ilustra como uma organização trata do item em questão. Isto é seguido de uma discussão sobre tópicos-chave que julgamos importantes, seguida de pequenas histórias que ilustram cada tópico, bem como respostas a perguntas típicas que ouvimos com frequência. Cada capítulo termina com uma série de exercícios que lhe ajudam a explorar os tópicos com mais profundidade.

Agradecimentos

Gostaríamos de agradecer a todos que participaram de nossas palestras e aulas e nos convidaram a visitar suas empresas, especialmente àqueles que dividiram suas experiências e fizeram perguntas profundas. Neste livro, dividimos o conhecimento obtido com todos vocês.

Muitos agradecimentos a Jeff Sutherland e Kent Beck, pelas gentis apresentações, aos nossos editores, Greg Doench, Tyrrell Albaugh e, especialmente, à nossa editora de cópia, Nancy Hendryx. Um agradecimento particular para quem contribuiu com ideias e histórias para o livro: Jill Aden, Brad Appleton, Ralph Bohnet, Mike Cohn, Bent Jensen, Brian Marick, Clare Crawford-Mason, Ryan Martens, Gerard Meszaros, Lynn Miller, Kent Schnaith, Ian Shimmings, Joel Spolsky, Jeff Sutherland, Nancy Van Shooenderwoert, Bill Wake, Werner Wild e nosso amigo e gerente de operações, que prefere permanecer anônimo.

Agradecemos a todos que leram o primeiro rascunho e contribuíram com sugestões, particularmente Glen Alleman, Brad Appleton, Daniel Brolund, Bob Corrick, Allan Kelly, Ken Schnaith, Dave Simpson, Allan Shalloway e Willen van den Ende. Agradecemos aos revisores Yi Lv, Roman Pichler, Bill Wake e, especialmente, a Bas Vodde, pelos vastos e profundos comentários. Nosso particular e sincero agradecimento para Mike Cohn, que revisou os rascunhos do livro, mantendo conosco um cronograma apertado num momento em que ele estava muito ocupado. Suas observações e sugestões realmente ajudaram a fazer deste livro um livro melhor.

— Mary e Tom Poppendieck
Julho de 2006

Sumário

Capítulo 1 História..25
 Partes intercambiáveis.................................25
 Pessoas intercambiáveis................................26
 Os Toyodas...27
 O Sistema Toyota de Produção..........................28
  Taiichi Ohno....................................29
   O fluxo Just-in-Time.......................29
   Autonomação (Jidoka)......................30
  Shigeo Shingo..................................30
   Produção sem estoques......................30
   Inspeção zero..............................31
 Just-in-Time...31
 Lean (Enxuto).......................................35
  Produção enxuta/Operações enxutas.................35
  Cadeia de fornecimento enxuto.....................36
  Desenvolvimento enxuto de produto.................37
  Desenvolvimento *lean* de software..................40
 Tente isto...41

Capítulo 2 Princípios...43
 Princípios e práticas..................................43
  Desenvolvimento de software......................44
   Software..................................44
   Desenvolvimento..........................45

Os sete princípios do desenvolvimento lean de software 46
Princípio 1: Eliminar o desperdício.................... 46
   Mito: Especificar antes reduz o desperdício 48
Princípio 2: Integrar qualidade 49
   Mito: A função dos testes é encontrar defeitos 51
Princípio 3: Criar conhecimento...................... 52
   Mito: Previsões geram previsibilidade................ 54
Princípio 4: Adiar comprometimentos 55
   Mito: Planejar é comprometer-se 55
Princípio 5: Entregar rápido 56
   Mito: Pressa gera desperdício....................... 57
Princípio 6: Respeitar as pessoas...................... 58
   Mito: Existe a melhor maneira 59
Princípio 7: Otimizar o todo......................... 60
   Mito: Otimize por decomposição 62
Tente isto 64

Capítulo 3 Valor... 65
Soluções *lean*....................................... 65
   Google 65
   Do conceito ao dinheiro 68
      Conceito.................................... 68
      Viabilidade.................................. 68
      Piloto 69
      Dinheiro.................................... 70
Clientes encantados.................................. 71
   Profunda compreensão do cliente.................. 72
   Foco no trabalho 72
A organização focada no cliente 74
   Liderança 74
      O engenheiro-chefe 74
      Time dirigente 76
      Liderança compartilhada 77
      Quem é o responsável?....................... 77
   Times completos................................ 79
      Projetar para operações 79
Desenvolvimento personalizado 81
   De projetos para produtos 81
   Colaboração entre TI e negócios................... 83
      Responsabilidade 85
Tente isto 85

Capítulo 4	Desperdício	87
	Escreva menos código	87
	Zara	87
	Complexidade	89
	Justifique toda a funcionalidade	89
	Conjuntos mínimos de funcionalidades úteis	91
	Não automatize a complexidade	91
	Os sete desperdícios	93
	Trabalho inacabado	93
	Funcionalidades extras	95
	Reaprendizagem	95
	Transferências de controle	96
	Troca de tarefas	97
	Atrasos	99
	Defeitos	100
	Mapeando o fluxo de valor	101
	Preparação	102
	Escolha um fluxo de valor	102
	Determine quando inicia e quando termina a linha do tempo	102
	Identifique o dono do fluxo de valor	103
	Mantenha o mapa simples	103
	Exemplos	104
	Exemplo 1	104
	Exemplo 2	105
	Exemplo 3	106
	Exemplo 4	107
	Diagnóstico	109
	Mapas de fluxo de valor futuro	110
	Tente isto	110
Capítulo 5	Velocidade	112
	Entrega rápida	112
	PatientKeeper	112
	Tempo: a moeda universal	115
	Teoria das filas	117
	Lei de Little	117
	Variação e utilização	118
	Reduzindo o tempo de ciclo	120
	Ajuste a chegada de trabalho	120
	Minimize o número de coisas no processo	122
	Minimize o tamanho das coisas no processo	123

    Estabeleça uma cadência regular 124
    Limite o trabalho à capacidade. 125
    Use cronograma puxado (pull scheduling) 127
    Resumo 129
  Tente isto 130

Capítulo 6 Pessoas 131
  Um sistema de gestão 131
    O Boeing 777 131
    W. Edwards Deming 134
    Por que bons programas fracassam 137
  Equipes 139
    O que faz uma equipe? 139
    Especialização 141
    Liderança 144
    Planejamento e controle baseados em
    responsabilidade 145
  O visual do espaço de trabalho 148
    Trabalho autodirecionado 149
      Kanban 150
      Andon 151
      Dashboard 152
  Incentivos 152
    Avaliações de desempenho 153
      Ranking 154
    Compensação 154
      Diretriz nº 1: Garanta que o sistema de
      promoção seja intangível 155
      Diretriz nº 2: Retire a ênfase em
      aumentos anuais 155
      Diretriz nº 3: Recompense baseado no
      alcance de influência, e não no alcance
      de controle 156
      Diretriz nº 4: Encontre motivações melhores
      que o dinheiro 157
  Tente isto 158

Capítulo 7 Conhecimento 160
  Criando conhecimento 160
    Rally 160
    Qual é exatamente o seu problema? 163
    Um modo científico de pensar 165

Mantendo registros daquilo que você já sabe 166
   O relatório A3 168
   A era da Internet 169
Comprometimento Just-in-Time 170
   Projeto baseado em alternativas 170
      Exemplo 1: Projeto de interface de
      dispositivo médico............................172
      Exemplo 2: Redução dos olhos vermelhos 173
      Exemplo 3: Interfaces plugáveis...................173
      Por que isso não é desperdício? 174
   Refatoração 174
      Sistemas legados..............................176
      Exemplo.....................................177
Resolução de problemas 178
   Uma abordagem disciplinada 179
      1. Defina o problema 179
      2. Analise a situação...........................179
      3. Crie uma hipótese...........................181
      4. Realize experimentos 181
      5. Verifique resultados 182
      6. Acompanhe e padronize......................182
   Eventos Kaizen................................183
      Eventos de melhoria em grande grupo 183
Tente isto 185

Capítulo 8   Qualidade...186
   Feedback..186
      O programa Polaris 187
      Planejando *release* 188
      Arquitetura....................................191
      Iterações......................................192
         Preparação...................................192
         Planejamento.................................195
         Implementação................................195
         Avaliação 197
         Variação: Interface com usuário 197
   Disciplina 198
      Os cinco Ss...................................199
      Padrões......................................201
         Revisões de código 203
         Pares 204

À prova de erros.................................205
    Automação.................................206
Desenvolvimento guiado por testes (TDD)............207
    *Testes de unidade (também chamados
    testes de programador)* 207
    *Testes de história (também chamados
    testes de aceitação)* 208
    Teste de usabilidade e exploratórios 209
    Teste de propriedade 209
Gerência de configuração.........................209
Integração contínua 210
Sincronização aninhada 211
Tente isto 212

Capítulo 9   Parceiros................................214
Sinergia......................................214
    Emergência!................................214
    Código Aberto..............................216
    Redes globais 217
    Terceirização 220
        Infraestrutura............................221
        Transações 221
        Desenvolvimento 222
Contratos 223
    O Acordo T5 224
    O contrato PS 2000 225
    Contratos relacionais 225
Tente isto 227

Capítulo 10   Jornada.................................229
Aonde você quer ir? 229
    Um computador sobre rodas 230
    Uma perspectiva a longo prazo....................231
    Centrada em pessoas 232
O que aprendemos?..............................234
    Seis sigma.................................234
        *Líderes de processo – líderes naturais de
        equipes de trabalho*.........................234
        Ferramentas – resultados 235
    Teoria das Restrições 235
        Corrente Crítica...........................237
        Acomodações............................238

Hipótese 238
    Treinamento. 239
    Pensar. 241
    Medidas 242
        Tempo de ciclo 243
        Retorno financeiro 244
        Satisfação do cliente 245
Roteiro 246
Tente isto 247
    Otimize o todo. 247
    Respeite as pessoas. 247
    Entregue rápido 248
    Postergue o comprometimento 248
    Crie conhecimento 249
    Integre qualidade 249
    Elimine o desperdício 250

BIBLIOGRAFIA. 251

ÍNDICE. 259

Capítulo 1

História

Partes intercambiáveis

Paris, França, julho de 1785. A Guerra Revolucionária Americana havia terminado há 18 meses e ainda faltavam 4 anos para o início da Revolução Francesa. A necessidade de armas estava presente na mente de todos quando Honoré Blanc convidou militares do alto escalão e alguns diplomatas a visitarem seu ateliê de armas em Paris. Ele havia separado 50 mecanismos de disparo (chamados de travas) e colocado as peças em caixas separadas. Espantados, os visitantes pegavam aleatoriamente as peças das caixas, montavam os mecanismos de disparo e adicionavam os mesmos aos mosquetes, observando que as partes se integravam perfeitamente. Pela primeira vez, ficava claro que era possível construir armas a partir de peças intercambiáveis.

Thomas Jefferson, o futuro presidente dos Estados Unidos que atuava como diplomata em Paris naquela época, estava presente na demonstração e viu uma maneira de resolver um grande problema que seu jovem país enfrentava: a escassez de armas diante da necessidade de defesa de suas terras e expansão de suas fronteiras. Ele observou que se partes intercambiáveis podiam ser facilmente produzidas, então trabalhadores relativamente desqualificados podiam montar uma grande quantidade de armas a um baixo custo. Isto seria um trunfo para um país emergente que não tinha nem dinheiro para comprar armas, nem artesãos para construí-las.

O desafio de criar um processo de produção suficientemente preciso para construir partes intercambiáveis para a montagem de armas foi assumido por Eli Whitney, engenheiro que patenteou o descaroçador de algodão. Em 1798, o governo norte-americano concedeu a Whitney um contrato para a produção de 10.000 armas em dois anos. Após dez anos e vários estouros de orçamento, ele finalmente conseguiu entregar as armas, só que com suas partes não sendo totalmente intercambiáveis. Mesmo assim, Whitney é considerado uma figura central no desenvolvimento do "Sistema Americano de Produção", um sistema de manufatura no qual trabalhadores semiqualificados utilizam ferramentas e moldes para construir partes padronizadas que serão montadas para se transformarem em produtos.

Durante o século XIX, os Estados Unidos cresceram drasticamente como uma potência industrial, atribuindo-se um grande crédito a este novo sistema de produção. Enquanto isso, a Europa testemunhava uma grande resistência na substituição da produção artesanal. Na França, o trabalho de Honoré Blanc foi encerrado por um governo que temia perder o controle da produção caso trabalhadores não regulamentados também pudessem montar os mosquetes. Na Inglaterra, os inventores de máquinas que automatizaram a fiação e a tecelagem foram atacados por multidões furiosas que receavam perder seus empregos. Nos Estados Unidos, porém, o trabalho era escasso e havia pouca tradição artesanal, de tal forma que o novo modelo industrial de peças intercambiáveis criou raízes e floresceu.

Pessoas intercambiáveis

Detroit, Estados Unidos, janeiro de 1914. Henry Ford iniciou a linha de montagem de seu modelo T aumentando os salários de seus trabalhadores de US$ 2,40 por 9 horas/dia para US$ 5,00 por 8 horas/dia. Naquela época, a imprensa sugeriu que ele estivesse louco, mas isso não passou de uma jogada astuta de Ford. Ele havia reduzido em mais de 85% o trabalho para fabricar um carro, motivo pelo qual poderia gastar o dobro nos salários de seus funcionários. Ele já havia diminuído o preço do carro radicalmente. Agora ele aumentava os salários e diminuía a jornada de trabalho, ajudando a criar uma classe média com tempo e dinheiro para comprar automóveis.

Costumava-se levar mais de 12 horas para montar um automóvel, agora levava-se em torno de 90 minutos. O que aconteceu com todo aquele tempo? Quando os gerentes de Ford projetaram os postos de trabalho da linha de produção, eles aplicaram as ideias de eficiência do especialista Frederick Winslow Taylor. Taylor acreditava que a maioria dos trabalhadores de salário fixo gastava seu tempo tentando descobrir como trabalhar lentamente, uma vez que ser eficiente não resultava em remuneração adicional e ainda poderia ameaçar o próprio emprego. Sua abordagem consistia em dividir o trabalho da linha de montagem em tarefas muito pequenas e cronometrar suas execuções para descobrir a "melhor forma" de realizar cada etapa.

Trabalhar na linha de montagem era uma atividade monótona, repetitiva e rigorosamente controlada. Era mostrado aos trabalhadores exatamente como executar suas tarefas e quanto tempo era necessário para completá-las. Eles podiam ser treinados em dez minutos e também substituídos em dez minutos. Da mesma forma que as partes intercambiáveis do século anterior, os trabalhadores intercambiáveis se tornaram o centro de um novo modelo industrial: o da produção em massa.

Supunha-se que os altos salários compensariam a falta de variedade e de autonomia para os trabalhadores, e assim o foi por um tempo. E também por um tempo as coisas correram muito bem para Ford, pois as vendas subiram e ele acabou tomando conta do mercado norte-americano de automóveis. Mas depois de algum tempo, o modelo T envelheceu e uma classe média cada vez mais próspera queria substituir seus carros antigos por sedãs mais elegantes. Ford foi lento na resposta, já que seu sistema de produção era mais eficiente quando se produzia apenas um tipo de carro. Em contrapartida, Alfred P. Sloan criava na General Motors uma organização estruturada para produzir vários modelos dirigidos a mercados segmentados. A demanda por uma variedade e complexidade de automóveis crescia e o sistema de produção de Ford padecia.

À medida que o tempo passava, os trabalhadores sentiam-se cada vez mais presos a uma condição de trabalho insustentável. Eles haviam se acostumado com o alto padrão de vida e foram incapazes de encontrar salários semelhantes em outros locais. A agitação trabalhista que tomou conta dos Estados Unidos na década de 1930 é frequentemente atribuída a um sistema de produção que apresentava pouco respeito pelos trabalhadores e os tratava como partes intercambiáveis.

Os Toyodas

Kariya, Japão, fevereiro de 1927. A empresa Toyoda Automatic Loom Works realizava um *workshop* com engenheiros têxteis a fim de mostrar o novo tear da companhia. Primeiro, os visitantes viram como os teares de Toyoda eram fabricados com ferramentas de alta precisão para, em seguida, serem levados num *tour* pelas instalações experimentais de fiação e tecelagem que continham 520 teares em operação. Os teares eram uma maravilha de serem observados dado que trabalhavam numa velocidade extremamente rápida de 240 batidas por minuto e eram operados por apenas 20 tecelões. Antecipando uma lei que abolia o trabalho noturno, as máquinas eram totalmente automáticas e podiam operar sem vigilância durante toda a noite. Quando uma lançadeira do tear estava para ficar sem linha, uma nova lançadeira a substituía numa troca suave e confiável. E mesmo que uma das centenas de fios de urdume se rompesse ou se o fio da trama se acabasse, o tear parava imediatamente e indicava ao tecelão a necessidade de correção do problema.

Se você quiser compreender o Sistema Toyota de Produção[1] é importante perceber como foi difícil desenvolver e produzir o "tear perfeito". Sakichi Toyoda construiu seu primeiro tear mecânico em 1896 e inventou um dispositivo de troca automática de lançadeira em 1903. Foi feito um teste para comparar 50 teares de Toyoda com mudança de lançadeiras com um número semelhante de teares mecânicos europeus mais simples. Os resultados foram decepcionantes para Toyoda. Seus primeiros teares eram máquinas complexas e de baixa precisão, teimosas e de difícil manutenção.

---

[1] O "d" no nome da família Toyoda foi substituído por "t" quando a empresa Toyota Motor Company foi fundada. Os caracteres japoneses são similares, mas Toyota leva duas pinceladas a menos que Toyoda.

Sakichi Toyoda recrutou empregados tecnicamente competentes e contratou um engenheiro norte-americano, Charles A. Francis, para trazer o sistema norte-americano de produção à sua empresa. Francis reprojetou o equipamento de fabricação e construiu uma máquina de construção de ferramentas para produzi-lo. Ele desenvolveu especificações padrão, produziu manômetros e gabaritos padronizados, bem como reorganizou a linha de produção. Na mesma época, Sakichi Toyoda projetou teares mais amplos, todos de ferro, e em 1909 ele já havia patenteado um mecanismo superior de troca de lançadeira automatizado. Na década seguinte, enquanto a guerra distraía a Europa e a América, os teares concebidos por Sakichi Toyoda vendiam muito bem.

Embora Sakichi Toyoda tenha adotado prontamente o modelo de partes intercambiáveis de alta precisão, o negócio de fabricação de teares não tinha espaço para pessoas intercambiáveis. Os teares automáticos são máquinas complexas, de alta precisão, muito sensíveis a mudanças de materiais: é um grande desafio mantê-las em perfeito funcionamento. Assim, tecelões altamente qualificados se tornaram necessários para criar e manter 25 ou 30 máquinas rodando ao mesmo tempo. Se operar um tear exigia uma grande habilidade, havia ainda mais exigência na concepção e produção de um tear automático. Sakichi Toyoda tinha a reputação de contratar alguns dos mais capazes engenheiros treinados nas universidades japonesas. Ele mantinha sua equipe de desenvolvimento intacta mesmo quando abria novas empresas, pois dependia dela para a condução de pesquisas em projeto e produção de teares.

Em 1921, Kiichiro, filho de Sakichi Toyoda, se juntou ao pai e concentrou-se no aprimoramento da automação do tear. Em 1924, eles patentearam um mecanismo melhorado de troca automática de lançadeiras. A equipe de pesquisa também desenvolveu métodos para detectar problemas e parar o tear automaticamente a fim de evitar danos, fazendo com que pudessem operar à noite sem o monitoramento humano.

Kiichiro Toyoda supervisionava a construção e o crescimento de uma fábrica que produzia os novos teares, e instalou 520 deles na fábrica de tecelagem experimental de Toyoda. Depois que ele apresentou orgulhosamente ao mercado estes "teares perfeitos", muitos pedidos de compra começaram a ser enviados para a empresa. Kiichiro passou a utilizar o lucro dos teares para iniciar um novo negócio na indústria automotiva. Ele visitou Detroit e passou anos aprendendo a construir motores. A primeira produção de carro da Toyota chegou ao mercado em 1936, mas a produção foi interrompida pela Segunda Guerra Mundial.

O Sistema Toyota de Produção

Koromo, Japão, outubro de 1949. As restrições para a produção de automóveis de passageiros haviam sido suspensas no Japão pós-guerra. Em 1945, Kiichiro Toyoda havia desafiado sua companhia a se igualar às da América, mas ficou claro que a Toyota não conseguiria isso adotando o modelo de produção em massa norte-americano. A produção em massa implicava na construção de milhares de peças idênticas a fim de se obter economia de escala, mas os materiais eram escassos, as encomendas eram inconstantes, e havia demanda por variedade. As economias de escala estavam simplesmente indisponíveis.

A visão de Kiichiro Toyoda era a de que todas as peças deveriam chegar à linha de montagem somente no momento de sua utilização (Just-in-Time). Isso não era conseguido armazenando-se as peças. As peças deveriam ser produzidas pouco antes de serem necessárias. Levou tempo para tornar essa visão uma realidade, mas em 1962, uma década depois da morte de Kiichiro Toyoda, o Sistema Toyota de Produção foi adotado por toda a empresa.

Taiichi Ohno

Taiichi Ohno foi o chefe de produção que respondeu ao desafio e à visão de Kiichiro Toyoda desenvolvendo o que veio a ser conhecido como o Sistema Toyota de Produção. Ele estudou o sistema de produção da Ford e ampliou sua visão sobre o modo como os supermercados norte-americanos controlavam seus estoques. Para isso, ele acrescentou seu conhecimento de fiação e tecelagem e as percepções dos trabalhadores por ele supervisionados. Levou anos de experimentação para se desenvolver gradualmente o Sistema Toyota de Produção, um processo que Ohno considerou infindável. Ele disseminava suas ideias por toda a empresa à medida que recebia cada vez mais áreas de responsabilidade.

Em seu livro, *Toyota Production System*,[2] Ohno diz que "este é um sistema para a absoluta eliminação do desperdício". Ele explica que o sistema se mantém sobre dois pilares: o fluxo Just-in-Time e a autonomação (também chamada de *Jidoka*).

O fluxo Just-in-Time

É importante observar que o conceito de fluxo de produção Just-in-Time era completamente contra toda a sabedoria convencional daquele tempo. A resistência aos esforços de Ohno era tremenda, e ele só teve sucesso devido ao apoio de Eiji Toyoda, que ocupou vários cargos da alta administração após seu primo Kiichiro ter deixado a empresa em 1950. Ambos Toyodas perceberam de forma brilhante que o jogo a ser jogado não era o das economias de escala, mas sim o da conquista da complexidade. As economias de escala reduziriam os custos em cerca de 15 a 25% por unidade quando o volume fosse duplicado. Mas os custos cresceriam em torno de 20 a 35% toda vez que a variedade duplica.[3] O fluxo Just-in-Time elimina os principais contribuidores do custo da variedade. De fato, ele é o único modelo industrial que nós temos para gerenciar com eficiência a complexidade.[4]

---

[2] Esta seção baseia-se no livro de Taiichi Ohno, *Toyota Production System: Beyond Large-Scale Production*, Productivity Press, escrito em japonês em 1978, traduzido para o inglês em 1988. É um excelente livro, de boa leitura e altamente recomendável até mesmo nos dias de hoje. Publicado pela Bookman Editora sob o título *O Sistema Toyota de Produção: Além da Produção em Larga Escala*.

[3] George Stalk, "Time – The Next Source of Competitive Advantage", *Harvard Business Review*, July 1988.

[4] Veja "Lean or Six Sigma", de Freddy Balle e Michael Balle, disponível em www.lean.org/library/leanorsigma.pdf.

Autonomação (Jidoka)

Os teares automatizados de Toyoda podiam operar sem a presença de tecelões porque os teares detectavam quando algo de errado acontecia e se desligavam automaticamente. Autonomação, ou *Jidoka* em japonês, significa que o trabalho é organizado de modo a ser imediatamente interrompido quando a menor anomalia for detectada, sendo necessária a resolução da causa do problema antes do recomeço de suas atividades. Outro nome para este conceito crítico, que talvez seja mais fácil de ser lembrado, é o de "pare a linha" (*stop-the-line*).

Ohno chamou a autonomação de "automação com um toque humano". Ele salientou como a palavra "autônomo" nos remete a outro modo de enxergar este conceito. Nossos corpos possuem um sistema nervoso autônomo que regula reflexos como a respiração, os batimentos cardíacos e a digestão. Se tocarmos em algo quente, nossos nervos autônomos nos fazem retirar a mão sem esperar que o cérebro envie uma mensagem com esta ordem. Autonomação significa que a organização tem reflexos que respondem a eventos de forma instantânea e correta, sem ter que ir ao cérebro para receber instruções.[5]

Shigeo Shingo

Shigeo Shingo foi um consultor que ajudou Ohno a implementar o Sistema Toyota de Produção e, posteriormente, ajudou outras companhias a compreeder e a implementar o sistema por todo o mundo. Aqueles de nós que implementaram os conceitos do Just-in-Time no início dos anos 80 se lembram carinhosamente daquele "Livro Verde",[6] o primeiro que falava sobre este tema na língua inglesa. O livro não era uma boa tradução do japonês e o material era muito técnico e pesado, apesar dele ser formidavelmente elucidante.

Shingo aborda dois temas principais no livro: a produção sem estoques e a inspeção zero. Um olhar cuidado nos mostra que estes são, na realidade, os pilares de Ohno do Sistema Toyota de Produção.

Produção sem estoques

Fluxo Just-in-Time significa eliminar estoques intermediários de processo que costumam ser feitos em nome das economias de escala. O foco está em fazer tudo em pequenos lotes e, para tanto, é necessário estar apto a modificar muito rapidamente uma máquina que produz uma determinada parte a fim de deixá-la pronta para produzir uma parte diferente. No desenvolvimento de software, um modo de se enxergar o tempo de preparação (*set-up*) é considerando o tempo necessário para entregar a aplicação. Algumas empresas gastam semanas e meses para entregar um novo software e, devido a isto, elas colocam tantas características quantas forem possíveis num único *release*.* Isto resulta em grandes lotes de trabalho de teste, treinamento e integração para cada *release*. Por outro lado,

---

[5] Taiichi Ohno, Ibid., p. 46.
[6] Shigeo Shingo, *Study of "Toyota" Production System*, Productivity Press, 1981.
* N. de R. T.: O termo *release* significa versão entregue, mas será mantido no original pois é familiar para a comunidade de software no Brasil.

espero que o software antivírus instalado em meu computador seja atualizado com um *release* bem testado horas após uma nova ameaça ter sido descoberta. A mudança será pequena, então a integração e o treinamento geralmente não são uma preocupação.

Inspeção zero

A ideia por trás da autonomação é que um sistema deve ser projetado para ser à prova de erros. Não deve haver alguém a postos para identificar um eventual defeito em uma máquina ou testando um produto para ver se ele é bom. Um sistema corretamente projetado à prova de erro não necessitará de inspeção. Meu cabo de vídeo é um exemplo de projeto à prova de erros. Eu não posso conectar um cabo de monitor de cabeça para baixo num computador ou num projetor vídeo porque o cabo e o conector têm encaixe único. Portanto, não preciso que alguém inspecione se eu conectei o cabo corretamente, pois é impossível fazê-lo errado. Um projeto à prova de falha assume que se qualquer erro pode acontecer, então cedo ou tarde ele acontecerá. Por isso, é bom levar o tempo necessário no início para tornar o erro impossível.

Just-in-Time

O Sistema Toyota de Produção foi muito ignorado, mesmo no Japão, até a crise do petróleo de 1973, pois as empresas estavam crescendo rapidamente e vendiam tudo o que produziam. No entanto, a desaceleração econômica desencadeada pela crise do petróleo separou as empresas excelentes das medíocres e a Toyota emergiu da crise rapidamente. O Sistema Toyota de Produção foi estudado por outras empresas japonesas e muitas de suas características foram adotadas em sua gestão. Em uma década, os Estados Unidos e a Europa começaram a sentir a forte concorrência do Japão. Por exemplo, eu (Mary) trabalhava numa fábrica de videocassetes no início dos anos 80 quando os concorrentes japoneses entraram no mercado com preços extremamente baixos. Uma investigação revelou que as empresas japonesas estavam utilizando uma nova abordagem denominada Just-in-Time, motivo pelo qual minha fábrica estudou e adotou esse sistema para se manter competitiva.

A imagem que usamos em nossa fábrica para retratar a produção Just-in-Time está ilustrada na Figura 1.1.

Imagine o estoque como sendo o nível de um rio. Quando este nível está alto, muitas pedras grandes, ficarão escondidas sob a água. Se você baixar o nível d'água, elas chegarão à superfície. Neste ponto, você precisará retirá-las do caminho ou o seu barco irá bater nelas. À medida que as grandes pedras foram sendo removidas, você poderá baixar um pouco mais o nível d'água (estoque), encontrar mais pedras, retirá-las do rio e continuar com a operação até restarem somente as pedras pequenas do rio.

Por que não mantemos simplesmente o estoque elevado e ignoramos as pedras? Bem, as pedras são como defeitos que se alojam no produto sem serem detectados, processos que saem de controle, produtos acabados que as pessoas

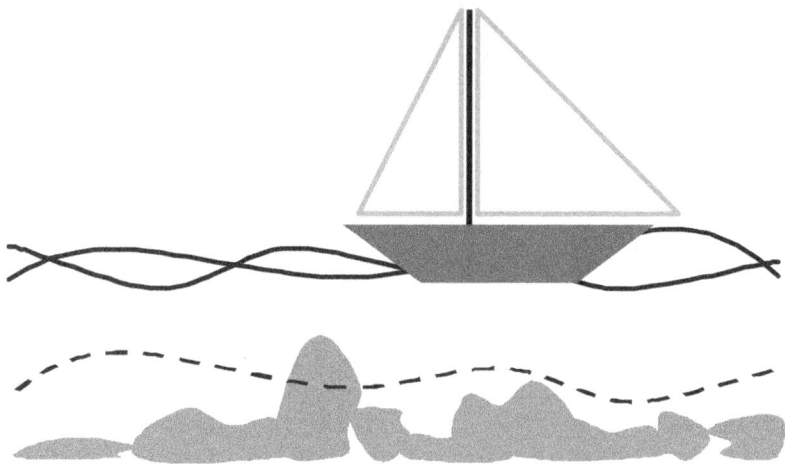

Figura 1.1 *Diminua os estoques para trazer os problemas à tona.*

não irão comprar antes de expirar o prazo de validade, um sistema de controle de estoque que continua a perder o controle; coisas desse tipo. Elas são desperdícios que estão lhe custando muito dinheiro e que você desconhece até baixar o nível dos estoques.

Uma lição fundamental da nossa iniciativa Just-in-Time foi a de que tínhamos que parar de tentar maximizar as eficiências locais. Tínhamos inúmeras máquinas caras, por isso pensávamos que todas deveriam operar com máxima produtividade. Mas isso só aumentava nossos estoques, pois as pilhas de peças na entrada de cada máquina (para mantê-la funcionando) e na saída (como produto) não tinham para onde ir. Quando implementamos o Just-in-Time, as pilhas de estoque desapareceram. Ficamos surpresos ao descobrir que, na verdade, o desempenho global da fábrica aumentou quando não tentamos mais operar nossas máquinas na máxima utilização (veja a Figura 1.2).

Parar a produção e consciência da segurança

Uma prática do Just-in-Time que foi fácil de ser adotada foi a da cultura de parar a linha de produção (*stop-the-line*). Nossa fábrica produzia fitas de vídeo com alguns materiais bastante voláteis, motivo pelo qual tínhamos um forte programa de segurança implantado no local. Mediante nosso programa de segurança, já sabíamos que era importante investigar até mesmo os menores acidentes, pois eles acabariam se transformando em grandes acidentes se fossem ignorados.

No livro *Managing the Unexpected*,[7] Weick e Sutcliffe mostram que organizações como a nossa criam um ambiente em que as pessoas prestam atenção à segurança, man-

---

[7] Karl E. Weick and Kathleen M. Sutcliffe, *Managing the Unexpected: Assuring High Performance in an Age of Complexity*, Jossey-Bass, 2001.

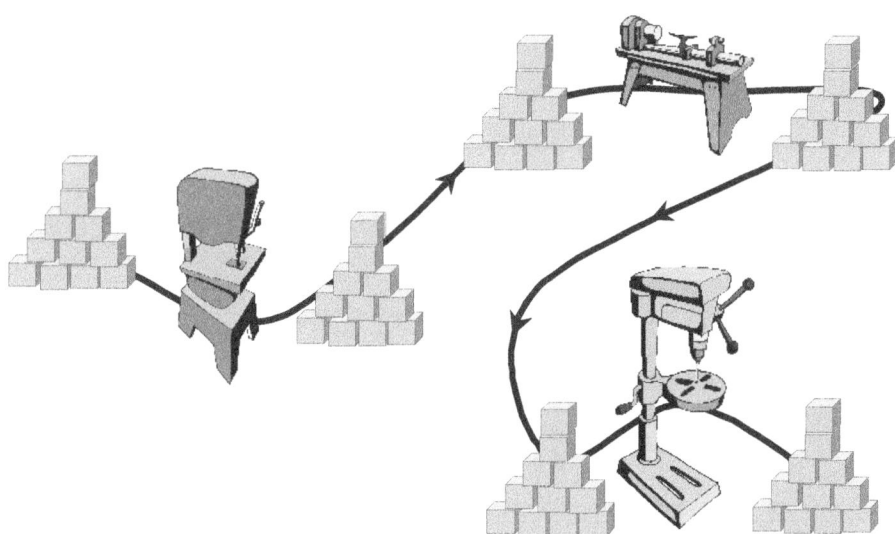

Figura 1.2 *Pare de tentar otimizar as eficiências locais.*

tendo um estado de atenção plena. Segundo os autores, a atenção plena possui cinco características:

1. **Preocupação com a falha**
   Dedicávamos muito tempo pensando sobre o que poderia dar errado e nos preparando para enfrentar o erro.

2. **Relutância em simplificar**
   Tínhamos uma fábrica grande e complexa. Logo, a segurança era um problema grande e complexo.

3. **Sensibilidade para as operações**
   Era esperado que todos os gerentes de fábrica dedicassem algum tempo trabalhando na linha de produção.

4. **Comprometimento em aprender com os erros**
   Até mesmo o menor incidente era investigado para se determinar como poderíamos prevenir sua reincidência.

5. **Consideração pelo *know-how***
   Todo o gerente sabia que as pessoas que estavam fazendo o trabalho eram aquelas que *realmente* sabiam como a fábrica funcionava.

Foi um pequeno passo para transformar nossa cultura de segurança numa cultura de *stop-the-line*. Adicionamos à nossa preocupação com acidentes uma preocupação com defeitos. Cada passo de cada operação era à prova de falha, o que eliminou a necessidade de inspeção pós-fato. Sempre que um defeito ocorria, a equipe de trabalho parava de produzir o produto e procurava a causa raiz do problema. Se um material defeituoso não era detectado durante a execução de um processo, nós estudávamos o processo para descobrir como garantir que isso não ocorreria novamente. Quando eu digo "nós" me refiro aos nossos trabalhadores da produção, pois foram eles que projetaram o processo em primeiro lugar.

— Mary Poppendieck

Quando decidimos implantar em nossa fábrica o Just-in-Time, haviam poucos consultores por perto que pudessem nos dizer o que fazer. Assim, tivemos que descobrir tudo sozinhos. Fizemos uma simulação cobrindo com uma grande folha de papel pardo uma enorme mesa de reunião. Desenhamos nela os processos de nossa planta industrial. Elaboramos "cartões *kanban*" escrevendo vários tipos de material em tiras de papel cortadas. Colocamos uma tira de papel num copinho de café e – *voilà* – o copo havia se tornado um palete (carrinho de transporte) carregado com o material indicado (veja Figura 1.3). Então, imprimimos pedidos de embalagens de uma semana e simulamos um "sistema puxado"* tentando atender aos pedidos, utilizando os copos e a grande folha de papel como um tabuleiro de jogo. Quando um copo de material era embalado, a tira de material (cartão *kanban*) era movida para o processo anterior, que a utilizava como um sinal para produzir mais daquele material.[8]

Com esta simulação manual, mostramos o conceito de um sistema puxado para os gerentes de produção, depois para os supervisores gerais e, em seguida, para os supervisores de turno. Finalmente, os supervisores de turno realizaram a simulação com todos os trabalhadores de suas áreas. Cada área de trabalho foi convidada a descobrir os detalhes de como fazer com que este novo sistema funcionasse no seu ambiente. Levamos alguns meses de preparação minuciosa, mas finalmente tudo estava pronto. Seguramos nossa respiração coletiva quando mudamos toda a planta para um sistema puxado em uma semana. Toda a programação computadorizada foi desligada e em seu lugar adotamos a programação manual via cartões *kanban*. Nosso sistema Just-in-Time foi um sucesso imediato

Figura 1.3 *Copos de café simulando paletes (carrinhos de transporte) com cartões kanban.*

---

* N. de R. T.: O termo "sistema puxado" (*pull system*) denota um sistema em que uma parte "puxa" algo da outra.

[8] Esta abordagem é chamada *kanban* e a ficha mostrando o que cada processo deve fazer é chamada "cartão *kanban*".

e esmagador, em grande parte porque seus detalhes haviam sido projetados pelos próprios trabalhadores, que sabiam como resolver os pequenos problemas e melhorar continuamente o processo de trabalho.

Lean (Enxuto)

Em 1990, o livro *A Máquina que Mudou o Mundo*[9] deu um novo nome ao que tinha sido anteriormente chamado Just-in-Time, ou Sistema Toyota de Produção. A partir de então, a abordagem da Toyota para a produção se tornou conhecida como **Produção Enxuta** (Lean Production). Durante os anos subsequentes, muitas empresas tentaram adotar a Produção Enxuta, mas sua implantação se revelou extremamente difícil. Como ocorre com todos os novos modelos industriais, a resistência daqueles que investiram no modelo antigo era muito forte.

Muitas pessoas que acharam o *lean* contraintuitivo não tiveram uma profunda motivação para mudar os hábitos estabelecidos há muito tempo. Muito frequentemente as empresas implementavam somente uma parte do sistema, talvez tentando o Just-in-Time sem o seu parceiro, o *stop-the-line*. Elas ignoraram que "A verdadeira fábrica enxuta... *transfere o maior número de tarefas e responsabilidades para aqueles trabalhadores que efetivamente acrescentam valor ao carro na linha de produção, além de possuir um sistema de detecção de falhas que rapidamente rastreia um problema detectado até sua fonte derradeira.*"[10]

Apesar dos desafios enfrentados na implantação de um novo paradigma contraintuitivo, muitas iniciativas *lean* foram extremamente bem-sucedidas, criando empresas verdadeiramente enxutas que invariavelmente acabaram florescendo. O pensamento enxuto se transferiu da produção para outras áreas operacionais tão diversas quanto o processamento de pedidos, a venda a varejo e a manutenção de aeronaves. Os princípios enxutos foram também estendidos à cadeia de fornecimento, ao desenvolvimento de produto e ao desenvolvimento de software. Veja Figura 1.4.

Produção enxuta/Operações enxutas

Hoje, a produção enxuta define o padrão para disciplina, eficiência e eficácia. De fato, utilizar os princípios da produção enxuta muitas vezes cria uma significativa vantagem competitiva que pode ser surpreendentemente difícil de copiar. Por exemplo, o sistema de produção por encomenda (*make-to-order*) da Dell Computer é capaz de entregar rotineiramente um computador "sob medida" poucos dias após a realização do pedido, uma façanha que não é facilmente copiada pelos concorrentes pouco dispostos a abrirem mão de seus sistemas de distribuição. O *lean* acabou migrando também para operações não pertencentes à produção.

---

[9] James Womack, Daniel Jones and Daniel Roos, *The Machine That Changed the World*, Rawson Associates, 1990.

[10] Ibid., p. 99. Os itálicos são do original.

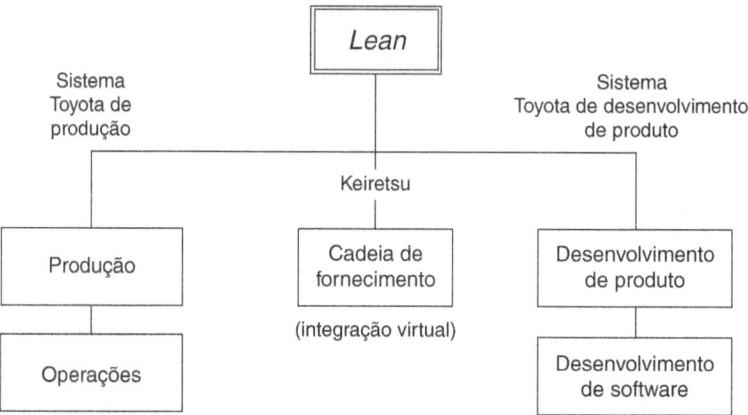

Figura 1.4 *A árvore da família* Lean.

Enquanto a companhia aérea Southwest Airlines tem como foco o transporte direto de passageiros do ponto A para o ponto B, utilizando aviões relativamente pequenos, seus concorrentes não conseguem abandonar facilmente seus sistemas do tipo *hub-and-spoke*,* pois estão orientados ao transporte de grandes lotes de passageiros. Poucos negócios, como o de entrega rápida de encomendas, foram estruturados com base nos princípios enxutos e, nesses negócios, apenas as empresas com operações enxutas conseguem sobreviver.

Cadeia de fornecimento enxuto

Quando as práticas da produção enxuta alcançam os limites da fábrica elas também precisam ser estendidas aos fornecedores, pois a produção em massa e a produção enxuta não funcionam muito bem juntas. A Toyota percebeu isso rapidamente, ajudando seus fornecedores a adotarem o Sistema Toyota de Produção. Peter Drucker estimou que a rede de fornecedores da Toyota, que ele mesmo chamou de Keiretsu, resulta numa vantagem competitiva de custos em torno de 25 a 30%.[11] Quando a Toyota se instalou nos Estados Unidos no final dos anos 80, ela estabeleceu uma rede semelhante de fornecedores. Surpreendentemente, é comum encontrar nas instalações de alguns fornecedores de peças automotivas nos Estados Unidos seções enxutas dedicadas ao abastecimento exclusivo da Toyota, enquanto o resto da fábrica segue o modelo "tradicional" devido a outras empresas automotivas não saberem lidar com fornecedores enxutos.[12] Uma cadeia de fornecimento enxuta também é essencial para a Dell, uma vez que ela reúne partes projetadas e fabricadas por outras empresas. Mediante "integração virtual", a Dell trata os seus parceiros como se eles estivessem dentro da empre-

---

* N. de T.: Redes de transporte parcelado com terminais de consolidação.
[11] Peter Drucker, *Management Challenges for the 21st Century*, Harper Business, 2001, p. 33
[12] Veja Jeffrey Dyer, *Collaborative Advantage: Winning Through Extended Enterprise Supplier Networks*, Oxford University Press, 2000.

sa, trocando informações livremente de forma a garantir que toda a cadeia de fornecimento permaneça enxuta.

Nas cadeias de fornecimento enxuto, as empresas aprenderam a trabalhar além de suas fronteiras de uma forma harmoniosa, compreendendo que seus melhores interesses estão alinhados com os melhores interesses de toda a cadeia de fornecimento. Para as organizações envolvidas no desenvolvimento de software que ultrapassa os limites de uma empresa, a gestão da cadeia de fornecimento provê um modelo bem-testado de como empresas separadas podem formular e administrar relações contratuais enxutas.

Desenvolvimento enxuto de produto

"A verdadeira diferença entre a Toyota e os outros fabricantes de automóveis não é o Sistema Toyota de Produção. É o Sistema Toyota de Desenvolvimento de Produto", afirma Kosaku Yamada, engenheiro chefe do Lexus ES 300.[13] O desenvolvimento de produto é bastante diferente das operações, e as técnicas bem-sucedidas em operações podem ser muitas vezes inadequadas para o trabalho de desenvolvimento. O livro intitulado *Product Development Performance*,[14] de Clark e Fujimoto, é um marco e mostra que o desenvolvimento eficaz de produto tem muito em comum com a produção enxuta. A Tabela 1.1 resume as similaridades descritas por Clark e Fujimoto.

Se existe alguma empresa que possa extrair a essência do Sistema Toyota de Produção e aplicá-la adequadamente ao desenvolvimento de produto, a primeira candidata deve ser a Toyota. Portanto, não foi surpresa quando se tornou evidente no final dos anos 90 que a Toyota tinha uma abordagem única e muito bem-sucedida para o desenvolvimento de produto. A abordagem da Toyota é tanto contraintuitiva quanto perspicaz. Existem poucas tentativas de se utilizar as práticas específicas do Sistema Toyota de Produção no desenvolvimento de produto, mas os princípios subjacentes claramente provêem da mesma herança.

O produto que sai de um processo de desenvolvimento pode ser brilhante ou banal. Ele pode ter um *design* elegante e chegar ao mercado da forma correta, ou pode ficar aquém tanto das expectativas dos clientes quanto de suas receitas. Os produtos da Toyota tendem rotineiramente a se enquadrarem na primeira categoria. Observadores atribuem isso à liderança do engenheiro chefe, responsável pelo sucesso comercial do produto, e que tem tanto uma percepção aguçada do que o mercado irá valorizar quanto a capacidade técnica de supervisionar o projeto de sistemas. No livro *The Toyota Way*,[15] Jeffrey Liker narra a história do desenvolvimento dos automóveis Lexus e Prius, enfatizando a forma como esses projetos avançados foram levados para o mercado em tempo recorde sob a liderança de dois brilhantes engenheiros chefes.

---

[13] Gary S. Vasilash, "Engaging the ES 300", *Automotive Design and Production*, September, 2001.

[14] Kim B. Clark and Takahiro Fujimoto, *Product Development Performance: Strategy, Organization, and Management in the World Auto Industry*, Harvard Business School Press, 1991.

[15] Jeffrey Liker, *The Toyota Way: 14 Management Principles from the World's Greatest Manufacturer*, McGraw Hill, 2004. Publicado pela Bookman Editora sob o título O Modelo Toyota: 14 Princípios de Gestão do Maior Fabricante do Mundo.

Tabela 1.1 *Similaridades entre a produção enxuta e o desenvolvimento de produto eficaz*[16]

Produção enxuta	Desenvolvimento enxuto
Mudanças frequentes de *setup* (configuração)	Mudanças frequentes de produto (*releases* de software)
Prazos de fabricação reduzidos	Prazos de desenvolvimento reduzidos
Estoques reduzidos entre as etapas de fabricação	Informação reduzida entre as etapas de desenvolvimento
Transferência frequente de pequenos lotes de peças entre as etapas de fabricação	Transferência frequente de informação preliminar entre as etapas de desenvolvimento
Um estoque reduzido requer folga de recursos e maior fluxo de informação entre as etapas de fabricação	Um prazo reduzido requer folga de recursos e maior fluxo de informação entre as etapas de desenvolvimento
Adaptabilidade às mudanças em volume, *mix* de produtos e projeto de *design*	Adaptabilidade às mudanças em *design* de produto, cronograma e metas de custos
Uma ampla atribuição de tarefas para os operários resulta em maior produtividade	Uma ampla atribuição de tarefas para os engenheiros (desenvolvedores) resulta em maior produtividade
Foco na rápida solução de problemas e melhoria contínua de processo	Foco na frequente inovação incremental e na melhoria contínua de produto e processo
Melhoria simultânea da qualidade, prazos de entrega e produtividade	Melhoria simultânea da qualidade, prazos de desenvolvimento e produtividade

O desenvolvimento de produto é um processo de criação de conhecimento. O Sistema de Desenvolvimento de Produto da Toyota cria conhecimento mediante a ampla exploração de espaços de solução, experimentação direta com múltiplos protótipos e encontros regulares de integração nos quais o projeto emergente é avaliado e as decisões são tomadas com base em tanta informação detalhada quanto seja possível. O conhecimento tácito adquirido durante o desenvolvimento e a produção é condensado em resumos úteis de uma página que, efetivamente, tornam o conhecimento explícito. Gerar e preservar o conhecimento para uso futuro é a marca do Sistema Toyota de Desenvolvimento de Produto.

O National Center for Manufacturing Sciences (NCMS) realizou durante anos um estudo sobre o Sistema Toyota de Desenvolvimento de Produto e suas conclusões foram resumidas por Michael Kennedy no livro *Product Deve-*

---

[16] Adaptado de Kim B. Clark and Takahiro Fujimoto, *Product Development Performance*, p. 172.

lopment for the Lean Enterprise.[17] Nesse livro, Kennedy identifica quatro elementos fundamentais do Sistema Toyota de Desenvolvimento de Produto (veja Figura 1.5).

Engenharia Baseada em Conhecimento
(O Sistema de Desenvolvimento Enxuto)

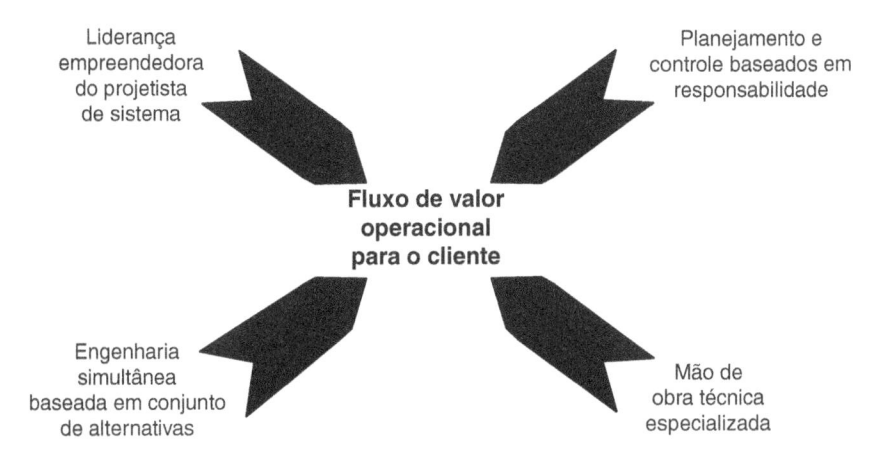

Liderança empreendedora do projetista de sistema

Planejamento e controle baseados em responsabilidade

Fluxo de valor operacional para o cliente

Engenharia simultânea baseada em conjunto de alternativas

Mão de obra técnica especializada

O fluxo de valor operacional emerge da interação dos quatro elementos fundamentais

Figura 1.5 *Elementos fundamentais do Sistema Toyota de Desenvolvimento de Produto.*[18]

O Sistema Toyota de Desenvolvimento de Produto

O Sistema Toyota de Desenvolvimento de Produto possui quatro elementos fundamentais:

1. **Projeto de sistema realizado por um engenheiro empreendedor**
   O engenheiro-chefe da Toyota detém a responsabilidade pelo sucesso comercial do produto. Ele é um engenheiro muito experiente, plenamente capaz de conceber o projeto do veículo em nível de sistema. Mas ele também é responsável por desenvolver um profundo entendimento do mercado-alvo e criar um veículo que irá encantar os clientes. O engenheiro-chefe concebe uma visão do novo produto que é transmitida para a equipe de desenvolvimento, atualizando-a com frequência mediante decisões diárias tomadas em conversas com os demais engenheiros. Sempre que necessário, ele defende a visão de produto e estipula soluções de custo-benefício se surgem desacordos. Ele define o cronograma e modifica o processo de tal forma a tudo ser puxado dentro do prazo.

---

[17] Michael Kennedy, *Product Development for the Lean Enterprise: Why Toyota's System Is Four Times More Productive and How You Can Implement It*, Oaklea Press, 2003.
[18] Esta figura é de Michael Kennedy, Ibid., p.120. Utilizada com permissão.

2. **Mão de obra técnica especializada**
   Desde os tempos de Sakichi Toyoda, as empresas Toyoda e Toyota sempre tiveram técnicos de alta qualidade projetando seus produtos sofisticados. Leva-se anos para um engenheiro realmente se tornar um especialista numa determinada área, e na Toyota os engenheiros não são transferidos ou estimulados a se transferirem para a gerência até que eles realmente dominem o seu campo de atuação. Os gerentes são professores que se tornaram mestres na área que eles supervisionam; eles formam novos engenheiros, transformando aprendizes em trabalhadores e finalmente em engenheiros-mestres.

3. **Planejamento e controle baseados em responsabilidade**
   O engenheiro-chefe do veículo define o calendário de desenvolvimento, que consiste em pontos-chave de sincronização a cada dois ou três meses de execução. Os engenheiros sabem o que é esperado para o próximo ponto de sincronização, e entregam os resultados esperados sem precisarem ser monitorados. Se os engenheiros necessitam de mais informações para fazerem seu trabalho, é esperado que eles "puxem" essas informações de suas respectivas fontes. Recentemente, os engenheiros-chefes da Toyota foram pioneiros na prática da "Oobeya" (ou grande sala, em japonês), em que os membros da equipe podiam trabalhar e se encontrar regularmente. A Oobeya contém gráficos grandes e visíveis para relatar problemas e a situação de projetos.

4. **Engenharia simultânea baseada em conjunto de alternativas**
   Engenharia simultânea baseada em conjunto de alternativas significa explorar múltiplos espaços de projeto e convergir numa solução ótima mediante o estreitamento gradual das opções. O que isto significa na prática? Significa ser muito cuidadoso para não tomar decisões até o momento em que elas realmente devam ser tomadas, trabalhando com afinco para manter opções de tal forma que as decisões possam ser feitas o mais tarde possível com a maior quantidade de informação possível. O paradoxo do projeto baseado em conjunto de alternativas é que esta abordagem de criar conhecimento gera redundância na abordagem de desenvolvimento, o que pode parecer um desperdício. No entanto, quando olhamos para o sistema como um todo, o projeto baseado em conjunto de alternativas permite que a equipe de desenvolvimento chegue a uma solução ótima mais rapidamente do que uma abordagem que limita prontamente as opções só por uma questão de ser "decisivo".[19]

Desenvolvimento *lean* de software

O desenvolvimento de software é uma forma de desenvolvimento de produto. Na verdade, muitos dos softwares que você utiliza provavelmente foram comprados como um produto. O software que não é desenvolvido como um produto independente pode estar embarcado num equipamento de hardware, ou pode ser a essência de um jogo ou de uma ferramenta de busca. Alguns, incluindo muitos softwares personalizados, são desenvolvidos como parte de um processo de negócio. Os clientes não compram o software que nós desenvolvemos. Eles compram jogos ou processadores de texto ou ferramentas de busca ou um dispositivo de hardware ou um processo de negócio. Neste sentido, a maior parte dos softwares úteis está embarcado em alguma coisa maior que sua base de código.

---

[19] Para mais informações sobre engenharia baseada em conjunto de alternativas, vide o Capítulo 7.

É o produto, a atividade ou o processo no qual o ele está que é o produto real em desenvolvimento. O desenvolvimento do software é apenas um subconjunto do processo de desenvolvimento geral de produto. Então, num sentido muito real, podemos chamar de desenvolvimento de software um subconjunto do desenvolvimento de produto. Portanto, se quisermos compreender o verdadeiro desenvolvimento *lean* de software, faríamos muito bem em descobrir o que constitui um excelente desenvolvimento de produto.

O Sistema Toyota de Produção e o Sistema Toyota de Desenvolvimento de Produto derivam dos mesmos princípios subjacentes. O primeiro passo na implementação do desenvolvimento *lean* de software é compreender esses princípios subjacentes, que serão discutidos no próximo capítulo.

Tente isto

1. Visite o site da Toyota e veja os vídeos sobre *Jidoka* (http://www.toyota.co.jp/en/vision/production_system/video.html).[20] Você verá os sofisticados teares automatizados da Toyoda de 1920. Os vídeos sobre Just-in-Time e Sistema Toyota de Produção também valem ser vistos.

2. Você tem a tendência de trabalhar em lotes? Se você tivesse 100 cartas para enviar, como faria para dobrá-las, envelopá-las, endereçá-las e selá-las? Você processaria um envelope por vez ou realizaria cada passo num lote? Por quê? Tente cronometrar o tempo dos dois modos de trabalhar e veja qual é o mais rápido. Se você tiver filhos, pergunte a eles como resolveriam este problema.

3. A Tabela 1.1 lista as semelhanças entre a fabricação e o desenvolvimento de produto. Discuta essa tabela com sua equipe, uma linha por vez. Faz sentido no seu mundo pensar no trabalho parcialmente concluído (ou inacabado) como estoque? As outras analogias fazem sentido? Analogias são facas de dois gumes. Onde as analogias entre fabricação e desenvolvimento de produto podem fazer com que você se perca?

4. Soluções paliativas: você tem uma organização formada por pessoas inteligentes. Essas pessoas resolvem seus problemas de forma paliativa ou os problemas são considerados gatilhos para parar a linha e encontrar a causa raiz do problema? Faça uma lista dos 10 maiores problemas que ocorreram em seu grupo na última semana. Liste, depois de cada problema, a forma como ele foi resolvido. Classifique cada problema numa escala de 0 a 5. O valor 5 significa que você está confiante de que a causa do problema foi identificada e eliminada, sendo improvável que ele ocorra novamente. O valor 0 significa

---

[20] Este era um recente site publicado em abril de 2006. A página também pode ser acessada pela seguinte sequência no endereço http://www.toyota.co.jp/en/: Menu Superior > Company > Vision & Philosophy > Toyota Production System > Menu Lateral > Video Introducing the Toyota Production System.

que não há dúvidas de que o problema irá acontecer novamente. Qual foi o escore total de sua equipe?

5. Se as pessoas de sua organização trabalham instintivamente em soluções paliativas para os problemas, elas têm *reflexos equivocados*! Faça um *brainstorming* sobre quanto custaria para desenvolver uma cultura que não tolere anormalidades, sejam elas quebra de *build* ou falha de comunicação, falha de instalação ou de codificação que não seja robusta o suficiente para colocar o sistema em produção. Crie um comitê *stop-the-line* para investigar as ideias e escolher o melhor candidato para começar a mudança. Na área escolhida, passe da cultura de trabalho baseada em soluções paliativas para uma cultura de interrupção da linha. Assegure-se de que os hábitos da cultura de "parar a linha" estão sendo desenvolvidos! Repita.

Capítulo 2

Princípios

Princípios e práticas

Princípios são verdades subjacentes que não mudam no tempo ou espaço, enquanto práticas são a aplicação dos princípios a uma situação particular. As práticas podem e devem diferir conforme você muda de um ambiente para o próximo, e elas também mudam à medida que uma situação evolui.

Digamos que você queira mudar suas práticas de desenvolvimento de software porque elas não estão funcionando muito bem, mas não está claro quais novas práticas você deveria adotar. Em outras palavras, você gostaria de se distanciar de algo, mas ainda não está claro para onde você está rumando. Conforme você procura uma nova abordagem para desenvolvimento de software, é melhor gastar o seu tempo entendendo os princípios ou estudando as práticas?

Existe a abordagem do "aprenda fazendo": adote um conjunto coerente de práticas com a certeza de que ele levará, mais cedo ou mais tarde ao entendimento dos princípios por trás delas. Também existe a abordagem do "entenda antes de fazer": compreenda os princípios fundamentais e os utilize para desenvolver práticas para situações específicas. Observamos que os melhores resultados surgem da combinação das duas abordagens. Copiar práticas sem entender seus princípios fundamentais tem uma longa história de resultados medíocres. Porém, quando os princípios fundamentais são entendidos, é útil copiar práticas que funcionam para organizações similares e modificá-las para se adequarem ao seu ambiente. Isso pode ser o salto inicial para a implementação dos princípios.

Por exemplo, quando a fábrica de fitas de vídeo da Mary implantou o Just-in-Time, não foi possível simplesmente copiar as práticas da Toyota, pois sua fábrica era de processos, e não de montagem. A equipe de gestão tinha que pensar com cuidado sobre o que o Just-in-Time significava em seu mundo. Eles decidiram usar o sistema *kanban* da Toyota e implantar *pull scheduling*,* que eram práticas específicas. Contudo, eles sabiam que apenas a redução de estoque não seria suficiente para atingir um avanço na redução de custos; por isso, desenvolveram abordagens únicas para engajar operários da produção e criar uma cultura de parar a linha de produção. Esta combinação de compreender os princípios e de adaptar as práticas levou a um sucesso estrondoso.

Muitas empresas copiaram o sistema *Kanban* da Toyota durante os anos 90 com resultados medíocres. Essas empresas não viam o *lean* como um sistema de gestão destinado a eliminar o desperdício. Suspeitamos que muitas empresas com sistemas *Kanban* deixaram muito desperdício em seus fluxos de valor. De forma similar, muitas empresas implantarão algumas das práticas ágeis de desenvolvimento de software discutidas mais adiante nesse livro, mas se elas não reconhecerem o desperdício e gerenciarem o fluxo de valor a fim de eliminá-lo, se elas não mostrarem um profundo respeito por seus trabalhadores e parceiros, os resultados também poderão ser medíocres.

Desenvolvimento de software

As práticas enxutas de produção e de gerenciamento da cadeia de suprimentos não são facilmente traduzidas para o desenvolvimento de software, pois tanto o software como o desenvolvimento são individualmente bem distintos de operações e logísticas. Vamos dar uma olhada em cada uma destas palavras – software e desenvolvimento – e analisar somente suas singularidades.

Software

O software embarcado é a parte de um produto da qual se espera a mudança. Se não precisasse mudar, então poderia muito bem ser hardware. O software empresarial é a parte de um processo de negócio que suporta o peso dessa complexidade. Se há um cálculo confuso ou um fluxo de informação complicado, atribui-se ao software. O software fica com os trabalhos de interação do usuário, os trabalhos de última hora, os trabalhos de "resolva no futuro". Devido a isso, quase tudo o que sabemos sobre uma boa arquitetura de software tem a ver com produzir software de fácil mudança.[1] E isto não é uma surpresa, dado que mais da metade de todos os softwares são desenvolvidos depois do primeiro *release* para produção.[2]

---

* N. de R. T.: Sistema que evita, em qualquer etapa, produzir qualquer coisa que não tenha sido realmente solicitada pela etapa posterior, minimizando o desperdício por superprodução. Ver Capítulo 5 adiante.

[1] Por exemplo, no artigo "Quality With a Name", Jim Shore define desta forma uma arquitetura de software de alta qualidade: "Um bom projeto de software minimiza o tempo necessário para criá-lo, modificá-lo e mantê-lo, enquanto atinge um desempenho aceitável de execução". Veja: www.jamesshore.com/Articles/Quality-With-a-Name.html

[2] A porcentagem do custo do ciclo de vida do software atribuído à "manutenção" varia entre 40% e 90%. Veja Kajko-Mattsson, Mira, Ulf Westblom, Stefan Forssander, Gunnar Andersson, Mats Medin, Sari Ebarasi, Tord Fahlgren, Sven-Erik Johansson, Stefan Törnquist e Margareta Holmgren, "Taxonomy of Problem Management Activities". *Proceedings of the Fifth European Conference on Software Maintenance and Reengineering*, março de 2001, 1-10.

À medida que o tempo passa, modificar um software em produção tende a ser mais difícil e caro. Mudanças adicionam complexidade, e complexidade geralmente calcifica o código base, tornando-o frágil e fácil de ser quebrado. Frequentemente, empresas se assustam ao descobrir que seu investimento em software se tornou um emaranhado de código não gerenciável. Mas, isso não tem que acontecer. Os melhores produtos de software estão em circulação há uma década ou mais, e todo o produto útil com essa idade foi mudado regularmente durante seu tempo de vida. Esses produtos possuem arquiteturas e processos de desenvolvimento que edificam tolerância a mudanças em seu código. Todo código digno do nome "software" deveria ser projetado e construído tendo em mente uma tolerância a mudanças.

Desenvolvimento

Desenvolvimento é o processo de transformar ideias em produtos. Existem duas escolas de pensamento sobre como lidar com esta transformação: poderíamos chamar uma de escola de pensamento determinística e a outra de escola empírica de pensamento. A escola determinística começa criando uma definição completa do produto e então cria uma realização a partir desta definição. A escola empírica começa com um conceito de produto em alto nível e então estabelece ciclos de *feedback* bem definidos que ajustam as atividades para criar uma interpretação ótima do conceito.

O Sistema de Desenvolvimento de Produtos da Toyota se enquadra na escola empírica, começando com um conceito de veículo em vez de uma definição e, empiricamente, completando o conceito em um produto por meio do processo de desenvolvimento. Por exemplo, o conceito de produto do Prius não menciona um motor híbrido; ele estabelece um objetivo de economia de combustível de 20 quilômetros por litro (47,5 milhas por galão). O conceito do produto Prius também pedia uma espaçosa cabine de passageiros, mas não estabeleceu quais eram as dimensões do veículo. Somente durante o desenvolvimento fora do laboratório de pesquisa a equipe determinou um motor híbrido como a melhor maneira de atingir o objetivo agressivo da economia de combustível.[3]

Acreditamos que qualquer processo de desenvolvimento que lida com um ambiente de mudanças deveria ser um processo empírico, dado que ele oferece a melhor abordagem conhecida para se adaptar às mudanças. Como mencionamos anteriormente, o software por sua própria natureza deveria ser projetado para se adaptar às mudanças durante o desenvolvimento inicial e também durante seu ciclo de vida. Por isso, o desenvolvimento de software deveria ser um processo empírico.

O que é essa coisa chamada "cascata"?

Eu nunca havia me deparado com termo "cascata" até 1999, quando comecei a trabalhar em um projeto governamental. Fui programadora (muito boa) nos anos 70, escrevendo softwares que controlavam máquinas. Hoje, podemos chamar isso de software embarcado, mas naqueles dias dificilmente os computadores eram pequenos o suficiente para serem embarcados. Trabalhei em alguns grandes projetos que envolviam construção e inicialização de linhas de

---

[3] Jeffrey Liker, *The Toyota Way*, McGraw-Hill, 2004. Publicado pela Bookman Editora sob o título *O Modelo Toyota*. Veja o Capítulo 6 sobre o desenvolvimento do Prius.

processos complexas que produziam fitas.[4] Meus colegas nesses projetos eram engenheiros com anos de experiência em desenvolvimento de linhas de produção de fitas grandes e complexas. Os projetos eram gerenciados por peritos experientes que sabiam como conseguir a aprovação de um orçamento e um cronograma globais e que, em seguida, repassavam tudo para que os especialistas adaptassem o plano conforme o necessário para que se estabelecessem uma linha de produção. Todos estavam bem cientes de que, embora o orçamento e o cronograma fossem importantes, o objetivo primordial era entregar uma linha de produção que fizesse um excelente produto. E sempre o fizemos.

Quando me tornei a gerente de sistemas de informação de uma fábrica de videocassetes, usei a abordagem que aprendi como engenheira para gerenciar o desenvolvimento de novos produtos de software, sempre tendo em mente que o trabalho principal do meu departamento era dar suporte à produção. Mais tarde, fui para o desenvolvimento de produto, no qual utilizávamos um rigoroso, porém muito adaptável, processo *stage-gate** para comercializar novos produtos.

Desta forma, consegui escapar de trabalhar com a metodologia cascata até me deparar com ela em 1999 em um projeto governamental. Eu estava intrigada com a abordagem em cascata porque não conseguia entender como poderia funcionar; e, de fato, não funcionava. Conforme eu comparava minha experiência trabalhando em projetos complexos e bem-sucedidos com a prescrita abordagem em cascata, a qual fracassou em um projeto relativamente pequeno, decidi escrever um livro sobre o que realmente funciona.[5] Naquele livro, esboçamos sete princípios do desenvolvimento de software, que estão resumidos a seguir.

— Mary Poppendieck

Os sete princípios do desenvolvimento *lean* de software

Nesta seção, resumimos os sete princípios do desenvolvimento de software que compõe a essência de nosso livro anterior. Alguns leitores podem notar que a nomenclatura de alguns princípios mudou um pouco, mas a intenção permanece a mesma. Após cada princípio, acrescentamos um mito existente que torna o princípio anti-intuitivo para aqueles que acreditam no mito.

Princípio 1: Eliminar o desperdício

Taiichi Ohno chamou de Sistema Toyota de Produção um sistema de gerenciamento para "a eliminação absoluta do desperdício".[6] Quando perguntado como funciona-

---

[4] O equipamento necessário para produzir fitas se assemelha àqueles dos teares automatizados produzidos nos anos 20 pela Toyoda Teares Automatizados.

* N. de R. T.: *State-gate* é um processo de inovação que propõe que uma empresa continuamente leve em consideração e avalie as tecnologias sendo desenvolvidas sempre do ponto de vista técnico e de marketing conjuntamente: um projeto seguindo este processo em um estágio não avança ao estágio seguinte a menos que as atividades técnicas e de marketing tenham sido completadas e os resultados sejam encorajadores; assim, o desenvolvimento de um novo produto pode ser abandonado em qualquer estágio.

[5] Mary and Tom Poppendieck, *Lean Software Development: An Agile Toolkit*, Addison-Wesley, 2003.

[6] Taiichi Ohno, *Toyota Production System: Beyond Large Scale Production*, Productivity Press, 1988, p. 4.

va, ele dizia: "Tudo o que estamos fazendo é olhar para a linha de tempo do momento que o cliente nos faz o pedido até o momento que recebemos o dinheiro. E estamos reduzindo a linha de tempo ao removermos os desperdícios de acréscimos sem valor".[7] Em suma, esta é a essência do que é a produção *lean*. No desenvolvimento *lean* de software, o objetivo de eliminar o desperdício é o mesmo, mas o início e o final da linha de tempo podem ser modificados. Você inicia o relógio da linha de tempo quando recebe um pedido para resolver uma necessidade do cliente (o que quer que isto signifique na sua organização) e para o relógio quando o software visando aquela necessidade é implantado. O desenvolvimento *lean* de software tem como foco a redução da linha do tempo ao remover os desperdícios de acréscimos sem valor.

Para eliminar o desperdício, primeiro você precisa reconhecê-lo. Uma vez que o desperdício é tudo o que não agrega valor, o primeiro passo para eliminá-lo é desenvolver um senso aguçado do que o valor realmente é. Não há melhor maneira de se desenvolver um profundo conhecimento sobre o que os clientes realmente valorizarão do que quando eles começam a utilizar o software. No nosso ramo, o valor tem o hábito de mudar porque, frequentemente, os clientes não sabem realmente o que querem. Além disso, quando eles veem o novo software em ação, sua ideia de o que querem invariavelmente muda. Todavia, grandes organizações de desenvolvimento de software desenvolvem um profundo senso de valor do cliente e, continuamente, satisfazem seus clientes. Pense no Google; ele regular e repetidamente encanta clientes ao redor do mundo.

Uma vez que você tenha um bom entendimento do valor, o próximo passo é desenvolver a capacidade de realmente ver o desperdício. Desperdício é qualquer coisa que interfere em entregar aos clientes aquilo que eles valorizam no tempo e no lugar em que isso gerará o maior valor. Qualquer coisa que façamos que não adicione valor ao cliente é desperdício, e qualquer atraso que impeça o cliente de obter valor quando ele o deseja também é desperdício.

Na produção, o estoque é desperdício. Estoque deve ser manuseado, movido, guardado, monitorado e reabastecido. Isso não só custa tempo e esforço, mas também adiciona complexidade – um multiplicador de grande custo. Estoques se perdem, ficam obsoletos, escondem problemas de qualidade e estagnam dinheiro. Portanto, um dos objetivos da produção é ter o menor estoque possível.

O estoque em desenvolvimento de software equivale aos trabalhos parcialmente acabados. Um software parcialmente acabado tem todos os males de um estoque na produção: se perde, fica obsoleto, esconde problemas de qualidade e estagna dinheiro. Além disso, a maior parte do risco no desenvolvimento de software jaz em trabalhos parcialmente acabados.

Uma grande forma do desperdício no desenvolvimento de software é o *churn**. Nas nossas turmas, encontramos frequentemente "requisitos *churn*" na faixa de 30 a 50%, e vimos muitos ciclos de testar-e-corrigir que levam duas vezes mais tempo do que o desenvolvimento inicial. Achamos que o desenvolvimento de software com *churn* sempre está associado a grandes estoques de trabalho parcialmente acabado. Quando os requisitos são especificados muito antes

---

[7] Ibid., p. ix.

* N. de R. T.: O termo *churn* não foi traduzido neste livro significando volatilidade, inquietação, necessidade de mudança.

da codificação, certamente eles mudarão. Quando os testes acontecem muito depois da codificação, o *churn* testar-e-corrigir é inevitável. Infelizmente, esses tipos de *churn* frequentemente são apenas precursores de um *churn* ainda maior de atraso na integração (também conhecido como *big-bang*).

Entretanto, a maior fonte de desperdício no desenvolvimento de software são de longe as funcionalidades adicionais. Somente cerca de 20% das funcionalidades e funções em um programa personalizado típico são usadas regularmente. Algo como dois terços delas são raramente usadas.[8] Não estamos falando de segurança necessária ou funcionalidades de segurança. Estamos falando de funcionalidades que realmente não eram necessárias em um primeiro momento. Existe um *enorme* custo para desenvolver funcionalidades adicionais em um sistema de software. Elas acrescem uma complexidade ao código base do programa que eleva seu custo a uma taxa alarmante, tornando seu custo de manutenção cada vez mais caro e reduzindo drasticamente seu tempo de vida útil.

Mito: *Especificar antes reduz o desperdício*

A razão para desenvolvermos todos esses códigos excedentes está no jogo que fazemos com os nossos clientes. Estabelecemos as regras:

> Você, valioso cliente, poderia nos dar, por favor, uma lista de tudo o que quer que o software faça? Escreveremos tudo e pediremos para você assinar o resultado. Depois disto, se você quiser mudanças ou funcionalidades adicionais, terá que passar pelo árduo processo chamado "gestão de mudanças" para ter uma alteração aprovada. Assim, é melhor pensar em tudo o que quer agora, pois temos que saber tudo isso no início para que possamos desenvolver um bom programa.

Não é de admirar que nossos clientes joguem tudo, incluindo a pia da cozinha, em sua lista de requisitos? Muitas vezes, o jogo de controle de escopo tem o efeito oposto – ele cria um escopo inchado. Do mesmo modo que Taiichi Ohno definiu a sobreprodução como o pior desperdício na produção, as funcionalidades não usadas são o pior tipo de desperdício no desenvolvimento de software. Cada pedaço de código que está lá e não é necessário cria uma complexidade que contaminará o código base para o resto da sua vida. Código não usado ainda requer testes, documentação e suporte desnecessários. Isso contribuirá para tornar o código frágil e difícil de entender e de ser mudando à medida que o tempo passa. O

---

[8] Quando Jim Johnson, presidente do Standish Group relatou esses números na XP 2002, na Sardenha, eles tinham como base de um estudo limitado. Desde então, perguntamos a quase todos os grupos com os quais nos correspondemos se esses números correspondem a sua experiência e, particularmente, se estão desenvolvendo softwares personalizados. A resposta sempre confirmou que esses números, se não precisamente corretos, chegam bem perto.

custo da complexidade no código domina todos os outros custos, e funcionalidades extras que acabam se tornando desnecessárias representam alguns dos maiores assassinos da produtividade de software.

Precisamos de um processo que nos permita desenvolver os 20% do código que entregará 80% do valor, e somente depois continuar a desenvolver as próximas funcionalidades mais importantes. Nunca deveríamos estabelecer o escopo com uma lista de tudo o que o sistema poderá eventualmente precisar, sobretudo se esta lista vier de clientes que não sabem bem o que querem.

Princípio 2: Integrar qualidade

"Precisamos de mais disciplina aqui, e não menos", é o que os gerentes céticos normalmente nos dizem. O desenvolvimento *lean* de software é muito disciplinado, respondemos sempre. É que você vê a disciplina de uma maneira diferente. Sua meta é construir qualidade no código desde o início, e não testá-la depois. Você não se concentra em colocar defeitos em um sistema de rastreabilidade; em primeiro lugar, você evita criar defeitos. É preciso uma organização altamente disciplinada para fazer isso.

Filas de defeitos

Estávamos visitando uma organização certificada em CMM Nível 4 e já beirando CMM Nível 5. Estávamos impressionados com as pessoas e a disciplina; não era de surpreender que seus produtos estivessem indo tão bem.

Porém, alguma coisa nos inquietou. Recentemente, seu tempo de ciclo de *release* tinha decaído de seis semanas para quatro meses, e eles nos solicitaram ajuda para descobrir o porquê. Desenhamos a linha de tempo do ciclo de *release* em um quadro, e no final do ciclo encontramos um período de quatro semanas de testes. "Não é de admirar que vocês não consigam lançar nada em seis semanas. Vocês levam quatro semanas para testar o seu produto!", falei.

"Eu sei. Deveríamos automatizar os testes", o gerente de qualidade respondeu, "mas isto parece um tanto simplista". Eu concordei. Tratava-se de uma empresa excelente. Havia provavelmente uma parte maior desse problema que o teste automatizado poderia resolver.

"Vamos fazer uma análise de Pareto[9] das quatro semanas de testes", eu sugeri. "O que vocês fazem durante as quatro semanas que leva mais tempo?"

"Corrigimos os defeitos", foi a resposta imediata.

"Oh, então vocês não estão realmente testando durante as quatro semanas, estão consertando defeitos!" eu disse. "Não é justo chamar isso de teste. E se não houvessem erros para corrigir – então quanto tempo os testes levariam?"

"Talvez dois ou três dias", veio a resposta.

"Então, se pudessem terminar os testes em dois ou três dias, vocês poderiam voltar aos seus *releases* a cada seis semanas?" perguntei.

---

[9] Uma análise de Pareto é uma aplicação da regra "poucos vitais e muitos triviais", também chamada de regra "80/20", primeiramente popularizada pelo guru da qualidade J.M. Juran. A análise procede assim: divida o problema em categorias, encontre a maior categoria, procure a raiz causadora do problema que criou essa categoria e o corrija. Uma vez que a causa do maior problema é eliminada, é hora de repetir o ciclo com outra análise de Pareto nos demais problemas. O Capítulo 7 contém exemplos mais detalhados de uma equipe utilizando essa técnica.

"Sem dúvida", foi a resposta imediata.
"Bem, parece que estão testando tarde demais no seu processo. Vocês realmente deveriam encontrar esses defeitos muito antes", eu sugeri.
"Oh, mas estamos!" ele falou. "Eles estão no nosso sistema de monitoramento de defeitos."
"Você quer dizer que está ciente desses defeitos, mas não está fazendo nada até chegar o fim?", perguntei espantada.
"Sim", veio a resposta tímida.
"Ok, você sabe o que deve fazer", falei. "Não registre os defeitos quando os encontrar, apenas os corrija! Reduza os testes finais para poucos dias estabelecendo a expectativa de que o código deveria funcionar quando a verificação final começa." Eu não tinha dúvida de que essa empresa muito competente seria capaz de atingir esse objetivo uma vez que a equipe decidisse que isso era importante.

— Mary Poppendieck

De acordo com Shigeo Shingo, existem dois tipos de inspeção: inspeção após os defeitos ocorrerem e inspeção para prevenir defeitos.[10] Se você realmente quer qualidade, não inspeciona após o ocorrido, mas, em primeiro lugar, controla as condições de forma a não permitir defeitos. Se isso não é possível, então você inspeciona o produto após cada pequeno passo para que os defeitos sejam identificados imediatamente após ocorrerem. Quando um defeito é encontrado, você para a linha de produção, encontra sua causa e o corrige imediatamente.

Sistemas de rastreamento de defeitos são filas de serviço parcialmente concluído, ou filas de retrabalho, se preferir. Frequentemente, pensamos que só porque um defeito está em uma fila, está tudo bem, e não vamos perder seu rastro. Contudo, no paradigma *lean*, filas são pontos de acúmulo de desperdício. O objetivo é não ter defeitos na fila; na verdade, o objetivo derradeiro é eliminar a fila de rastreamento de defeitos completamente. Se você acha isso impossível de imaginar, considere a experiência de Nancy Van Schooenderwoert em três anos de projeto que desenvolveu um software embarcado complexo e frequentemente alterado.[11] Após um período de três anos, havia um total de 51 defeitos após teste unitário com um máximo de dois defeitos abertos de uma só vez. Quem precisa de um sistema de rastreamento de defeitos para dois defeitos?

Atualmente, dispomos de ferramentas para manter a maior parte dos defeitos fora do código conforme ele está sendo desenvolvido. Um grupo de desenvolvedores usando TDD escrevem testes unitários e testes de aceitação antes de escreverem o código associado. Eles integram ambos, código e testes, em um sistema tão logo seja possível – a cada hora ou algo assim – e executam um *test hardness** para verificar se nenhum defeito foi introduzido. Se o teste não for

---

[10] Veja Shigeo Shingo, *Study of 'Toyota' Production System*, Productivity Press, 1981, Chapter 2.3.
[11] Nancy Van Schooenderwoert e Ron Morsicato, "Taming the Embedded Tiger-Agile Test Techniques for Embedded Software", Proceedings, Agile Development Conference, Salt Lake City, June, 2004, and Nancy Van Schooenderwoert, "Embedded Agile Project by the Numbers with Newbies", Proceedings, Agile 2006 Conference, Minneapolis, July de 2006.

* N. de R. T.: *Test hardness* significa adotar um *framework* de testes automatizados.

bem-sucedido, eles não adicionam código novo até o problema ser corrigido ou até o código falho ser desfeito. No fim do dia, um teste de resistência maior e mais completo é executado. A cada fim de semana, o sistema é anexado a um teste de resistência ainda mais abrangente. As organizações que usam esse processo relatam taxas de defeitos incrivelmente baixas, assim como janelas de tempo muito curtos para descobrir a causa dos defeitos que são descobertos.

Produtividade elevada[12]

Desenvolvimento guiado por testes (TDD) é uma abordagem espantosamente eficaz para melhorar a qualidade do código. Em fevereiro de 2004, introduzi a técnica em uma empresa que estava lutando contra problemas de qualidade. Embora nenhum código (escrito em Java) tivesse mais que cinco anos de idade, eles já consideravam isso como uma aplicação legada. Na média, havia dez defeitos reportados a cada mil linhas de código fonte não comentado (NCSS – Non-Comment Source Statements) nos seis meses após o *release*.

A baixa qualidade do software desta empresa estava afetando sua reputação, a satisfação do cliente e sua habilidade de adicionar novas funcionalidades de uma forma oportuna.

Para corrigir esses problemas, a equipe começou a usar o processo de desenvolvimento ágil Scrum[13] e logo depois adotaram TDD. Depois disso, o número de defeitos informados caiu para menos que três por mil linhas de código. Essa redução de 70% em defeitos ainda era melhoria, pois a equipe não rastreava se um defeito reportado fora causado por código escrito antes ou depois de TDD ser adotado. Ou seja, alguns dos defeitos que foram reportados ainda eram resultados de código escrito antes da adoção do TDD. Numa estimativa conservadora, a equipe provavelmente alcançou entre 80 e 90% de melhoramento.

A melhora da qualidade compensou de várias maneiras. Devido à equipe gastar muito menos tempo rastreando os erros (na depuração durante o desenvolvimento e depois, quando um usuário informa um erro), a produtividade aumentou. Antes de adotar TDD, a equipe alcançava uma média de sete pontos de função por mês por pessoa. Após, eles conseguiram uma média de 23 pontos de função por pessoa-mês. A equipe foi cerca de três vezes mais produtiva com muito menos defeitos.

— Mike Cohn, presidente, Mountain Goat Software

Mito: A função dos testes é encontrar defeitos

O trabalho de testagem, e das pessoas que desenvolvem e rodam testes, é *prevenir* defeitos, e não encontrá-los. Uma organização que busca garantir a qualidade deveria promover processos que constroem qualidade no código desde o início, em vez de testar a qualidade no final. Isso não quer dizer que a verificação seja desnecessária. A verificação final é uma boa ideia. Só que encontrar defeitos deveria ser

---

[12] Obrigado a Mike Cohn por compartilhar sua experiência. Usado com permissão.
[13] Scrum é uma metodologia de desenvolvimento iterativo bem conhecida. Veja Ken Schwaber and Mike Beedle, *Agile Software Development with SCRUM*, Prentice Hall, 2001, e Ken Schwaber, *Agile Project Management with Scrum*, Microsoft, 2004.

a exceção, não a regra, durante a verificação. Se a verificação rotineiramente dispara ciclos de testar-e-corrigir, então o processo de desenvolvimento é defeituoso.

Na fábrica de Mary, a sabedoria popular dizia que 80% dos defeitos que pareciam ser causados por pessoas que cometiam erros eram, na verdade, causados por um sistema que permitia que os erros acontecessem. Assim, a vasta maioria dos defeitos era, de fato, problemas de gestão. O *slogan* "Faça certo na primeira vez" foi o grito de guerra para abolir a inspeção *a posteriori*. Isso significou tornar cada passo da produção à prova de erros de forma que fosse fácil evitar a criação de defeitos.

Quando usamos o *slogan* "faça certo na primeira vez", no desenvolvimento de software, deveria significar que nós usamos TDD e integração contínua para garantirmos que o código se comporte exatamente como pretendido naquele ponto do tempo. Infelizmente, o *slogan* era usado para concluir algo bem diferente. "Faça certo na primeira vez" era interpretado como uma vez que o código tenha sido escrito, ele não deveria jamais ser modificado. Essa interpretação encoraja desenvolvedores a usar algumas das piores práticas conhecidas para o projeto e o desenvolvimento de sistemas complexos. É um mito perigoso pensar que o software não deve ser mudado uma vez que tenha sido escrito.

Vamos rever a melhor oportunidade de eliminar desperdício no desenvolvimento de software: *escreva menos código*. A fim de escrevermos menos código, precisamos encontrar os 20% do código que fornecerá 80% do valor e escrevê-los primeiro. Dessa forma, adicionamos mais funcionalidades, parando quando o valor do próximo conjunto de funcionalidades é inferior ao seu custo. Quando adicionamos novas funcionalidades, temos que manter o código simples e limpo, ou a complexidade logo irá nos dominar completamente. Assim, refatoramos o projeto para levar em conta a nova capacidade, para manter simples o código base e para nos livrarmos do pior inimigo do software: a duplicação. Isso significa que deveríamos rotineiramente esperar mudanças no código existente.

Princípio 3: Criar conhecimento

Um dos aspectos enigmáticos do desenvolvimento "cascata" é a ideia de que conhecimento, na forma de "requisitos", existe antes e separadamente da codificação. O desenvolvimento de software é um processo de criação de conhecimento. Embora um conceito de arquitetura global seja esboçado antes da codificação, a validação dessa arquitetura vem à medida que o código está sendo escrito. Na prática, o projeto detalhado de software sempre ocorre durante a codificação, mesmo se um documento de projeto detalhado foi escrito há muito tempo. Um *design* prematuro não pode antecipar totalmente a complexidade encontrada durante a implementação, ou tampouco levar em conta o contínuo *feedback* que vem de realmente construir o software. Para piorar, projetos prematuramente detalhados não são passíveis de *feedback* dos *stakeholders* e dos clientes. Um processo de desenvolvimento concentrado em criar conhecimento esperará que o projeto evolua durante a codificação e não desperdiçará tempo sedimentando-o prematuramente.

Alan MacCormack, professor da Escola de Administração em Harvard, emprega seu tempo estudando como as organizações aprendem. Pouco tempo atrás, quando ele estava estudando práticas de desenvolvimento de software, uma empresa solicitou que avaliasse dois de seus projetos – um projeto "bom" e um projeto "ruim".[14] O projeto "bom" foi executado com regras seguidas à risca. Ele tinha um projeto otimizado, e o sistema resultante estava muito próximo da especificação inicial. O projeto "ruim" sofreu mudança constante à medida que a equipe de desenvolvimento lutava para entender e responder às mudanças no mercado.

Quando os projetos foram avaliados utilizando o critério de MacCormack, o projeto "bom" teve uma baixa pontuação em qualidade, produtividade e aceitação do mercado, enquanto o projeto "ruim" foi um sucesso de mercado. Não é surpresa que a equipe que aprendeu com o mercado do começo ao fim do desenvolvimento tenha criado um produto melhor. A verdadeira revelação foi que os gerentes da empresa pensavam que aprender sobre o mercado e construir um produto para satisfazê-lo era "ruim".

MacCormack identificou quatro práticas que levam ao desenvolvimento de software bem-sucedido:[15]

1. *Releases* breves com um conjunto mínimo de funcionalidades para clientes avaliarem e darem *feedback*
2. *Builds* diárias e *feedback* rápido de testes de integração
3. Uma equipe e/ou um líder com experiência e instintos para tomar boas decisões
4. Uma arquitetura modular que dê suporte à habilidade de adicionar facilmente novas funcionalidades

As empresas que exibiram uma excelência a longo prazo em desenvolvimento de produtos compartilham um traço em comum: elas geram novo conhecimento por meio de uma experimentação disciplinada e codificam este conhecimento concisamente para torná-lo acessível ao restante da organização. Essas empresas não somente capturam dados explícitos, mas encontram maneiras de tornar explícito o conhecimento tácito e fazê-lo parte da base de conhecimento organizacional.[16] Essas empresas percebem que, ainda que seja importante aprender sobre o produto durante o desenvolvimento, codificar o conhecimento para uso em produtos futuros é essencial.

---

[14] Essa história foi contada em "Creating a Fast and Flexible Process: Research Suggests Keys to Success" por Alan MacCormack, em www.roundtable.com/MRTIndex/FFPD/ARTmaccormack.html e em www.agiledevelopmentconference.com/2003/files/AlanAgileSoftwareJun03.ppt.
[15] Além do artigo acima, veja também Alan MacCormack, "Product-Development Practices That Work: How Internet Companies Build Software," *MIT Sloan Management Review*, Winter 2001, Vol. 40 n° 2.
[16] Veja Ikujiro Nonaka and Hirotaka Takeuchi in *The Knowledge Creating Company*: *How Japanese Companies Create the Dynamics of Innovation*, Oxford University Press, 1995, p. 225.

É importante ter um processo de desenvolvimento que encoraje o aprendizado sistemático durante todo o ciclo de desenvolvimento, mas também precisamos melhorar sistematicamente esse processo de desenvolvimento. Às vezes, na busca por um "padrão" de processos, trancamos nossos processos em uma documentação que torna difícil para equipes de desenvolvimento melhorar continuamente seus próprios processos. Uma organização *lean* sabe que deve constantemente melhorar seus processos, pois, em um ambiente complexo, sempre haverá problemas. Cada anormalidade deve acionar uma busca pela causa-raiz, acionar experimentos para encontrar a melhor maneira de resolver o problema e acionar uma mudança no processo para impedir que ele ressurja. Esforços na melhoria do processo devem ser responsabilidade da equipe de desenvolvimento, e cada equipe deve reservar algum tempo para trabalhar regularmente na melhoria de processos.

Mito: Previsões geram previsibilidade

Resultados previsíveis são uma das expectativas-chave que o mercado impõe a suas empresas e a seus gerentes seniores, e estas expectativas acabam fluindo para o desenvolvimento de software. Infelizmente, o desenvolvimento de software tem uma notória reputação de ser imprevisível; assim, existe bastante pressão para torná-lo mais previsível. O paradoxo é que, em nosso zelo de melhorar a previsibilidade do desenvolvimento de software, institucionalizamos práticas que têm o efeito oposto. Criamos um plano e, então, agimos baseados neste plano como se ele incorporasse uma previsão apurada do futuro. Por assumirmos que nossas previsões são fatos, tendemos a tomar decisões antecipadas que nos fixam em um curso de ação que é difícil de mudar. Assim, perdemos nossa capacidade de responder à mudança quando nossas previsões se revelam imprecisas. A solução para este problema, como parece, é fazer previsões mais precisas.

Esquecemos que previsões serão sempre incertas se elas forem 1) complexas, 2) detalhadas, 3) sobre um futuro distante, ou 4) sobre um ambiente incerto. Nenhuma tentativa de fazer esses tipos de previsões serem mais precisas dará melhor resultado. Existem, entretanto, maneiras comprovadas de criar resultados confiáveis mesmo que não possamos começar com previsões apuradas.

A ideia é parar de agir como se nossas previsões fossem fatos em vez de antevisões. Ao invés disso, precisamos reduzir nosso tempo de resposta para podermos responder corretamente a eventos assim que aparecerem.

A fim de aumentar a previsibilidade dos resultados, precisamos reduzir a quantidade de especulação que entra na tomada de decisões. Decisões que são baseadas em fatos, em vez de previsões, produzem os resultados mais previsíveis. Como uma engenheira de controle, Mary sabe que um sistema de controle empírico – aquele baseado em *feedback* – entrega resultados mais previsíveis que um sistema de controle determinístico. Fundamentalmente, uma organização que tem uma habilidade bem desenvolvida de esperar que os eventos ocorram e, então, responder rápida e corretamente entregará resultados muito mais previsíveis que uma organização que tenta prever o futuro.

Princípio 4: Adiar comprometimentos

Pessoas que respondem a emergências são treinadas para lidar com situações desafiadoras, imprevisíveis e frequentemente perigosas. Elas são ensinadas a avaliar situações desafiadoras e decidir quanto tempo podem esperar antes que tenham que tomar decisões críticas. Tendo definido um *timebox** para tomar tal decisão, elas aprendem a esperar até o fim deste antes de entrar em ação, porque é quando terão mais informação.

Devemos aplicar a mesma lógica às decisões irreversíveis que necessitam ser tomadas no decorrer do desenvolvimento de software: planeje decisões irreversíveis para o último momento possível, isto é, a última chance de tomar uma decisão antes que seja tarde demais. Isso não quer dizer que todas as decisões devam ser adiadas. Em primeiro lugar, deveríamos tentar tornar a maioria das decisões reversíveis, assim elas podem ser tomadas e facilmente modificadas. Um dos maiores objetivos do desenvolvimento iterativo é livrar-se da "paralisia da análise" para obter algo concreto concluído. Contudo, enquanto estamos desenvolvendo funcionalidades iniciais de um sistema, deveríamos evitar tomar decisões que bloquearão uma decisão crítica de projeto e que seja difícil de mudar. Um sistema de software não precisa de flexibilidade completa, mas necessita, sim, preservar opções em pontos onde mudanças invariavelmente ocorrem. Uma equipe e/ou um líder com experiência no domínio e na tecnologia terão desenvolvido bons instintos e saberão quando manter opções.

Muitas pessoas gostam de tomar decisões extraordinárias para enfrentar os riscos de peito aberto e reduzir o número de incertezas. Entretanto, face à incerteza, especialmente quando acompanhada de complexidade, a abordagem mais bem-sucedida é combater problemas difíceis experimentando diversas soluções, deixando opções críticas em aberto até uma decisão precisar ser tomada. De fato, muitas das melhores estratégias de projetos de software são destinadas especificamente a deixar opções em aberto para que decisões irreversíveis possam ser tomadas o mais tarde possível.

Mito: Planejar é comprometer-se

"Na preparação para a batalha, sempre achei que planos eram inúteis, mas planejamento é indispensável." A famosa citação de Dwight Eisenhower nos dá uma boa perspectiva da diferença entre planejamento e comprometimento. Planejamento é um importante exercício de aprendizado, é crítico no desenvolvimento de reflexos certos em uma organização e é necessário para se estabelecer um projeto arquitetural de alto nível de um sistema complexo.

Planos, por outro lado, são superestimados. Veja o que Taiichi Ohno tem a dizer:[17]

> Planos mudam muito facilmente. Assuntos mundanos nem sempre saem de acordo com planos e ordens têm que mudar rapidamente para responder a mudanças circunstanciais. Se alguém acredita que, uma vez definido, um plano não deveria ser mudado, seu negócio não pode existir por muito tempo.

---

[17] Taiichi Ohno, *Toyota Production System: Beyond Large Scale Production*, Productivity Press, 1988, p. 46.

* N. de T.: Período de tempo (geralmente de seis semanas) com entregas, prazo e orçamento próprios usado no planejamento de projetos. Além disso, é uma característica-chave em Rapid Application Development (RAD).

Dizem que quanto mais rígida é a coluna humana, mais fácil ela se curva. Essa elasticidade é importante. Se algo dá errado e a espinha dorsal é colocada em um molde, essa área vital enrijece e para de funcionar. Fixar-se em um plano uma vez que seja definido é como colocar um corpo humano em um molde. Não é saudável.

Barry Boehm e Richard Tuner[18] cunharam o termo *plan-driven methods* ("métodos guiados por plano") para descrever abordagens de desenvolvimento de software que são baseadas na expectativa de que um plano é um comprometimento. Eles definem um processo adequado guiado por plano como um processo que tem "a capacidade inerente... de produzir resultados planejados".[19] Eles também apontam que métodos guiados por planos originaram-se no mundo de contratos governamentais.[20] De fato, é um desafio administrar contratos nas extensões exigidas por organizações governamentais sem criar um plano detalhado que é considerado um comprometimento.

Entretanto, no mundo comercial, negócios inteligentes (tais como a Toyota) percebem que ficar preso a um plano detalhado não é saudável, e medir a capacidade de processo conforme a habilidade que cada um tem em fazê-lo é medir a coisa errada. Não vamos sucumbir ao mito de que planejamento é a mesma coisa que assumir um comprometimento. Devíamos planejar com sabedoria e nos comprometer com parcimônia.

Princípio 5: Entregar rápido

Quando nossas filhos eram tão pequenos que seus queixos estavam ao nível da mesa quando se sentavam em uma cadeira, sempre conseguíamos achar alguns grossos catálogos da Sears em qualquer casa que visitávamos e usá-los para aumentar a altura do assento. Todos adoravam folhar os catálogos, e frequentemente fazíamos pedidos deles. A entrega levava duas ou três semanas, então nem nos preocupávamos em pedir coisas que podíamos comprar nas lojas locais. Em meados dos anos 80, uma empresa de compra por correio do estado do Maine chamada L.L. Bean decidiu competir com a Sears com base no tempo. Seu objetivo era embarcar qualquer pedido dentro de 24 horas depois do pedido chegar. Esse era um conceito tão maravilhoso que outras empresas costumavam fazer uma visita ao centro de distribuição da L.L. Bean para ver como a empresa fazia isso.

Não demorou muito para o período de entrega de duas a três semanas parecer terrivelmente lento. O venerável catálogo da Sears, aproximando-se do 100º aniversário, era incapaz de competir e ela fechou suas lojas em 1993. A L.L. Bean tinha custos muito mais baixos, em parte porque não tinha que incorrer nas despesas de acompanhar pedidos não completados. Pense bem: se nós pedíssemos camisas amarelas da Sears, podíamos ligar uma ou duas semanas depois e dizer "Olha só, mudei de ideia. Você pode mandar uma camisa azul?".

---

[18] Veja Barry Boehm and Richard Turner, *Balancing Agility and Discipline: A Guide for the Perplexed*, Addison-Wesley, 2004.
[19] Ibid., p. 12.
[20] Ibid., p. 10.

E eles mudariam o pedido. Porém, se ligássemos para a L.L. Bean com a mesma solicitação, eles diriam, "Você olhou na sua porta? Seu pedido deve estar chegando hoje".

A moral da história é que precisamos descobrir como entregar software tão rápido que os clientes não tenham tempo de mudar de ideia.

A FedEx praticamente inventou o envio noturno. A Southwest foi pioneira no embarque rápido nas pontes aéreas. Ambas as empresas mantiveram a liderança em seus respectivos negócios mesmo após muita imitação. A Dell criou um modelo de montagem por pedidos baseado em velocidade que revelou-se quase impossível de ser imitado. A Toyota conseguiu colocar o revolucionário híbrido Prius no mercado em 15 meses, uma velocidade de desenvolvimento do produto que poucas empresas podem começar a se aproximar.

Empresas que competem com base no tempo frequentemente têm uma vantagem significativa de custo sobre seus competidores: elas eliminaram uma enorme quantidade de desperdício, e desperdício custa dinheiro. Além disso, elas têm uma taxa extremamente baixa de erros. Velocidade repetível e confiável é impossível sem uma qualidade magnífica. Além disso, desenvolveram um profundo conhecimento do cliente. Elas são tão rápidas que podem se permitir tomar abordagens experimentais para desenvolvimento de produto, tentando novas ideias e aprendendo o que funciona.

Mito: Pressa gera desperdício

Na indústria do desenvolvimento de software, acreditou-se por muito tempo que para ter alta qualidade era preciso "ir mais devagar e ser cuidadoso". Porém, quando a indústria impõe um compromisso como esse para seus clientes, a empresa que rompe esse compromisso desenvolve uma vantagem competitiva significativa.[21] Google e PatientKeeper, apresentadas mais tarde nesse livro, são somente duas empresas dentre muitas que entregam software muito rapidamente e com alta qualidade. Organizações de desenvolvimento de software que continuam acreditando que velocidade e qualidade são incompatíveis encaram a probabilidade de seguir o caminho do catálogo Sears em um futuro não muito distante.

Cuidado: não compare alta velocidade com atalhos. São mundos completamente diferentes. Uma equipe de desenvolvimento que se move rapidamente deve ter reflexos excelentes e uma cultura disciplinada de parar a linha de produção. A razão para isso é clara. Não se pode sustentar alta velocidade a não ser que se integre qualidade.

Na busca por disciplina, muitas organizações desenvolvem planos de processos detalhados, produtos de trabalho padronizados, documentação de *workflow* e descrições de trabalho específico. Frequentemente, isso é feito por um grupo de apoio que treina trabalhadores no processo e monitora a conformidade. O objetivo é atingir um processo repetível e padronizado que, dentre outras coisas, torne

---

[21] George Stalk and Rob Lachenauer, *Hardball: Are You Playing to Play or Playing to Win*, Harvard Business School Press, 2004.

fácil transferir as pessoas de um projeto para o outro.²² Contudo, um processo projetado para criar pessoas intercambiáveis não produzirá o tipo de pessoa que é essencial para fazer processos rápidos e flexíveis funcionarem.

Se você quer ir rápido, precisa de pessoas engajadas e pensantes nas quais possa confiar para tomar boas decisões e que se ajudem mutuamente. Em organizações de movimento rápido, o trabalho é estruturado para que as pessoas que fazem o trabalho saibam o que fazer sem serem mandadas e para que se espere que as pessoas resolvam problemas e se adaptem a mudanças sem permissão. Organizações *lean* trabalham dentro de padrões, mas estes padrões existem porque incorporam o melhor conhecimento atual sobre como fazer um trabalho. Eles formam um patamar com o qual se espera que os trabalhadores experimentem encontrar novas maneiras de fazer seu trabalho. Padrões *lean* existem para serem desafiados e melhorados.²³

Há duas maneiras de alcançar alta qualidade. Você pode desacelerar e ter cuidado, ou pode desenvolver pessoas que continuamente melhorem seus processos, edifiquem qualidade em seus produtos e desenvolvam a capacidade de responder de forma confiável e repetida a seus clientes muitas vezes mais rápido que seus competidores.

Princípio 6: Respeitar as pessoas

Quando Joel Spolsky era calouro na faculdade e empregado recente na Microsoft, recebeu a tarefa de desenvolver uma estratégia de linguagem de macro para o Excel. Ele levou algum tempo aprendendo o que os clientes poderiam querer que as macros fizessem e escreveu uma especificação. Para sua surpresa, um grupo de arquitetos de aplicação ficou sabendo de suas especificação e pediu para revisá-la. Joel pensou que eles tivessem algum bom conselho para ele, mas descobriu que o pequeno grupo sabia ainda menos que ele sobre macros – mesmo com quatro PhDs e um chefe de alto escalão (um amigo de Bill Gates que era algo como o empregado número 6). Apesar de terem uma ideia superficial de como os usuários poderiam usar macros, o grupo de arquitetos de aplicação pensou que era seu trabalho determinar como as macros deveriam ser implementadas. Os gerentes de Joel deixaram claro que as decisões eram dele, e sua equipe de programadores o apoiou. Contudo, o grupo de arquitetura de aplicação não ficou feliz com o fato, e seu chefe solicitou uma grande reunião para se queixar sobre como Joel estava estragando a estratégia de macros.

Se a Microsoft fosse uma empresa comum, você pode imaginar qual seria o fim da história: o grupo de arquitetura tem seu jeito de aplicações de trabalhar, e Joel sujeita-se ou sai. Mas não foi isso o que aconteceu. No dia seguinte à grande reunião, o vice-presidente sênior encontrou Joel na cafeteria e perguntou: "Como está indo com o grupo de arquitetura de aplicação?". Joel disse que tudo estava bem, claro. Contudo, no outro dia, Joel ouviu via rádio corredor que o grupo de

---

[22] Veja Barry Boehm and Richard Turner, *Balancing Agility and Discipline: A Guide for the Perplexed*, Addison-Wesley, 2004, pp. 1112.
[23] Veja Jim Shook "Bringing the Toyota Production System to the United States" in *Becoming Lean*, Jeffrey Liker, editor, Productivity Press, 2004, pp. 5960.

arquitetura de aplicações havia sido dissolvido. Ele estava impressionado. "Na Microsoft", disse Joel, "se você está encarregado de trabalhar na estratégia de macros para Excel, mesmo se você estivesse na empresa por menos que seis meses, não importa – você é o DEUS da estratégia de macros do Excel, e ninguém, nem o empregado número 6, tem permissão de se meter no seu caminho. Ponto final."[24]

A história de Joel mostra o que o Princípio 6: respeite as pessoas *quer dizer em desenvolvimento de software do ponto de vista de pessoas fazendo o trabalho*.

É notável que três das quatro bases do Sistema de Desenvolvimento de Produto da Toyota na Figura 1.5[25] preocupem-se com as pessoas envolvidas no processo de desenvolvimento de produto. Olhar para essas três bases nos dá uma ideia mais ampla do que o respeito pelas pessoas significa:

1. **Líder empresarial:** as pessoas gostam de trabalhar com produtos de sucesso, e produtos de grande sucesso podem geralmente nos levar a excelentes líderes. Uma empresa que respeita essas pessoas desenvolve bons líderes e garante que a equipe tenha o tipo de liderança que promove pessoas engajadas e pensantes, concentrando seus esforços na criação de um grande produto.

2. **Mão de obra técnica especializada:** qualquer empresa que espera manter uma vantagem competitiva em uma área específica deve desenvolver e nutrir experiência técnica nesta área. Empresas que compram toda a especialização que precisam descobrirão que seus competidores também podem comprá-la. Empresas que não veem necessidade de especialização descobrirão que não têm uma vantagem competitiva sustentável. Empresas sábias garantem que a especialização técnica apropriada seja estimulada e que as equipes estejam abastecidas da especialização necessária para atingir seus objetivos.

3. **Responsabilidade baseada em planejamento e controle:** respeitar pessoas significa que as equipes recebem planos genéricos e objetivos razoáveis e têm a confiança de se autoorganizarem para atingir seus objetivos. Respeito significa que em vez de dizer às pessoas o que fazer e como fazer, você desenvolve uma organização reflexiva onde as pessoas usam suas cabeças e descobrem isso sozinhas.

Mito: Existe a melhor maneira

O livro *Cheaper by the Dozen*[26] é uma história real e muito engraçada sobre uma família de doze crianças cujo pai é um especialista em eficiência. Como Mary cresceu sendo a quarta de uma família de onze filhos, ela leu avidamente

---

[24] Joel Spolsky, "Two Stories": http://www.joelonsoftware.com/articles/twostories.html. Usado com sua permissão.
[25] Michael Kennedy, *Product Development for the Lean Enterprise: Why Toyota's System Is Four Times More Productive and How You Can Implement It*, Oaklea Press, 2003, p. 120. Usado com permissão.
[26] Frank B. Gilbreth Jr. and Ernestine Gilbreth Carey, *Cheaper by the Dozen*, T.Y. Crowell Co., 1948. O filme *Doze é Demais* baseia-se no livro, mas não se atém fielmente a história.

este livro ainda criança. O que escapou de Mary até sua recente segunda leitura do livro é que *Cheaper by the Dozen* nos dá uma perspectiva única sobre as origens do gerenciamento científico. O pai dos doze, Frank Gilbreth, era um consultor renomado mundialmente que insistia que sempre havia "a melhor maneira" de fazer tudo. Lendo nas entrelinhas, você pode adivinhar a partir do regime doméstico de Gilbreth que a maioria dos trabalhadores não quer ser destinatário de um de seus esforços por eficiência. Porém, se Frank Gilbreth tinha uma engraçada falta de respeito pelas pessoas, então seu colega Frederick Winslow Taylor exibiu um mal-disfarçado desdém pelos trabalhadores em seus escritos.

Depois da morte prematura de Frank Gilbreth, sua esposa e parceira, Lillian Gilbreth, assumiu os negócios e se tornou uma das mais famosas engenheiras industriais da sua época. Ela se afastou da ideia de "a melhor maneira" tanto em aumentar sua família[27] quanto em seu trabalho profissional, onde passou a se concentrar na motivação dos trabalhadores.

Mas o estrago estava feito. A tarefa de encontrar e institucionalizar a "uma melhor maneira" de fazer todo trabalho prevaleceu sobre os engenheiros industriais na maioria das indústrias norte-americanas. Precursores da chamada "polícia do processo",* estes engenheiros industriais às vezes criavam padrões sem realmente entender o trabalho e os aplicavam sem acolher a possibilidade de que pode haver outra maneira melhor.

Não há algo como "a melhor maneira". Não há processo que não possa ser melhorado. Para provar isso para si, basta passar mais tempo observando em silêncio as pessoas fazerem seu trabalho. Depois de um tempo, você notará que muitas coisas podem ser melhoradas. Processos deveriam ser melhorados pela equipe que faz o trabalho. Eles precisam de tempo, privilégios e orientação para atacar seus problemas, um de cada vez, e iniciando pelo problema maior. Este processo interminável de melhoria contínua deveria ser encontrado em toda organização de desenvolvimento de software.

Princípio 7: Otimizar o todo

O desenvolvimento de software é lendário por sua tendência de subotimização.

- Círculo vicioso nº 1 (claro, isso nunca aconteceria na sua empresa):
    - Um cliente quer umas novas funcionalidades, "para ontem".
    - Desenvolvedores ouvem: termine isto rápido, a qualquer custo!
    - Resultado: mudanças desleixadas são feitas no código base.
    - Resultado: a complexidade do código base aumenta.

---

[27] Veja a sequência, Frank B. Gilbreth Jr. and Ernestine Gilbreth Carey, *Belles on Their Toes*, T.Y. Crowell Co., 1950.

* N. de R. T.: *Process police*, no original.

- Resultado: o número de defeitos no código base aumenta.
- Resultado: ocorre um aumento exponencial no tempo para se adicionar funcionalidades.

- **Círculo vicioso n° 2 (e isso tampouco aconteceria na sua empresa)**
  - É sobrecarregada com trabalho.
  - Resultado: ocorre muito depois da codificação.
  - Resultado: os desenvolvedores não recebem *feedback* imediato do que fizeram.
  - Resultado: os desenvolvedores criam mais defeitos.
  - Resultado: exige mais trabalho. Os sistemas têm mais defeitos.
  - Resultado: o *feedback* para os desenvolvedores é adiado novamente. E o ciclo se repete.

Uma organização *lean* otimiza todo o fluxo de valor, do momento em que recebe o pedido visando uma necessidade do cliente até que o software seja implantado e a necessidade do cliente seja atendida. Se uma organização se concentra em otimizar algo menor que o fluxo de valor inteiro, só podemos garantir que o fluxo de valor completo sofrerá. Já vimos isso muitas vezes em mapas de fluxo de valor de nossas aulas: quase sempre vemos um grande atraso, há uma transferência de responsabilidade de um departamento para outro, sem nenhum responsável por orientar as preocupações do cliente relativas a essa lacuna.

As organizações quase sempre pensam que otimizam o todo; afinal, todos sabem que a subotimização é ruim, então ninguém quer admiti-la. Ainda em muitos casos, surpreendentemente, a subotimização é institucionalizada no sistema de medida. Considere o caso da Fujitsu.[28] Em 2001, ela tornou-se responsável pelo *help desk* da BMI, uma empresa aérea do Reino Unido. Ela analisou os chamados que recebiam dos empregados da BMI e descobriu que 26% deles eram referentes a problemas de mau funcionamento das impressoras nos postos de atendimento para *check-in*. A Fujitsu mediu quanto tempo as impressoras ficavam fora do ar e calcularam os custos da BMI. Em seguida, a Fujitsu preparou um caso de negócio e convenceu a gerência da BMI a trocar as impressoras por outras máquinas mais robustas. A Fujitsu continuou a revelar e atacar as causas raiz dos chamados do *help desk*; assim, após 18 meses, o total de chamados caiu 40%.

Isso parece uma boa história, mas há algo errado. A maioria dos *help desks* eram pagos pelo número de chamadas atendidas. Pela redução das chamadas em 40%, a Fujitsu estava reduzindo sua receita na mesma proporção! No fim das

---

[28] James P. Womack and Daniel T. Jones, *Lean Consumption: How Companies and Customers Can Create Value and Wealth Together*, Free Press, 2005, pp. 5863.

contas, os resultados da Fujitsu foram tão ruins que ela conseguiu renegociar seu acordo de receita com a BMI, de modo que essa pagará por chamadas "potenciais" ao invés de chamadas reais. Sob o novo acordo, a Fujitsu tinha o incentivo financeiro para continuar a realmente ajudar a BMI a resolver seus problemas de negócio.

Essa história mostra que call centers *terceirizados trabalhando sobre um modelo tradicional de receita não tem incentivo para encontrar e resolver os problemas relatados pelo cliente.*

Atravessar os limites da organização custa caro. Peter Drucker observou que uma empresa que mantenha um único sistema de gerenciamento por todo o fluxo de valor verá uma percentual de 25 a 30% de vantagem de custos sobre seus competidores.[29] Deste modo, pode-se economizar consideravelmente nos contratos de estrutura, acordos com a terceirização e interações transfuncionais se houver incentivos corretos para fazer todos estarem focados na otimização do negócio por inteiro.

Mito: Otimize por decomposição

Alfred P. Sloan inventou uma estrutura organizacional projetada para lidar com a complexidade: ele criou divisões descentralizadas e usou métricas financeiras para julgar o desempenho dos gerentes. Essa foi uma grande melhoria sobre o controle prático de Ford; ela ajudou a General Motors a produzir uma variedade de carros e tomar a liderança de mercado da Ford. Desde então, empresas têm trabalhado para encontrar as métricas certas para gerenciar o desempenho.

Embora o uso de métricas de Sloan para gerenciar a complexidade era brilhante, o conceito pode ser facilmente levado adiante. As pessoas têm a tendência de decompor situações complexas em pequenas partes, provavelmente um legado de especialistas em eficiência que dividiam o trabalho em minúsculas tarefas. Depois da decomposição, cada pedaço é medido e cada medida é otimizada. Você poderia esperar que quando todas as medidas individuais são otimizadas, então todo o sistema seria otimizado também. Mas você estaria errado. Se você quebra o fluxo de valor em silos e os otimiza separadamente, a experiência tem mostrado que o sistema como um todo será quase certamente subotimizado.

Não podemos medir tudo, e como temos que limitar nossas medições, algumas coisas invariavelmente se perderão no decorrer do caminho.[30] Por exemplo, tendemos a medir o desempenho de projeto baseado no custo, no cronograma e no escopo. Contudo, essas medidas não levam em conta a qualidade e a satisfação do cliente. Se um conflito surge, eles se perdem. O que deveria ser feito, então? A abordagem de decomposição adicionaria duas medidas, assim medimos agora o custo, o cronograma, o escopo, a qualidade e a satisfação do cliente. Pronto! Mudamos o triângulo de ferro para um pentágono de ferro.

---

[29] Peter Drucker, *Management Challenges for the 21st Century*, Harper Business, 1999, p. 33.
[30] Um ótimo livro sobre este assunto é *Measuring and Managing Performance in Organizations*, de Rob Austin, Dorset House, 1996.

Quando um sistema de medição tem variáveis demais, o objetivo real do esforço se perde dentre estas muitas variáveis, e não há orientação para se fazer a compensação entre eles. A solução é "elevar as medidas", isto é, aumentar a medição em um nível e diminuir o número de medições. Encontre uma medição de alto nível que guiará os resultados certos para as métricas de mais baixo nível e estabelecerá uma base para fazer compensações. No exemplo de métricas de projeto acima, em vez de adicionar mais duas medições, deveríamos usar uma única medida – algo que realmente importa. Retorno de Investimento (ROI) é um possível candidato para projetos. Lucro e modelos de perda funcionam bem para produtos.[31] Se otimizarmos a única coisa que realmente importa, os outros números cuidarão deles mesmos.

Carros usados[32]

Os exercícios de ROI nas nossas aulas são populares porque ajudam as pessoas a pensar sobre como tomar decisões de custo/benefício que realmente satisfaçam seus clientes. Em uma aula, Ian e seu grupo produziram um ROI para uma empresa de revenda de carros usados. Ele mostrava que reduzindo-se o tempo de registro do veículo de cinco para quatro dias, havia um impressionante retorno financeiro.

    A história por trás do ROI era ainda mais interessante. Ian tinha recém aprendido sobre SCRUM quando foi designado para substituir um sistema de computador muito velho na empresa de revenda de veículos usados. Ele falou a seu cliente que sua equipe desenvolveria o software em incrementos de um mês e, se o cliente não estivesse feliz depois de qualquer incremento, o compromisso poderia ser cancelado.

    "O que você disse a ele?" O gerente de Ian não estava feliz. Havia um rumor de que se Ian perdesse esse contrato na empresa de revenda de veículos usados, ele poderia não ter mais trabalho na empresa de consultoria. Portanto Ian dedicou-se bastante para encontrar uma maneira de encantar o cliente todo o mês.

    Perguntando aqui e lá, Ian descobriu que uma redução do tempo de registro dos veículos teria um impacto financeiro positivo, e na nossa aula ele conseguiu alguma prática em quantificar esse impacto. Ele foi até cliente e pegou alguns dados reais, os quais incluiu em um modelo financeiro simples. O resultado ajudou ambos, Ian e seu cliente, a concentrarem o desenvolvimento de cada mês nas funcionalidades de maior valor.

    Depois de alguns meses, Ian escreveu para nos contar que o cliente estava tão feliz com os resultados que sua empresa de consultoria estava para receber mais algumas oportunidades de negócios, e seus gerentes estavam encantados. Hoje, os gerentes de Ian abraçaram o desenvolvimento ágil de software, e a empresa considera a si mesma uma das mais ágeis companhias do Reino Unido.

— Mary Poppendieck

---

[31] Veja Mary and Tom Poppendieck, *Lean Software Development: An Agile Toolkit*, Addison-Wesley, 2003, pp. 8392.
[32] Agradecemos a Ian Shimmings por nos deixar usar essa história.

Tente isto

1. Qual dos sete mitos parece pungente em sua situação? Por quê?

   Especificar antes reduz o desperdício
   A função dos testes é encontrar defeitos
   Previsões geram previsibilidade
   Planejar é comprometer-se
   Pressa gera desperdício
   Existe uma melhor maneira
   Otimize por decomposição

2. Quando deveria começar a linha de tempo do fluxo de valor na sua organização? O que significa "receber um pedido" em seu ambiente? Algumas empresas começam a linha de tempo para o desenvolvimento de produtos quando um conceito de produto é aprovado para desenvolvimento (o pedido vem do processo de aprovação). Outras começam a linha de tempo a partir do momento em que o marketing reconhece uma necessidade do cliente e solicita uma nova funcionalidade. O que funciona melhor para você?

3. Faça *churn*: em sua organização,

   a. Qual porcentagem de requisitos é modificada depois que eles são documentados?

   b. Qual é a porcentagem de tempo de desenvolvimento que é gasto em atividades de "testar e corrigir" ou de "endurecimento" no final de um ciclo de desenvolvimento?

   c. O que você poderia fazer para reduzir essas porcentagens?

4. Pessoas: quanto treinamento os supervisores de primeira linha recebem sobre como conduzir seus departamentos? Que tipos de itens recebem ênfase em suas avaliações? Quanto treinamento os gerentes de projeto de primeira linha recebem sobre como conduzir suas equipes? Que tipos de itens recebem ênfase em suas avaliações? Há diferença? Por quê?

5. Medições: faça com que todos em sua organização listem em uma folha de papel as medidas de desempenho essencial com as quais eles acreditam que são avaliados. Compile então todas as medidas em uma única lista, talvez anonimamente. Quantas medidas estão na lista? Elas são as certas? Alguma medida-chave está faltando? Você pode pensar em formas de "elevar" as medidas?

Capítulo 3

Valor

Soluções *lean*

James Womack e Daniel Jones começam o livro *Lean Solutions* salientando que eles mesmos são clientes com problemas para resolver. Eles relatam que estão bastante irritados com a quantidade de transtornos que os clientes enfrentam na atualidade. Da perspectiva do cliente, eles dão o seguinte recado para aqueles de nós que são fornecedores de bens e serviços[1]:

- "Solucione meu problema completamente."
- "Não desperdice o meu tempo."
- "Forneça exatamente aquilo que eu quero."
- "Entregue valor exatamente onde eu quiser."
- "Forneça valor exatamente quando eu quiser."
- "Reduza o número de decisões que eu devo tomar para solucionar meus problemas."

Vamos dar uma olhada numa empresa que parece ter captado essa mensagem há bastante tempo.

Google

> *A Google deve ser a única empresa no mundo cujo objetivo é fazer com que seus clientes abandonem o seu site o mais rápido possível.*[2]

---

[1] James P. Womack and Daniel T. Jones, *Lean Solutions: How Companies and Customers Can Create Value and Wealth Together*, Free Press, 2005, p. 15.
[2] Do site da Google, www.google.com/corporate/tenthings.html

Em 1999, a Google se juntou ao lotado campo de ferramentas de busca com o pretensioso objetivo de tornar toda a informação mundial acessível para todos. A empresa decidiu que, a fim de conseguir realizar esta façanha, precisaria se concentrar em duas coisas: 1) fornecer resultados de pesquisa mais relevantes do que qualquer outro mecanismo de mesma natureza, e 2) proporcionar uma experiência de usuário verdadeiramente envolvente. A estratégia funcionou. Na última edição de 1999, a *PC Magazine* concedeu à Google um prêmio de excelência técnica em aplicações Web. Como foi dito pela revista, "Não são necessárias muitas visitas ao Google para ficarmos viciados. E quem pode evitar de ficar viciado numa ferramenta de busca que retorna consistentemente bons resultados?[3]" O prêmio chamou a atenção para o Google, que começou sua meteórica ascensão para o topo da indústria das ferramentas de busca.

A filosofia corporativa da Google, publicada em seu Web site, inicia com estes quatro pontos:[4]

1. Tenha o usuário como foco e tudo mais decorrerá daí.
2. É melhor fazer uma só coisa muito, muito bem.
3. A democracia na Web funciona.
4. Rápido é melhor que devagar.

Em seus primeiros dias, a Google resistiu fortemente à pressão de comprometer a experiência de seus usuários com anúncios em *pop-ups* e *banners*. Mesmo sendo moda naquela época, esse tipo de anúncio foi estritamente banido do seu site pois seus usuários os detestavam. A Google também sempre foi fanática por velocidade. Qualquer atraso perceptível na resposta a um pedido de pesquisa desperdiçaria o tempo de seus usuários. Enquanto a maioria de seus concorrentes estavam criando portais, a Google mantinha sua home page extremamente simples: um logotipo, 30 pequenas palavras, e um único campo de pesquisa com um par de botões. A Google não queria distrair seus usuários com características adicionais.

Finalmente, a Google se tornou muito, muito boa em encontrar resultados de pesquisa relevantes, e ficou melhor ao longo do tempo. Os fundadores haviam desenvolvido uma forma única de classificar os resultados de uma pesquisa que registrava o número de "votos" para uma página, isto é, o número e a importância das referências à página. A página com o maior número de votos vencia. À medida que o tempo foi passando, a Google refinou continuamente sua capacidade de ter pessoas votando em páginas e classificando-as da mesma forma.

A Google aplica os mesmos quatro princípios em seu processo de desenvolvimento de produto:

1. **Valor – Tenha o usuário como foco e tudo mais decorrerá daí:** Os times de desenvolvimento são encorajados a desenvolver seus produtos com um

---

[3] PC Magazine, December 14, 1999, p. 104.
[4] Do site da Google, www.google.com/corporate/tenthings.html

"foco de raio *laser*" sobre seus usuários. Uma vez que o produto se torne popular, espera-se que representantes da empresa descubram o que se deve fazer para que ele dê lucro.[5]

2. **Excelência – É melhor fazer uma só coisa muito, muito bem:** a Google é como sua ferramenta de busca, construída para ser extraordinariamente boa naquilo que faz. Sua profunda bagagem técnica fornece a flexibilidade necessária para experimentar muitas coisas de uma só vez.[6]

3. **Democracia – A democracia na Web funciona:** novas ideias ganham tração na Google pois atraem uma massa crítica de entusiastas dispostos a trabalhar nelas. Os produtos ganham *status* por serem listados no site do Google Labs e por atraírem a atenção de usuários.

4. **Velocidade – Rápido é melhor que devagar:** na Google, coisas que levariam anos em outras empresas acontecem muito rapidamente, no prazo de dias ou semanas[7].

Considere a abordagem da Google para adicionar mapas ao seu repertório de capacidades. Em março de 2004, a Google lançou uma versão beta do Google Local, uma ferramenta para restringir a busca a uma área geográfica. Em outubro do mesmo ano, a Google adquiriu a empresa Keyhole, dando-lhe acesso a imagens detalhadas de satélite de todo o mundo. Em fevereiro de 2005, a Google adicionou a capacidade de lidar com mapas no Google Local. Em abril de 2005, apenas seis meses após a aquisição da Keyhole, acrescentou imagens de satélite à ferramenta. Dois meses depois o Google Earth foi lançado, contemplando imagens de satélite, mapas e pesquisas locais numa interface de desktop atraente e inovadora, que imita um globo terrestre e carrega dados da Internet.

A Google se concentra na sua visão estratégica: organizar as informações do mundo todo e torná-las acessíveis e úteis em caráter universal. Para apoiar esta visão, a Google desenvolve tanto ferramentas internas quanto produtos baseados na Web que envolvem um conjunto de algoritmos sofisticados, hardware complexo e software bem projetado. Produtos e ferramentas são desenvolvidos rapidamente e de forma incremental, por pequenos times que incluem gerenciamento de produtos, *design*, engenharia, testes, lançamento e engenharia continuada. Os times são incentivados a lançar produtos antes de estarem totalmente refinados, a fim de obter *feedback* de seus usuários. Os softwares da Google têm a reputação de ter um *design* elegante e de possuir alta qualidade, além de, invariavelmente, encantar seus usuários.

Como quer que se avalie, a Google é uma organização muito bem-sucedida (até o momento) e, mais importante, seus produtos mudaram a forma como o mundo funciona. A Google introduz continuamente novos produtos no mercado,

---

[5] "Google's Missing Piece," by David A. Vise, *Washington Post*, February 10 2005, p.E05.
[6] "How Google Grows...and Grows...and Grows", Keith H. Hammonds, Fast Company, Issue 69, April 2003, p. 74.
[7] De http://video.google.com/videoplay?docid=-8618166999532839788.

apesar de não ter um mapa de produtos de longo prazo e de esperar que seu corpo técnico gaste 20% de seu tempo em seus próprios projetos. A empresa decide em quais produtos trabalhar da mesma forma que classifica os resultados de suas buscas: a prioridade é baseada no interesse dos times de desenvolvimento e do número de usuários atraídos para o produto.

Acreditamos que a Google tem sido bem-sucedida porque dá aos usuários exatamente a informação que eles querem, quando e onde querem, sem chatices e sem perda de tempo ou anúncios irritantes. A ferramenta Google é fácil o suficiente para uma criança pequena utilizar. E ela ainda resolve todo o problema – verifica ortografia, traduz idiomas, converte unidades, contém dicionários, calculadora e mapas – sendo a própria definição de uma "solução *lean*".

Do conceito ao dinheiro

Vamos dar um passeio pela da linha de tempo do desenvolvimento de produto da primeira oferta da Google e ver como ela funcionava.

Conceito

Em 1996, Larry Page e Sergey Brin uniram forças para resolver um problema que os dois tinham em comum quando procuravam informações na Internet. Os dois eram estudantes de graduação do curso de Ciência da Computação da Universidade de Stanford e faziam pesquisas na área de mineração de dados quando decidiram tentar alguma mineração de dados na Internet. Dois anos mais tarde, os dois publicaram o artigo que estabelecia em poucos detalhes o conceito de produto por trás do Google.[8]

Criar um conceito brilhante de produto é o começo da inovação. Isso pode ser resultante de um longo processo de pesquisa ou de um *insight*. As empresas podem criar condições para a inovação, mas não existe uma fórmula mágica para se ter grandes *insights*. No entanto, um pequeno *insight* pode não ser o suficiente: "A inovação é 1% inspiração e 99% transpiração".[9] O problema na maioria das empresas é que as pessoas com inspiração não possuem tempo ou autonomia para persegui-la. Empresas que rotineiramente transformam inspiração em inovação criam tempo e espaço para as pessoas e os times que apresentam boas ideias a fim de incubá-las e transformá-las num conceito de produto.

Viabilidade

Tanto a Google quanto a Dell começaram num quarto de alojamento. Quando a primeira interface do Google foi trazida para o site da Universidade de Stanford, os PCs de mineração de dados estavam no quarto de Page. Assim como Michael Dell, Page e Brin deixaram a escola em seguida para iniciar um negócio. O pior

---

[8] Sergey Brin and Lawrence Page, "The Anatomy of a Large-Scale Hypertextual Web Search Engine," Computer Networks and ISDN Systems, 30(17):107117, April 1998.
[9] Esta citação é de Thomas Edison.

que poderia acontecer era eles terem de voltar atrás e completar sua graduação. A Google foi fundada no final de 1998, mas por quase um ano o novo produto da empresa ficou com o nome de "beta" enquanto Page e Brin exploravam sua viabilidade. A Google começou a receber atenção da imprensa, o tráfego cresceu, e Page e Brin garantiram uma rodada de financiamento com investidores. Finalmente, o nome *beta* foi removido e o projeto de pesquisa convertido na base de um produto real.

A fase de viabilidade do desenvolvimento de produto é importante, pois ela garante espaço para a experimentação. Observe que a fase de viabilidade não é um estudo em papel. Conceitos são bons, mas não há nada como verificar as coisas no mundo real.

Handspreads

Aquilo que eu mais me lembro do estágio de viabilidade da 3M são os *handspreads*. Os *handspreads* eram amostras de novos produtos, ou partes de novos produtos, que eram produzidas com o equipamento manual mais rudimentar do laboratório. Mas deixando de lado o equipamento rudimentar, essas amostras feitas à mão eram versões muito boas do produto final. Nós analisávamos muito estas amostras feitas à mão, cada uma delas cuidadosamente etiquetada, de forma que podíamos associar quais propriedades estavam presentes em cada uma delas. Fazíamos todo tipo de coisa pra testar as amostras, às vezes tínhamos de fazer testes destrutivos, ou expô-las ao sol e ao vento, ou mesmo envolver os clientes.

Para mim, o estágio de viabilidade significa executar inúmeros experimentos a fim de descobrir o que realmente funciona – em campo – sob condições reais e clientes reais.

— Mary Poppendieck

Este também é o momento para o projeto de sistemas, uma área extremamente importante que muitas empresas parecem desconsiderar. Quais são as principais características do processo de negócio, os principais módulos do hardware? Quais interfaces o sistema terá e como elas irão interagir? Como a arquitetura de software irá apoiar o produto? Quais são as principais limitações do sistema e como elas serão tratadas? Um excelente projeto de sistema é a base de um excelente produto. Ele não deve ser feito por amadores, nem por especialistas independentes (terceiros). Pelo contrário, ele deve ser feito por projetistas maduros que sabem que o projeto de um sistema irá evoluir à medida que o produto emerge, e que sabem se assegurar de que a evolução será levada em consideração a fim de prosseguir sem problemas.

Piloto

A Google começou com um sistema de classificação de páginas baseado nas referências da Web. Logo que entrou no ar, os cientistas começaram a coletar dados sobre tudo o que podiam pensar: quais resultados eram utilizados e quais não eram, que tipo de expressões eram utilizadas para localizar resultados específicos, que tipo de erros ortográficos eram mais comuns, com que velocidade os resultados eram devolvidos, com que velocidade as pessoas respondiam, e assim por diante. A Google ajustava continuamente seu sistema de classificação, seu hardware e sua arquitetura de software baseada nesta extensa análise de dados. Além disso, desenvolveu ferramentas para facilitar o desenvolvimento de aplicações capazes de acessar sua vasta estrutura de dados. Além disso, também desenvolveu muitas aplicações experimentais e as colocou no Google Labs, permitindo que seus usuários avaliassem e sugerissem melhorias com relatos de suas experiências. E ela fez muitas experiências para descobrir uma forma de obter receitas publicitárias que os usuários considerassem úteis, ao invés de distração.

Ninguém espera que produtos totalmente acabados vão emergir da fase de viabilidade do desenvolvimento de produto. Tudo o que o estudo de viabilidade prova é que o produto "poderia" funcionar. É neste ponto que o verdadeiro aprendizado do desenvolvimento de produto começa. Um bom desenvolvimento de produto é composto de ciclos de descoberta de tentativas e aprendizado, que refinam de forma crescente o *design* do produto. O objetivo não é concluir o produto, mas atingir um ponto em que um conjunto de capacidades pode ser testado num piloto. Mediante uma série de pilotos cada vez mais completos, o produto emerge.

É mais provável que a fase piloto do desenvolvimento de software faça o *release* de uma versão atualizada do produto para os clientes do que uma fase equivalente no desenvolvimento de hardware, ainda que, como será visto no Capítulo 8, o projeto do submarino Polaris tenha produzido uma série de submarinos operacionais num programa, levando três anos de um total de nove anos de programa. Mesmo que um projeto piloto de hardware não libere nada para os clientes, é uma boa ideia planejar pilotos que integrem software embarcado o mais antecipadamente possível no programa de desenvolvimento.

Fazer o *release* de software para os clientes durante a fase piloto é atitude quase sempre benéfica para o projeto, desde que o *design* do sistema tenha sido bem realizado durante a fase de viabilidade. É claro que fazer *releases* antecipados nem sempre é prático. O software embarcado, por exemplo, não pode ser efetivamente entregue antes do hardware. Os jogos não podem ter *releases* em versões parciais, até mesmo para seus revisores, pois as primeiras impressões representam tudo no mundo do jogo, e seus ciclos de vida são muito curtos. Contudo, em muitas outras situações, damos preferência à avaliação do software em versões alfa e beta. Em particular, em projetos de conversão de sistemas legados, você nunca saberá como o software irá funcionar até que o mesmo esteja executando sobre uma base de dados real (normalmente bagunçada) com usuários reais, pelo menos num ambiente espelhado ao da produção.

Dinheiro

A Google finalmente começou a ganhar muito dinheiro gerado pelo valor que ela presta a seus anunciantes e usuários. Porém, ela precisou experimentar e aprender por um bom tempo antes de descobrir como eliminar o aborrecimento de fazer publicidade e tornar seus anúncios tão relevantes quanto os resultados de suas buscas. A Google também enfrenta concorrência e, para manter o dinheiro fluindo em seu caixa, terá de continuar a fornecer um valor extraordinário para seus usuários.

Clientes encantados

Em 1984, o Dr. Noriaki Kano, da Universidade de Rika, em Tóquio, publicou um artigo que se tornou um marco sobre "qualidade atraente".[10] Nele foi apresentado o Modelo Kano, uma ferramenta para ajudar a esclarecer como se pode criar bons produtos que encantem os clientes (veja Figura 3.1).

O Modelo Kano mostra que, somente para se chegar na porta, você tem que satisfazer as necessidades básicas dos clientes. Feito isso, existem duas áreas em que pode obter a diferenciação de seu produto: 1) aumentar o desempenho pelo acréscimo de características no produto, ou 2) descobrir necessidades ainda não percebidas pelos clientes e encantá-los atendendo essas necessidades. Kano percebeu que aumentar o desempenho gera resultados lineares – aumenta-se a satisfação do cliente na proporção direta do aumento de desempenho. Para se obter um aumento exponencial da satisfação, é preciso descobrir e atender as necessidades não percebidas e surpreender e encantar o cliente. Kano afirmou que os grandes produtos não surgem somente ao se dar ouvido ao que clientes, mas ao se desenvolver uma profunda compreensão do mundo do cliente, descobrindo as necessidades não atendidas e surpreendendo os clientes com o fornecimento dessas necessidades. Este é o modo de se criar clientes encantados.

A Google parece estar muito bem no quesito de clientes encantados. Nas viagens que fazemos pelo mundo, ministrando aulas e palestras, nós geralmente perguntamos: "Quantas pessoas nesta sala gostam bastante da Google?". Invariavelmente, quase todos levantam a mão e, logo em seguida, ouvimos um número

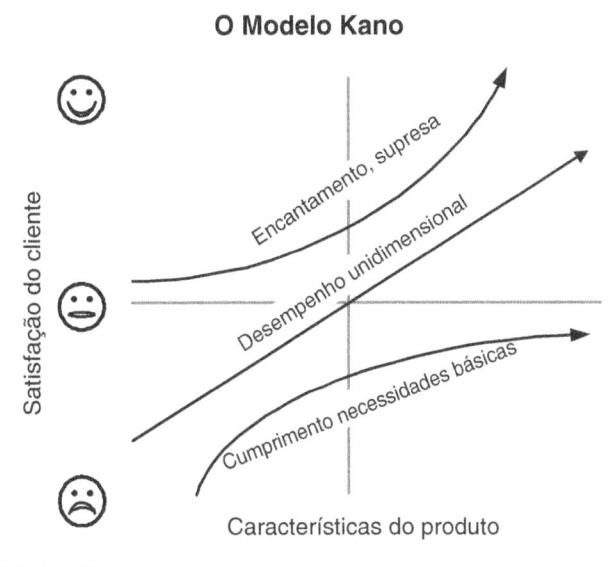

O Modelo Kano

Figura 3.1 *O Modelo Kano.*

---

[10] Kano Noriaki, Nobuhiko Seraku, Fumio Takahashi, and Shinichi Tsuji: "Attractive Quality and Must-Be Quality," Hinshitsu. *The Journal of the Japanese Society for Quality Control*, April 1984, pp. 3948.

surpreendente de formas com que as pessoas usam os produtos da Google. Nosso filho nos envia regularmente ponteiros para as novas características exclusivas do Google. Nossa neta utiliza rotineiramente o Google para fazer pesquisas para o ensino primário.

Profunda compreensão do cliente

"Um grande software surge da fusão entre as mentes de uma pessoa que realmente conhece o negócio e uma pessoa que realmente conhece a tecnologia", afirmou Tom para um entrevistador. Subitamente, os olhos do repórter se iluminaram. "Compreendo!" ele disse, e então interrompeu a entrevista para nos contar esta história:

> Era final dos anos 90 quando, sem mais nem menos, todo o jornal tinha que ter um site. Todos os outros jornais contrataram empresas externas para projetarem seus sites. Em vez de fazer o mesmo, nós contratamos um programador e trabalhamos diretamente com ele. No início, eu tinha dificuldade de compreender o que ele estava falando, mas depois de algum tempo comecei a ver o que um web site seria capaz de fazer por nós. Eu era um homem de negócios interagindo com uma pessoa técnica e nós aprendíamos juntos o que era desejável e o que era possível. Por fim, esta situação resultou em algo muito valioso. Decidimos oferecer acesso ao nosso conteúdo por um aumento no valor da assinatura, apesar de nossos concorrentes estavam oferecendo acesso gratuito ao seu conteúdo. Um percentual muito grande de assinantes resolveu pagar este valor mais elevado. Agora, os jornais parecidos com o nosso estão lutando financeiramente por sua sobrevivência. Em contrapartida, nós somos lucrativos.

Existe uma abundância de software de nível médio por todo o mundo, mas somente de forma ocasional um software verdadeiramente inovador chama nossa atenção. O que queremos saber é "Como eles fizeram isso?" ou, mais precisamente, "Como nós podemos fazer o mesmo?".

Foco no trabalho

Em 1982, um homem de 30 anos chamado Scott Cook estava pensando a mesma coisa.[11] O IBM PC havia sido lançado há pouco no mercado e Cook era um de uma série de empresários que tentavam inventar produtos para serem vendidos para os proprietários de PC. Cook tinha uma vantagem diante de seus colegas. Ele dedicou cinco anos de sua vida trabalhando em gestão de marcas na Procter & Gamble, onde adquiriu um roteiro para criar e vender produtos que mudariam a vida das pessoas. Então, ele fez o que qualquer bom gerente de marca da P&G faria. Ele começou procurando um trabalho que precisasse ser feito para o qual nenhuma ferramenta ótima ainda existisse.

Ele percebeu a frustração de sua esposa no gerenciando das finanças do lar e decidiu que um software de gestão financeira poderia ser uma melhor ferramenta para a realização desta atividade. Cook não estava sozinho nesta descoberta. Na

---

[11] De *Inside Intuit* by Suzanne Taylor and Kathy Schroeder, Harvard Business School Press, 2003.

época em que fundou a empresa Intuit e apresentou o Quicken, em 1983, ele não tinha nada menos do que 46 concorrentes.

Na P&G, Cook aprendeu a lidar com a concorrência através de uma profunda compreensão do trabalho que as pessoas precisavam realizar, o que havia de errado com as ferramentas atuais e o que, de fato, significava fazer um trabalho melhor. Ele começou pesquisando de forma metódica como as pessoas gerenciavam suas finanças, e aprendeu que, em sua maioria, as pessoas faziam somente três coisas: pagavam as contas, mantinham seus registros de cheques e, periodicamente, totalizavam e revisavam seus gastos. Ele descobriu que todos achavam essas atividades desagradáveis e desejavam completá-las o mais rápido possível. Por essa razão, o Quicken foi projetado desde o princípio para realizar três – e somente três – procedimentos mais rápido do que manualmente. Transferindo seu ponto de vista da concorrência para o lápis e papel, Cook não podia simplesmente ignorar a concorrência existente nem a base da concorrência.

O roteiro da P&G incluía pesquisa por todo o ciclo de vida do produto. Cook considerou que os softwares financeiros concorrentes eram carregados de funcionalidades e levavam horas para serem instalados. Cook decidiu criar um programa tão simples que um principiante em computação poderia instalar e começar a escrever cheques em quinze minutos. Então, ele mais ou menos inventou um teste de usabilidade para que o Quicken 1.0 pudesse ser testado e simplificado até atingir esta meta. Em comparação, os mesmos testes confirmaram que usuários experientes levavam até cinco horas para escreverem o primeiro cheque nos produtos concorrentes carregados de funcionalidades.

Já que ter uma melhor ferramenta, por si só não é o suficiente, a Intuit estendeu sua pesquisa para embalagens e preços. As pessoas que têm um trabalho a fazer devem compreender claramente que existe uma melhor ferramenta para esse trabalho. Por fim, a Intuit continuou a melhorar a ferramenta, garantindo que ela se mantivesse na posição de melhor ferramenta para o trabalho.

Cook afirma que valor é criado quando *nos concentramos no trabalho que precisa ser feito* e melhoramos o produto de tal forma que ele faça o trabalho melhor do que qualquer alternativa.[12]

Meus clientes

Quando eu estava desenvolvendo sistemas de controle de processo, não havia dúvida sobre quem eram meus clientes – os operários da produção que controlavam a linha – e o trabalho que eles tentavam realizar – produzir fitas. Se nosso sistema não os ajudava a realizar o trabalho, eles o ignoravam e produziam fitas sem ele. Nossa ordem era clara: se os operários da produção não utilizassem o sistema, a falha era nossa! Vocês é que não entenderam o trabalho que necessitava ser feito.

— Mary Poppendieck

---

[12] Clayton Christensen, Scott Cook, and Taddy Hall, "Marketing Malpractice: The Cause and the Cure," Harvard Business Review, December, 2005.

A organização focada no cliente

Como os grandes produtos são concebidos e desenvolvidos? Em 1991, o livro *Product Development Performance*,[13] de Clark e Fujimoto, apresentou fortes evidências de que grandes produtos são resultantes de um excelente fluxo detalhado de informação. A percepção de produto dos clientes é determinada pela quantidade de fluxo de informação entre o mercado e o time de desenvolvimento. A integridade técnica do produto é determinada pela qualidade do fluxo de informação entre as hierarquias dos membros do time técnico. Existem dois passos que você pode realizar para facilitar esse fluxo de informação: 1) assegure a liderança e 2) fortaleça o time como um todo.

Liderança

Temos observado que os esforços bem-sucedidos de desenvolvimento estão altamente correlacionados com a existência de um campeão – uma pessoa que compreende profundamente o trabalho dos clientes e a tecnologia que os surpreenderá e os encantará. Um campeão tem a responsabilidade de tomar as decisões-chave do produto e de assumir os resultados de cada decisão tomada. Martin Cagan, do Silicon Valley Product Group, diz:[14]

> Por trás de todo grande produto existe uma pessoa com uma grande empatia pelo cliente, uma percepção sobre o que é possível e a habilidade de ver o que é essencial e o que é supérfluo. Essa pessoa possui uma profunda compreensão do cliente tanto quanto das capacidades de seu time. Ela opera sobre uma profunda base de conhecimento e confiança. Ela raciocina em termos de entrega de valor superior para o mercado, e define bons produtos que podem ser executados com forte esforço. Essa pessoa pode ter o título de gerente de projeto ou pode ser qualquer membro do time de produto, desde um engenheiro até o fundador da empresa – a chave é que este papel deve existir e suas responsabilidades devem ser assumidas por alguém com a competência e o talento que tais tarefas demandam.

Quando vemos programas de desenvolvimento com problemas, geralmente é possível observar que o papel do campeão não existe. Há diferentes tipos de modelos para a implantação do papel de campeão na organização. Os melhores modelos esclarecerem quem tem incumbência e responsabilidade pelo sucesso do produto.

O engenheiro-chefe

Na Toyota, um engenheiro-chefe é considerado responsável pelo sucesso comercial de uma família de veículos. Este líder é um engenheiro experiente com profundo conhecimento do projeto do veículo. Com o auxílio de um pequeno time, ele

---

[13] Kim Clark and Takahiro Fujimoto, *Product Development Performance*, Harvard Business School, 1991.
[14] "Behind Every Great Product – The Role of the Product Manager", por Martin Cagan, Silicon Valley Product Group; artigo obtido do site www.svproduct.com, acessado em 07/02/2006. Utilizado com permissão.

desenvolve uma profunda compreensão de seus clientes-alvo e o que os mesmos valorizarão no produto. Ele olha para as pesquisas de mercado, fala com as concessionárias e vai a lugares frequentados por sua clientela-alvo para ouvir e fazer perguntas. Ele analisa o desenvolvimento avançado, o *design* e a engenharia de produção. Ele recebe a verba do financeiro e a direção da gerência sênior. Por fim, é este engenheiro-chefe que integra pessoalmente toda essa informação, decide quais clientes serão atendidos, escreve o conceito de produto e dirige seu desenvolvimento.[15]

Considere o Sienna. A primeira versão da minivan da Toyota não vendeu muito bem. Quando o engenheiro-chefe Yuji Yokoya começou a melhorar o veículo, ele sabia que precisava de mais do que dados de reuniões de *grupos focais* e *voice-of-customer*. Por isso, adotou a famosa tradição do Genshi-Genbutsu da Toyota, ou "vá, veja e confirme". Ele dirigiu uma minivan – neste caso, um Sienna – por 85.000 Km (53.000 milhas) por todos os estados dos Estados Unidos, todas as províncias do Canadá e todos os estados do México. Geralmente ele viajava com um membro-chave da equipe de *design*, que incluía John Jula, um engenheiro corpulento que reprojetaria os assentos. À medida que ele viajava, Yokoya compreendia o que os clientes do Sienna dariam valor: mais espaço, assentos dianteiros confortáveis para os pais, uma parte posterior projetada para crianças e um preço familiar. O Sienna produzido em 2004 mais do que dobrou as vendas das minivans e colocou o modelo no topo das vendas.

Recentemente compramos uma minivan Sienna. Consideramos seriamente outros veículos, mas achamos que o espaço para as pernas no assento dianteiro das concorrentes era limitado. Costumamos dirigir nossa minivan nos dias em que estamos de férias, motivo pelo qual o conforto do assento dianteiro é realmente importante para nós. Quando testamos o Sienna, poderíamos dizer que John Jula estava pensando em nós quando projetou o assento dianteiro do carro.

A abordagem do engenheiro-chefe tem a vantagem de integrar muita informação na mente de um único indivíduo responsável. Além disso, o espírito empreendedor que esta propriedade cria tem uma longa história de trazer inovações brilhantes para o mercado. As equipes adoram seguir grandes líderes, pois os grandes líderes ajudam a conquistar o sucesso de toda a equipe.

A maioria dos projetos de Software Livre possui um "Forte Líder de Projeto" (ou Engenheiro-Chefe).[16]* Esses projetos começam com a visão de um indivíduo e, até mesmo quando muitos voluntários estão trabalhando no projeto, todo o código é revisado e "comitado" pelo líder de projeto ou por seus assistentes escolhidos a dedo.

---

[15] As informações contidas neste parágrafo são provenientes do Capítulo 7 do trabalho "Principles That Shape Product Development Systems: A Toyota-Chrysler Comparison", de Durward Kenneth Sobek II. Tese apresentada em cumprimento parcial dos requisitos para obtenção do título de Doutor em Engenharia Industrial e de Operações pela Universidade de Michigan, 1997.

[16] Veja Eric S. Raymond, "The Cathedral and the Bazaar," www.catb.org/~esr/writings/cathedral-bazaar/cathedral-bazaar/, 2000.

* N. de R. T.: O termo usado para o líder neste tipo de projeto é 'Ditador Benevolente' (Benevolent Dictator).

A abordagem do engenheiro-chefe não é uma panaceia. É possível para alguém com o título de engenheiro-chefe ter como foco o controle, ao invés de buscar alavancar as diversas capacidades de todo o time. Isso não é um problema nos projetos de Software Livre, pois só é possível que seus líderes atraiam desenvolvedores voluntários se eles forem "líderes" no melhor sentido da palavra. No entanto, isso pode ser um problema para empresas que não possuem bons motivos para a formação de engenheiros-chefe ou para empresas que acreditam que um engenheiro-chefe deve se concentrar no gerenciamento de tarefas ao invés de integrar conhecimento.

Muitas empresas de software bem-sucedidas foram fundadas por um empresário que combinava capacidade técnica com uma clara visão de uma necessidade do mercado não atendida. A eBay é um bom exemplo. De fato, essas empresas começaram por seus engenheiros-chefe. Infelizmente, já vimos muitos engenheiros-chefe de sucesso, fundadores de diversas empresas, tornarem-se CEOs fracassados à medida que suas empresas começam a crescer. Eles negligenciam a criação de novos engenheiros-chefe para substituírem a si próprios, muito frequentemente transferindo para um departamento de marketing o trabalho de definição de valor para o cliente . Depois de cinco ou dez anos, geralmente essas empresas vacilam quando a concorrência assume o mercado inicial e não existe mais um engenheiro-chefe para vislumbrar o futuro e liderar os times na criação de grandes produtos desejados.

Time dirigente

O objetivo do desenvolvimento é atender algumas necessidades que até o momento não foram atendidas, ou porque uma nova tecnologia tornou isso possível, ou porque a necessidade ainda não havia sido reconhecida, ou ainda por uma combinação das duas. Às vezes, a melhor forma de combinar estas duas ideias é ter dois líderes, um com uma profunda compreensão do mercado e outro como uma profunda liderança técnica. Na Intuit, por exemplo, a prática de formar duplas com um especialista de marketing e um especialista técnico começou com seus fundadores. Scott Cook criou a visão de mercado para o Quicken enquanto Tom Proulx liderou o desenvolvimento técnico.[17]

Quando uma terceira peça crítica torna-se necessária na equação – a manufatura, por exemplo – faz sentido ter três líderes para um esforço de desenvolvimento de produto. A Honda utiliza um sistema de vendas, engenharia e desenvolvimento (SED – *Sales, Engineering and Development*) no qual líderes dos departamentos de vendas, engenharia de produção e desenvolvimento trabalham junto como um time para chegarem a decisões-chave de produto. Acima do time de dirigentes SED, a Honda também possui um Líder de Grande Projeto (LPL – *Large Project Leader*), cujo papel é similar ao Engenheiro-Chefe da Toyota.

É importante prover liderança nos pontos mais críticos de um produto. Por exemplo, na Alias (agora parte da Autodesk), uma empresa de Toronto que produz gráficos 3D, a experiência do usuário é uma característica crítica de todo o

---

[17] Veja Suzanne Taylor and Kathy Schroeder, *Inside Intuit*, Harvard Business School Press, 2003.

produto. Por essa razão, dois projetistas de interface são alocados em tantos times quantos forem possíveis, com a total responsabilidade de realizarem as pesquisas junto ao cliente, o projeto de interface e os testes de usabilidade.[18] O *feedback* dos usuários é solicitado por meio de c*ontextual inquiry*, entrevistas, pesquisas de opinião e testes de usabilidade. Mas se espera que o projetista de interface integre essas informações com uma profunda compreensão do trabalho que o software tentará atender, e projete um produto que irá atender esse trabalho de forma soberba.

Os membros de um time dirigente devem "andar grudados", por assim dizer, criando uma direção unificada para o time de desenvolvimento como um todo.

Liderança compartilhada

A plataforma de minivans da Chrysler denominada NS (Caravan/Voyager/Town and Country) foi um sucesso instantâneo quando lançada em 1996. Ela redefiniu o conceito de minivan adicionando uma porta no lado do motorista e, por isso, recebeu o prêmio de carro do ano da *Motor Trend*. De fato, tivemos uma minivan Chrysler Town and Country 1997 por oito anos. Esse carro não foi desenvolvido por um engenheiro-chefe, mas por um time de especialistas, que trabalhavam juntos para chegar a um entendimento comum do que os clientes dariam valor. O time realizou extensas pesquisas de mercado, fez uma análise detalhada pelo Desdobramento da Função Qualidade (QFD – *Quality Function Deployment*) e até mesmo desenvolveu experimentos de usabilidade para ajudar na tomada de decisões. O time era dedicado, compartilhava a mesma sala e gastava muito tempo (geralmente um dia por semana) revisando o *status*, educando uns aos outros e resolvendo problemas. O primeiro trabalho do líder do time era gerenciar o processo de desenvolvimento, fomentar a cooperação e a construção do time, empurrar as decisões para o consenso e conservar o time no caminho certo.[19]

Embora não haja uma clareza de quem tem a responsabilidade e a autoridade pelas tomadas de decisão, a abordagem da liderança compartilhada pode funcionar para projetos de desenvolvimento de software de tamanho moderado. Na comunidade de Software Livre, o Apache é um bom exemplo da adoção de uma abordagem de liderança compartilhada[20].

Quem é o responsável?

A boa liderança técnica e de marketing não exclui a possibilidade de um time engajado que pega junto nas chamadas do cliente, faz perguntas das mais diferentes perspectivas e desenvolve uma visão compartilhada de valor para o cliente. A experiência de desenvolvimento de produto da Mary ocorreu na 3M, onde a sabedoria

---

[18] Lynn Miller, Diretor de Desenvolvimento da Interface do Usuário, Autodesk, Toronto, "Case Study of Customer Input for a Successful Product," Experience Report, Agile 2005.
[19] Sobek, Ibid. Sobek observou pessoalmente essa equipe em ação e relatou os resultados em sua tese.
[20] Veja Roy T. Fielding, "Shared Leadership in the Apache Project," Communications of the ACM, April 1999.

convencional diz que cada novo produto necessita de um "campeão". O campeão é geralmente um especialista técnico que encontrou uma necessidade de mercado não atendida e desenvolveu a tecnologia para fazer esse trabalho. Mas um campeão não pode ser bem-sucedido a menos que trabalhe com um time de estrutura matricial que, de fato, forma uma miniunidade de negócio para comercializar o novo produto. O time trabalha em conjunto para esclarecer as necessidades de mercado e determinar as características principais do produto. Esta combinação de um campeão e um time com representantes de todas as importantes funções de negócio tem servido para a 3M há décadas, gerando um incrível crescimento com a introdução de milhares de novos produtos a cada ano.

Na 3M, a equipe de desenvolvimento geralmente chega a um consenso sobre as decisões fundamentais, mas no final, o campeão é responsável pelo produto e por combater qualquer impedimento. De forma semelhante, o princípio básico da Toyota é "trabalho em equipe é a chave da obtenção de elevada qualidade no trabalho realizado, mas alguns indivíduos sempre precisarão ser responsáveis".[21] Em "Who Has the D? How Clear Decision Roles Enhance Organizational Performance", Paul Rogers e Marcia Blenko argumentam que a boa tomada de decisão é a marca das organizações de alto desempenho e a clareza dos papéis de tomada de decisão é fundamental para tomar boas decisões em tempo.[22]

Indicando um tomador de decisão

Eu era a campeã de vários novos produtos da 3M. Encarei isso como um papel muito desafiador e recompensador.

Desentendimentos surgiam naturalmente durante nossas reuniões semanais da equipe de desenvolvimento de produto, uma vez que diferentes funções possuem perspectivas diferentes. Às vezes, eu me perguntava se a área da qualidade realmente queria fazer um *release* de um produto para o mercado ou se a área de marketing reconhecia o esforço de nosso trabalho. Reparei que as divergências muitas vezes incidiam não nos méritos da decisão, mas em quem tinha de decidir.

Por isso, achei muito útil nomear um decisor. Escolhi a função mais adequada para tomar a decisão sobre a mesa – a qualidade aprovaria o *release* final, o marketing decidiria de quais eventos participaríamos, o desenvolvimento decidiria se uma característica técnica era mais fácil ou mais difícil do que a outra, e assim por diante.

Achei que, uma vez nomeado um decisor, o teor da discussão imediatamente mudaria. Os membros da equipe começaram a fazer *lobby* com um decisor para defenderem seus pontos de vista. O decisor mudou seu ponto de vista para incluir os demais membros da equipe. E a discussão subsequente geralmente pairava sobre os méritos da decisão, e não mais sobre quem a havia tomado.

— Mary Poppendieck

---

[21] James Morgan and Jeffrey Liker, *The Toyota Product Development System: Integrating People, Process, and Technology*. Publicado pela Bookman Editora sob o título *Sistema Toyota de Desenvolvimento de Produto: Integrando Pessoas, Processo e Tecnologia*.

[22] Paul Rogers e Marcia Blenko, "*Who Has the D? How Clear Decision Roles Enhance Organizational Performance*," *Harvard Business Review*, January 2006.

Times completos

Produtos completos são desenvolvidos por times completos. Quando os executivos da Intuit decidiram desenvolver o Quicken Rental Property Manager, eles estabeleceram um time de desenvolvimento liderado pelo campeão da marca, incluindo todos aqueles necessários para colocar o produto no mercado, "não somente engenheiros de software".[23] Os membros do time já haviam trabalhado juntos – todos eram veteranos com 20 anos de atualizações do Quicken. Mas esta era uma primeira vez para a equipe. Um novo produto da marca Quicken seria desenvolvido pela primeira vez depois de muitos anos. O plano da equipe era resolver os problemas dos clientes – nem mais, nem menos – enquanto desenvolviam o suficiente para realizar a tarefa o mais rápido possível.

O time de desenvolvimento decidiu que seu principal trabalho era o de aprender – aprender sobre o trabalho dos clientes de tal forma que pudessem desenvolver apenas as funcionalidades corretas, e aprender sobre que tipo de processo forneceria uma estrutura satisfatória sem apresentar qualquer desperdício. A equipe se juntava periodicamente com o time dirigente para relatar o andamento do projeto, receber orientação e obter aprovação para continuar até o próximo ponto de verificação. Em cada um desses encontros, o time de desenvolvimento relatava o que havia sido aprendido e o que planejava aprender até a próxima verificação. Exceto pela orientação recebida nesses encontros, o time tomava suas próprias decisões de produto e processo.

O time do Quicken Rental Property Manager começou com o grupo entrevistando os clientes do produto. Seus membros acharam que os desenvolvedores faziam perguntas diferentes daquelas feitas pelo pessoal de marketing, e com isso todos ganhariam uma maior compreensão do problema a partir de várias perspectivas. Eles descobriram que o processo de desenvolvimento não exigia tanta papelada como antes, pois todos ouviam a mesma coisa dos clientes.

Os membros do time ficaram energizados pelo desafio e empenharam-se profundamente com o desenvolvimento de um novo processo e de um novo produto. Em um ano, o Quicken Rental Property Manager foi liberado para diversas avaliações, tendo como resultado um grande entusiasmo em relação à sua nova interface limpa e seus procedimentos simples de configuração e operação.

Projetar para operações

Um dos maiores avanços na qualidade da manufatura ocorreu quando os engenheiros de produção foram convidados para aderir ao time de projeto de produto. Todo projeto passou a ser avaliado pela facilidade de produção antes de ser aprovado e, de repente, começamos a ver produtos que eram não somente fáceis e rápidos de serem produzidos como também fáceis de manter. A isso nós chamamos de projetar para facilidade de produção.

---

[23] Relatado por Soni Meckem no Lean Design & Development Conference 2005, Chicago, March 2005.

Projetar para a facilidade de produção

Muito tempo atrás, nossas fábricas montavam os videocassetes à mão. O gerente da fábrica pedia que todos os chefes de departamento passarem algum tempo trabalhando na linha de produção, então ocasionalmente eu fazia hora extra montando videocassetes. Havia um parafuso que tinha uma peça de plástico na forma de uma chave de fenda, de tal forma que precisávamos usar uma chave de fenda especial angulada para aparafusá-la. Toda vez que eu tinha que procurar por essa ferramenta especial e ajustá-la na posição do parafuso, sonhava em ter os projetistas na linha de montagem para trabalhar somente com alguns poucos videocassetes.

Mais tarde, quando os engenheiros projetistas se reportavam a mim, sempre exigia que seus projetos fossem revistos pela área de produção antes de serem finalizados. No início, os projetistas consideraram isso crítico, mas em nenhum momento mantiveram uma relação saudável com a realidade da área de produção. Logo eles estavam trazendo seus desenhos a cada dois dias para o supervisor de produção emitir seus comentários. Não é necessário dizer que os novos projetos eram fáceis de serem montados.

— Mary Poppendieck

No desenvolvimento de software, o equivalente do projetar para a facilidade de produção é projetar para operações. Algumas das funções mais sub-representadas nas equipes de desenvolvimento de software são aquelas relacionadas à operação, redes, manutenção e suporte ao cliente. Todas as equipes de desenvolvimento deveriam ter membros que desafiassem o time para considerar que tipos de problemas podem surgir quando o software está sendo utilizado na produção e quais capacidades são necessárias para se recuperar a partir desses problemas ou para evitá-los.

Tudo aquilo que pode dar errado acabará dando errado

Um amigo e desenvolvedor aposentado, que agora é gerente de operações, tem um ditado favorito para os desenvolvedores manterem em mente: "Tudo aquilo que pode dar errado provavelmente dará errado na produção, e nós precisamos de meios para encontrar e conter o problema e, em seguida, recuperar de sua ocorrência". Recentemente ele me escreveu para descrever seu mais recente problema.

"Uma empresa XYZ está entregando seus novos *releases* de software semanalmente. Esses *releases* tendem a ser de características completas e não exibem muitos *bugs* de regressão. O principal problema é que o software é instável, tanto no tempo quanto sob carga. Quando ele passa pelos testes funcionais na garantia da qualidade (QA), ele muitas vezes não está pronto para as demandas da produção."

Sugeri uma análise da causa raiz de cada falha. Acontece que ele já estava muito à frente de mim.

"Uma análise de *postmortem** é absolutamente uma parte de cada resposta do problema. O que estamos encontrando não é uma única falha recorrente, mas um padrão de falhas que estão, em última análise, relacionadas com práticas de codificação inseguras. Os

---

* N. de R. T.: Análise de *postmortem* (*Post Mortem Analysis* ou PMA) consiste da leitura cuidadosa e sistemática de relatos elaborados após o término de um projeto para capturar as experiências (o que foi positivo, o que foi negativo, etc) e sugerir melhorias.

desenvolvedores de aplicação na XYZ sempre encontram novas maneiras de danificar o site quase que todas as semanas."

Infelizmente, a equipe de desenvolvimento já não se sentia responsável pelo software e estava desinteressada nos resultados da análise das falhas.

— Mary Poppendieck

Desenvolvimento personalizado

Só porque o software está sendo desenvolvido para um único tipo de aplicação, isso não exime uma organização da obrigação de criar valor e encantar seus clientes. O objetivo ainda é criar um software que irá proporcionar um excelente valor para a organização que está pagando por ele. De fato, a necessidade de liderança e de times completos é talvez mais importante para as ofertas de produto, pois a ausência de pressão competitiva pode enfraquecer o foco intenso no cliente, que é a competência essencial do sucesso das empresas de software.

De projetos para produtos

Frequentemente, um software personalizado é desenvolvido como um projeto, mas acreditamos que o desenvolvimento de produto fornece um modelo mais útil. Uma das coisas interessantes sobre projetos é que eles tendem a ser financiados de uma única vez, no início do projeto (veja Figura 3.2). Uma vez alocados os fundos, a questão que naturalmente surje é "O que é que vamos obter com este investimento e quando é que isso vai ficar pronto?". As respostas a essas perguntas são consideradas como um compromisso – afinal de contas, o dinheiro já está alocado –; com isso, o sucesso do projeto é medido com base em ter seus custos, cronograma, escopo e compromissos cumpridos.

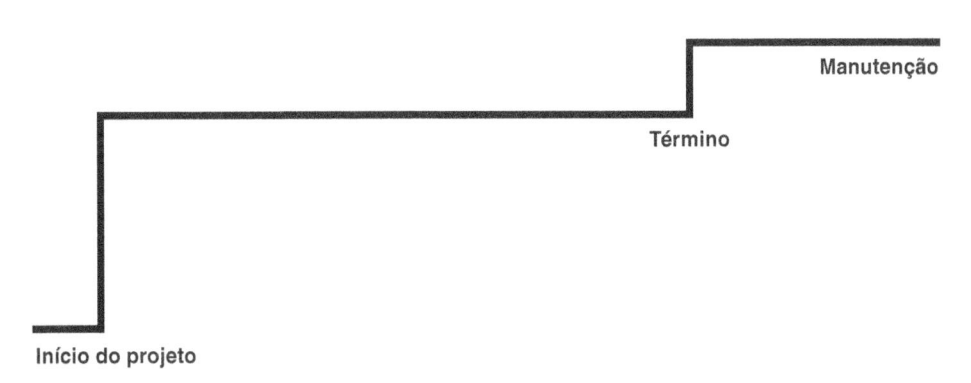

Figura 3.2 *Perfil típico do financiamento de projeto.*

Os produtos, por outro lado, são tipicamente financiados de forma incremental (veja Figura 3.3). Esse financiamento incremental é um sinal claro para todos de que se espera a evolução do escopo à medida que o conhecimento é adquirido. O sucesso do desenvolvimento de produto geralmente é medido com base na fatia de mercado e na lucratividade que o produto acabará atingindo.

Existem outras diferenças entre projetos e produtos. Projetos apresentam um início e (aparentemente) um fim. Produtos, por outro lado, possuem um início e (felizmente) nenhum fim. O software está mais para um produto do que para um projeto, pois a maioria dos bons produtos vive e muda durante muito tempo. Como observamos no Capítulo 2, bem mais de metade de um produto de software como um todo é desenvolvida após a primeira versão para produção.

Um sistema personalizado nunca acaba

Quando fomos a uma fábrica para instalar um sistema de controle de processo, fomos avisados de que receberíamos um lote de pedidos de mudança – e isto era considerado um bom sinal. Se nossos sistemas fizessem qualquer diferença na fábrica, eles deveriam gerar muitas ideias sobre melhores formas de usar a tecnologia.

Como nós nunca esperávamos terminar um sistema de controle, sempre projetávamos sistemas que eram configuráveis. Algumas das ideias originais de orientação a objetos vieram dos sistemas de controle de processo, dado que esses sistemas foram projetados em torno de objetos como bombas, cilindros, fornos, e assim por diante. Dado que uma linha de produção de fitas estava constantemente produzindo diferentes produtos, o sistema de controle devia permitir que um operador mudasse a velocidade, a pressão e a temperatura desses objetos de forma bem fácil.

Até mesmo com sistemas configuráveis, nós sempre apreciávamos voltar de uma instalação com uma longa lista de alterações e novas funcionalidades demandadas pelos operadores da fábrica. Esta era a maior forma de elogio que podíamos receber.

— Mary Poppendieck

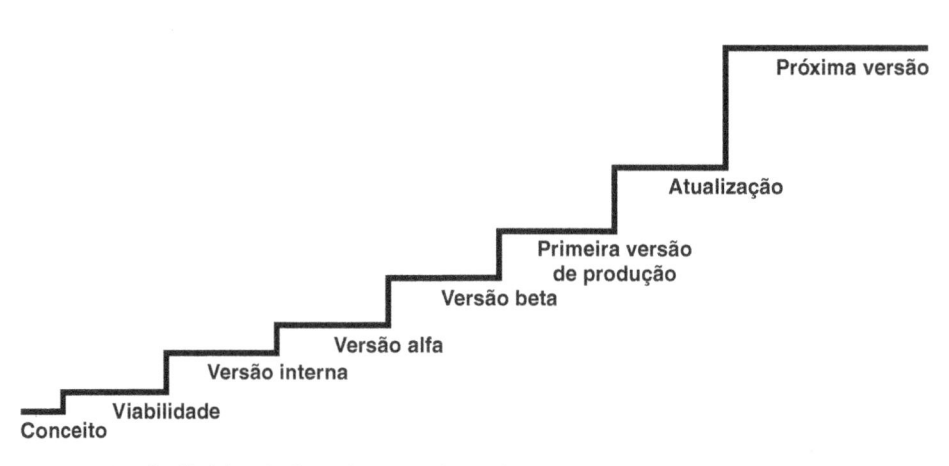

Figura 3.3 *Perfil típico do financiamento de produto.*

A cada novo projeto, sempre há uma tendência de constituir uma nova equipe de desenvolvimento. Em contrapartida, os produtos tendem a ser desenvolvidos por times intactos que continuam a garantir sua evolução ao longo do tempo. Um software seria melhor se fosse apoiado por um time intacto, pois o conhecimento do cliente, do código e do domínio da aplicação são difíceis de serem transferidos, dado que a maioria dos produtos de software possui uma longa vida de atualizações e melhorias.

Colaboração entre TI e negócios

No relatório da *McKinsey Quarterly* intitulado "*When IT's Customers Are External*",[24] Simon MacGibbon e seus coautores sugerem que as áreas que atendem o negócio num departamento de TI devem se comportar como uma empresa de software. Eles lembram que as empresas de software diferem dos departamentos internos de TI sob três aspectos:

1. Empresas de software fazem pesquisa para realmente compreender aquilo que o mercado quer, de tal forma que possam fornecer produtos que irão vender. Se este trabalho for mal feito, essas empresas não irão durar por muito tempo. De fato, empresas de software atualizam continuamente suas pesquisas, procurando sempre por melhores formas de servir o mercado. Uma vez que elas não podem demandar de seus clientes o envolvimento no projeto do sistema, essas empresas elaboram todos os tipos de painéis consultivos e discussões de grupo para descobrirem em primeira mão o que os clientes realmente necessitam. Muitas vezes, os departamentos de TI pulam esta etapa de marketing supondo que alguém tenha feito a pesquisa de mercado e são surpreendidos quando os seus produtos não satisfazem as necessidades de negócio.

2. As empresas de software vendem para mercados altamente competitivos, motivo pelo qual elas precisam controlar seus custos. Elas projetam produtos que sejam simples o suficiente para serem desenvolvidos e mantidos de forma rentável, enquanto asseguram o conjunto de características que irá fornecer aos seus clientes uma forte razão para comprarem o seu software. Muitas vezes, os departamentos de TI assumem que uma lista de requisitos de negócio representa todas as características essenciais do sistema, mesmo se características muito caras estão envolvidas. Eles têm pouco incentivo para realizar o mesmo comparação de custo/benefício que as empresas de software devem realizar para permanecerem no negócio.

3. As empresas de software percebem que se os clientes não estão satisfeitos com os seus produtos, a empresa não terá um negócio sustentável. Por isso, elas examinam todas as oportunidades a fim de ajudar os clientes

---

[24] "When IT's Customers Are External", por Simon P. MacGibbon, Jeffrey R. Schumacher, e Ranjit S. Tinaikar, *McKinsey Quarterly*, Q1 2006.

a terem sucesso e criar uma ampla base de receitas, enquanto garantem que seus produtos sejam bem-sucedidos no mercado a longo prazo. Muito frequentemente, os departamentos de TI acreditam que o sucesso dos sistemas que eles entregam é de responsabilidade da unidade de negócios. Embora seja verdade, como discutiremos a seguir, que estas unidades de negócio devem ser responsáveis pelo sucesso dos esforços de desenvolvimento de software autorizado pelo seu negócio, também é verdade que o departamento de TI só será bem-sucedido se seus produtos contribuírem para o sucesso do negócio.

Muitos departamentos de TI utilizam um modelo de projeto para o desenvolvimento de software, mas o modelo de projeto vem da indústria contratante, onde a confiança não é parte integrante do contrato. A fim de criar uma colaboração saudável entre TI-Negócio, sugerimos que seja adotado um modelo de produto, pois os incentivos incorporados a esse modelo propiciam muito mais a criação de uma relação colaborativa. Quando a TI está dentro de uma empresa, realmente não há razão alguma para se adotar o modelo Nós-Eles de fazer negócios que um projeto se propõe a adotar. Em particular, não é preciso fixar o escopo no início, não é preciso assinaturas dos clientes, não é preciso monitorar um escopo detalhado por um cronograma e não é preciso fazer tudo o que seus clientes dizem ser importante. Ao invés disso, o que você precisa é trabalhar em colaboração com seus parceiros de negócios, entregando o maior valor de negócio possível, no menor tempo e custo possíveis, ajudando-os a empregar o sistema de forma efetiva e entregando mais e melhores funcionalidades ao longo do tempo.

Tudo mais falhou

Certa vez, iniciei uma conversa com o gerente de TI de uma grande corporação da área financeira em uma conferência. Ele era um engenheiro eletricista por formação que tinha sido convidado para assumir a TI a fim de "corrigi-la".

Ele disse: "Isso aconteceu há bem mais de três anos e, você tem que entender, eu fracassei. Tentei aquela coisa do CMM e também aquela outra coisa do PMI e, depois de dois anos, fiquei frustrado e voltei para meu antigo trabalho.

"Mas depois de outro ano, eles me pediram para tentar novamente, só que desta vez eu fiz as coisas de um modo diferente. Dividi a organização pela metade: operações e desenvolvimento. Depois, dividi o grupo de desenvolvimento em seis equipes de produto. Cada equipe de produto tem que vender seus produtos para as áreas de negócio, sendo avaliados pelo lucro comparado ao custo da produção.

"Só se passaram seis meses, mas até agora nos tornamos imensamente bem sucedidos. Não sei por que não pensei nisso antes."

— Mary Poppendieck

Responsabilidade

Tradicionalmente, os departamentos de TI das grandes empresas demonstram ser organizações separadas daquele negócio que eles suportam. Isto é comum, pois a empresa deseja uma infraestrutura de informação padronizada e é mais fácil desenvolver o conhecimento técnico quando os especialistas estão na mesma organização. No entanto, este fato tem levado à falta de clareza sobre quem é o responsável pelos resultados das atividades de desenvolvimento de software e, muitas vezes, uma falta de clareza sobre a forma de medir seus resultados.

O problema da responsabilidade não é específico das organizações de TI. Ele ocorre toda a vez que as pessoas do mesmo time trabalham para diferentes organizações com diferentes formas de medir o desempenho. Por exemplo, uma organização que desenvolve software embarcado pode ser gerenciada separadamente do departamento de hardware. Uma empresa de consultoria que trabalha para um negócio claramente possui uma estrutura de gestão separada de seu cliente.

Particularmente, não é eficaz subdividir o esforço pelas linhas organizacionais e, em seguida, ver uma parte da equipe de desenvolvimento dando "requisitos" para a outra parte da equipe. Esta abordagem tem uma tendência a obscurecer o objetivo global do empreendimento conjunto, e possui uma longa história de gerar resultados desfavoráveis. É muito mais eficaz para os membros de uma equipe multifuncional compartilharem a responsabilidade do cumprimento dos resultados de negócio que justificam o pagamento do seu trabalho.

Porém, no final, deve existir um único ponto de responsabilidade sobre os resultados de negócio para um investimento de TI. Acreditamos que esta responsabilidade deva recair sobre a área de negócio patrocinadora do projeto. Quando líderes de negócio gerenciam os investimentos de TI com o mesmo afinco que realizam seus próprios negócios, esses investimentos tendem a produzirem resultados mais significativos para o negócio.[25]

Tente isto

1. Use o modelo Kano para analisar um esforço atual de desenvolvimento. Faça uma lista de características e funcionalidades – num alto nível – e as escreva num cartão ou Post-it. Use uma folha grande para fazer o modelo Kano e montá-lo na parede. Depois, fixe os cartões ou Post-its na área apropriada do modelo Kano. Quantas características foram colocadas na categoria "encantadoras"? Qual é o percentual de características "encantadoras"?

2. No Capítulo 10, descrevemos uma medida isolada que é um bom indicador de satisfação do cliente, chamado de Net Promoter Score (ou Taxa Líquida de Promotores). Calcule o NPS de seus clientes. Faça uma simples pesquisa de

---

[25] Veja "Who's Accountable for IT", de Dan Lohmeyer, Sofya Pogreb and Scott Robinson, *McKinsey Quarterly*, December 7. 2004.

opinião perguntando a seus clientes qual a chance deles recomendarem seus serviços para um colega numa escala de 0 a 10. Qual é o percentual de respostas entre 9 e 10? Este é o seu percentual de promoção. Qual é o percentual de respostas entre 0 e 6? Este é o seu percentual de rejeição. Subtraia o percentual de rejeição do percentual de promoção. O NSP é positivo ou negativo?

3. Faça uma lista de todos os programas ou projetos que estão ativos na sua organização. Para cada projeto, escreva o nome de seu líder ou líderes? Quantos líderes apresentam cada projeto? Você escreveu o nome de alguém que provê tanto liderança técnica quanto de mercado para cada projeto? Existe alguma correlação entre o desempenho do projeto e sua liderança técnica/negócio (ou a ausência dela)?

4. Times Completos: você possui pessoas da operação no seu time? Regularmente, alguém do suporte técnico é consultado quando são projetadas novas características de produto? Os testadores estão envolvidos no desenvolvimento desde o princípio? Quando que os redatores técnicos se envolvem no projeto? Os clientes e seus representantes são tratados como membros do time?

5. Projetos/Produtos: seus esforços de desenvolvimento são financiados de forma incremental ou de uma única vez? Qual o critério de sucesso de um esforço de desenvolvimento? Os times são mantidos intactos ou as pessoas são transferidas regularmente para novos times? Os times mantêm o código que desenvolvem? Quem é responsável pelos resultados do dinheiro alocado no desenvolvimento de software?

Capítulo 4

Desperdício

Escreva menos código

Se fôssemos procurar a causa raiz do desperdício no desenvolvimento de software, uma forte candidata seria a complexidade. A complexidade "calcifica" nosso código e faz com que ele se torne frágil e quebradiço. No livro *Conquering Complexity in Your Business*, Michael George sugere que a complexidade é como o colesterol: ela bloqueia as artérias de uma organização; ela é a "assassina silenciosa de lucros e crescimento".[1] A prescrição para a complexidade no desenvolvimento de software é simples: *Escreva menos código*!

Vamos dar uma olhada em como uma empresa europeia multibilionária passou a tratar desse tema.

Zara

Recentemente, quando Madonna fez uma série de shows na Espanha, a roupa que ela vestia no primeiro espetáculo podia ser vista sendo usada pelos adolescentes no último espetáculo. As roupas estilo Madonna foram compradas na Zara, uma cadeia de vestuário em rápido crescimento. A estratégia da Zara é ser uma rápida seguidora, apostando que é mais rentável desenvolver a moda solicitada por seus clientes do que empurrar novos modelos para o mercado. No rápido mundo de mudanças da moda, um seguidor tem que ser muito veloz – a Zara pode ir do conceito ao dinheiro em duas semanas; linhas de produtos inteiramente novas podem demorar até um mês.

A Zara representa cerca de 70% das vendas da Inditex, uma empresa de vestuário localizada no oeste da Espanha com mais de € 5 bilhões em vendas anuais.

---

[1] Michael George and Stephen Wilson, *Conquering Complexity in Your Business: How Wal-Mart, Toyota, and Other Top Companies Are Breaking Through the Ceiling on Profits and Growth*, McGraw-Hill, 2004.

A Zara compete ferozmente com a H&M, de Estocolmo, com a Benetton, de Veneza, e com a GAP, de São Francisco, e apresenta um dos lucros mais saudáveis da sua indústria. Ela tinha algo em torno de 900 lojas na época em que eu estava redigindo este texto, sendo que 3/4 das lojas localizadas na Europa, expandindo-se rapidamente.

Em vez de contratar estilistas de alto padrão para criar novos produtos para cada estação, a Zara contrata os melhores alunos das escolas de *design* como gerentes de loja para criar as peças de vestuário que os clientes estão procurando. Ela lança 11.000 novos itens por ano, um valor considerável quando comparado aos 2.000 a 4.000 dos seus concorrentes.[2] As lojas da Zara possuem estoques moderados. Os pedidos são enviados para a sede duas vezes por semana, e as roupas chegam dois ou três dias depois – já em cabides, precificadas e prontas para serem vendidas. A Zara evita as economias de escala e fabrica em pequenos lotes, geralmente em cooperativas no oeste da Espanha. Ela opera bem abaixo da capacidade a fim de estar apta a atender pedidos duas vezes por semana, até mesmo em picos de demandas.[3]

A Zara obtém mais retorno de seus esforços que seus concorrentes: ela vende 85% de seu estoque ao preço total, comparado com a média da indústria que fica em torno de 60 e 70%. Os itens não vendidos ficam abaixo dos 10% das vendas, enquanto a média da indústria fica em torno de 17 e 20%.[4] Ela também gasta menos dinheiro que seus concorrentes: a *holding* da empresa, denominada Inditex, gasta em torno de 0,3% das vendas em propaganda, comparando com a média da indústria que gasta entre 3 e 4%. E gasta por volta de 0,5% das vendas com TI, enquanto a média da indústria gira em torno de 2%.[5]

Espera aí. Vamos voltar ao tema mais uma vez. Uma empresa de 5 bilhões de euros gasta 0,5% das vendas em TI? Na verdade, a equipe de TI da Inditex, com cerca de 50 pessoas, desenvolve todas as suas aplicações. As lojas utilizam PDAs e um modem para transmitir os totais de vendas e os novos pedidos para a matriz. Ao invés de um sistema de CRM, espera-se que os estilistas falem com os gerentes da loja. E com esse baixo nível de estoques, um sistema de ERP seria um exagero. Curiosamente, o CEO que orquestrou esta abordagem minimalista é um antigo gestor de TI.[6]

No artigo "Do You Have Too Much IT?",[7] Andrew McAfee apresenta cinco princípios que guiam o uso de tecnologia da Inditex:

1. **A TI é uma auxiliar para o julgamento, não uma substituta sua.** Os sistemas de informação ajudam os gestores a organizarem os dados de que necessitam para tomar suas decisões, mas esses sistemas não tomam decisões pelas pessoas, nem sequer sugerem a decisão.

---

[2] Dados de "Inditex: The Future of Fast Fashion," *The Economist*, June 18 2005.
[3] Kasra Ferdows, Michael A. Lewis, and Jose A.D. Machuca, "Rapid-Fire Fulfillment," *Harvard Business Review*, November 2004.
[4] De "Rapid Fire Fulfillment," Ibid.
[5] Andrew McAfee, "Do You Have Too Much IT?" *MIT-Sloan Management Review*, Spring 2004.
[6] From "Do You Have Too Much IT?" Ibid.
[7] Ibid.

2. **A informatização é padronizada e orientada.** Tanto as lojas quanto as regiões não possuem permissão para se desviarem da solução corporativa padrão, e os desenvolvedores minimizam as características de sistema ao invés de maximizá-las.

3. **As iniciativas de tecnologia começam de dentro.** As metas de negócio sempre norteiam o uso de tecnologia na empresa, não o contrário. O departamento de TI trabalha com os gerentes de produção para compreender suas necessidades, e só depois é que olham para as tecnologias disponíveis para encontrar as soluções.

4. **O processo é o foco.** Os PDAs das lojas não são "dispositivos de produtividade pessoal" dos gestores. Eles suportam a cadência diária dos relatórios de vendas e a cadência de pedidos e entregas duas vezes por semana. Eles fazem cumprir um processo consistente em todas as lojas.

5. **O alinhamento é dominante.** É útil ter um CEO que já foi um gestor de TI, mas ter um alinhamento entre TI e negócios dá muito mais resultado. As pessoas de negócio e as pessoas de tecnologia realmente compreendem o mundo um do outro. Não existe Nós-Eles e não há software jogado por cima do muro.

Complexidade

Quase toda a empresa nascente que possui um único produto de software é ágil e pode responder com rapidez aos clientes e se adaptar às mudanças. Mas depois de uns dois anos de sucesso, é frequente ver as empresas de software diminuirem a velocidade e se tornarem não receptivas. Elas desenvolveram uma base de código complexa, um conjunto de produtos e uma estrutura organizacional complexa. A menos que elas controlem essa complexidade o mais rápido possível neste momento, ela irá estrangular gradualmente a própria resposta que deu à empresa sua primeira vantagem competitiva.

O custo da complexidade não é linear, é exponencial, e o custo da complexidade acaba por fim dominando todos os outros custos na maioria dos sistemas de software (veja a Figura 4.1). Um código complexo é frágil e se quebra facilmente, tornando quase impossível modificá-lo de forma segura. Empresas de desenvolvimento de software sensatas colocam no topo a prioridade de manter a base do código simples, limpa e pequena.

Justifique toda a funcionalidade

O primeiro passo para controlar a complexidade é limitar de forma agressiva as características e funções que serão colocadas na primeira versão do produto de software. Cada característica desenvolvida deve passar pela barreira de prova de que ela irá prover mais valor econômico do que o custo de sua existência, a plena carga. Carregar produtos de software com uma "lista de lavanderia" cheia de funcionalidades é uma abordagem preguiçosa para o marketing: não sabemos ao que os clientes irão dar valor, então acrescentamos um monte de funcionalidades na es-

O custo da complexidade

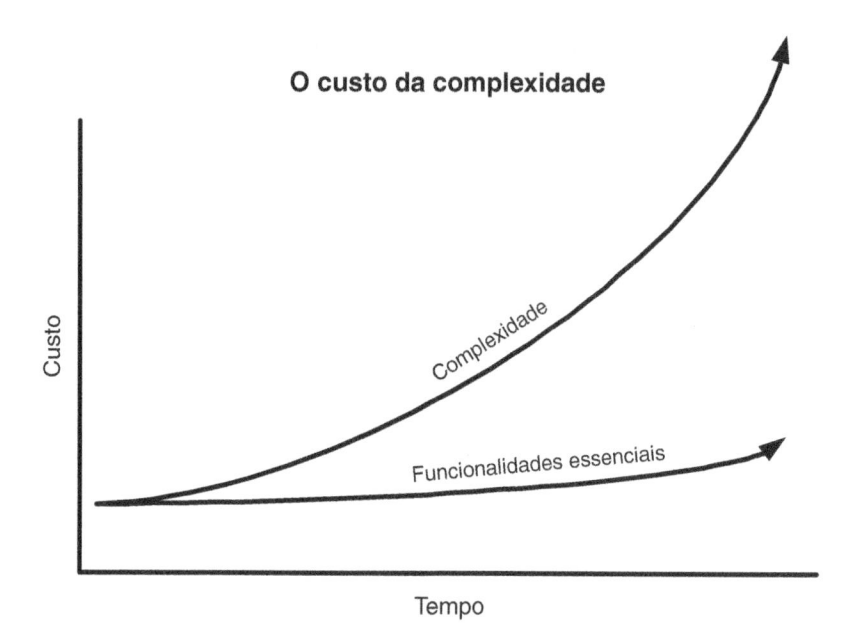

Figura 4.1 *O custo da complexidade é exponencial.*

perança de que os clientes encontrem algumas coisas de que gostem. Mas carregar software com funcionalidades é pior do que somente ser preguiçoso; é uma receita para o desastre. Software é complexo por natureza e, a menos que a complexidade seja cuidadosamente gerenciada, ela cresce de forma descontrolada.

É preciso coragem para limitar o conjunto de funcionalidades de um esforço de desenvolvimento, mas quase sempre ele se paga muitas vezes. No mundo do produto, lançar um produto com somente as funcionalidades corretas, nem mais nem menos, demonstra que a empresa realmente compreende o que os clientes desejam. Esta foi a estratégia da Intuit quando lançou o QuickBooks. A Intuit percebeu que as empresas muito pequenas não queriam um software projetado para contadores e, por isso, desenvolveu um produto que não tinha sequer escrituração por partidas dobradas*, algo que seus concorrentes consideravam essencial. A Intuit compreendeu bem quais eram seus clientes e que tipo de trabalho eles estavam tentando realizar, e entregaram somente as funcionalidades que eles estavam procurando.

Jeff Sutherland, CTO da PatientKeeper (uma empresa que discutimos no Capítulo 5) enfatiza que os desenvolvedores não devem desenvolver qualquer funcionalidade até que exista uma demanda de mercado bem definida. Ele diz:[8]

> A tarefa é refinar o código fonte para melhor atender a necessidade do cliente. Se isto não está claro, os programadores não devem escrever sequer uma linha de código. Toda linha de código custa dinheiro para ser escrita e ainda mais dinheiro para

---

* N. de R. T.: *Double entry bookkeeping*, no original.
[8] Publicado na lista object-technology@yahoogroups.com em 11 de março de 2003, mensagem 121. Utilizado com permissão.

mantê-la. É melhor que os desenvolvedores saiam para surfar do que escrever código desnecessário. Se eles escrevem código que no final não será utilizado, eu vou pagar por aquele código durante toda a vida do sistema, que pode ser muito mais tempo do que minha própria vida profissional. Se eles estiverem surfando, eles estarão se divertindo e eu terei um sistema de menor custo com menos dores de cabeça para manter.

Conjuntos mínimos de funcionalidades úteis

Independentemente de estarmos desenvolvendo um software personalizado para um cliente ou um software produto, a abordagem ideal é dividir o software em *conjuntos mínimos de funcionalidades úteis*, e entregar cada conjunto no seu devido tempo, o de maior prioridade primeiro (ou o de mais alto retorno). Um conjunto mínimo de funcionalidade útil é aquele que ajuda os clientes a fazerem melhor uma parte útil de seus trabalhos. Embora existam ambientes em que a abordagem tudo-ou-nada possa parecer o único caminho a seguir, ela raramente é necessária tanto do ponto de vista técnico quanto do ponto de vista do cliente.[9] Fomos condicionados a pensar que a abordagem dos grandes lotes, do tudo-ou-nada, para o desenvolvimento de software é boa. É hora de nos recondicionarmos para pensarmos que esta é a pior abordagem possível para um bom desenvolvimento de software.

Implantar pequenos conjuntos de funcionalidades úteis num projeto de desenvolvimento personalizado faz com que os clientes comecem a utilizar o software muito mais depressa. Quando esses conjuntos de funcionalidades começam a produzir mais cedo um retorno de investimento, a empresa pode investir menos dinheiro, pode antecipar o retorno do investimento e, geralmente, obter mais lucro ao longo da vida do sistema.[10] Tecnicamente, implantar conjuntos mínimos de funcionalidades úteis não somente é prático, mas quando feito corretamente, o código é refatorado e simplificado para cada conjunto de novas funcionalidades. Isso ajuda a simplificar a complexidade da base de código, minimizando assim o custo do ciclo de vida de produto. Do ponto de vista do cliente, receber conjuntos mínimos de funcionalidades úteis significa concluir o trabalho mais cedo e descobrir como eles *realmente* gostariam que o software funcionasse, não havendo muito tempo para a solicitação de alterações. E do ponto de vista da sustentabilidade, os sistemas implantados de forma incremental com conjuntos mínimos de características úteis são geralmente mais fáceis de manter, pois o desenvolvimento incremental pode ser estendido pelo ciclo de vida do sistema. Não há nada como desenvolver software utilizando conjuntos mínimos de funcionalidades úteis.

Não automatize a complexidade

Não estaremos ajudando nossos clientes se simplesmente automatizarmos um processo complexo ou bagunçado; estaremos apenas embalando um processo recheado de desperdícios com uma camisa de força da complexidade do soft-

---

[9] Os jogos são uma exceção notável.
[10] Veja Mark Denne e Jane Cleland-Huang, *Software by Numbers: Low-Risk, High-Return Development*, Prentice Hall, 2004.

ware. Qualquer processo que seja candidato à automação deve, primeiramente, ser esclarecido e simplificado, até mesmo podendo-se remover a automação já existente. Só então o processo poderá ser claramente entendido e os pontos de alavancagem da efetiva automação identificados.

"Nossa empresa é toda voltada à complexidade"

Num recente seminário, um dos mapas de fluxo de valor (descrito posteriormente neste capítulo) descrevia um processo de pedidos de software, em vez de um processo de desenvolvimento de software. Ao analisarmos o mapa, vimos que cerca da metade de todos os pedidos tinham de ser frequentemente revisados depois de terem passado por um árduo processo de aprovação dos clientes. O atraso e as mudanças causadas pelo processo de verificação de erros estavam gerando vários clientes insatisfeitos e entregas demoradas.

"Então, por que vocês não estão procurando mais cedo por esses erros? Por que esperar tanto tempo?", perguntei.

"Bem, existem muitas razões", explicou a pessoa que representava o mapa de fluxo de valor. "Frequentemente, os problemas estão relacionados com o tempo. O pedido estava OK quando ele foi submetido, mas o tempo passou, o contrato expirou, e então o preço ou os termos mudaram."

Ao investigarmos profundamente, ficou claro que o grupo que cuidava dos pedidos estava despendendo um esforço heróico para recebê-los de forma correta, mas a estrutura de preços era tão complexa que os sobrecarregava.

"Talvez vocês devessem dar uma olhada na estrutura de preços", sugeri. "Para mim, ela parece ser extremamente complexa."

"Ah! Nossa empresa é toda voltada à complexidade", veio a resposta imediata. "Já revisamos nossa estrutura de preços e o objetivo não é torná-la simples; o objetivo é otimizar a receita que conseguimos obter de cada cliente."

Sugeri que, com todos os problemas que havíamos visto no mapa de fluxo de valor, a receita adicional seria provavelmente consumida diversas vezes pela complexidade.

"E não é só isso", alguém concordou e então complementou, "a nova estrutura de preços é um compromisso do qual ninguém gosta: nem os clientes, nem a área de recebimento de pedidos, nem mesmo a área de vendas."

Mesmo que o problema do processamento de pedidos fosse em si muito grande e muito visível, até aquele momento ninguém havia analisado o problema desde a causa raiz, pois ninguém estava condicionado a pensar em complexidade como sendo algo ruim. De fato, a solução que estava sendo considerada era criar um sistema computacional que gerenciasse toda essa complexidade.

Sugeri que o processo precisava de simplificação, não de automatização, pois se eles automatizassem a complexidade atual, estariam confirmando a sua existência, o que provavelmente os impediria de até mesmo simplificar o processamento dos pedidos.

— Mary Poppendieck

Os sete desperdícios

Todos aqueles que já estudaram a produção *lean* devem ter aprendido os sete desperdícios da produção de Shigeo Shingo.[11] No nosso livro anterior, traduzimos esses sete desperdícios em sete desperdícios do desenvolvimento de software. Nesta seção, vamos rever esta tradução, fazendo algumas pequenas mudanças, conforme apresentado na Tabela 4.1. Encontrar o desperdício não é colocá-lo numa categoria; as categorias ajudam a reforçar o hábito de enxergar o desperdício. O verdadeiro motivo da descoberta e eliminação do desperdício é reduzir custos e tornar os produtos mais efetivos.

Tabela 4.1 *Os Sete Desperdícios*

Produção	Desenvolvimento de software
Estoques no processo	Trabalho inacabado
Superprodução	Funcionalidades extras
Processamento adicional	Reaprendizagem
Transporte	Transferência de controle
Movimentação	Troca de tarefas
Esperas	Atrasos
Defeitos	Defeitos

Trabalho inacabado

O estoque do desenvolvimento de software é o trabalho inacabado. O objetivo é partir do início do trabalho sobre um sistema para um código integrado, testado, documentado e entregue, num fluxo único e rápido. O único meio de se alcançar isso é dividindo o trabalho em pequenos lotes, ou iterações.

Exemplos de trabalho inacabado

1. **Documentação ainda não codificada:** Quanto mais tempo os documentos de *design* e requisitos ficarem esperando na prateleira, mais eles precisarão serem mudados. Muitas vezes, as equipes de desenvolvimento são aborrecidas pela necessidade de mudança dos requisitos, mas, de uma perspectiva do cliente, o verdadeiro problema é terem escrito os requisitos cedo demais.

---

[11] Shigeo Shingo, *Study of "Toyoda" Production System from an Industrial Engineering Viewpoint*, Productivity Press, 1981, Chapter 5.

2. **Código ainda não sincronizado:** Quando o código é copiado para os ambientes de trabalho pessoais, ou ramificações são criadas para o desenvolvimento paralelo, esses ambientes de trabalho e ramificações quase sempre precisarão ser integrados àqueles já existentes. Os ambientes de trabalho e as linhas de código paralelas devem ser sincronizadas com a maior frequência possível, dado que quanto mais tempo eles permanecem separados, mais difícil será para integrá-los.

3. **Código ainda não testado:** Escrever código sem uma forma de detectar imediatamente seus defeitos é o jeito mais rápido de se criar um estoque de trabalho inacabado. Quando se mede quanto código já está pronto, não deve haver crédito parcial. Cada código é integrado, testado e aceito, ou ele não conta.

4. **Código ainda não documentado:** Se a documentação será necessária, ela deveria ser feita enquanto o código está sendo escrito. Idealmente, o código deve ser autodocumentando, mas a documentação de usuário, as telas de ajuda, e assim por diante, também podem ser necessários. Assim como os testadores pertencem à equipe técnica, os redatores técnicos também pertencem. Afinal, eles são as pessoas que estão ajudando os clientes a fazerem seus trabalhos. Muitas funcionalidades adicionais poderiam ser evitadas se os redatores técnicos estivessem constantemente indagando ao resto do time: "E como, exatamente, vamos ajudar nossos clientes a concluírem seus trabalhos?".

5. **Código ainda não instalado:** Nem todos os ambientes podem instalar código de forma tão frequente quanto o desejado, pois um novo software pode ficar no caminho dos clientes que estão querendo realizar o seu trabalho. No entanto, deve haver um viés na direção de entregar o código o mais rápido possível. De fato, muitas vezes é mais fácil para os usuários absorverem as mudanças em pequenos incrementos; dessa forma, menos treinamento se torna necessário e a perturbação pode geralmente ser minimizada.

Temos um grande estoque de documentação, mas não podemos mudar este cenário dado que as regulamentações governamentais exigem que tenhamos as Especificações de Requisitos de Software (SRS) e sua rastreabilidade para o código.

Se você precisa de um documento de SRS e rastreabilidade, então considere escrever o máximo desse documento como testes tão executáveis quanto for possível. Considere a utilização de um FIT (*Framework for Integrated Tests – Framework* para Testes Integrados), ou uma ferramenta similar para testes de aceitação, para escrever especificações-por-exemplo.[12] Uma ferramenta como esta pode dar de graça para você a rastreabilidade dos testes para o código. Se você executar os testes todos os dias e salvar a saída em seu sistema de gerenciamento de configuração, você terá um registro exato de quais testes passaram e quais não passaram num determinado ponto do tempo. Os reguladores vão amar tudo isso.

---

[12] Veja *Fit for Developing Software: Framework for Integrated Tests*, by Rick Mugridge and Ward Cunningham, Prentice Hall, 2005. Veja também www.fitnesse.org. O capítulo 7 inicia com um estudo de caso envolvendo FIT e o Fitnesse.

Funcionalidades extras

Taiichi Ohno enfatizou que a superprodução – criar estoque que não seja imediatamente necessário – é o pior dos sete desperdícios da produção. Do mesmo modo, o pior dos sete desperdícios do desenvolvimento de software é adicionar funcionalidades que não são necessárias para que o trabalho dos clientes seja realizado. Se não existe uma necessidade econômica clara e atual para uma funcionalidade, *ela não deve ser desenvolvida*.

Isso significa que não podemos antecipar aquilo que sabemos que tem de ser feito?

Geralmente, somos questionados com esta dúvida. Por isso, oferecemos estas diretrizes:

1. Utilize o bom senso. Lembre que estas são diretrizes.
2. Concentre-se no trabalho do cliente. Caso sejam necessárias diversas iterações para criar o software necessário para fazer um trabalho, as funcionalidades que são absolutamente necessárias para fazer aquele trabalho não são funcionalidades extras.
3. Seja bastante tendencioso contra a adição de funcionalidades. Se existir qualquer dúvida sobre a necessidade de uma funcionalidade, ela é prematura. Aguarde.
4. Criar uma capacidade arquitetônica que permita adicionar funcionalidades mais tarde e não mais cedo é algo bom. Muitas vezes, extrair um "*framework*" de serviços reutilizáveis para a empresa tem-se revelado ser uma boa ideia. Criar um *framework* de aplicações de forma especulativa, que pode ser configurado para fazer qualquer coisa, tem apresentado registros de falha. Compreenda a diferença.

Reaprendizagem

Recentemente, estávamos participando de um painel de discussões sobre como o desenvolvimento ágil afeta os clientes, quando alguém perguntou: "Existe algum cliente nesta sala? Nós deveríamos ouvir a perspectiva de clientes reais". Uma pessoa solitária levantou a mão. Então ela foi questionada: "O que torna o desenvolvimento ágil desafiador para você?"

"Acredito", disse ele, "que o maior problema que eu tenho é lembrar quais decisões já tomei e quais coisas já tentei, pois tenho a tendência de tentá-los novamente."

Redescobrir algo que sabíamos, mas esquecemos, é talvez a melhor definição de "retrabalho" no desenvolvimento. Sabemos que devemos lembrar aquilo que aprendemos. No entanto, nossa abordagem para capturar o conhecimento é muitas vezes prolixa demais e muito menos rigorosa do que deveria ser. O tema complexo de criar e preservar o conhecimento será abordado no Capítulo 7.

Outro modo de desperdiçar conhecimento é ignorar o conhecimento que as pessoas trazem para o trabalho, devido à falta de engajamento delas no processo de desenvolvimento. Isto é ainda mais grave do que perder o controle do conhecimento que nós geramos. É fundamental alavancar o conhecimento de todos os trabalhadores, aproveitando a experiência que eles construíram ao longo do tempo.

> **Temos tentado documentar todas as nossas decisões de projeto à medida que são feitas. O problema é que essa documentação nunca é observada novamente.**
>
> Este é um problema comum e é a razão pela qual muitas empresas pararam de documentar as decisões de projeto. O conhecimento adquirido de tentar coisas que não funcionam pode ser o conhecimento mais relevante para a resolver o seu problema, mas capturar esse conhecimento de uma forma que seja fácil de encontrá-lo posteriormente é um desafio. Comece perguntando: o que você está fazendo agora está funcionando? Caso não esteja, então não continue fazendo. Em vez disso, reveja seus objetivos globais e trabalhe com sua equipe para elaborar um método que preserve o conhecimento que irá realizar os objetivos da forma mais eficiente e eficaz. Veja o Capítulo 7 para ter algumas ideias.

Transferências de controle

Não há nada como ensinar uma criança a andar de bicicleta. Primeiro ela tem que aprender a se equilibrar enquanto se movimenta, e para isto você corre ao seu lado segurando de leve a bicicleta até que ela pegue o jeito. Isso é muito cansativo, então no momento em que ela consegue ter um pouco da sensação de equilíbrio, você rapidamente já lhe ensina como fazer o resto. Na primeira vez que ela pedala com sucesso para longe de você, subitamente você se dá conta de que ainda não lhe ensinou *a parar!* Mais alguns percalços e a criança já poderá cuidar de si mesma. Algumas horas mais tarde, e você ficará espantado com a forma como ela estará descendo ladeira abaixo, iniciando com facilidade e parando com o cantar dos freios.

As transferências de controle* são semelhantes a dar uma bicicleta para alguém que não sabe como guiá-la. Você pode lhe dar um grande livro de instruções sobre a forma como andar de bicicleta, mas não será de grande ajuda. É muito melhor que você fique e ajude-o a experimentar a sensação de equilíbrio que vem com o momento de ganho. Em seguida, dê algumas dicas na medida em que ele pratica o início, a parada, as voltas, as descidas e as subidas. Logo seu colega *saberá* como andar de bicicleta, embora não possa descrever como ele o faz. Este tipo de conhecimento é chamado de conhecimento tácito, e é muito difícil passar o controle para outras pessoas mediante documentação.

Quando transferimos o controle do trabalho para colegas, uma vasta quantidade de conhecimento tácito é deixada para trás na mente de seu criador. Considere esta relação: se a cada transferência de controle deixamos 50% do conhecimento para trás (uma estimativa muito conservadora), então:

- 25% do conhecimento são deixados depois de duas transferências
- 12% do conhecimento são deixados depois de três transferências

---

* N. de T.: *Handoffs*, no original

- 6% do conhecimento são deixados depois de quatro transferências
- 3% do conhecimento são deixados depois de cinco transferências

Devido ao conhecimento tácito ser tão difícil de ser comunicado, as transferências de controle sempre resultam em perda de conhecimento; a questão verdadeira está em como minimizar este desperdício.

Algumas formas de reduzir o desperdício da transferência de controle

1. Reduza o número de transferências.
2. Utilize times que projetam e constroem (times completos, multifuncionais) para que as pessoas possam ensinar umas às outras a andar de bicicleta.
3. Utilize comunicação de banda-larga: documentos deixam para trás quase todo o conhecimento tácito. Substitua-os por comunicação face a face, observação direta, interação com modelos, protótipos e simulações.
4. Entregue trabalhos parciais ou preliminares para considerações e *feedback* – tão cedo e frequente quanto seja possível.

Troca de tarefas

O desenvolvimento de software requer muita reflexão profunda e concentrada a fim de conseguirmos abraçar a complexidade existente e adicionar corretamente uma nova peça ao quebra-cabeça. Passar para uma diferente tarefa não somente gera distração, como toma tempo e, frequentemente, piora os resultados de ambas as tarefas. Quando profissionais do conhecimento possuem três a quatro tarefas para serem realizadas, eles passam mais tempo reinicializando suas mentes para trocar de uma tarefa para outra do que de fato trabalhando nelas. Essa troca de tarefas é desperdício.

Além disso, tentar realizar múltiplas tarefas ao mesmo tempo normalmente não faz sentido. Suponha que você possui três tarefas a realizar, as tarefas A, B e C. Suponha, para fins de argumentação, que cada tarefa dure uma semana. Se você realizar uma tarefa por vez, ao final da primeira semana a tarefa A estará pronta e começará a gerar valor. No começo da segunda semana, a tarefa B também estará gerando valor e, ao final da terceira semana, você terá concluído todas as três tarefas e muito valor já terá sido realizado.

Digamos, porém, que você decida trabalhar nas três ao mesmo tempo, talvez para fazer com que o cliente de cada tarefa sinta que seu pedido é importante para você. A Figura 4.2 mostra o resultado do melhor caso para este cenário. Cada tarefa é dividida em oito partes, mais uma mínima quantidade de tempo gasto na troca de tarefas. Até mesmo neste caso ideal, nenhuma das tarefas será concluída ao final das três semanas. Além do tempo perdido necessário para completar as tarefas, o valor potencial que elas poderiam ter contribuído por estarem prontas mais cedo também é desperdiçado.

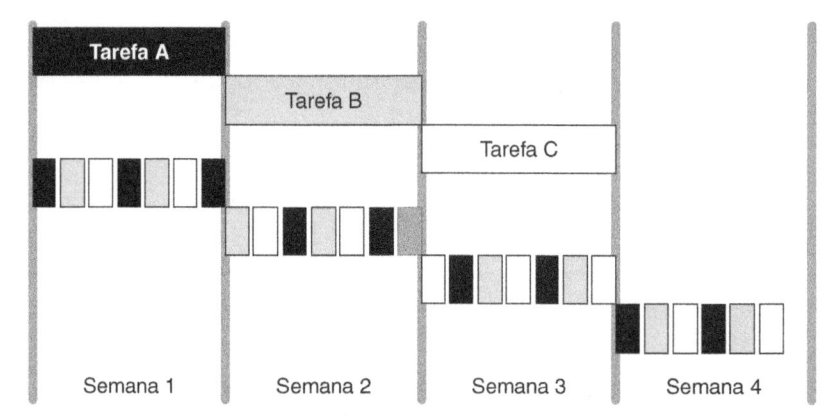

Figura 4.2 *A alternância entre três tarefas com uma semana de duração implica que nenhuma delas é concluída em três semanas.*

Não queremos ter uma equipe de manutenção separada. Portanto, precisamos conviver com a troca de tarefas.

Qualquer código que é entregue será mantido e, algumas vezes, equipes separadas de manutenção são formadas a fim de que os desenvolvedores possam se concentrar no desenvolvimento e não tenham troca de tarefas com demandas da manutenção. No entanto, geralmente recomendamos o contrário, pois acreditamos que é melhor para uma equipe permanecer com seu produto durante seu ciclo de vida. Por outro lado, as pessoas podem começar a acreditar que existe uma coisa como "término" o código, o que normalmente é um mito. O código é uma coisa viva que mudará constantemente (e deve fazê-lo!).

Ter uma equipe de desenvolvimento que suporte seu próprio código significa que essa equipe terá que trocar de tarefas para gerenciar esse suporte. É claro que isso gera uma grande motivação para entregar um código livre de defeitos, de tal forma que a equipe possa se concentrar em novos desenvolvimentos. Ainda assim, haverá demandas de suporte que distrairão os desenvolvedores, mesmo se for apenas porque o que os clientes consideram "defeitos" podem ser considerados "funcionalidades" na mente do desenvolvedor. Aqui estão algumas formas que outros costumam utilizar para minimizar as perturbações causadas pela necessidade para suportar o código:

1. Mantenha duas pessoas girando na equipe a cada mês ou a cada iteração para tratar da manutenção neste prazo.

2. Reserve duas horas pela manhã para a equipe tratar em conjunto de todos os problemas que foram resolvidos nas últimas 24 horas. Então, realize uma reunião de atualização diária (*daily status*) e concentre-se nos novos desenvolvimentos do resto do dia.

3. Faça uma triagem agressiva das demandas de suporte e faça imediatamente apenas o trabalho que for urgente. Reserve um período a cada uma ou duas semanas para tratar de problemas de manutenção que estejam pendentes. Se o período for pequeno o suficiente, a maioria das solicitações poderá esperar, e algumas manutenções irão desaparecer. Esta técnica ajuda a nivelar a carga de trabalho da manutenção.[13]

---

[13] Gostaríamos de agradecer a Bent Jensen por mencionar esta abordagem, que nós consideramos muito útil.

> 4. Mantenha todos os clientes com uma única base de código, e entregue uma nova versão toda semana. Gerencie todo e qualquer problema com esse *release* e peça a quem quer que tenha um problema que atualizem sua versão vigente.

Atrasos

Esperar pela disponibilidade de pessoas que estão trabalhando em outras áreas é uma grande causa do desperdício proveniente do atraso. Desenvolvedores tomam decisões críticas a cada 15 minutos – e é ingênuo pensar que toda a informação necessária para tomar estas decisões será encontrada num documento escrito. Uma decisão pode ser tomada rapidamente se o desenvolvedor tiver uma boa compreensão do que se supõe que o código deva realizar, e se houver alguém na sala que possa responder a qualquer pergunta remanescente. Na falta disso, os desenvolvedores têm três opções: parar e tentar descobrir a resposta, passar para outra tarefa ou simplesmente adivinhar e continuar na atividade. Se o custo/benefício da descoberta da resposta for alto, o desenvolvedor tomará o segundo ou terceiro curso da ação. Se não houver muita penalidade envolvida, os desenvolvedores provavelmente passarão muito tempo esperando por respostas antes de prosseguir. Nenhuma dessas abordagens é boa.

Equipes completas, compartilhando a mesma sala e realizando iterações curtas com *feedback* frequente podem diminuir drasticamente os atrasos, ao mesmo tempo que aumentam a qualidade das decisões. Esta não é a única abordagem para reduzir os atrasos, mas não importa onde os membros da equipe estão localizados fisicamente, é importante ter certeza de que o conhecimento está disponível exatamente quando e onde ele for necessário – não muito cedo, ou ele terá de ser modificado, não muito tarde, ou ele terá de ser ignorado.

> **Como pode o software levar tanto tempo?**
>
> De uma perspectiva do cliente, existem mais atrasos do que desenvolvedores esperando por respostas às suas perguntas, e estes podem ser muito mais problemáticos.
>
> 1. Esperar por mim para saber exatamente o que eu quero antes de que eles comecem a resolver meu problema. Como é que eu vou saber?
> 2. Esperar meses pela aprovação do projeto.
> 3. Esperar eternamente para ter pessoas alocadas.
> 4. Esperar que as pessoas alocadas ao trabalho estejam disponíveis.
> 5. O aborrecedor processo de aprovação de mudanças; eles me fizeram esperar meses e ainda acreditam que nada mudou no meu negócio?
> 6. Esperar que todo o sistema fique pronto antes que eu possa ter, agora mesmo, as funcionalidades essenciais de que realmente necessito.
> 7. Esperar que o código passe nos testes – como isso pode levar tanto tempo?
> 8. Esperar que aquela nova parte do software pare de estragar os meus programas já existentes – ou vice-versa – quem sabe?

Defeitos

Toda a base de código deve incluir um conjunto de testes à prova de falha que não permita defeitos no código, tanto em nível de unidade quanto em nível de aceitação. No entanto, esses testes somente podem provar que o código faz o que nós pensamos que ele deveria fazer e não apresenta as falhas que antecipamos. De qualquer maneira, o software ainda encontra modos de falhar, motivo pelo qual os especialistas em testes que são bons em testes exploratórios deveriam testar o código mais cedo e mais frequentemente para encontrar tantas dessas falhas inesperadas quantas forem possíveis. Sempre que um defeito for encontrado, um teste deve ser criado para que ele nunca aconteça novamente. Além disso, ferramentas podem ser necessárias para testar os furos de segurança, a capacidade de carga, e assim por diante. Ferramentas de testes combinatórios também podem ser muito úteis. Devemos tentar encontrar todos os defeitos o mais cedo possível, para que quando chegarmos à verificação final, não encontremos os defeitos costumeiros. Se o software entrar costumeiramente com defeitos na verificação final, então ele está sendo produzido por um processo defeituoso.

Uma equipe boa e ágil tem uma taxa de defeitos extremamente baixa, pois o foco primário está em produzir um código à prova de falhas e em tornar os defeitos algo raro. O foco secundário está em achar defeitos o mais cedo possível e procurar formas de impedir que aquela espécie de defeito ocorra novamente.

Contudo, a verdadeira razão de se transferir os testes para o início do desenvolvimento é mais profunda do que a eliminação de falhas. Os testes de aceitação são melhores quando eles constituem o *design* do produto e casam esse *design* com a estrutura do domínio. Testes de unidade são melhor considerados como projeto do código; escrever testes de unidade antes de escrever o código implica num código mais limpo, mais compreensível e mais testável. Esses testes nos dizem exatamente e em detalhes como esperamos codificar o produto de trabalho final. Como tal, eles também constituem a melhor documentação do sistema, uma documentação que está sempre atualizada, já que os testes sempre devem passar na verificação.

Testes automatizados tão extensos não são desperdícios?

Shigeo Shingo afirma que "a inspeção para a prevenção de falhas" é absolutamente necessária em qualquer processo, mas que "a inspeção para encontrar falhas" é um desperdício[14]. As equipes de desenvolvimento descobriram que prevenir que os erros sejam introduzidos e nunca construir um bom código sobre um mau código sempre é mais rápido no final. Além disso, um *test hardness* torna fácil e seguro modificar o código ao longo do tempo, multiplicando os benefícios. Finalmente, organizações que costumam escrever especificações de requisitos extensas observam que escrever testes como especificações executáveis pode levar bem menos tempo do que eles costumam passar escrevendo especificações e acompanhando as mesmas até o código.

---

[14] Shingo, Ibid., p. 288.

> **Não podemos testar no ambiente específico do cliente, por isso sempre encontramos defeitos na instalação.**
>
> Às vezes, você não pode fazer o teste de integração final no ambiente de produção do cliente e, por isso, encontra defeitos na instalação. Mas até neste caso, você deve lançar um programa de melhoria que relaciona os exemplos mais comuns de falhas durante a instalação e logo ataca as causas raízes desses exemplos, a de mais alta prioridade primeiro, até que os defeitos no local do cliente se tornem uma raridade.
>
> Várias empresas que conhecemos consideram a instalação como *parte da iteração de desenvolvimento*: uma iteração não está pronta até que o software esteja rodando em produção, no local do cliente. Com essa abordagem, toda a equipe de desenvolvimento fica engajada com a instalação no cliente. O tempo é deixado de lado para ser capaz de responder às demandas do cliente – e nenhuma tentativa é feita para distinguir defeitos de funcionalidades – qualquer coisa que o cliente queira é acomodada, de forma tão prática quanto possível.

Mapeando o fluxo de valor

Como mencionamos no Capítulo 2, Taiichi Ohno resumiu o Sistema Toyota de Produção da seguinte forma: "Tudo que estamos fazendo é olhar a linha do tempo, do momento que o freguês nos entrega o pedido até o ponto em que recebemos o dinheiro. E estamos reduzindo essa linha do tempo removendo os desperdícios que não agregam valor".[15] A linha do tempo que Ohno menciona pode ser desenhada como um mapa de fluxo de valor, uma ferramenta de diagnóstico muito utilizada nas iniciativas *lean*. Gostamos de fazer o mesmo diagnóstico da linha do tempo num ambiente de desenvolvimento, mas mudamos os pontos de partida e de chegada para refletir a diferente interação de um cliente com o desenvolvimento.

Os mapas de fluxo de valor sempre iniciam e terminam com um cliente. No desenvolvimento de software, o relógio começa a contar num mapa de fluxo de valor quando um cliente gera uma demanda – o que isso significa exatamente irá diferir de uma organização para outra. O relógio para quando a solução é satisfatoriamente implantada – ou entregue – resolvendo o problema do cliente. O mapa de fluxo de valor é uma linha do tempo contendo os maiores eventos que ocorrem desde o início da contagem do relógio até a sua parada.

O objetivo do *lean* é reduzir a linha do tempo do desenvolvimento removendo desperdícios que não agreguem valor. Os mapas de fluxo de valor revelaram-se bastante eficazes para expor os desperdícios, pois os atrasos no fluxo são quase sempre sinais da existência de grandes desperdícios. Ao se procurar por grandes atrasos (que indicam a existência de filas) e retornos a atividades anteriores (que indicam *churn*), emerge uma clara figura dos desperdícios do processo. Nas nossas classes, pequenos grupos rascunham mapas de fluxo de valor em meia hora.

---

[15] Taiichi Ohno, *Toyota Production System*: *Beyond Large Scale Production*, Productivity Press, 1988, p. 6.

Embora estes mapas sejam aproximações grosseiras da realidade, eles são surpreendentemente úteis em ajudar as pessoas a entender os principais problemas existentes em seus processos.

Preparação

Escolha um fluxo de valor

O primeiro passo no desenvolvimento de um mapa de fluxo de valor é decidir o que mapear. O ideal é mapear um processo, não um único evento, mas isso pode ser difícil no desenvolvimento. Uma boa alternativa é mapear um único projeto que seja representante de uma "média" de projetos ou uma classe de projetos. Escolhendo um fluxo de valor para mapear, agrupe tipos semelhantes de desenvolvimento. Por exemplo, você pode mapear quanto tempo leva para ir do conceito do produto até o lançamento de um produto de tamanho médio. Ou você pode fazer uma linha do tempo adicionando uma nova funcionalidade de alta prioridade à sua aplicação existente.

A maioria dos departamentos de manutenção de software já compreende como agrupar tipos semelhantes de desenvolvimento num único grupo. Tipicamente, eles dividem as solicitações de manutenção em três categorias e garantem um tempo de resposta por categoria. Por exemplo, eles podem garantir a resolução de um problema extremamente urgente em duas horas, um problema importante em um dia e um problema rotineiro pode ser postergado até o próximo *release* quinzenal. Empresas de manutenção de software com acordos de nível de serviço podem nos ensinar uma lição ou duas sobre os mapas de fluxo de valor.

Determine quando inicia e quando termina a linha do tempo

A primeira questão a responder é quando iniciar a linha do tempo. No desenvolvimento de um novo produto, é comum iniciar o relógio quando um conceito de produto é aprovado. No entanto, isto não leva em consideração o início nebuloso do desenvolvimento de produto, que pode fazer você querer iniciar o relógio antes, por exemplo, quando o marketing reconhece a necessidade. Você não deve iniciar o relógio do desenvolvimento de produto posteriormente à aprovação do conceito de produto, mesmo se a sua empresa em particular não estiver envolvida até mais tarde. Se você estiver trabalhando com software embarcado, você deve, idealmente, iniciar o relógio com o produto principal e não com a parte do software. O objetivo é desenhar um mapa de fluxo de valor do conceito ao dinheiro: inicie a linha do tempo quando uma necessidade do cliente é identificada ou quando a organização se compromete a desenvolver um produto, e pare a linha do tempo quando o produto é lançado.

Quando o software é desenvolvido em resposta às necessidades do cliente, geralmente a linha do tempo deveria ser iniciada quando uma solicitação é encaminhada – assumindo que a solicitação seja equivalente a realizar um pedido. Geralmente, você não deveria esperar para iniciar a linha do tempo quando uma funcionalidade for aprovada, pois, na maioria dos casos, *o processo de aprovação deve ser incluído no fluxo de valor*. Você está enxergando o valor do ponto de vista dos clientes, e os clientes não se preocupam com outras solicitações ou quanto ocupado você está, eles se preocupam com quanto tempo será necessário para que você atue na solicitação *deles*. Dê um passo para trás e veja se consegue começar o processo da perspectiva do cliente. Como os clientes realizam suas demandas?

Identifique o dono do fluxo de valor

Você pode mapear um fluxo de valor sem que ele tenha um dono, mas você irá "ganhar mais milhas" com o mapeamento de fluxo de valor se o exercício for conduzido pelo dono do fluxo de valor. Quando fazemos mapas de fluxo de valor em nossas aulas, geralmente o dono do fluxo de valor não está presente. Observamos que os maiores problemas sempre ocorrem nos limites organizacionais, onde ninguém é responsável pelos pedidos dos clientes e as pessoas de cada lado da fronteira ficam tentando aperfeiçoar sua própria eficiência local. Os pedidos poderiam definar numa fila antes de serem aprovados, esperar por décadas para passarem de uma função para outra, ou podiam ficar guardadas para sempre à espera de desenvolvimento. Mas a menos que haja um dono do fluxo de valor responsável pelo fluxo dos pedidos dos clientes ao longo todas as partes do sistema, ninguém parece estar autorizado a atacar estas fontes de desperdício.

Mantenha o mapa simples

Os mapas de fluxo de valor são ferramentas de diagnóstico que ajudam você a encontrar desperdícios; isolados, eles geralmente não adicionam muito valor. Eles ajudam você a vestir os óculos dos clientes e a enxergar seu processo de desenvolvimento através de seus olhos. Eles possuem a tendência de mudar sua perspectiva e de iniciar discussões úteis. São bons pontos de partida para encontrar e eliminar o desperdício.

Seu objetivo é mapear talvez dez ou mais passos – do pedido do cliente ao cliente satisfeito – em uma ou duas folhas. É mais importante ir do fim-a-fim – do conceito ao dinheiro – do que entrar em detalhes numa pequena área. Uma vez que você tenha finalizado o mapa, responda duas questões:

1. Quanto tempo se leva para desenvolver um produto ou para atender a uma solicitação do cliente? (Você deve procurar tempo transcorrido e não as horas trabalhadas.)

2. Qual porcentagem do tempo transcorrido é realmente gasta com adição de valor? (Essa é a denominada eficiência do ciclo de processo.[16])

Vimos muitos formatos diferentes de mapa de fluxo de valor, cada um deles aceitável, pois todos geram muita discussão profunda sobre os desperdícios. Você pode fazer algumas anotações sobre capacidade ou taxas de defeitos se elas

---

[16] Veja Michael George and Stephen Wilson, *Conquering Complexity in Your Business: Hou Wal-Mart, Toyota, and Other Top Companies Are Breaking Through the Ceiling On Profits and Growth*, McGraw-Hill, 2004, p. 29.

ajudarem a identificar desperdícios. Só não perca a essência dos mapas de fluxo de valor no processo de criação: aprender a enxergar desperdícios para que você possa eliminá-los.

Exemplos

Provavelmente a melhor forma de compreender o mapeamento de fluxo de valor é fazendo-o . Vemos que as pessoas em nossas aulas podem mergulhar e criar mapas úteis com um mínimo da instrução. No entanto, o valor dos mapas está não em criá-los, mas em diagnosticar o que eles estão nos dizendo. Desta forma, esboçaremos alguns mapas que são típicos daqueles que temos visto em nossas aulas e discutiremos suas implicações.[17]

Exemplo 1

O Exemplo 1 (Figura 4.3) mostra um mapa de fluxo de valor de uma pequena alteração de funcionalidade de alta prioridade, e foi tirado de um mapa de fluxo de valor desenhado em uma de nossas aulas. A solicitação do cliente entra no processo por e-mail para um supervisor, que a aprova num tempo médio de até 2 horas. São necessárias mais duas horas de uma breve avaliação técnica, na qual o tempo é alocado para um desenvolvedor. A pessoa, descrevendo esse diagrama para nós, diz: "É claro, um desenvolvedor está disponível, pois isso é de alta prioridade". Desta forma, o desenvolvimento se inicia dentro de uma hora, e as duas horas de trabalho são concluídas prontamente.

Imediatamente, se vai para a verificação final e a alteração logo entra em produção. Resumo: uma pequena alteração de alta prioridade consome, em média, oito horas para ir do pedido à entrega. Duas horas e quarenta minutos são gastos na verdade trabalhando-se no pedido, que é um terço do tempo total de oito horas, representando uma eficiência de ciclo de processo de 33%.

Muitas empresas de manutenção de software possuem processos similares a este. Este é um processo muito eficiente, como será visto em comparação com o

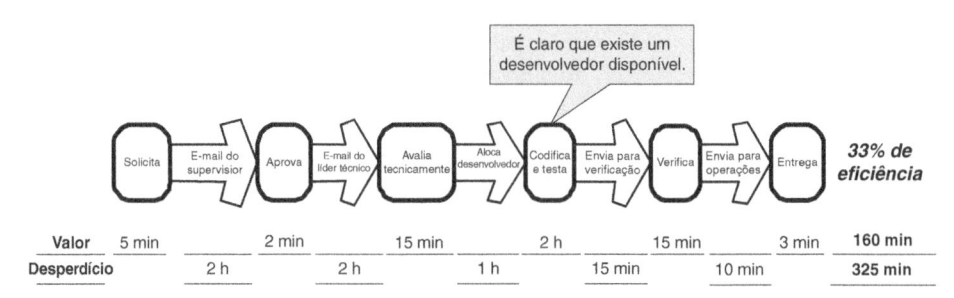

	Solicita	E-mail do supervisior	Aprova	E-mail do líder técnico	Avalia tecnicamente	Aloca desenvolvedor	Codifica e testa	Envia para verificação	Verifica	Envia para operações	Entrega	33% de eficiência
Valor	5 min		2 min		15 min		2 h		15 min		3 min	160 min
Desperdício		2 h		2 h		1 h		15 min		10 min		325 min

Figura 4.3 *Mapa de fluxo de valor de solicitação de mudança de uma funcionalidade de alta prioridade – Organização A.*

---

[17] Observe que os mapas são sempre desenhados à mão. Estamos utilizando um editor de texto por clareza, mas recomendamos o uso de folhas e canetas de *flip chart* para a construção dos mapas de fluxo de valor.

próximo exemplo. Mas há uma oportunidade de melhoria, pois a solicitação espera duas horas por uma avaliação técnica. Se o desenvolvedor pudesse fazer esta avaliação, ainda poderíamos economizar uma média de duas horas.

Exemplo 2

O Exemplo 2 (Figura 4.4) é um mapa de fluxo de valor para uma solicitação de mesmo tamanho que a solicitação do Exemplo 1; uma simples mudança de funcionalidade que leva em torno de 2 horas para ser codificada e testada. No entanto, ela leva mais do que seis semanas para ser implantada. Do ponto de vista do cliente, ela leva 15 minutos a mais para ser escrita, devido a um formulário padrão que deve ser utilizado e que requer muito mais informação. Como as solicitações são revisadas uma vez por semana, a demanda irá esperar uma média de meia semana antes de ser aprovada. Depois, a solicitação espera por um tempo médio de duas semanas pela revisão de um dos escassos arquitetos e, após uma revisão técnica, ela tem que esperar um tempo médio de mais duas semanas para que os desenvolvedores estejam disponíveis. Depois de duas horas de codificação e testes, a solicitação espera por um tempo médio de uma semana, pois os *releases* são programados para serem feitos a cada duas semanas. E ainda antes de se fazer a entrega, há uma verificação final. Mesmo que o código tenha sido testado completamente quando foi escrito, algum código adicionado ao pacote final de entrega, na última semana, introduziu um defeito na funcionalidade, que não foi detectado até a verificação final. Desta forma, são necessárias 4 horas para consertar e restestar o *release*, que, como você irá perceber, é duas vezes o tempo que se levou para escrever e testar o código pela primeira vez. Como a verificação só levou 15 minutos no exemplo anterior, as outras 3 horas e 45 minutos foram desperdícios introduzidos pelo processo. Finalmente, tudo está pronto para a entrega, mas leva um tempo médio de meia semana para o solicitante original estar disponível para utilizar a nova funcionalidade em produção.

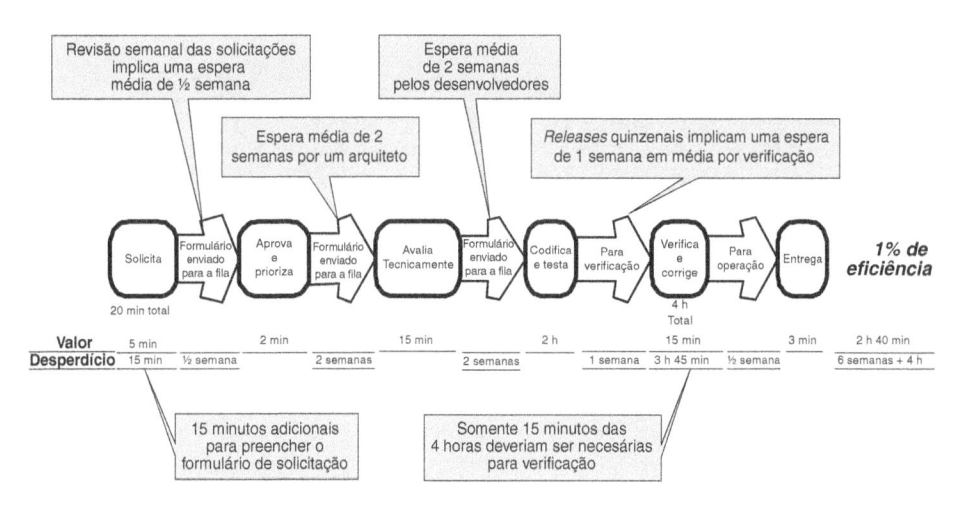

Figura 4.4 *Mapa de fluxo de valor de solicitação de mudança de uma funcionalidade com alta prioridade – Organização B.*

Os Exemplos 1 e 2 são muito boas aproximações de mapas de fluxo de valor real, feitos na mesma aula, motivo pelo qual podemos certificar que os ambientes e os problemas são bastante similares. A Organização B concordou que se eles utilizassem o processo da Organização A poderiam concluir suas solicitações em torno de um dia.

Existem duas lições que devem ser tiradas desses dois exemplos. A primeira é que, embora os desenvolvedores das duas organizações estivessem igualmente ocupados, a Organização A estava organizada de tal forma a sempre haver disponibilidade de desenvolvedores para abandonar trabalhos de baixa prioridade e pegar demandas de alta prioridade. Por outro lado, a Organização B estava tão concentrada na utilização completa dos recursos que a demanda teve de esperar duas vezes em filas de duas semanas de duração. Como veremos no Capítulo 5, perseguir o fantasma da plena utilização de recursos gera longas filas, exigindo esforço muito maior para serem mantidas do que vale a pena – e realmente *diminui* sua utilização efetiva. A Organização A estava apta a eliminar a sobrecarga de manter filas utilizando tarefas de baixa prioridade para criar uma folga e programar tarefas de alta prioridade do Just-in-Time.

A segunda lição é que *releases* periódicos nos forçam a acumular lotes de software não entregue. Os *releases* quinzenais da Organização B encorajaram a equipe de desenvolvimento a acumular alterações no código para duas semanas antes do teste de integração. Isto é um erro. Mesmo se os *releases* são periódicos, os testes de integração devem ser feitos com uma frequência muito maior. O objetivo é fazer com que o teste final não encontre nenhum defeito; eles devem ter sido encontrados mais antecipadamente. Se você rotineiramente encontra defeitos nos testes finais é porque está testando tarde demais.

Fica bastante claro que a sobrecarga das filas mantidas pela Organização B, bem como o desperdício da integração *big-bang* no final do processo, esmagou completamente qualquer vantagem da utilização fantasma da abordagem lote-e-fila.

Exemplo 3

No Exemplo 3 (Figura 4.5), examinamos o mapa de fluxo de valor de um projeto curto, semelhante àquele que vimos em uma aula. Devido à pressão competitiva, a empresa estava com pressa de entregar as funcionalidades, e dividiu-as em pequenos projetos e alocou os times ao desenvolvimento. Os analistas, desenvolvedores e testadores trabalharam juntos, de tal forma que cada time rapidamente completava sua tarefa e enviava seu código bem testado para o departamento de garantia da qualidade (QA) para a verificação final. Nesse ponto, as equipes de projeto recebiam novas funcionalidades e não se distraíam com o que tinha que acontecer depois. Porém, após uma sondagem, observamos que uma pessoa na sala sabia o que acontecia depois: o departamento de QA gastava dois a três meses juntando as múltiplas ramificações de código e resolvendo as incompatibilidades. Esse desperdício era mais ou menos invisível, pois ele ocorria depois de uma troca de controle entre organizações geograficamente separadas, e ninguém parecia ser responsável pelo software depois dele ter partido do desenvolvimento para o QA.

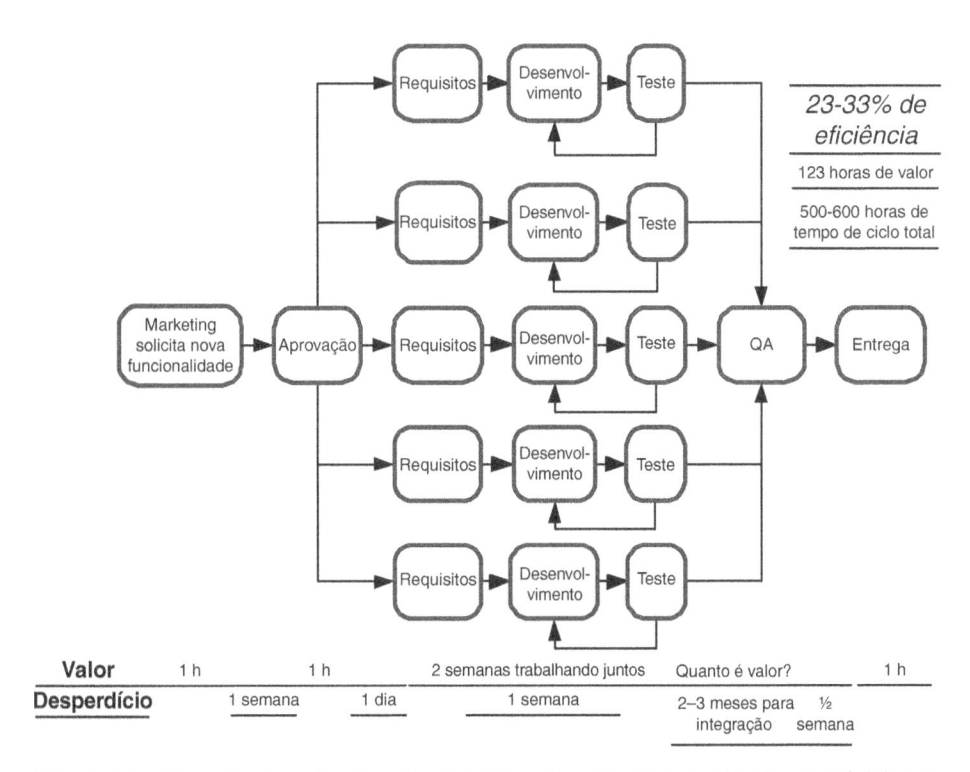

Figura 4.5 *Mapa de fluxo de valor de um projeto de curto prazo quebrado em múltiplas ramificações.*

Posteriormente, fizemos em aula um exercício em que ponderávamos as disciplinas básicas da empresa (veja o exercício 4 no final do Capítulo 8). Os quatro grupos da empresa avaliaram a maturidade da disciplina de gerenciamento de configuração como sendo 2 ou menos numa escala de 0-5. Nunca havíamos visto uma avaliação de gerência de configuração tão baixa. Acontece que a maioria dos desenvolvedores sabia que o sistema de gerenciamento de configuração era incapaz de controlar corretamente as ramificações (*branches*), mas a organização estava ramificando o sistema de forma mais agressiva do que qualquer empresa que já havíamos visto. Como se pode esperar, juntar as ramificações tomava mais tempo do que gerar o código em si.

Neste caso, o dono do mapa de fluxo de valor estava na sala e quando fizemos um mapa de fluxo de valor futuro, ele esboçou como as coisas iriam mudar. Com as ramificações estavam causando tais problemas, elas seriam abandonadas e substituídas por ferramentas de integração contínua, que já existiam na empresa. Ele esperava que os dois ou três meses de testes de integração pudessem ser reduzidos para um dia ou dois.

Exemplo 4

Em quase todas as aulas, vemos ao menos um mapa de fluxo de valor similar ao Exemplo 4 (Figura 4.6). Neste mapa, uma solicitação faz o seu caminho até

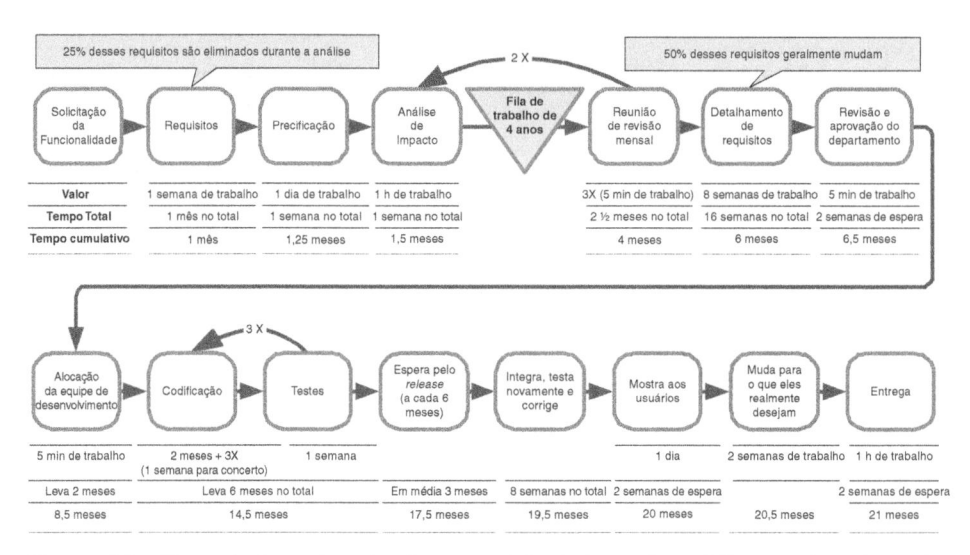

Figura 4.6 *Mapa de fluxo de valor de um projeto de tamanho médio num departamento sobrecarregado.*

uma reunião de revisão mensal depois de dois meses de análise e espera, apenas para ser rejeitada duas vezes antes que finalmente obtivesse a aprovação. Isso é sintomático das longas filas de trabalho em espera, portanto geralmente questionamos quanto tempo realmente leva essa fila. Afinal, cada projeto na fila foi estimado, e é fácil totalizar os números. Observamos que as filas iniciais de trabalho inacabado podem ser de anos. Invariavelmente, sugerimos que a maior parte do trabalho nesta fila deva ser abandonada, e o tamanho da fila deva ser limitado a uma quantidade de trabalho razoável que a organização possa esperar fazer num futuro próximo. Afinal de contas, não há perigo de se ficar sem trabalho. Manter as filas de vários anos de trabalho não serve para nenhum objetivo a não ser desperdiçar o tempo de revisores e acumular falsas expectativas por parte dos solicitantes. Investir tempo estimando projetos que nunca serão feitos também é um desperdício.

No Exemplo 4, o detalhamento de requisitos não é feito até que o projeto seja aprovado, mas uma vez que ele esteja concluído e aprovado pelo departamento, há ainda uns dois meses de espera antes que uma equipe de desenvolvimento seja alocada. A equipe não está dedicada ao projeto, portanto ela leva seis meses para completar o que seria aproximadamente dois meses da codificação. Além disso, os testes não ocorrem até que a codificação tenha sido concluída, portanto existem três ciclos de testes e correção de falhas. Uma vez que a funcionalidade passe nos seus testes, ela tem de esperar pelo próximo *release*, que ocorre a cada seis meses, resultando num tempo médio de espera de três meses. Quando os módulos testados são finalmente integrados, leva-se dois meses para corrigir todos os defeitos que ocorrem entre os conjuntos de funcionalidades, uma vez que não houve integração contínua e testes contínuos à medida que as novas funcionalidades iam sendo acrescentadas ao *release*.

Finalmente o software está pronto para ser mostrado aos usuários, faltando alguns meses para completar dois anos sua solicitação. Não é surpresa que muitos dos requisitos tenham sido modificados. De fato, na época em que o software está pronto para ser lançado, um quarto dos requisitos de alto nível não é mais válido, e metade dos requisitos detalhados foi modificada. As equipes de desenvolvimento e teste interrompem os projetos em andamento para alterar o código a fim de realizar o que os usuários realmente desejam, o que geralmente toma só algumas semanas. Mas quando eles estão prontos, as pessoas na operação não estão prontas para entregar o software, de forma que leva mais duas semanas até que a funcionalidade esteja disponível em produção. Vinte e um meses se passaram desde que a funcionalidade foi solicitada, e poderíamos dizer que no mímino quatro meses desse tempo foram gastos adicionando-se valor, dando uma eficiência de ciclo de processo de 19%. Uma visão menos generosa de quanto do tempo realmente foi gasto adicionando-se valor produziria uma eficiência de ciclo de processo muito mais baixa.

Infelizmente, vemos esta espécie do mapa de fluxo de valor o tempo todo. Ouvimos que as organizações estão sobrecarregadas com o trabalho, mas quando vemos os mapas de fluxo de valor vemos grandes oportunidades de aumentar a produção da organização eliminando os desperdícios. Neste exemplo, se olhássemos somente para os *churns*, veríamos que 50% dos requisitos detalhados são modificados. O *churn* dos requisitos é um sintoma de sua escrita antecipada. Os requisitos devem ser feitos em pequenos pedaços, muito próximo do momento em que eles serão convertidos em código, preferivelmente na forma de testes executáveis. Neste exemplo, também vemos um *churn* nos ciclos de teste e correção, tanto durante o desenvolvimento inicial como na integração. Isso é um sintoma de se testar muito tarde. O código deve ser testado imediatamente e, então, plugado em um *test harness* para assegurar que nenhum defeito apareça quando outras partes da base de código forem modificadas.

Finalmente, vemos que o ciclo de *release* de seis meses, que deveria servir para consolidar os esforços e reduzir os desperdícios, só serve para introduzir mais desperdícios. As funcionalidades precisam esperar uma média de três meses depois do desenvolvimento para serem implantadas, dando-as um tempo suficiente para se tornarem obsoletas e sairem fora de sincronismo com as novas funcionalidades acrescentadas. Enquanto isto, os desenvolvedores são desligados para trabalhar em outros projetos; assim, quando precisam corrigir esses problemas, levam tempo para reaprender o código. O atraso de duas semanas antes da entrega também poderia ser reduzido se as pessoas da operação estivessem envolvidas mais cedo no processo.

Diagnóstico

Os mapas de fluxo de valor são uma linha do tempo de passos que vão do conceito até o lançamento ou da solicitação de funcionalidade até o código entregue. Eles devem representar os tempos médios dos passos típicos de um processo. Uma vez que o mapa está pronto, as primeiras coisas que devem ser procuradas são *churns* e atrasos. O *churn* indica um problema de tempo. Um *churn* de requisitos indica que os mesmos estão sendo detalhados muito cedo. *Churns* do tipo testa-e-corrige indicam que os testes estão sendo desenvolvidos e realizados tarde demais.

Geralmente os atrasos são causados por longas filas, indicando que muito trabalho foi depositado na organização. Como veremos no Capítulo 5, as coisas se movem muito mais depressa pelo sistema quando o trabalho é limitado à capacidade da organização de concluí-lo. Os atrasos também podem indicar um limite organizacional: um atraso ocorre quando o trabalho é transferido para uma organização que não está pronta para recebê-lo. A melhor cura para isto é alocar as pessoas da organização que irão receber o trabalho bem antes de ocorrer a transferência de controle.

Existem outras fontes de desperdício a serem expostas pelos mapas de fluxo de valor: falhas na sincronização, um árduo processo de aprovação, falta de envolvimento da operação e suporte. Mas estes vão se destacar somente se você fizer o mapa do processo de fim-a-fim, do conceito ao dinheiro.

Mapas de fluxo de valor futuro

Cada organização que encontramos tem mais trabalho do que ela pode realizar. Contudo, geralmente achamos que muito mais trabalho pode ser realizado, mais depressa e com uma qualidade mais alta, simplesmente retirando os enormes desperdícios vistos na maioria dos mapas de fluxo de valor. Lá pelo fim das nossas aulas, pedimos a cada grupo para criar um mapa de fluxo de valor futuro, usando os princípios do *lean* para redesenhar seus processos. Pedimos que façam um mapa que represente um processo prático para que a organização possa implantá-lo num período de três a seis meses. Onde quer o grupo comece com o seu mapa de fluxo de valor atual, os mapas futuros invariavelmente mostram melhorias na eficiência do ciclo de processo e tempo de ciclo total numa faixa de 50 a 500%.

Os mapas de fluxo de valor atual são relativamente inúteis a menos que sejam utilizados para encontrar e eliminar desperdícios. Desenhar um mapa de fluxo de valor futuro é um bom modo de criar um plano de remover os maiores desperdícios. Contudo, alertamos que um mapa futuro não deve ser um mapa ideal. Ele deve mostrar o caminho para a melhoria imediata. Escolha os maiores atrasos ou as filas mais longas ou o pior *churn* e resolva-o primeiro. Desenhe um novo mapa que mostre onde sua organização pode esperar estar dentro de três a seis meses com uma a três mudanças-chave. Uma vez que aquelas modificações sejam feitas, é tempo de desenhar um novo mapa de fluxo de valor atual e ajudar a apontar as próximas áreas mais importantes a serem examinadas.

Tente isto

1. Quanto tempo levaria para sua organização entregar uma mudança que envolvesse uma única linha de código? Você entrega mudanças neste ritmo de uma forma repetível e confiável?

2. Escore de complexidade: dê à sua organização um escore de complexidade numa escala de 1-5, em que 1 = uma abordagem minimalista semelhante à Inditex, e 5 = uma abordagem que resulta na complexidade máxima. Qual mudança isolada você pode fazer para reduzir um ponto no seu escore de complexidade? (Perceba: um processo de aprovação mais complexo não é bom candidato para reduzir a complexidade. A abordagem da Inditex de governança e aprovação é tão minimalista quanto seus próprios sistemas.)

3. Sete desperdícios: escolha o desperdício que é o pior agressor da sua organização – 1) o trabalho inacabado, 2) funcionalidades extras, 3) reaprendizagem, 4) transferência de controle, 5) troca de tarefas, 6) atrasos, 7) defeitos. Qual mudança isolada você pode fazer para reduzir significativamente este desperdício?

4. Mantenha uma hora semanal de limpeza de desperdícios. Durante a primeira semana, comece a hora falando sobre um dos sete desperdícios. Gaste o primeiro quarto da reunião obtendo um acordo sobre o que o desperdício realmente significa para o seu mundo. Em seguida, gaste os próximos 15 minutos fazendo um *brainstorming* para criar uma lista de exemplos daquele desperdício específico existente no seu processo de desenvolvimento. Escolha os cinco melhores candidatos e, durante a próxima semana, meça quanto desperdício cada um deles realmente gera. Na próxima reunião semanal, veja as suas medidas e decida qual desperdício é mais significativo e crie um plano para fazer algo a respeito. Execute o plano e meça os resultados durante a próxima semana. Na próxima reunião semanal, decida se os resultados garantem uma mudança permanente, e se garantirem, torne a mudança permanente. Na próxima reunião semanal, passe para o próximo desperdício e repita o processo.

5. Mapa de fluxo de valor: Se você quiser desenhar um mapa de fluxo de valor do seu processo, tente fazê-lo nos seguintes passos:

   - Reúna os interessados e reserve uma hora para desenhar o mapa – não mais do que isso – e meia hora para discutir o que vocês aprenderam.

   - Agora reserve meio dia para reunir alguns dados que estavam faltando durante o primeiro exercício e estimule o envolvimento de algumas pessoas-chave que possam estar faltando. Desta vez, reserve duas horas para desenhar o mapa e uma hora para discutir suas implicações.

   - Você aprendeu o suficiente a partir desses dois rápidos experimentos para saber onde estão seus maiores desperdícios? Nesse caso, passe a desenhar um ou dois mapas de fluxo de valor futuro, e comece logo a tratar dos maiores desperdícios.

Capítulo 5

Velocidade

Entrega rápida

Velocidade é a ausência de desperdício.

Se você, diligentemente, trabalha para eliminar o desperdício, aumentará a porcentagem de tempo que gasta adicionando valor durante cada ciclo do processo. E você entregará mais rápido – provavelmente muito mais rápido.

Essa equação *lean* fundamental funciona em produção. Funciona em logística. Funciona em operações de escritório. A PatientKeeper fornece um bom exemplo de como isso funciona em desenvolvimento de software.

PatientKeeper

Cinco anos atrás, uma aplicação matadora emergiu na indústria de cuidados médicos: dar aos médicos acesso à informação sobre paciente em um PDA. Hoje (2006), a PatientKeeper parece ser a campeã da corrida para dominar esse mercado em crescimento. Ela subjugou seus competidores com a capacidade de trazer novos produtos e funcionalidades para o mercado quase toda a semana. A companhia de cerca de 60 técnicos produz mais software que muitas organizações muitas vezes maiores, e seu software é certificado para gerenciar dados vitais (*life-critical**). Eles não mostram qualquer sinal de que a complexidade os esteja retardando, muito embora vendam a uma variedade de grandes organizações de cuidados médicos e deem suporte a muitas plataformas que integram sistemas de *back-end*.**

---

* N. de R. T.: *Life-critical* é o sistema crítico que, no caso de falha, pode colocar vidas humanas em risco.
** N. de R. T.: Na arquitetura cliente-servidor, *back-end* é a parte de um software relativa ao lado servidor, usada em contraponto a *front-end* (relativa ao lado cliente).

Uma estratégia-chave que manteve a PatientKeeper à frente da concorrência é uma ênfase na velocidade sem precedentes na entrega de funcionalidades. Nos últimos três anos, a PatientKeeper entregou cerca de 45 *releases* de software por ano para grandes organizações de assistência médica usando iterações sobrepostas simultâneas (ou Sprints) (veja Figura 5.1). Cada iteração termina em um *release* pronto no site do cliente, e todas são entregues dentro do prazo.

O CTO da PatientKeeper, Jeff Sutherland, explica como isso funciona:[1]

- Todos os Sprints resultam em um *release* de produção de software.

- A QA (garantia de qualidade) começa a testar logo que o desenvolvimento atualiza o primeiro código. Eles podem independentemente dar o pontapé inicial no processo de construção e direcioná-lo para qualquer servidor de QA.

- No meio do Sprint, a equipe de instalação implanta o *Release Candidate* 1* no ambiente de teste do cliente. Agora o cliente está testando lado a lado com a QA interna.

- Assim que o cliente começa a reportar problemas, eles são abordados pelo desenvolvimento juntamente com outros problemas que a QA encontre.

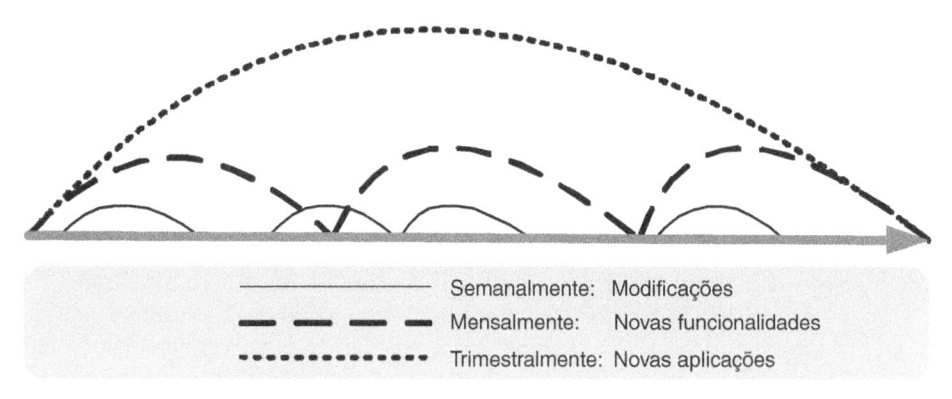

Semanalmente: Modificações
Mensalmente: Novas funcionalidades
Trimestralmente: Novas aplicações

Figura 5.1 *Iterações sobrepostas simultâneas executando ao longo de um conjunto de equipes de desenvolvimento.*[2]

---

[1] Postado em Scrumdevelopment@yahoogroups.com em 25 de setembro de 2005. O quarto ponto é da mensagem 9404, 5 de agosto de 2005, mensagem 8849. Usado com permissão.

* N. de R. T.: Uma versão candidata a se tornar o produto final que será testada pelo usuário e liberada, a menos que erros graves apareçam.

[2] De Jeff Sutherland, "Future of Scrum: Parallel Pipelining of Sprints in Complex Projects," Research Report, Agile 2005. Usado com permissão.

- Funcionalidade que o cliente vê como essencial para o lançamento do produto continua a nos surpreender diretamente até o fim do Sprint. Nós abraçamos essas surpresas uma vez que tornam o produto melhor para todos os clientes de forma mais rápida.

- Normalmente, leva-se de dois a três *Release Candidates* para o lançamento do produto. Todas as tarefas de desenvolvimento estão completas, todas as questões de QA abordadas e todos os problemas dos clientes concluídos. A QA executou um teste de regressão em todo o sistema.

- Todos têm seus produtos lançados junto no final do Sprint. Poderia ser um sistema multi-hospital com centenas de usuários com PDAs médicos e milhares de usuários Web. Nós geralmente temos 3-5 clientes vivos (funcionando) ao final de um Sprint.

- "Terminado" significa que todos os clientes estão vivos sem qualquer problema crítico. Note que, nesse cenário, o cliente e as equipes de instalação estão tão firmemente na iteração quanto a QA e o desenvolvimento.

Na PatientKeeper, gerentes de produto são responsáveis por decidir exatamente o que os clientes desejam e criar definições detalhadas de funcionalidades que estão preparadas para codificação. Isso significa, por exemplo, que o gerente de produto verificou uma capacidade de interface de usuário por meio de protótipos e, eventualmente, grupos de foco, e que tomou decisões finais e detalhadas de como a interface funcionará. Nenhuma tentativa é feita para distinguir solicitação de funcionalidades de correção de defeitos; todos vão para um *backlog** automático. O gerente de produto é responsável pela atribuição de itens do backlog para os *releases*.

Às equipes de desenvolvimento são atribuídas os *releases* que consistem em itens de *backlog*. Um desenvolvedor pega um item do *backlog*, quebra-o em tarefas e estima cada tarefa. As estimativas são inseridas no sistema e atreladas automaticamente ao item no *backlog*. No final de cada dia, leva não mais que um minuto para cada desenvolvedor entrar com o tempo gasto em cada tarefa no sistema de rastreabilidade (*tracking system*) e sua estimativa de porcentagem completa. Com esse dado no sistema de rastreabilidade, qualquer um na companhia pode obter informação sólida sobre quanto tempo a mais é necessário para completar cada *release* sob desenvolvimento.

A regra é que todos os *releases* devem estar no tempo certo; por isso, se o sistema mostra que há muito trabalho, itens do *backlog* são removidos do *release* para igualar o trabalho necessário à capacidade dos times de desenvolvimento. Devido ao sistema de rastreabilidade fornecer informação precisa e atualizada sobre o tempo para completar qualquer coleção de itens de *backlog*, prós e contras podem ser identificados precisamente e decisões sólidas podem ser tomadas. Prioridades são resolvidas em reuniões semanais das quais partici-

---

* N. de R. T.: Reserva de itens que precisam ser tratados. Veja o Capítulo 8 para mais detalhes.

pam todos aqueles que tomam decisões relevantes, incluindo o CEO. Gerentes de programa implementam decisões mudando a atribuição de itens de *backlog* de um *release*, e equipes de desenvolvimento se auto-organizam para resolver qualquer problema.

A PatientKeeper é rápida: ela pode entregar qualquer aplicação que escolha desenvolver em 90 dias ou menos. Não é surpresa para quem entende *lean* que a companhia deve manter excelente qualidade para suportar tal rapidez de entrega. Jeff Sutherland explica que o ciclo rápido de tempo:[3]

- Aumenta tremendamente o aprendizado.
- Elimina erros de software, pois você morre* se não corrigir isso.
- Corrige o processo de instalação, pois você morre se tiver que instalar 45 *releases* nesse ano e instalar não for fácil.
- Melhora o processo de atualização, porque há um fluxo constante de atualizações que são obrigatórias. Torna as atualizações mais fáceis.
- Força implementação de ritmo sustentável... você morre por excesso de atrito sem isso.

Embora esse modo de operação pareça natural na PatientKeeper, ele fascina os outros. Uma das chaves é que todos na empresa trabalham juntos em um espírito de confiança, respeito, compromisso e melhoria contínua. As equipes incluem gerentes de produtos, desenvolvedores, QA e suporte de produtos. O arquiteto-chefe é o mais experiente e confiável engenheiro na companhia.

Tempo: a moeda universal

Tudo que dá errado em um processo acaba sendo um atraso de tempo. Defeitos aumentam o atraso. Complexidade retarda as coisas. Baixa produtividade aparece tomando mais tempo. Intolerância à mudança faz as coisas irem muito devagar. Construir a coisa errada adiciona um enorme atraso. Coisas demais no processo criam filas e retardam o fluxo.

Tempo, especificamente tempo de ciclo, é a medida universal de *lean* que nos alerta quando algo dá errado. Um processo de desenvolvimento capaz é aquele que transforma necessidades identificadas do cliente em valor entregue a ele em uma cadência confiável e repetitiva que chamamos de tempo de ciclo. Esse é o tempo de ciclo que regula o andamento da organização, faz o valor fluir, força a qualidade a ser construída no produto e esclarece a capacidade da organização.

Uma organização *lean* garante que os processos estão *disponíveis* quando o trabalho chega ao processo e são *capazes* de fazer o trabalho esperado.[4] Você

---

[3] Postado em Scrumdevelopment@yahoogroups.com em 21 de novembro de 2004, mensagem 5439. Usado com permissão.
* N. de R. T.: Morrer aqui está relacionado a "não conseguir lançar o produto".
[4] Veja www.lean.org

pode descobrir se seus processos são disponíveis e capazes procurando por uma bandeira vermelha chamada "despachar". O despacho acontece quando o trabalho chega a um processo e fica preso em uma fila, mas alguém acha que o trabalho é tão importante que pessoalmente "empurra ele direto". Se pedidos são regularmente empurrados ao longo do sistema por um "despachante", algo está errado. Ou o processo não está disponível quando o trabalho chega, ou não é capaz de fazer o trabalho.

O que isso significa para desenvolvimento de software? Considere um departamento de manutenção de software que tem tempo de resposta garantido de duas horas para emergências, um dia para um problema normal, e duas semanas para mudanças de baixa prioridade. Quando uma emergência acontece, o departamento pode prometer um tempo de resposta máximo de duas horas e, provavelmente, entregar muito mais rápido. Quando outras requisições chegam, ele pode prometer também um tempo confiável de resposta compatível com o tipo de pedido. Quando o departamento tem uma cadência de trabalho confiável e repetitiva, ele estabelece um nível previsível de trabalho que pode ser feito. Quando esse limiar é alcançado, as requisições rotineiras são rejeitadas ou uma capacidade de *backup* é garantida.

Organizações *lean* avaliam seu desempenho operacional medindo o tempo de ciclo fim-a-fim dos processos centrais de negócio. Os mapas de fluxo de valor no Capítulo 4 mapeiam um processo fim-a-fim que começou e terminou com um cliente. Eles estabeleceram passos e totalizaram o tempo do conceito ao lançamento (para produtos), ou da requisição do cliente à entrega do software. Um desempenho excelente resulta da capacidade de completar esse ciclo com os menores tempo e esforço desperdiçados.

A melhor maneira de medir a qualidade de um processo de desenvolvimento de software é medir o tempo médio de ciclo fim-a-fim do processo de desenvolvimento. Especificamente, qual é o tempo *médio* que ele leva para, confiável e repetidamente, ir do conceito ao dinheiro ou do pedido do cliente à entrega do software? A ideia não é medir uma ocorrência desse tempo de ciclo; meça o tempo *médio* que sua organização leva para ir das necessidades do usuário à necessidade satisfeita.

Mas os valores variam demais. Não existe "média" para nós.

Se você puder tratar seu trabalho como um produto, a melhor abordagem é estabelecer um ciclo de *release* regular – a cada duas semanas, a cada seis semanas, a cada seis meses – o que for prático. Faça o período mais curto que puder gerenciar. Em seguida, determine quanto trabalho você pode fazer em um *release* e não aceite nada mais que isso. Nunca atrase um *release* porque algo não está pronto – tire algumas funcionalidades e tome cuidado para não despender tanto trabalho no próximo *release*.

    Isso ajuda a dividir o trabalho dentro de ciclos em itens de granulação fina do mesmo modo que a PatientKeeper faz. No Capítulo 8, discutimos como dividir o trabalho em "histórias", as quais são um dos três dias de valor no trabalho de desenvolvimento. Ao longo do tempo, uma equipe de desenvolvimento completará essas histórias a uma velocidade confiável e repetitiva que é a demonstração da capacidade dessa equipe.

> Se *releases* regulares não fazem sentido em seu mundo, tente – arduamente – colocar um limite superior no tamanho do projeto – seis meses é um bom alvo – não mais que doze. Foi relatado que, durante muitos anos, a Wal-Mart e a Dell limitam o tamanho dos projetos de TI em aproximadamente nove meses; certamente, você também consegue.
>
> Tendo fixado um limite superior ao tamanho do projeto, agrupe seus projetos em dois ou três grupos: emergência, pequeno e grande, ou em outras categorias similares. Depois, tente alcançar um "nível de serviço" para cada categoria.

> **Nossos projetos são muito grandes e muito originais para pensar em ciclos. Eles continuam por anos.**
>
> Não importa o quanto seja grande um esforço de desenvolvimento, ele fica pronto em passos pequenos. Nós costumávamos olhar para esses passos sequencialmente e criar um monte de trabalho feito a cada etapa. Em vez disso, descubra como dividir aquele grande esforço de um jeito diferente. Divida-o em incrementos de valor demonstrável ou conjuntos mínimos de funcionalidades úteis. No Capítulo 8, mostraremos como uma versão do submarino Polaris foi lançada em apenas três anos, em um programa de desenvolvimento de nove anos. Certamente há uma versão de seu sistema que pode ser demonstrada em um terço do tempo total de desenvolvimento.
>
> Em seguida, tente estabelecer ciclos menores – de seis semanas a três meses – onde tudo disponível até aquele ponto está integrado, qualquer capacidade existente é demonstrada e avaliada, e decisões apropriadas são feitas. Então você tem um ciclo de não mais que três meses, e sua meta é entregar uma quantidade repetível de software funcional e de forma confiável a cada ciclo.

Teoria das filas

A teoria das filas é o estudo de linhas ou filas de espera. Nós, certamente, temos filas no desenvolvimento de software – temos listas de requisições de clientes e listas de defeitos que pretendemos corrigir. A teoria das filas tem muito a oferecer para ajudar a gerenciar essas filas.

Lei de Little

A Lei de Little diz que, em um sistema estável, a quantidade média de tempo que algo leva para atravessar um processo é igual ao número de coisas no processo dividido por sua taxa de conclusão média (veja a Figura 5.2).

Na última seção, dissemos que o objetivo de uma organização de desenvolvimento *lean* é reduzir o tempo de ciclo. Essa equação nos dá uma ideia clara de como fazer isso. Uma forma de reduzir o tempo de ciclo é fazer as coisas mais depressa – aumentar a taxa de conclusão média. Isso geralmente significa gastar mais dinheiro. Se não temos dinheiro para gastar, a outra maneira para reduzir o

$$\text{Tempo de ciclo} = \frac{\text{Coisas no processo}}{\text{Taxa média de conclusão}}$$

Figura 5.2 *Lei de Little.*

tempo de ciclo é reduzir o número de coisas no processo. Isso exige muito vigor intelectual, mas geralmente não requer muito dinheiro.[5]

Variação e utilização

A Lei de Little se aplica a sistemas estáveis, mas há um punhado de coisas que tornam os sistemas instáveis. Primeiro, há variação – coisas acontecem. A variação é frequentemente tratada pela redução do tamanho de lotes se movendo ao longo do sistema. Por exemplo, muitas lojas têm filas de pagamento para "10 itens ou menos" para reduzir a variação no tempo de saída para aquela fila. Digamos que você tenha algum código para integrar em um sistema. Se é um trabalho valoroso de seis semanas, pode ter certeza de que haverá um monte de problemas. Porém, se é apenas o trabalho de 60 minutos, a quantidade de coisas que podem dar erradas é limitada. Se você tem projetos grandes, a variação do planejamento será enorme. Projetos pequenos apresentarão menos variação de planejamento.

Alta utilização é outra coisa que torna os sistemas instáveis. Isso é óbvio para qualquer um que tenha ficado preso em um engarrafamento. Quando a utilização de uma estrada chega a mais de 80%, a velocidade do tráfego começa a diminuir. Adicione alguns poucos carros e muito em breve você está se arrastando. Quando gerentes de operação veem seus servidores rodando a 80% da capacidade em momentos de pico, eles sabem que o tempo de resposta está começando a sofrer e eles rapidamente arrumam mais servidores.

Como a Google foi organizada por um bando de cientistas estudando mineração de dados, não é surpresa que sua estrutura de servidores reflita um profundo entendimento de teoria de filas. Primeiro de tudo, eles armazenam dados em lotes pequenos. Em vez de grandes servidores com quantidades massivas de dados em cada um, a Google tem milhares e milhares de pequenos servidores baratos espalhados pelo mundo, conectados por meio de uma rede muito sofisticada. Os servidores não esperam ser 100% confiáveis; em vez disso, falhas são esperadas e detectadas imediatamente. Não é um grande problema quando servidores falham, pois os dados foram divididos em pequenos pedaços e armazenados em vários lugares. Assim, quando servidores falham e são automaticamente removidos da rede, os dados que eles mantinham são encontrados em algum outro lugar e replicados novamente em outro servidor. Os usuários nunca sabem que algo aconteceu; eles ainda têm respostas quase instantâneas.

Se você já se perguntou por que a Google escolheu dedicar 20% do tempo de seus cientistas e engenheiros para trabalhar em seus próprios projetos, dê uma

---

[5] Veja Michael George and Stephen Wilson, *Conquering Complexity in Your Business: How Wal-Mart, Toyota, and Other Top Companies Are Breaking Through the Ceiling on Profits and Growth*, McGraw-Hill, 2004, p. 37.

olhada no gráfico da Figura 5.3. Essa figura mostra que o tempo de ciclo começa a aumentar apenas acima de 80% de utilização e que esse efeito é amplificado por grandes lotes (alta variação). Imagine um grupo de cientistas que estudaram a teoria das filas a vida toda. Suponha que eles se encontrem dirigindo uma empresa que deve colocar como mais alta prioridade trazer novos produtos para o mercado. Para eles, criar 20% de folga na organização de desenvolvimento seria a decisão mais lógica do mundo. É curioso que os observadores aplaudam a Google por servidores redundantes, mas não entendam o conceito de folga na organização de desenvolvimento.

A maioria dos gerentes de operação seria demitida por tentar obter a utilização máxima de cada servidor, pois é conhecimento comum que a alta utilização retarda servidores até se arrastarem. Por que, então, quando os gerentes de desenvolvimento veem um relatório dizendo que 90% de suas horas disponíveis foram usadas no último mês, sua reação é, "Veja! Temos tempo para outro projeto!"? Claramente, esses gerentes não estão aplicando a teoria das filas no iminente engarrafamento em seus departamentos.

Você não pode escapar das leis da matemática, nem mesmo em organização de desenvolvimento. Se você tem como foco aumentar a utilização, as coisas vão ficar mais lentas. Se você acha que grandes lotes de trabalho são o caminho para a alta utilização, vai retardar as coisas ainda mais e reduzir a utilização no processo. Se, contudo, você atribuir trabalho em pequenas cargas e se concentrar no fluxo, pode realmente atingir uma utilização muito boa – mas utilização *nunca* deveria ser seu objetivo primordial.

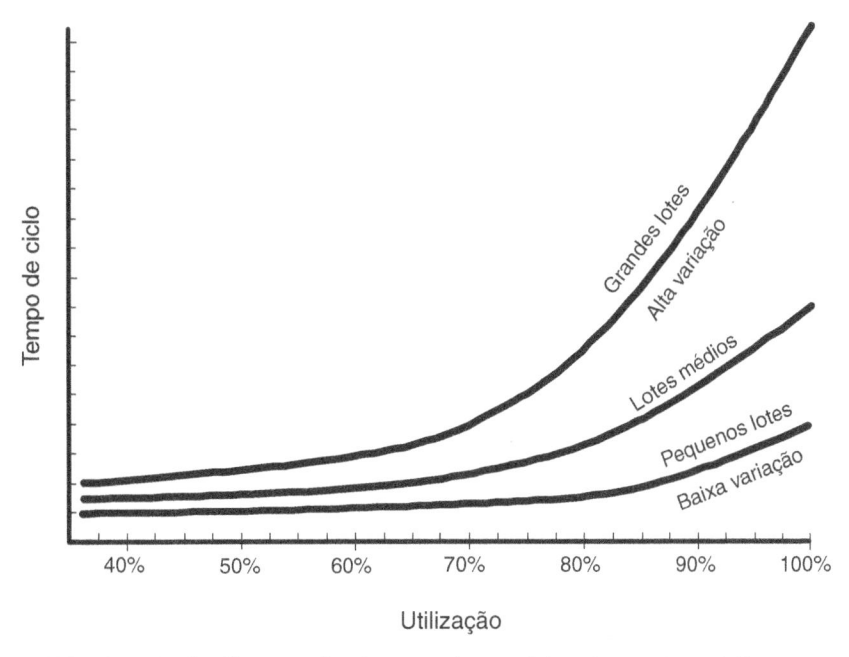

Figura 5.3 *A teoria das filas se aplica tanto ao desenvolvimento quanto ao tráfego.*

Reduzindo o tempo de ciclo

Vamos aceitar, ao menos por um momento, que nosso objetivo é reduzir o tempo médio de ciclo do conceito ao dinheiro ou da necessidade do cliente à entrega do software. Como vamos cumprir essa meta? A teoria das filas nos dá muitas maneiras exatas de reduzir o tempo de ciclo:

1. Ajuste a chegada de trabalho
2. Minimize o número de coisas no processo
3. Minimize o tamanho das coisas no processo
4. Estabeleça uma cadência regular
5. Limite o trabalho pela capacidade
6. Use um cronograma puxado (*pull scheduling**)

Ajuste a chegada de trabalho

No âmago de cada processo *lean* está um nivelamento equilibrado do trabalho. Em uma fábrica, por exemplo, um plano mensal de construir 10 mil pequenos aparelhos se traduz em construir um pequeno aparelho por minuto. O trabalho da fábrica é então regulado para produzir a uma taxa de um pequeno aparelho por minuto.

O orçamento e os processos de aprovação são, provavelmente, as piores infrações quando se trata de criar um fluxo regular de trabalho de desenvolvimento. Pedidos são enfileirados por meses a fio, e grandes projetos podem esperar pelo ciclo de orçamento anual para aprovação. Alguns pensam que, considerando todas as propostas ao mesmo tempo, uma organização pode fazer a melhor escolha sobre como gastar seu orçamento. Contudo, essa prática cria longas filas de trabalho a ser feito, e se todo o trabalho for liberado ao mesmo tempo, isso causa destruição na organização de desenvolvimento. Além disso, isso significa que decisões são tomadas fora de sincronia com as necessidades, e, quando os projetos estiverem sendo iniciados, a verdadeira necessidade no negócio provavelmente terá experimentado uma considerável mudança. Sujeitar aprovações de projeto ao ciclo de orçamento é geralmente desnecessário e irreal em tudo exceto nos negócios muito estáveis.

Todo o nosso trabalho está na primeira metade do ano.

Eu estava jantando com um gerente de alto nível de uma organização de TI muito grande. Eles tinham uma prática de movimentar desenvolvedores em torno de diferentes projetos, e

---

* N. de R. T.: Cronograma de um sistema puxado evita, em qualquer etapa, a produção de algo que não tenha sido realmente solicitado pela etapa posterior, minimizando o desperdício por superprodução.

sugeri que eles talvez devessem considerar atribuir equipes a áreas de negócio específicas para que pudessem ganhar familiaridade com os clientes.

"Eles não poderiam fazer isso", disse ele. "Os líderes de negócio querem que seu trabalho seja feito na primeira metade do ano, de janeiro a junho, assim tentamos fazer as coisas de segundo plano que eles não estão interessados na segunda metade do ano."

"Por que todos eles querem o trabalho feito na primeira metade do ano?", perguntei. "Seu negócio é sazonal?"

"Não", ele respondeu. E então, depois de pensar por um momento, acrescentou, "Eles têm os orçamentos no final de dezembro, então eu suponho que queiram o trabalho pronto logo que possível depois disso."

"Sei que você quer ser responsivo aos líderes do negócio", eu disse, "Mas você não pode deixá-los ir longe com isso. Você tem que deixar claro o que esse tipo de planejamento faz à sua habilidade de dar suporte a eles. E se você pegasse cada orçamento de cada líder de negócio e alocasse uma equipe de pessoas para seus negócios baseado no seu orçamento anual, e então deixasse o líder de negócio decidir como a equipe utilizará seu tempo no decorrer do ano?"

"Bem, isso faria muito mais sentido", ele sorriu, "Significaria um monte de mudanças..." E prometeu considerar isso mais adiante.

— Mary Poppendieck

Filas no início do processo de desenvolvimento podem parecer um bom lugar para segurar o trabalho de modo que ele possa ser liberado para a organização de desenvolvimento em um ritmo regular. Porém, essas filas não deveriam ser maiores que o necessário para regular a chegada de trabalho. Frequentemente, achamos que o trabalho chega em um ritmo regular e, se esse é o caso, então filas longas são realmente desnecessárias.

Consultas médicas

Nos Estados Unidos, médicos param de aceitar novos pacientes quando sua marcação de consulta começa a crescer demais. Em muitas clínicas, a lista de espera para uma consulta é de cerca de dois meses – não é permitido ser maior, mas, por outro lado, nunca pareceu ser menor. Isso seria considerado um sistema estável em teoria das filas.

Uma clínica em Minnesota estudou ideias *lean* e decidiu ver o que aconteceria se encurtassem o tempo de espera. Por algum tempo, a maioria dos médicos trabalhou meio turno extra toda a semana enquanto os planejadores se certificavam de que a chegada de trabalho se mantivesse estável. Durante o período de seis meses, a clínica reduziu os tempos de espera para uma consulta para cerca de dois dias. A clínica constatou que os médicos ainda viam a mesma quantidade de pacientes com a mesma mistura de problemas. Alguns médicos foram surpreendidos ao descobrir que não precisavam de uma almofada de sessenta dias de consultas para mantê-los ocupados; de fato, eles viram pouquíssima diferença na carga de trabalho.

Do ponto de vista do paciente, havia uma diferença brutal – repentinamente, eles podiam ligar e conseguir uma consulta dentro de um ou dois dias. Isso foi realmente uma solução *lean* para os pacientes.

— Mary Poppendieck

Minimize o número de coisas no processo

Na área da produção, as pessoas aprenderam que um monte de inventário em processo apenas emperra os trabalhos e retarda as coisas. De alguma forma, não parecemos ter aprendido essa mesma lição no desenvolvimento. Temos longos ciclos de *release* e deixamos as coisas se acumularem antes de liberá-las para produção. Temos processos de aprovação que despejam trabalho em uma organização muito além de sua capacidade de resposta. Temos processos sequenciais que acumulam uma quantidade incrível de trabalho dessincronizado. Temos longas listas de defeitos. Às vezes, ficamos até mesmo orgulhosos da quantidade de defeitos que encontramos. Esse trabalho inacabado é como o inventário em produção – ele retarda o fluxo, esconde problemas e fica obsoleto com muita rapidez.

Uma das infrações menos óbvias é a longa lista de requisições do cliente para as quais não temos tempo. Cada organização de desenvolvimento de software que conhecemos tem mais trabalho do que pode acomodar, mas as mais sábias não aceitam pedidos por funcionalidades que não podem entregar. Por que deveríamos manter uma lista de requisições curta? Da perspectiva do cliente, uma vez que algo tenha sido enviado para ação, o pedido foi feito e seu tempo de resposta está sendo medido. Filas de trabalhos esperando por aprovação absorvem energia cada vez que são estimados, repriorizados e discutidos nas reuniões. Filas de tarefas* frequentemente servem como *buffers* que separam os desenvolvedores dos clientes; elas podem ser usadas para obscurecer a realidade e, frequentemente, geram expectativas irreais.

Mas temos uma lista tão longa de coisas para fazer, como podemos apará-la?

Nós geralmente achamos que longas filas de trabalho para fazer são irreais e desnecessárias. Aqui estão algumas ideias de como lidar com essas filas.

1. Comece perguntando, "Quantas coisas nessa fila nós, realisticamente, nunca vamos atingir?". Corte imediatamente todas as coisas que você nunca vai conseguir tirar da fila. Seja honesto. Apenas aperte a tecla de deletar.

2. Então, de quantos itens esse exercício se livrou? Metade? Agora pegue os itens restantes e faça uma análise de Pareto neles. Classifique cada um em uma escala de 1 a 5. Os itens críticos serão classificados como 5. Os itens desimportantes serão classificados como 1. Agora livre-se de todos os itens, exceto aqueles que tiveram 4 ou 5. Apenas aperte *delete*. Não se preocupe; se eles virarem importantes, eles voltarão a você.

3. Agora pegue os itens que sobraram e calcule quantos dias, meses ou anos de trabalho eles representam. Você acrescentará outras coisas à lista que serão mais importantes? Com isso em mente, você conseguirá concluir os itens restantes da lista no futuro próximo? Se não, você deveria adicionar capacidade?

4. Se sua lista ainda é exageradamente longa, provavelmente há algum propósito para o qual ela está servindo além de tomar decisões eficazes do que fazer e do que não fazer. Por exemplo, uma lista longa pode desviar demais a atenção ou absorver pedidos frívolos. Quebre a lista em duas, uma que servirá o propósito exterior e outra que você manterá curta e para trabalho.

---

* N. de R. T.: "*To-do queues*", no original.

Sete anos?

"Priorizamos essa lista toda a semana", disse o gerente.
"Você sabe quantas requisições existem na lista?", perguntei.
"Sim, há cerca de 750", ele disse.
"Você sabe quantas dessas consegue fazer em, digamos, um mês, na média?"
"Sim, calculamos cerca de nove todo o mês", ele respondeu. A empresa mantinha boas estatísticas.
"Uau!" outra pessoa disse. "Isso são sete anos de trabalho!"
"Sete anos!", o gerente estava abismado. "Eu nunca olhei para isso desse jeito."
"E por que você mantém tantas nessa lista se sabe que nunca as atingirá?", perguntei.
"Bem, nosso especialista em processos disse que não devemos perder o rastro de nada. E passamos a agir de forma que não gastamos muito tempo na lista toda a semana."
"Então você nunca volta para seus clientes e diz, 'Não, desculpe'. E eles provavelmente ficam esperando você desenvolver suas funcionalidades", eu disse. "Você não quer ser um pouco mais honesto com seus clientes?".
"Sim, nós costumávamos dizer 'não' todo o tempo – eu era mais rigoroso sobre isso quando éramos pequenos e estava mais envolvido. Os clientes pareciam apreciar a honestidade. Talvez devêssemos começar a fazer isso de novo..."

— Mary Poppendieck

Minimize o tamanho das coisas no processo

A quantidade de trabalho não terminado em uma organização é uma função do tamanho de seu ciclo de *release* ou do tamanho de seus pacotes de trabalho. Manter o ciclo de *release* curto e o tamanho máximo do pacote de trabalho pequeno é uma disciplina difícil. A tendência natural é esticar *releases* do produto ou duração dos projetos, pois os passos envolvidos em liberar o trabalho para produção parecem envolver muito trabalho. Contudo, esticar o tempo entre as *releases* significa ir exatamente na direção errada de uma perspectiva *lean*. Se um *release* parece levar um longo tempo, não estique os *releases*. Descubra o que está causando todo o atraso e resolva isso. Se algo é difícil, faça-o mais frequentemente, e você obterá algo muito melhor.

***Releases* levam tempo demais**

Depois de uma conversa em uma empresa, o gerente de QA veio a mim e disse, "Eu não vejo como podemos seguir seu conselho. Temos um bocado de pressão para colocar tantas funcionalidades quanto pudermos em cada *release*, pois eles são tão distantes".
"Por que não lança *releases* mais frequentemente?". perguntei.
"Não podemos lançar com mais frequência porque a verificação leva muito tempo", ele respondeu de pronto.
"Por que a verificação leva muito tempo?", questionei.
"Encontramos muitos problemas na verificação que precisam ser corrigidos", ele disse. Comecei a perceber um círculo vicioso.

"Você não consegue achar a maioria desses problemas antes da verificação?", perguntei. Afinal de contas, ele era o gerente de QA.

"A verificação deve ser independente", o gerente de QA respondeu. "Se verificássemos o código enquanto os desenvolvedores o estão escrevendo, destruiríamos nossa independência."

Eu estava surpresa. Há um monte de boas razões para adiar a verificação final. Em sistemas embarcados, o hardware geralmente não está pronto até o fim. Quando se entrega o site de um cliente, você não tem acesso ao ambiente até o último momento. Mas essa era nova.

"Eu consigo entender a verificação independente", eu disse, "mas como ela está relacionada a longos ciclos de *release*? Não é possível manter a verificação independente, mas testando uma quantidade menor de código?"

"Bem, tenho que pensar sobre isso, mas poderíamos chegar muito perto dos desenvolvedores dessa maneira." Ele soou relutante. Imaginei que seus longos ciclos de *release* não iriam ficar mais curtos em breve.

— Mary Poppendieck

Ah, AGORA eu entendi!

Estávamos ensinando uma turma que tinha feito mapas de fluxo de valor atuais e em seguida os mapas de fluxo de valor futuros. O último dos grupos estava apresentando seu mapa futuro. De repente, alguém de um grupo diferente exclamou, "Ah, AGORA eu entendi!" O apresentador parou para ver o que era tudo aquilo.

"Quando desenvolvi aquele mapa de fluxo de valor futuro que recém apresentei", ele disse, "eu cortei o ciclo de *release* a um terço de seu tamanho anterior, e eu estava realmente frustrado que ainda tinha uma baixa taxa de eficiência no ciclo de processo. O que eu acabei de perceber é que venho tentando otimizar a utilização com *releases*. O conceito inteiro de um *release* é o que está reduzindo minha eficiência. Se eu pudesse fazer um *release* logo que uma atualização estiver pronta em vez de ficar esperando por um *release*, a eficiência do ciclo de processo seria muito melhor!"

O aluno estava obviamente orgulhoso de seu *insight* brilhante, mas conforme ele olhava em volta, percebeu que a maioria das pessoas não estava nada impressionada. Então ele disse timidamente, "Acho que era isso que você queria dizer toda a manhã. Só que a ideia levou esse tempo todo para entrar na minha cabeça."

— Tom & Mary Poppendieck

Estabeleça uma cadência regular

Iterações são a cadência de uma organização de desenvolvimento. A cada poucas semanas, algo fica pronto. Depois de um curto período de tempo, as pessoas começam a contar com isso. Elas podem fazer planos baseadas no rastro gravado das entregas. A quantidade de trabalho que pode ser realizado em uma iteração rapidamente torna-se evidente; depois de um curto período de tempo, as pessoas param de discutir sobre isso. Elas podem se comprometer com clientes com mais confiança. Há um batimento cardíaco regular que move tudo ao longo do sistema em um ritmo regular. Uma cadência regular produz os mesmos efeitos que linha de nivelamento na produção.

Qual deveria ser a cadência? Um amigo prefere iterações de uma semana. Ele acha que é um período longo o suficiente para pegar um cliente com situação de emergência e garantir que o problema é real antes da equipe mergulhar, e curto o suficiente para entregar trabalho a tempo. Outro amigo jura ser 30 dias, pois isso dá à equipe tempo para pensar antes de começar a codificar, e ainda é curto o suficiente para que gerentes possam esperar até a próxima iteração para pedir mudanças.

A cadência está certa quando o trabalho flui suavemente. Se há uma grande perturbação de atividade no final de uma iteração, então o tamanho da iteração provavelmente está muito longo; iterações mais curtas ajudarão a regular a carga de trabalho. A cadência deveria ser curta o suficiente para que clientes possam esperar até o fim de uma iteração para pedir mudanças, e ainda longa o suficiente para permitir que o sistema se estabilize. Isto é melhor compreendido tendo-se em mente um termostato doméstico. Se o termostato liga a fornalha no instante que a temperatura cai abaixo da temperatura configurada, a fornalha ficará variando entre ligada e desligada de modo frequente demais para seu próprio bem. Assim, termostatos têm um atraso construído neles. Eles esperam que a temperatura caia um grau ou dois abaixo do configurado antes de ligar a fornalha, e eles esperam até a temperatura subir um grau ou dois acima do configurado para desligá-la. Esse atraso na resposta é pequeno o suficiente para que você não sinta muita diferença, e grande o suficiente para evitar que a fornalha fique oscilando. Use o mesmo conceito quando encontrar a cadência certa para sua situação.

Cadência assíncrona

Um departamento de software embarcado que conhecemos achou que seu planejamento de *release* estava ficando complicado demais conforme seus modelos de hardware se proliferavam. Assim, decidiram criar uma única versão de software que executaria em todos os modelos de hardware. Uma vez estabelecida a plataforma, eles acrescentaram recursos de tecnologia ao software em intervalos de três semanas. Conforme novos modelos de hardware eram desenvolvidos, seus engenheiros podiam procurar "gotas de tecnologia" de software e escolher qual gota pegar. Um novo modelo podia esperar algumas semanas por uma gota de tecnologia contendo uma funcionalidade que realmente precisasse, ou o departamento de software podia ser convencido a mudar seu planejamento das gotas, mas apenas se outros modelos de hardware aceitassem.

Desacoplando o software do hardware, o departamento de software foi capaz de estabelecer sua própria cadência, e não levou muito tempo para descobrir que o novo sistema era muito mais produtivo.

— Mary Poppendieck

Limite o trabalho à capacidade

Muitas vezes ouvimos que o departamento de marketing ou a unidade de negócios "tem que ter tudo para tal data", sem considerar a capacidade de entrega da organização de desenvolvimento. Isso não apenas demonstra uma falta de respeito pelas pessoas que desenvolvem o produto, como também retarda consideravelmente o desenvolvimento. Sabemos o que acontece com sistemas de computador quando excedemos suas capacidades – chama-se *thrashing*.*

Um longo sábado no aeroporto

Chegamos ao aeroporto de Melbourne às 7:30 em uma linda manhã de sábado, com muito tempo para pegarmos nosso voo para Auckland às 10:00 a.m. Um balcão de *check-in* tinha acabado de abrir, então colocamos nossa bagagem na balança e tentamos entregar nossos bilhetes para a agente de *check-in*. "Não tão rápido", ela disse, "Os computadores estão fora do ar." Ao olharmos em volta, finalmente percebemos as longas filas por todo o lugar.

"Há quanto tempo estão fora do ar?", perguntamos.

"Ah, cerca de uma hora", ela disse.

Na maioria dos aeroportos norte-americanos, cada balcão de companhia aérea está provavelmente acessando um sistema de computador diferente; porém, em aeroportos como o de Melbourne, há um sistema de computador que todos dividem. Assim, isso significa que todo o aeroporto – tanto os voos domésticos quanto os internacionais – ficaram fora do ar por uma hora.

Pouco depois disso, o telefone tocou. Alguém foi chamado para espalhar a notícia de que os computadores tinham voltado. Por todo o aeroporto podíamos ver dezenas de pessoas sentando-se diante de seus terminais. E então, todos começaram a digitar furiosamente ao mesmo tempo. Levou cerca de 15 segundos para o sistema cair de novo. "Tem sido assim na última meia hora", a agente nos disse. "A cada dez minutos, eles dizem que o sistema voltou, e então ele cai de novo."

Podíamos imaginar o motivo: o sistema provavelmente não foi projetado para centenas de pessoas digitarem exatamente ao mesmo tempo.

O sistema de computador finalmente voltou três horas depois. Chegamos um pouco atrasados em Auckland.

— Mary & Tom Poppendieck

O tempo, às vezes, parece ser elástico em uma organização de desenvolvimento. As pessoas podem e fazem horas extras de trabalho, e quando isso acontece em pequenas doses elas podem mesmo atingir seus objetivos desse jeito. Entretanto, conviver com horas extras não é sustentável.

As pessoas ficam cansadas e descuidadas no final de um longo dia, e, muitas vezes, trabalhar longas horas retardará as coisas em vez de acelerá-las. Algumas vezes, uma organização tenta trabalhar tão além da capacidade que começa a degenerar (*trashing*). Isso pode acontecer mesmo se parece haver pessoas suficientes, se os papéis-chave não estiverem preenchidos e uma área crítica do desenvolvimento for forçada além de sua capacidade de resposta.

---

* N. de R. T.: *Thrashing*, na informática, é um termo usado para descrever a perda de desempenho de um sistema quando um conjunto de agentes compete constante e repetidamente por um recurso compartilhado.

Um problema de atendimento ao cliente

Eu estava visitando uma empresa que me pediu para analisar seu processo de atendimento a clientes. Quando desenhamos um mapa de fluxo no quadro branco, chegamos ao ponto onde uma equipe de atendimento ao cliente ia ao local instalar um software. Nesse ponto, me foi dito, eles tinham um problema. "Com que frequência isso acontece?", perguntei.

"*Todas* as vezes". Eles todos concordaram.

"Certo, então como o problema é corrigido?", perguntei.

"Não é." Concordância geral novamente.

"*Não* é?" Eu tinha que ter certeza que ouvi direito.

"Sim, uma requisição é feita para desenvolvimento, mas ela vai para uma fila. Ela nunca sai a menos que seja um dos nossos clientes de prioridade Top 3. Eles são muito ocupados."

Com o que? Eu gostaria de saber, mas em vez disso perguntei, "Então, o que acontece ao cliente?"

"Bem, as pessoas do atendimento ao cliente ficam no local. Eles fazem outras coisas. Pode passar semanas até que tenham alguma ajuda."

"Mas você disse que apenas um dos Top 3 recebe ajuda", eu disse.

"Bem, o cliente afinal reclama o bastante para que subam para o Top 3, e algum outro cai."

"Parece-me", eu disse, "que vocês não têm um problema de atendimento ao cliente; vocês têm um problema de fornecimento de código que pode ser considerado para se trabalhar nas instalações do cliente." Na seguinte discussão, posso dizer que esse era um ponto delicado.

"Por que o departamento de desenvolvimento não pode se concentrar em descobrir o que está causando isso e corrigir?", perguntei.

"Nossos investidores são muito exigentes", ele disse, "Nós temos um mapa de produtos. Temos que desenvolver novos sistemas para novos clientes. Temos que continuar acrescentando mais clientes."

"Mas se você não consegue manter novos clientes, por que os quer?", perguntei. "Parece-me que você está em *thrashing*."

"Sim, essa é uma boa palavra", alguns concordaram. Mas outros pareciam não achar que o problema era tão grande assim, o que, no final, era provavelmente a fonte do problema inicial.

— Mary Poppendieck

Use cronograma puxado (pull scheduling)

Quando uma equipe de desenvolvimento escolhe o trabalho para ser entregue em uma iteração, a regra é que os membros da equipe escolham apenas aqueles itens (de granulação fina) que eles confiam que conseguem completar. Durante o primeiro par de iterações, eles podem estimar errado e escolher trabalho demais. Porém, em breve, eles estabelecerão uma velocidade da equipe, que dará a eles a informação que precisam para escolher apenas o que é razoável. Na verdade, a equipe de desenvolvimento está "puxando" trabalho de uma fila. Esse sistema puxado limita o trabalho esperado da equipe a sua capacidade. No improvável evento da equipe terminar antes do tempo, mais trabalho sempre pode ser puxado da fila. Apesar de todos sempre terem trabalho, este mecanismo tem folga, pois se emergências aparecerem ou coisas derem errado, a equipe pode adaptar terminando a atual iteração ou oficialmente movendo alguns itens para a próxima iteração. Finalmente, uma vez que a equipe está trabalhando nas mais importantes funcionalidades da perspectiva do cliente, eles estão trabalhando nas coisas certas.

Um exemplo de cronograma puxado (*pull scheduling*)

Estava visitando um departamento de médio porte em uma grande instituição financeira. Swen (não é seu nome real) era responsável por resultados de negócios e precisava de mudanças no software para entregá-los. Ele estava muito frustrado, pois todas as suas requisições pareciam durar uma eternidade. Sua frustração foi acompanhada por Karl (também não é seu nome real), o gerente sênior no departamento de TI, que sentia que Swen não entendia o quanto eram difíceis suas requisições ou os problemas que ele criava por constantemente mudar de ideia.

Karl insistiu que cada requisição precisava ter uma análise aproximada de custo/benefício e, se aprovada, uma revisão arquitetural mais detalhada antes de ser escalonada para implementação. Isso soou bem para Swen. Tudo o que ele queria era ter algum controle sobre o que era feito e um entendimento de quando as coisas estariam prontas para usar.

Esbocei a ideia de fila na Figura 5.4 conforme uma abordagem gerencial:

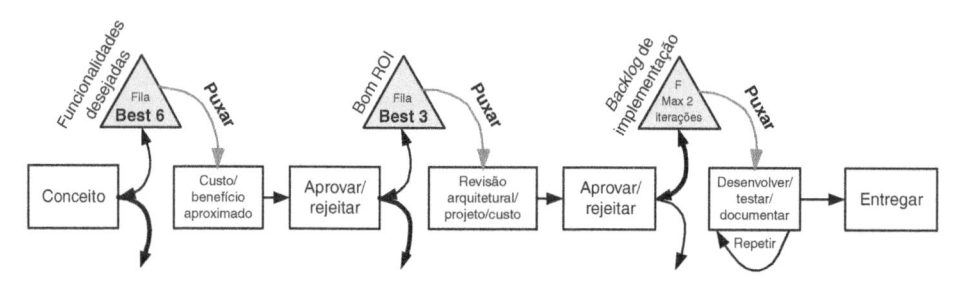

Figura 5.4 *Mecanismo de sistema puxado na gerência de um* workflow.

Com esse sistema, Swen aceitou ser limitado a um máximo de seis requisições por vez. Karl se comprometeu a ter uma análise aproximada de custo/benefício (que tomaria cerca de quatro horas) feita dentro de uma semana para cada requisição. Nesse ponto, Swen poderia colocá-la na fila de revisão arquitetural ou rejeitá-la, mas ele aceitou não ter mais que três revisões arquiteturais na fila por vez. Se a fila já estivesse cheia, uma nova requisição substituiria uma das requisições existentes na fila ou seria rejeitada. Swen concordou que quando a fila arquitetural estivesse cheia, ele não enviaria mais requisições que fossem menos importantes que aquelas três da fila.

Karl aceitou completar uma revisão arquitetural e uma estimativa mais detalhada de custo dentro de duas semanas, quando, então, Swen poderia ou aceitar ou rejeitar o resultado. Resultados aceitos iriam para o *backlog*, e a cada duas semanas a equipe puxaria do *backlog* um trabalho que realmente tivesse valor. Swen concordou em limitar o número de itens no *backlog* a não mais que dois trabalhos realmente com valor para cada iteração.

O ponto importante é que Swen seria "dono" das filas. Mantendo-as curtas, ele poderia dizer em um relance quando aproximadamente qualquer funcionalidade estaria completa. Swen poderia reorganizar as filas, acrescentar ou remover itens a qualquer hora até os itens serem puxados pelas equipes de Karl. A organização de Karl sempre estaria ocupada, mas nunca atolada, e eles sempre estariam trabalhando exatamente no que Swen quisesse.

Karl tinha alguns outros clientes, mas Swen significava 65% de sua carga de trabalho. Karl sentiu que poderia integrar seus outros clientes nesse sistema de fila ou mesmo ter equipes separadas trabalhando em suas requisições.

— Mary Poppendieck

Filas em cascata (como mostrado na Figura 5.4) são possíveis e são frequentemente usadas nas fronteiras organizacionais. As filas são uma ferramenta de gerência útil, pois permitem aos gerentes mudar prioridades e gerenciar tempo de ciclo enquanto deixam equipes de desenvolvimento gerenciar seu próprio trabalho. As filas, contudo, não são uma solução ideal. Quando elas forem usadas, aqui estão algumas regras gerais para seguir:

1. Filas devem ser mantidas curtas – talvez dois ciclos de trabalho. Esse é o comprimento das filas que governa o tempo médio de ciclo de uma requisição ao longo do processo de desenvolvimento.

2. Gerentes podem reorganizar ou mudar a qualquer hora itens que estejam em uma fila. Entretanto, uma vez que as equipes começam a trabalhar em um item, eles não devem interferir no desenvolvimento do dia a dia.

3. Equipes puxam trabalho de uma fila e trabalham em uma cadência regular até que o trabalho esteja feito. É esse sistema puxado que mantém as equipes ocupadas em todos os momentos, enquanto limita o trabalho pela capacidade.

4. Filas não deveriam ser usadas para enganar pessoas levando-as a pensar que suas requisições serão tratadas se a equipe não tem capacidade de resposta.

Resumo

A medida de uma organização madura é a velocidade na qual consegue, confiável e repetidamente, executar seus processos principais. O processo principal no desenvolvimento de software é o processo fim-a-fim de tradução de uma necessidade do cliente na entrega de um produto. Deste modo, medimos nossa maturidade pela velocidade com a qual podemos *confiável* e *repetidamente* traduzir as necessidades de clientes em software funcional de alta qualidade que seja incorporado em um produto que resolve o problema inteiro do cliente.

Tente isto

1. Quantos defeitos estão em sua fila de defeitos? Com que velocidade eles chegam? A que taxa são resolvidos? A essa taxa, quantos dias, semanas, meses ou anos de trabalho você tem em sua fila de defeitos? Quantos dos defeitos em sua fila você tem razoável expectativa de resolver? Quanto tempo você gasta em gerenciar e revisar a fila? Vale a pena?

2. Quantas requisições estão em sua lista de tarefas? A que taxa elas chegam? Quanto tempo, em média, foi gasto em cada item? Quanto tempo você gasta na gerência e revisão da fila? Quanto trabalho (em dias, semanas, meses ou anos) você tem em sua lista de tarefas? Você mantém coisas na lista que nunca alcançará? Por quê? Que porcentagem da fila isso representa?

3. A alta utilização de tempo disponível das pessoas causa impasses em seu ambiente? Sua organização mede a utilização de "recurso" (isto é, pessoas)? Se sim, que tipo de impacto essa medição tem: É levada a sério? Guiam o comportamento? É um comportamento benéfico?

4. O que determina o tamanho do seu lote: o planejamento de *releases*? O tamanho do projeto? Você consegue reduzir o tempo entre os *releases* ou o tamanho do projeto? Qual é um objetivo razoável? O que seria preciso mudar para esse objetivo?

5. Em uma reunião de equipe, revise a lista de maneiras de reduzir o tempo de ciclo:

    - Ajuste a chegada de trabalho
    - Minimize o número de coisas no processo
    - Minimize o tamanho das coisas no processo
    - Estabeleça uma cadência regular
    - Limite o trabalho pela capacidade
    - Use cronograma puxado (*pull scheduling*)

    Quais delas mostram-se mais promissoras para seu ambiente? Experimente implementando a abordagem mais promissora e obtenha medidas do que acontece ao tempo de ciclo.

Capítulo 6

Pessoas

Um sistema de gestão

"Ano após ano, a Toyota tem sido capaz de obter mais de seu pessoal do que seus competidores foram capazes de obter de seus próprios",[1] de acordo com Gary Hamel. "Detroit levou mais de 20 anos para desenterrar o princípio de gerência radical que há no cerne da capacidade Toyota para melhoria implacável... Somente depois que as montadoras norte-americanas exauriram todas as outras explicações para o sucesso da Toyota – um iene desvalorizado, uma força de trabalho dócil, a cultura japonesa, automação superior – estavam aptos a, finalmente, admitir que a verdadeira vantagem da Toyota era sua habilidade de aproveitar o intelecto de funcionários 'comuns'."

Lean é um sistema de gerência que cria pessoas pensantes e comprometidas em todos os níveis da organização e, mais particularmente, na linha de frente. Se você implementar todos os princípios *lean* exceto um – respeito pelas pessoas –, colherá apenas uma sombra das vantagens potenciais que o *lean* pode trazer. Se você implementar apenas um princípio – respeito pelas pessoas –, você posicionará as pessoas em sua organização para descobrirem e implementarem os demais princípios *lean*.

O Boeing 777

Em 1988, a Boeing foi de cliente em cliente com planos para uma nova aeronave, uma versão maior do 767 que carregaria talvez 350 passageiros. Porém, de alguma forma, ninguém na Boeing havia realmente entendido o que os clientes procuravam, e o projeto proposto foi recebido com um bocejo coletivo. Assim, a Boeing

---

[1] "Management Innovation", por Gary Hamel, *Harvard Business Review*, February, 2006, p. 74.

se viu projetando um novo avião, ouvindo cuidadosamente os clientes dessa vez. Dois anos depois, o projeto do Boeing 777 concorria com o McDonnell Douglas MD-11 e o Airbus A330 – ambos aviões existentes – para um grande pedido da United Airlines. A Boeing ganhou a encomenda, mas com duas condições: primeiro, a aeronave seria entregue certificada para operação em longo alcance dentro de cinco anos, e, segundo, uma vez que o avião ainda não existia, a Boeing e a United trabalhariam juntas para garantir que o avião realmente se encaixasse nas necessidades da United.

Essa foi uma "aposta na empresa", um prazo extremamente agressivo com sérias sanções para o não cumprimento, aliado a uma oportunidade rara de definir a próxima geração de aeronaves. Alan Mulally foi encarregado de fazer isso e ele respondeu criando um sistema de gerência inteiramente novo para o programa do Boeing 777. Houve quem argumentasse que aquela não era hora para um novo sistema de gerência – o antigo funcionou bem por anos. Contudo, a análise da causa raiz de todos os problemas que atrasaram o planejamento dos programas anteriores levava a apenas uma conclusão: os atrasos foram causados por pessoas que não trabalhavam juntas, não procuravam problemas cedo o suficiente, não prestavam atenção quando um problema aparecia, não se comunicavam de forma rápida e eficaz. Assim, Mulally concentrou suas energias no Working Together – um enorme exemplo bem-sucedido de trabalho em equipe que foi amplamente creditado com o extraordinário sucesso do programa Boeing 777. Ele criou mais de 200 equipes de projeto/construção com membros de projeto, produção, fornecedores e companhias aéreas clientes – todos, de pilotos a carregadores de bagagem. Essas equipes capturaram a ideia daqueles que usariam a aeronave enquanto estava sendo projetada. Por exemplo, uma equipe descobriu que a porta de combustível na asa era tão alta que nenhum caminhão tanque da United podia alcançá-la, algo que provavelmente não seria notado até a entrega sob a antiga forma de desenvolvimento.[2]

Mulally estimulou todos a "compartilharem cedo e frequentemente", e insistiu em não haver segredos. Cada problema que surgia era discutido pela equipe até uma solução emergir. Fornecedores trabalhavam com base na confiança, e clientes receberam uma ideia sem precedentes do processo e do estado de desenvolvimento, assim como uma grande voz na decisão de impasses.

Mulally pregou uma filosofia de "teste cedo e falhe rápido". O teste foi antecipado o máximo possível no processo de desenvolvimento em todos os níveis. Pela primeira vez o avião inteiro foi projetado usando um sistema de modelagem 3-D. Esta modelagem fornece um conjunto de teste de unidade para cada parte, para garantir que se encaixava e que não interferia em outras partes. Isso resolveu um problema que afligia os primeiros estágios de produção de todos os modelos anteriores.

O teste era agressivo em cada estágio de integração. O novo motor Pratt & Whitney foi considerado tão bem testado que os testes de voo poderiam ser igno-

---

[2] *Deadline! How Premier Organizations Win the Race Against the Time*, por Dan Carrison, AMACOM (American Management Association), 2003, Chapter 5.

rados. Porém, a sabedoria coletiva dos engenheiros estava inclinada a testá-lo de qualquer jeito, então a um custo considerável, um dos novos engenheiros o montou em um 747 e testou-o em voo real. O motor não respondeu bem, e uma parte crítica teve que ser reprojetada. A reação de Mulally foi: "Não é ótimo? Encontramos o problema mais cedo".

Conhecemos sua reação porque a Boeing permitiu ao Sistema Público de Radiodifusão (Public Broadcasting System – PBS) filmar o esforço inteiro de desenvolvimento de cinco anos sem exercer controle editorial. O documentário[3], com cinco horas de duração, publicamente disponível, tornou claro como o Working Together solicitava e rapidamente agia nas ideias de todos – um problema na asa na linha de produção podia ter uma sugestão implementada em uma hora em vez de semanas. Isso mostrou como uma pequena empresa na Austrália produzindo o leme recebia uma mudança impossível depois da outra pela Boeing, mas, trabalhando com base na confiança, eles descobriram como entregar o leme a tempo.

A Boeing tinha que trabalhar criativamente com a Administração Federal de Aviação (FAA) para obter certificação de voo de longo alcance antes da entrega da aeronave para a United, pois se supunha que aeronaves bimotor deviam ser testadas em uso real durante alguns anos antes de serem autorizadas a voar mais que uma hora a partir de um aeroporto. A Boeing propôs um conjunto de testes tão rigorosos que os pilotos ficaram igualmente intrigados: uma aeronave tão nova poderia realmente passar em um regime de testes tão rigoroso? A estratégia "teste cedo e falhe rápido" funcionou. A nova aeronave passou no teste extensivo com facilidade e foi a primeira aeronave bimotor a receber a certificação para longo alcance de forma imediata e sem intervenções.

O 777 foi a primeira aeronave *fly-by-wire* da Boeing – controlada por software e atuadores elétricos em vez de atuadores hidráulicos e cabos. Como parte do programa Working Together, a Boeing insistiu que todos usassem a mesma linguagem de programação: Ada. Embora fornecedores fossem inicialmente resistentes, acabaram gostando da disciplina que uma linguagem fortemente tipada e baseada em objetos impunha em tempo de compilação. A maior parte do software foi o Sistema de Gerência de Informação da Aeronave desenvolvido pela divisão de Sistemas de Transporte Aéreo da Honeywell. A Honeywell usou uma arquitetura fracamente acoplada que permitiu às sete funções principais serem desenvolvidas de forma independente por times de 60-100 engenheiros. No final, todo o software do 777 foi entregue e funcionou em tempo, exceto o sistema de telefones dos passageiros.

Em 7 de junho de 1995, três Boeings 777 decolaram em seus primeiros voos comerciais, cumprindo o prazo de cinco anos estabelecido anteriormente. Por mais de uma década, a Boeing entregou aeronaves 777 no acelerado ritmo de cerca de 50 por ano, e, na época que escrevíamos este livro, ainda tinha pedidos para outros cinco anos de entregas.

---

[3] *21st Century Jet: The Building of the 777*, produzido por Skyscraper Productions para KCTS/Seattle e Chanel 4 London, 1995.

> **Eu trabalhei no 777**
>
> Eu trabalhei na divisão de Sistemas de Transporte Aéreo da Honeywell em Minneapolis na época em que o 777 estava sendo desenvolvido. Nós projetamos o sistema de navegação inercial de redundância tripla – os giroscópios *laser* que diziam a uma aeronave exatamente onde ela estava mesmo na ausência de dados de GPS. Havia muitas evidências do programa Working Together da Boeing. Isso foi antes da Internet tornar o e-mail acessível a todo o mundo, então ligamos nosso sistema de e-mail interno, o que foi uma novidade na época. Usávamos FTP para trocar versões atuais de documentos eletronicamente e tínhamos reuniões para verificar estado e *feedback* toda a semana via teleconferência.
>
> Aqueles foram tempos difíceis para a indústria aeronáutica, que experimentou um de seus declínios cíclicos na metade dos anos 90. Houve demissões em toda a indústria, de forma que muitas pessoas foram para outros ramos. Ainda assim, cada vez que eu encontro outros que trabalharam no 777, sua memória da experiência é unanimemente positiva.
>
> — Tom Poppendieck

A Boeing avançou para a definição do programa dessa década, o 787 Dreamliner. Esse programa trouxe outra inovação em gestão: um grau de colaboração sem precedentes entre a Boeing e seus parceiros globais no projeto e no desenvolvimento da aeronave. A Boeing criou uma rede de inovação mundial e direciona desafios de projeto para o centro de especialização que está melhor equipado no mundo para lidar com o desafio. O desenvolvimento do 787 é apoiado por ferramentas eletrônicas de colaboração muito superiores àquelas que estavam disponíveis às equipes do 777, mas é a cultura Working Together da Boeing que faz a colaboração funcionar.

W. Edwards Deming

Em julho de 1950, um estatístico norte-americano chamado W. Edwards Deming, que fora ao Japão ajudar com o censo alguns anos antes, foi convidado a retornar e dar uma série de palestras a alguns dos mais influentes líderes industriais japoneses. Deming foi questionado sobre como mudar a percepção mundial de que o Japão produzia produtos inferiores. Ele respondeu que produção é um "sistema" que inclui o fornecedor e o cliente, e que líderes de negócio deveriam se concentrar em melhorar continuamente o sistema como um todo. Uma forma de fazer isso é usar controle de processo estatístico para construir qualidade nos produtos em vez de inspecioná-lo depois. Gravações das palestras de Deming foram traduzidas para o japonês e a receita de sua venda foi usada pela JUSE, a União dos Cientistas e Engenheiros Japoneses, para financiar o prestigioso prêmio Deming.

Deming viajou para o Japão muitas vezes ao longo dos 15 anos seguintes, mas, de volta aos Estados Unidos, ele era relativamente desconhecido. Então, em 1980, a NBC apresentou o quadro "Se o Japão pode... por que nós não podemos?", exibindo Deming censurando empresas norte-americanas pela baixa qualidade de seus produtos. Aos 80 anos de idade, Deming tinha finalmente sido descoberto por seu próprio país. O programa de TV foi exibido apenas uma vez, mas chocou o país e colocou a qualidade na agenda das corporações. Deming estava na vanguarda do movimento de qualidade nos Estados Unidos até sua morte em 1993.

Deming adotou um Sistema de Profundo Conhecimento, que tinha quatro pontos principais:

1. **Apreço por um sistema.** Deming ensinou que a sinergia entre as partes de um sistema é a chave para o sucesso do sistema como um todo. Por enxergar a produção como um sistema, ele enfatizou que é importante gerenciar o relacionamento entre suas partes – o relacionamento entre departamentos em uma empresa – o relacionamento entre os fornecedores, produtores e clientes. Acima de tudo, Deming acreditava que uma visão sistêmica era fundamental; otimizar isoladamente qualquer parte do sistema não servia ao melhor interesse do todo.

2. **Conhecimento sobre variação.** Deming ficou horrorizado com o modo como trabalhadores eram considerados culpados por problemas inerentes ao sistema em que trabalhavam. Suas palestras se concentraram em garantir aos gerentes o entendimento de que a maior parte da variação do sistema era o que ele chamava variação de causa comum, ou seja, variação inerente ao sistema. Ele fez exercícios para mostrar que tentar eliminar essa variação do sistema não é apenas em vão, mas faz as coisas piorarem. Deming enfatizou que a maior parte das causas de baixa qualidade e baixa produtividade era inerente ao sistema e, portanto, está além do poder do trabalhador individual. Prazos e *slogans* não fazem nada para resolver problemas sistêmicos. O que era necessário em vez disso, insistia Deming, era liderança em mudar a forma de funcionamento do sistema.

3. **Teoria do conhecimento.** Um físico por natureza, Deming adotou o método científico para desenvolver uma compreensão do sistema baseado em dados e para tomar decisões. Os passos do método científico – crie conjecturas, experimente, aprenda, incorpore o aprendizado – nos dão o conhecido Ciclo de Deming[4] – planeje, faça, verifique, aja (PDCA, do inglês *Plan, Do, Check, Act*). Uma versão desse ciclo é encontrada em praticamente todos os programas de melhoramento de qualidade e processo. Para saber mais sobre isso, veja o Capítulo 7.

4. **Psicologia.** Deming advertiu os gerentes que números não contam a história toda e, quando se trata de pessoas, as coisas que fazem a diferença são perícia, orgulho, competência, confiança e cooperação.

Deming resumiu sua perspectiva multidimensional de qualidade em 14 pontos para gerenciamento (veja o quadro).

---

[4] Deming chamou-o de Ciclo de Shewhart, uma vez que foi originalmente ensinado por Walter Shewhart, o qual desenvolveu o controle de processo estatístico na Bell Laboratoires nos Estados Unidos durante os anos 1930.

14 Pontos de Deming[5]

1. Preveja as necessidades de sua empresa a longo prazo; não se concentre em rentabilidade a curto prazo. A meta é ficar no negócio e criar empregos.
2. O mundo mudou, e gerentes precisam adotar uma nova forma de pensar. Atrasos, enganos, defeitos de fabricação e serviço de má qualidade não são mais aceitáveis.
3. Deixe de depender de inspeções para encontrar defeitos e comece a construir qualidade nos produtos enquanto são construídos. Use controle de processo estatístico.
4. Não escolha fornecedores apenas com base na oferta mais baixa. Minimize o custo total estabelecendo relacionamentos de longo prazo com fornecedores que se baseiem na lealdade e na confiança.
5. Trabalhe continuamente para melhorar o sistema de produção e serviço. Melhoria não é um esforço aplicado de uma só vez; cada atividade no sistema deve ser continuamente melhorada para reduzir o desperdício e melhorar a qualidade.
6. Institua treinamento. Gerentes deveriam saber como fazer o trabalho que supervisionam e serem capazes de treinar trabalhadores. Gerentes também precisam de treinamento para entender o sistema de produção.
7. Institua liderança. O trabalho de gerentes é ajudar pessoas a fazer um trabalho melhor e remover barreiras no sistema que os impedem de fazer seu trabalho com orgulho. O maior desperdício nos Estados Unidos é a incapacidade de usar as habilidades das pessoas.
8. Afaste o medo. As pessoas precisam se sentir seguras para fazerem bem seu trabalho. Nunca deve haver um conflito entre fazer o que é melhor para a empresa e cumprir as expectativas do trabalho imediato de uma pessoa.
9. Derrube as barreiras entre departamentos. Crie equipes multifuncionais para que todos possam compreender a perspectiva uns dos outros. Não sabote a cooperação de equipe recompensando desempenho individual.
10. Pare de usar *slogans*, exortação e metas. É o sistema, não os trabalhadores, que cria defeitos e baixa produtividade. Exortações não mudam o sistema; essa é responsabilidade do gerente.
11. Elimine cotas numéricas para os trabalhadores e objetivos numéricos para pessoas na gerência. (Acrescentamos: elimine prazos arbitrários para equipes de desenvolvimento.) Isso é gerenciamento por medo. Tente liderança.
12. Elimine barreiras que roubam das pessoas o seu direito ao orgulho pelo trabalho realizado. Pare de tratar trabalhadores horistas como uma mercadoria. Elimine taxas de desempenho anual de trabalhadores assalariados.
13. Encoraje a educação e o autoaprimoramento para todos. Uma força de trabalho e uma gerência educadas são a chave para o futuro.
14. Tome as medidas para realizar a transformação. Uma ótima equipe de gerência deve conduzir o esforço com ação, não apenas com apoio.

— W. Edwards Deming

---

[5] Fiel a sua filosofia de melhoria contínua, Deming continuamente modificou a formulação de seus 14 pontos. Essa lista é nosso sumário dos 14 pontos e sua discussão, encontrados no Capítulo 2 de *Out of the Crisis*, por W. Edwards Deming, MIT Press, 2000; originalmente publicado em 1982.

Allan Mulally criou um sistema de gerência para o 777 diretamente a partir trabalho de Deming em um momento que muitas empresas em todo os Estados Unidos estavam descobrindo o poder das ideias de Deming. As equipes de projeto/construção, as reuniões semanais de equipes para expor, discutir, diagnosticar e eliminar problemas foram o cerne da criação de orgulho pelo trabalho realizado por todos que trabalhavam na aeronave. Embora o prazo tenha aparecido, nunca foi permitido a ele se intrometer na maneira de fazer a coisa certa.

Deming disse que o propósito real de uma empresa não era fazer dinheiro; era criar clientes que estavam tão contentes que continuariam a comprar produtos. Mulally certificou-se de que a equipe de desenvolvimento do 777 não estava focada em atingir prazos ao menor custo possível; em vez disso, tratava-se de desenvolver uma aeronave que seria eficiente de produzir, com bom custo/benefício para linhas aéreas operarem, fácil para pilotos voarem, de simples manutenção e confortável para as pessoas que voariam nela.

Deming enfatizou que fornecedores deveriam ser escolhidos com base em suas habilidades de trabalhar em estreita colaboração com o produtor para minimizar os custos totais do sistema. A Boeing não apenas seguiu esse princípio; ela foi um passo adiante e maximizou o valor do sistema durante um longo período de tempo. Por exemplo, a Boeing sentia que as partes para o avião precisavam vir de todo o mundo, se esperassem vender a aeronave para todo o mundo. Assim, por exemplo, 20% do 777 seria fabricado no Japão, um dos maiores compradores de grandes jatos Boeing.

A inovação no pensamento de gestão que Deming trouxe para o mundo é essa: quando as coisas dão errado, a causa é quase sempre inerente ao sistema e, portanto, é um problema de gestão. Gerentes que empurram duramente as pessoas para cumprirem prazos e reduzirem defeitos estão ignorando o problema do sistema e, geralmente, tornarão as coisas piores. Em vez disso, líderes devem prever e instituir mudanças fundamentais que tratem as causas sistemáticas de problemas correntes.

Por que bons programas fracassam

Já vimos muitas iniciativas empresariais ao longo dos anos, dos programas de qualidade gerados por Deming (e outros) aos programas *lean* no começo dos anos 90 e os programas Seis Sigma que se seguiram. Percebemos que *lean* está atualmente fazendo um retorno. Observamos CMM e ISO 9000 conforme seus focos mudaram da melhoria de qualidade para a certificação. Essas iniciativas começaram com as melhores intenções e fizeram uma diferença. Porém, depois de um tempo, suas implementações tenderam a perder seu poder original e se tornarem burocráticas. Cada uma dessas iniciativas gerou grandes e sustentáveis melhorias em algumas empresas e gerou decepcionantes resultados medíocres em muitas outras. Então, por que isso?

Gary Hamel sugere que as maiores melhorias em empresas vieram de uma inovação de gestão – uma notável renúncia dos princípios, processos, práticas e formas organizacionais tradicionais de gerência – que confere uma vantagem competitiva para a empresa inovadora.[6] Quando uma inovação de gestão cria uma vantagem competitiva, ela é grande e muito difícil de copiar, pois inovações gerenciais são notáveis renúncias às normas aceitas.

Contudo, isso não impede que empresas tentem copiar as melhores práticas de um competidor e tentem imitar sua percepção de inovação de gestão. Quase sem exceção, o princípio fundamental de inovação é negligenciado pela empresa que imita, porque, como Gary Hamel diz, "Ortodoxias de gestão estão frequentemente tão arraigadas no pensamento executivo que elas são quase invisíveis e são realizadas com tamanha devoção que são praticamente inexpugnáveis. Quanto mais não convencional é o princípio que constitui uma inovação de gestão, mais tempo os competidores levarão para responderem. Em alguns casos, o coçar de cabeças pode continuar por décadas".

Em outras palavras, o ponto central de uma inovação de gestão é invisível à maioria das equipes de gestão que tentam copiar a inovação. Por exemplo, muitas empresas tentaram copiar as práticas *lean*, mas frequentemente deixam escapar o ponto central. Como Hamel observou, a inovação real da Toyota é sua habilidade de aproveitar o intelecto de funcionários "comuns". Iniciativas *lean* bem-sucedidas devem ser baseadas acima de tudo em um profundo respeito por cada pessoa na empresa, em especial aquelas pessoas "comuns" que fazem o produto ou digitam o código.

Você acha que queremos roubar seus cabides?[7]

Quando Deming foi paciente no Hospital Sibley no começo dos anos 90, ele chamou o chefe de operações de escritório, Jerry Price, em seu quarto e disse, "Você não confia em seus pacientes, não é?". Price ficou perplexo.

"Olhe no armário", Deming rugiu. Ele gritava um pouco, particularmente com os gerentes. Price olhou o armário, que continha cabides usados em hotéis caros; os cabides que têm pequenas bolas que devem ser fixadas em pequenos buracos.

"Você gostaria de ter 92 anos, estar doente e nem mesmo poder pendurar suas roupas?", Deming perguntou. "Você acha que seus pacientes querem roubar seus cabides?"

Deming enviou ao hospital um cheque de $25.000 com instruções para comprarem novos cabides para todos os quartos.

Price obedeceu, comprou uma quantidade razoável deles e tinham a assinatura de Deming. Hoje, distinções da qualidade no Sibley são os resistentes cabides de madeira com ganchos e a assinatura de Deming emoldurados em um quadro.

— Clare Crawford-Mason
Produtora do relatório NBC de 1980 "Se o Japão pode... por que nós não podemos?"

Considere o tipo de mensagem que suas políticas e práticas enviam para as pessoas "comuns" em sua empresa e para seus fornecedores. Você confia em seus funcionários ou tranca as salas de estoque? Você diz que qualidade é importante, mas só tem olhos para os prazos? Você pede para que as pessoas trabalhem em

---

[6] "*Management Innovation*", por Gary Hamel, *Harvard Business Review*, February, 2006, p. 74.
[7] Especial para *The Washington Post*, por Clare Crawford-Mason, terça-feira, 23 de abril de 2002, p. HE01, usado com permissão.

equipes, mas então classifica umas contra as outras ou estabelece bônus de desempenho individual? Você fala de confiança com fornecedores, mas insiste em fixar contratos de preço fixo? Se você faz essas coisas, está perdendo o ponto central do pensamento *lean*: respeito pelas pessoas.

Equipes

Nossos filhos foram nadadores competitivos quando estavam no colégio. Por quase uma década, o nome de um deles estava no quadro de recordes na piscina de natação do colégio até que finalmente alguém nadou o nado de costas mais rápido e o substituiu. Gostávamos de natação como um esporte porque nosso filho e nossa filha, com três anos de diferença na idade, foram do mesmo clube de natação. Eles praticaram juntos, foram a reuniões juntos e desenvolveram uma linguagem e um respeito mútuos. O esporte exige disciplina e os ajudou a desenvolver bons hábitos. Porém, a natação não os ensinou realmente muito sobre trabalho em equipe.

A diferença entre esportes individuais e de equipe é bastante clara. Em esportes individuais, os participantes ganham ou perdem baseados em suas habilidades individuais. Em esportes de equipe, o time inteiro ganha ou perde baseado na capacidade que os membros da equipe têm de trabalharem juntos. Quando nosso filho estava no colégio, ele era o timoneiro de uma equipe de remo. Ele sentava no final de um longo e estreito barco sincronizando os esforços de oito vigorosos remadores conforme aceleravam na água. O remo é claramente um esporte de equipe.

Poderíamos chamar o mergulho e a ginástica de esportes de equipe, pois pontos individuais são somados para uma pontuação de equipe. Ainda assim, não é o mesmo que basquete ou futebol, em que os membros da equipe têm que sincronizar seus esforços a fim de fazerem algo. Deveríamos manter a mesma distinção em mente para equipes de trabalho. Pessoas que trabalham lado a lado não são necessariamente uma equipe, mesmo quando somam seus esforços individuais em um resultado coletivo. Um grupo de trabalho torna-se um time quando os membros mantêm-se mutuamente responsáveis para produzir um "produto de trabalho coletivo".[8]

Não há nada de errado com esportes individuais; eles são simplesmente diferentes dos esportes de equipe. E não há nada de errado com grupos de trabalho, mas eles são diferentes de equipes. Colocar um grupo de pessoas juntas e chamá-las de equipe não faz delas uma equipe. Aquilo que transforma um grupo em uma equipe é o compromisso dos membros de disponibilizarem suas várias habilidades e trabalharem juntos para um propósito comum.

O que faz uma equipe?

O que fazia nosso filho levantar cedo todas as manhãs para descer de bicicleta a colina íngreme de Ithaca até a casa de barcos da Universidade Cornell? Afinal de

---

[8] Veja *The Wisdom of Teams*, de Jon R. Katzenbach and Douglas K. Smith, Harvard Business School Press, 1992.

contas, a volta de bicicleta colina acima era um castigo. Contudo, o time tinha corridas para vencer, e para vencer as corridas tinham que trabalhar duro todos os dias para aprenderem a sincronizar seus esforços para que pudessem alinhar mais rápido e mais inteligentemente que times de outras escolas. Se alguém não aparecesse ou não despendesse seu melhor esforço, a equipe não faria o progresso que precisava a fim de ganhar as corridas.

Criar bons softwares é muito mais parecido com remo do que com natação. O desenvolvimento de software envolve solução constante de problemas; as pessoas tomam decisões complexas muitas vezes por dia, muitas vezes com implicações que estão muito além de seu trabalho. Disponibilizar habilidade e conhecimento de muitas perspectivas diferentes é fundamental para resultados excelentes.

Equipes precisam de um desafio, um objetivo comum e um comprometimento mútuo de trabalhar em conjunto para alcançar o objetivo. Membros da equipe dependem uns dos outros e ajudam uns aos outros. Uma organização sábia concentrará sua atenção, treinamento e recursos em criar um ambiente onde as equipes são desafiadas por seus trabalhos e os membros estão comprometidos com seus colegas de equipe para fazer o melhor trabalho que puderem.

Um grupo ou uma equipe?

1. *Na reunião matinal, todos relataram o que tinham feito no dia anterior. Depois de cada relato, o gerente de projetos disse "Ótimo, Joe, hoje eu gostaria que você...". Todos saem com suas atribuições para aquele dia.*

    Esse é um grupo. Ao atribuir trabalho, o gerente de projetos assumiu a responsabilidade de certificar-se de que tudo é feito. Os membros da equipe não têm comprometimento mútuo para atingir o objetivo do projeto.

2. *Na reunião matinal, todos relataram o que tinham feito no dia anterior, o que esperavam fazer naquele dia e onde precisariam de ajuda. Sanjiv lembra a todos que uma funcionalidade complicada ainda estava pendente, dizendo, "Se alguém não pegar isso, receio que não será feito a tempo. Eu faria isso", continua Sanjiv, "mas eu realmente preciso resolver esse outro problema primeiro."*

    Em resposta, Mike diz, "Isso é provavelmente mais importante do que meu trabalho atual, mas não é uma área na qual eu seja bom".

    Sanjiv se oferece para passar algumas horas com Mike para ajudá-lo a começar.

    Em seguida, a ScrumMaster* nota que o time está brigando com uma nova interface para o firmware*. Ela pergunta se poderia ajudar caso juntasse alguém da equipe de* firmware *para se encontrar com algumas pessoas naquela tarde. Três desenvolvedores agarraram esta oportunidade.*

    Essa é uma equipe. A reunião está concentrada em descobrir como alcançar a meta que eles aceitaram atingir juntos. A ScrumMaster se concentra em ajudar naquilo que a equipe precisar de assistência.

---

* N. de R.T.: *Scrum Master* é a pessoa responsável pelo processo do Scrum (metodologia ágil de desenvolvimento de software) que garante sua aplicação correta e busca a maximização de seus benefícios.

Mas não é tão fácil...

1. *Tentei a abordagem de equipe, mas não consegui que ela levasse os objetivos da iteração a sério. Eles batiam o ponto e iam pra casa no final do dia. No final de uma iteração, o trabalho que a equipe supostamente enviou não estava pronto e ninguém se importava realmente.*

    Você obtém o que espera e o que inspeciona. Os supervisores imediatos dos membros da equipe esperam que os membros se comprometam com os objetivos da equipe e cumpram com esses compromissos? Qual é sua reação quando os compromissos não são alcançados? Na hora da avaliação, o que será recompensado – realizações individuais ou contribuições para a equipe que ajudam a atingir seus objetivos? Quando a expectativa e o sistema de medida de uma organização promovem individualismo sobre trabalho em equipe, é quase impossível sustentar trabalho em equipe saudável ao longo do tempo.

2. *Temos um sistema de computador que atribui projetos a equipes. Você trabalha com uma equipe por alguns meses, depois com outra, e outra. É realmente difícil que pessoas se comprometam com um objetivo comum.*

    Na realidade, você não terá equipes em um ambiente que fica rearranjando as pessoas; você terá grupos continuamente reformados. Um grupo ocasional pode se tornar uma equipe, mas depois eles se separam e raramente levam o espírito de equipe para o próximo grupo.

3. *Em minha organização, temos um sistema de classificação. Todos precisam entregar para seu supervisor toda a munição possível para obter a mais alta classificação. Ajudar outras pessoas de fora da equipe não aparece no sistema de* ranking*, e, pior, o outro garoto recebe os créditos por minhas boas ideias.*

    Enquanto você tiver um sistema de *ranking* ou um sistema de bônus individual, pode esquecer a história de equipes. Faça o melhor que puder com grupos de trabalho.

4. *As pessoas gostariam de se comprometer com objetivos da equipe, mas elas estão trabalhando em cinco equipes por vez. Elas nunca sabem quando uma emergência vai aparecer em outra equipe e, depois de um tempo, elas ficam exaustas.*

    Temos certeza que nosso filho nunca teria sido um nadador de primeira linha no colégio ou um timoneiro de ponta na universidade se tivesse que competir em mais de um esporte por vez. Ele tinha duas prioridades – melhores notas em primeiro, melhor atleta em segundo. A questão é o número máximo de comprometimentos que qualquer um pode honestamente assumir de uma só vez. As pessoas podem ser membros de cinco grupos de uma vez, mas apenas de uma – ou talvez duas – equipes.

Especialização

Um barco a remo é estreito, rápido, faz curvas lentamente e vira com facilidade. Uma equipe de remo tem que se concentrar muito no trabalho conjunto apenas para manterem-se secos. Competir na água envolve corrente, vento, adversidade e estratégia. Força consistentemente sincronizada é essencial para manter o movimento do barco suave e para conservar energia para a arrancada final. Para ganhar as corridas, os remadores devem antes de tudo ser excelentes atletas e, em segundo lugar, precisam se concentrar no sincronismo de seus esforços com seus colegas de equipe toda a vez que treinam. São necessários muitos treinos para que fortes atletas transformem-se em excelentes remadores.

A Toyota acredita que a excelência consistente no desenvolvimento de produtos começa com "competência técnica superior em todos os engenheiros".[9] E a empresa não acha que tal competência é aprendida na faculdade; ela é desenvolvida com o tempo – durante muitos anos – com experiência e tutoria. A Toyota começa enviando novos engenheiros para fábricas de automóveis para fazer carros. Então, eles trabalham em concessionárias por alguns meses, vendendo carros e falando com clientes. Depois de cerca de meio ano, os novos engenheiros são designados a um departamento para trabalhar sob a orientação de um engenheiro sênior. A primeira coisa que eles fazem é um "projeto de calouro" – um projeto de melhoria que oferece um desafio e ensina o engenheiro a abordagem Toyota de melhoria contínua. No final de um ano ou algo assim, os novos engenheiros começam um rigoroso programa de treinamento-no-trabalho de dois anos no qual adquirem um conjunto padrão de habilidades. Apenas então eles sobem ao nível de entrada para engenheiro e começam a ser sérios contribuintes da equipe. Depois desse período inicial, um engenheiro pode esperar passar cinco ou seis anos dentro da mesma especialidade antes de ser considerado um engenheiro de primeira classe.

A curva do sino

1. *Temos centenas de desenvolvedores. Quando você tem tantas pessoas, suas especializações caem ao longo da curva do sino – alguns são excelentes, alguns são médios, alguns estão abaixo da média.*

    Acreditamos que, quando uma organização decide fazê-lo, pode-se consistentemente transformar "pessoas comuns" em contribuintes excelentes. O ponto de partida é torná-lo a mais alta prioridade de todos os gerentes para desenvolver as capacidades das pessoas de quem são responsáveis. Na Toyota, "desenvolver as pessoas é fundamental para o trabalho do gerente. Todos os gerentes veem o desempenho de suas equipes como um reflexo direto de suas próprias habilidades. É algo pessoal".[10]

Produtos de software excelentes começam com especialistas técnicos altamente competentes em muitas áreas – arquitetura, tecnologias orientadas a objetos, estratégias de codificação, estruturas de dados, automação de testes. Essa não é uma função da metodologia usada para desenvolvimento; por trás de cada produto excelente, não importa como seja desenvolvido, você encontrará excelentes pessoas técnicas. Em desenvolvimento *lean*, reconhecemos esse fato e valorizamos políticas organizacionais em contratar e desenvolver tais especialistas.

Uma equipe de desenvolvimento deveria ter dentre seus membros as competências necessárias para atingir seus objetivos. Membros da equipe deveriam comprometer-se mutuamente com objetivos específicos da equipe e alcançar, confiantemen-

---

[9] James Morgan and Jeffrey Liker, *The Toyota Product Development System: Integrating People, Process, and Technology*, Productivity Press, 2006. Veja o Capítulo 9.
[10] James Morgan and Jeffrey Liker, *The Toyota Product Development System: Integrating People, Process, and Technology*, Productivity Press, 2006, p. 169.

te, essas metas pelo trabalho conjunto, compartilhando sua especialidade e ajudando uns aos outros sempre que necessário. É mais fácil ajudar uns aos outros quando há pessoas com múltiplas habilidades na equipe. Conforme o desenvolvimento avança, pode haver mais necessidade para testar e menos para desenvolver, ou mais necessidade para codificar a interface com o usuário em vez de trabalho com banco de dados. Os desenvolvedores podem ajudar os testadores, os projetistas de interfaces com o usuário podem testar interações com o usuário, os membros juniores podem formar duplas com membros mais experientes da equipe para ajudar e para aprender novas habilidades. Cada pessoa na equipe é antes de tudo um membro da equipe e depois um especialista em alguma disciplina em particular. Ninguém na equipe ganha crédito por terminar até que todo o trabalho que a equipe se comprometeu a fazer seja terminado, embora todos se fixem naquilo que são capazes.

Especialistas

1. Nossa equipe sempre se amarra porque todos os redatores técnicos estão trabalhando em muitos projetos de uma vez. A documentação do usuário é uma parte crítica de nosso produto, mas os redatores técnicos não podem permanecer com a equipe, devido a seus outros trabalhos.

    Os redatores técnicos, bem como pessoas com outras especialidades críticas, precisam ser parte da equipe desde o começo. É quase impossível para uma pessoa realmente contribuir com mais que duas equipes ao mesmo tempo, e uma equipe é muito melhor. No entanto, poderia não haver trabalho suficiente para um redator técnico fazer em todas as etapas de um projeto de desenvolvimento.

    Há muitas soluções – a que você escolhe dependerá de sua situação. Uma abordagem poderia ser ampliar o papel dos redatores técnicos e os ter envolvidos no projeto do produto. Talvez eles possam ajudar com projetos de interação com o usuário ou escrever histórias de usuário ou casos de uso, uma vez que os redatores técnicos têm que ter um bom entendimento do jeito que os usuários pensam. Redatores técnicos poderiam também ajudar nos testes ou poderiam escrever qualquer documentação técnica necessária, assim como a documentação do usuário.

    Uma segunda abordagem poderia ser repensar a forma com que a redação técnica é feita. Novos métodos como a Darwin Information Typing Architecture (DITA), que é essencialmente uma técnica para criar documentação incrementalmente e torná-la mais reutilizável, podem permitir a redatores técnicos distribuir seu trabalho de forma mais uniforme ao longo do ciclo de desenvolvimento.[11]

    Ou talvez alguém mais pudesse ter a primeira oportunidade na documentação de usuário como um assistente de redator técnico. Por exemplo, pessoas da equipe de suporte técnico sabem exatamente como usuários brigam com o sistema e sua documentação, por isso, dão grandes membros de equipe que têm uma boa ideia de que tipo de documentação os usuários precisam.

2. *Temos casulos em nossa empresa. Por exemplo, os designers gráficos têm muito mais apreço por projetar uma grande tela que por fazê-la funcionar com o resto do sistema. O pessoal de segurança tem seu próprio casulo e são paranoicos sobre qualquer código que escrevamos.*

---

[11] A organização de padrões OASIS aprovou a DITA em junho de 2005. A DITA é um padrão baseado em XML e é um conjunto de princípios de *design* para criar módulos de "informação tipada" em nível de tópico. Ela visa entregar conteúdo de um único repositório diretamente ao ponto de uso.

> Casulos são uma indicação muito boa de que há medições e recompensas em um nível funcional que encorajam otimização funcional em detrimento do sistema global. Isso é mais comum em grandes organizações onde é difícil ver como otimizar o todo, de modo que a otimização funcional a substitua. Uma solução possível é usar um mapa de fluxo de valor para demonstrar como medidas funcionais estão em desacordo com o bem global do fluxo de valor. Substituir o tempo de ciclo do fluxo de valor por uma medida funcional pode contribuir muito para promover cooperação entre funções.
>
> 3. *Estamos tendo um problema para trazer pessoas júnior até nossa velocidade de trabalho. Temos equipes de pessoas sênior trabalhando em projetos mais críticos, enquanto as pessoas júnior trabalham em outras áreas.*
>
>   As equipes deveriam ter uma mistura de habilidades. Em equipes totalmente formadas por pessoas sênior falta alguém para fazer o trabalho "duro", não tem ninguém para trazer uma perspectiva nova e as pessoas experientes não estão passando suas habilidades para o resto da empresa. Equipes com todos os membros júnior tem que reinventar muitas rodas, não tem o senso de padrões que funcionam nos negócios e geralmente lhes falta uma visão de alto nível do problema. Misture níveis de habilidade assim como conjuntos de habilidades.

Liderança

Durante uma corrida, uma equipe de oito remadores precisa de um timoneiro para concentrar-se na hidrodinâmica, aerodinâmica e na estratégia da corrida. O timoneiro deveria ser esperto, confiante, pensar rápido e pesar o mínimo possível. O timoneiro é o líder "a bordo" de uma equipe de remo, mantendo os remadores focados em aplicar força coerente e sincronizada, de forma que o barco deslize suavemente pela água. Durante uma corrida, o trabalho do timoneiro é perceber o clima, o curso e a competição para tomar decisões rápidas, guiar o barco e manter o esforço dos remadores ritmado, para que tenham uma boa posição e reservem o suficiente para arrancada final para vencer os outros barcos ao cruzar a linha.

Uma grande equipe sem liderança é como uma equipe de remo sem um timoneiro. A equipe talvez possa ir rápido para as direções certas, mas é improvável que aplique força sincronizada e faça correções sutis para seguir o curso que cria um produto vencedor. A Toyota opera a partir do princípio básico que trabalho em equipe é essencial, mas sempre alguém precisa ser responsável.[12] Concordamos. Com grande frequência vemos que "O trabalho de todos é o trabalho de ninguém". No Capítulo 3, discutimos a importância de um campeão que traz a uma equipe de desenvolvimento uma profunda compreensão do que o mercado precisa e da tecnologia que pode atender a essa necessidade de uma forma única. A questão que levantamos agora é esta: uma equipe de desenvolvimento também precisa de um líder de processo? Quantos líderes uma equipe realmente precisa e quais são os papéis adequados?

Não cometa o engano de pensar que liderança de processo é uma substituta para liderança técnica e de produto. Não é. O papel do campeão permanece essencial; deveria haver uma ou duas pessoas que entendessem profundamente o cliente

---

[12] Jeffrey Liker e James Morgan, ibid, p. 103.

e entendessem profundamente a tecnologia. Se há duas pessoas, elas deveriam falar com uma voz e ter responsabilidade conjunta pelo sucesso do produto. Quando uma organização coloca um novo processo no lugar, um líder de processo pode ser uma boa ideia. Contudo, o papel de liderança de processo deve sincronizar-se bem com o papel do campeão por meio de uma estreita cooperação ou adicionando a liderança do processo ao papel do campeão. Se já existem duas pessoas no papel de campeão, três pode ser demais. Se há um campeão, ela ou ele pode receber a assistência de um líder de processo.

Líderes

1. *Temos ScrumMasters, mas seu trabalho é gerenciar o processo. Não se espera que eles tomem decisões do produto ou da tecnologia.*

    Questionamos por que um ScrumMaster deveria ser limitado ao processo de liderança, uma vez que a liderança técnica e do produto é tão vital para o sucesso de qualquer grande esforço de desenvolvimento. Se não se espera que o ScrumMaster forneça essa liderança, então busque por ela em outro lugar. Uma vez que uma equipe tenha se tornado uma equipe ágil de alto desempenho, a liderança de processo retorna à gestão funcional e àqueles que fornecem liderança técnica e de produto.

2. *Temos Scrum Product Owners,* mas eles não estão envolvidos e não entendem realmente a tecnologia.*

    O campeão ou gerente de produto é um membro completo da equipe, profundamente envolvido em decisões de custo/benefício do dia a dia da equipe, equilibrando seus instintos de cliente com o custo/benefício da tecnologia. Sem essa interação em um nível profundo, você terá um produto medíocre. Uma equipe não pode abdicar do entendimento do cliente por alguém que não esteja engajado com a equipe e mutuamente comprometido a atingir esse propósito.

3. *Então, onde se encaixa o gerente de projetos?*

    Se você examinar os papéis de gerentes de projetos muito bem-sucedidos, verá que eles provêm a mesma liderança técnica e de produto que está presente em todos os produtos muito bem-sucedidos. A liderança de Alan Mulally do Boeing 777 tem sido considerada uma gerência de projetos no que tem de melhor. Ele era o arquiteto-chefe da aeronave, de equipes de projeto/construção inovadores e da ênfase implacável de encantar os clientes.

    Por outro lado, um gerente de projetos que atualiza diagramas de Gantt e diz às pessoas o que fazer, provavelmente agrega pouco valor à equipe.

Planejamento e controle baseados em responsabilidade

Equipes de remo têm treinadores. O treinador geralmente está em um barco a motor com um megafone, organizando treinos e criticando desempenho. Contudo, uma vez que o barco saia para uma corrida, a equipe de remo está por conta pró-

---

* N. de R. T.: *Scrum Product Owners*: o papel dos "donos do produto" em Scrum é priorizar o que será desenvolvido e alterar os requisitos entre os ciclos de desenvolvimento.

pria. Tudo que o treinador pode fazer é observar. Planejamento e controle baseados em responsabilidade operam no mesmo princípio: há um momento de parar de dizer aos especialistas bem treinados o que fazer e esperar que eles descubram por conta própria.

O modo como isso funciona na Toyota é notável. O processo de desenvolvimento do produto tem eventos de sincronismo específicos tais como esquemas do veículo, modelos em argila, planos de desenho de estrutura, protótipos e assim por diante. As datas para cada evento são agendadas pelo engenheiro-chefe. Cada engenheiro e fornecedor sabe que aquelas datas não serão – jamais – mudadas. Eles sabem exatamente o que é esperado deles em cada evento sincronizado e estarão – sempre – preparados com sua contribuição para a data. Não há desculpas. Espera-se dos engenheiros que obtenham o necessário para estarem prontos a tempo. Assim, a informação é "puxada" pelos engenheiros conforme precisam dela, em vez de se difundir por longas listas de distribuição. Na Toyota, as tarefas de engenharia necessária para cada evento de sincronização são bem conhecidas e padronizadas. Contudo, elas não são rastreadas. O planejamento é gerenciado por meio do imperativo fundamental que planejamentos nunca são perdidos. O restante é responsabilidade dos engenheiros.

Isso pode parecer uma abordagem de desenvolvimento impossível, ainda que você possa encontrar exemplos da mesma abordagem sendo aplicadas de forma bem-sucedida em todas as principais cidades do mundo. Qualquer cidade com um jornal diário tem um grupo de pessoas habilidosas que desenvolve um novo produto todos os dias. Eles nunca perdem um prazo, mesmo quando as novidades estão mudando até o ponto de corte (hora da impressão), mesmo quando o sistema cai e, com exceções surpreendentes, mesmo ao lidar com desastres locais. Portanto, se você gostaria de ver um processo de desenvolvimento que nunca perde um prazo, vá avaliar seu jornal local.

Uma consideração importante a ter em mente quando o planejamento torna-se um comprometimento é que *as pessoas devem sempre ter tempo para fazer o trabalho* que se comprometeram a completar, e, ao mesmo tempo, os detalhes do trabalho sempre mudarão. Como discutimos no Capítulo 5, se você espera que equipes cumpram prazos agressivos, *deve limitar o trabalho à capacidade*.

Há mais de uma forma de conseguir isso. A Toyota tem uma boa noção de quanto esforço será necessário em qualquer ciclo de desenvolvimento e organiza ciclos de desenvolvimento modelo para que a demanda em cada função seja mais ou menos nivelada. Além disso, a Toyota não faz tentativas de programar nos mínimos detalhes, mas espera que cada função ou fornecedor auxilie seus membros de equipe com ajuda sempre que é necessário.

A PatientKeeper estima funcionalidades e tarefas em um nível de granulação fina e ajusta de forma dinâmica essa estimativa diariamente. A nova estimativa dá à PatientKeeper um alerta imediato quando o trabalho excede sua capacidade, e a quantidade de trabalho é rapidamente ajustada para garantir que não haja mais trabalho planejado em uma iteração do que possa ser completado no prazo.

Organizações de manutenção mantêm uma folga trabalhando em requisições de rotina que podem ser colocadas de lado, o que fornece a capacidade de saltar para emergências quando elas surgem. Por mais que você faça isso, lembre-se que é impossível implementar planejamento e controle baseados em responsabilidade a menos que entenda a capacidade de cada equipe e limite o trabalho esperado de uma equipe à sua capacidade.

Cronogramas

1. *Não deveríamos estipular prazos para as tarefas?*

    A maior parte do planejamento de tarefas é determinística – eles não têm qualquer flexibilidade para variação. Se você usa um planejamento determinista com coisas inerentemente variáveis, como datas de conclusão de tarefas, as datas de conclusão de tarefas reais *sempre* estarão em desacordo com o cronograma. Tentar restringir à força a variação das datas de conclusão de tarefas é a abordagem exatamente errada, como Deming nos ensinou, pois ela é inerente ao sistema.

    Você tem que mudar o sistema, e tem três opções:

    a. Pode adicionar probabilidades ao cronograma com simulações de Monte Carlo. Contudo, isso funciona melhor em relação às funcionalidades.

    b. Pode usar um *buffer* de projeto com o cronograma como aconselhado pela Cadeia Crítica. (Veja o Capítulo 10.)

    c. Pode simplificar sua vida não programando qualquer tarefa; use cronograma e controle baseados em responsabilidade em vez disso.

2. *Não precisamos de uma WBS?*

    Um projeto de sistema é essencial – os principais subsistemas e interfaces devem ser estabelecidos. Porém, isso é uma estrutura de divisão de funcionalidades, e não uma WBS*. Em vez de tarefas, decida quais e quando as capacidades de trabalho específicas deveriam ser demonstradas. Atribua isso às equipes, garantindo que as equipes tenham a perícia e a capacidade para a entrega e deixe as equipes gerenciarem seu próprio trabalho. Espere que eles entreguem a tempo.

3. *E as dependências?*

    Antes de tudo, não assuma que todas as dependências são reais. Quebre-as sempre que possível. O trabalho de gerenciar dependências deveria recair sobre o projeto do sistema, e não sobre o cronograma.

    Em um nível mais alto, as dependências são tratadas pelo desenvolvimento de grandes subsistemas em sequência lógica. Em um nível detalhado, as dependências entre subsistemas deveriam ser tratadas por meio de uma planilha de informações compartilhada entre as equipes juntamente com eventos regulares de sincronização. Seria esperado que indivíduos e equipes fizessem tarefas dependentes para que assim pudessem alcançar seus objetivos. Comunicação simples e eficaz apoiada por um projeto de sistemas perspicaz e uma abordagem de desenvolvimento baseada em opções (veja Projeto Baseado em Alternativas no Capítulo 7) são as melhores ferramentas para lidar com dependências.

---

* N. de R. T.: Sigla de *work breakdown structure*.

O visual do espaço de trabalho

Aeroportos são lugares maravilhosos, especialmente aeroportos concentradores*. Você pode pousar em um avião e partir em outro algumas horas depois sem ter que falar com ninguém, ou registrar-se em um computador ou fazer uma ligação. É seu trabalho ir de sua aeronave de chegada até sua aeronave de partida a tempo sem qualquer ajuda de pessoas, tecnologia ou dispositivos de comunicação. Em vez de ter alguém ou alguma coisa dizendo como fazer seu trabalho, o aeroporto facilita para você – e para todas as outras pessoas circulando no aeroporto – descobrir sozinho.

Primeiro você olha seu bilhete para ver qual voo deve pegar. Seu bilhete diz os detalhes: a companhia aérea, o número do voo e o horário originalmente planejado de partida de seu próximo voo. (Em produção, chamaríamos esse bilhete de *kanban*, uma carta com as instruções para seu próximo trabalho.) Seu trabalho é embarcar nesse voo antes que ele parta. Agora sua questão se torna: de onde esse voo está saindo e como eu chego lá a tempo? Para responder essa questão, você encontra um grande painel para auxiliá-lo. Você olha o painel para descobrir de que setor e portão o voo sairá e para quando a partida está de fato planejada. Nos maiores aeroportos, haverá normalmente outro painel para dizer quantos minutos você leva para caminhar até aquele setor ou portão para auxiliá-lo a decidir se precisa correr ou acenar para um carro elétrico.** Em seguida, você segue sinalizações facilmente visíveis até o seu setor e desce ao saguão onde os portões são numerados em ordem, até encontrar o portão do qual seu avião supostamente está saindo. Finalmente, você verifica o painel no portão para ter certeza que o avião que está saindo desse portão é realmente aquele que seu bilhete diz que deveria tomar.

Aeroportos usam bilhetes, painéis e sinalizações visíveis com bastante eficácia. Porém, uma coisa que está faltando na maioria dos aeroportos é um *dashboard*: algo que dê a todo mundo uma ideia geral de como o aeroporto está operando. Ele não faz falta quando as coisas estão indo bem, mas faz falta quando algo dá errado.

Uma rota alternativa para casa

Certa manhã, alguns anos atrás, cheguei ao aeroporto Santa Ana apenas para descobrir que um avião havia derrapado no final da pista alguns minutos antes. Ninguém havia se machucado, não houve danos, realmente, mas aterrissagens e decolagens estavam temporariamente suspensas. Agora meu trabalho tinha se modificado de pegar meu avião para encontrar um caminho para casa antes da meia-noite. A primeira questão a responder era quando meu voo iria decolar, afinal? Diferente da maioria dos aeroportos, o Santa Ana tem um *dashboard*, um painel central que mostra o planejamento e os portões para todas as aterrissagens e decolagens. Olhando esse *dashboard*, pude dizer sem demora que minha aero-

---

* N. de R. T.: *Hub airports*, no original, são aeroportos centrais usados para escalas e conexões.

** N. de R. T.: Há aeroportos onde existem carros elétricos (similares aos usados em campos de golfe) para deslocamento de pessoas com pressa ou com necessidades especiais.

nave não seria capaz de pousar e estava sendo desviada para Los Angeles, uma viagem de 45 minutos. Então, transferi imediatamente minha passagem para um voo de Los Angeles e cheguei em casa um pouco depois do meu plano original. Infelizmente, muitas pessoas não viram o grande quadro a tempo de reagir tão depressa quanto eu, e alguns passaram a noite em Santa Ana.

— Mary Poppendieck

Trabalho autodirecionado

Quando muitas coisas têm que acontecer realmente muito rápido, a estratégia de execução deve passar de despachar para capacitar. Um táxi, por exemplo, é despachado. Eu ligo da minha casa; o táxi me pega e me leva até o aeroporto. Entretanto, há tantos táxis e tanto espaço na rodovia. Portanto, muitas cidades, incluindo nossa cidade natal, Minneapolis, fornecem trânsito rápido ao aeroporto. Neste instante alguém em Minneapolis pode sair de seu hotel no centro, embarcar no Metro* e chegar rapidamente ao aeroporto – junto com tantos outros passageiros. Não é mais necessário que as pessoas se envolvam em chamar um táxi, pegar os viajantes em seu hotel, navegar no tráfego e largá-los – sozinhos – no aeroporto.

Despachar envolve planejar cada passo do trabalho de outra pessoa. Fazer o trabalho autodirecionado envolve configurar um ambiente para que as pessoas possam descobrir como fazer seu trabalho sem alguém dizer o que fazer. Quando um monte de coisas tem que acontecer rapidamente, o trabalho autodirecionado é a única abordagem que funciona e funciona muito bem. Em áreas do centro, acenar para um táxi em geral funciona melhor que chamar um para seu hotel. Se os gerentes realmente querem que as coisas aconteçam com rapidez, eles concentrarão sua atenção na organização do espaço de trabalho para que o trabalho possa ser autodirecionado.

Quando o trabalho é autodirecionado, todos que aparecem para trabalhar de manhã podem descobrir exatamente o que fazer sem que alguém diga, e o que escolhem para fazer será a coisa mais importante para estarem trabalhando. Conforme as pessoas completam um trabalho, fica logo óbvio o que fazer depois. Durante todo o dia, quando as pessoas têm perguntas, o espaço de trabalho é organizado para que as pessoas possam olhar em volta e encontrar as respostas. Pense no trabalho autodirecionado como um pacote que você envia durante a noite. Você anexa instruções ao pacote, e daí em diante cada pessoa e máquina que manipular seu pacote pode simplesmente olhar as instruções e saber com exatidão o que fazer com ele.

Se você é um gerente se perguntando o que deve fazer, já que planejamento e controle baseados em responsabilidade o salvam de bastante trabalho atualmente despachado – aqui está parte de seu novo trabalho: organize o espaço de trabalho para que ele se torne autodirecionado. Há três níveis-chave de informa-

---

* N. de R. T.: Sistema de transporte rápido por meio de ônibus e trens entre diversos pontos da cidade (centro, aeroporto, atrações turísticas, universidades, etc.).

ção para se concentrar quando organizar um espaço de trabalho autodirecionado: *kanban*, *andon* e *dashboard*.

Kanban

Kan é a palavra para *cartão* em japonês, e *ban* é a palavra para *sinalização*. Então, um *kanban* é um *cartão de sinalização*. No aeroporto, seu bilhete é o cartão de sinalização que diz a você – pessoalmente – que voo precisa pegar. Cartões de índice são bons cartões de sinalização. Cada cartão contém uma pequena porção de trabalho, conta uma história para desenvolver e alguns exemplos testáveis esclarecedores. Cartões podem ser organizados e reorganizados facilmente para que, quando alguém precise saber o que fazer depois, escolha um cartão do topo de uma pilha e comece a trabalhar nele. Eles podem ser anexados a quadros de mensagens físicos – perfeitos para uma equipe local – ou podem ser eletrônicos – úteis para equipes dispersas. O número de cartões pode dar uma indicação rápida do tamanho da fila. Quando a fila fica tão longa que os cartões tornam-se pesados, talvez as filas devessem ser encurtadas.

O desafio com o *kanban* não é realmente descobrir como as pessoas poderiam lidar com a escolha do que fazer depois. Essa é a parte fácil. O desafio é descobrir como ter certeza que o conteúdo do cartão e sua localização estão corretos, de modo que, quando o cartão é selecionado, ele contenha informação suficiente de uma tarefa que é do tamanho certo e é a coisa certa a fazer em seguida. O cartão não é a especificação de um trabalho; ele é uma sinalização de que o próximo trabalho é reunir as pessoas certas para criar o projeto, a verificação e a implementação detalhados da história naquele cartão.

Independentemente do mecanismo usado para fazer o trabalho autodirecionado, requer-se alguma reflexão e experimentação. Cada trabalho deve ser descrito de forma sucinta, o conjunto de trabalhos deve ser de modo completo e na sequência correta, e as regras para postar e escolher trabalhos devem garantir que eles serão feitos por pessoas com especialização para fazê-los bem.

Organizando o trabalho

Como isso funciona na prática? Já chegamos às tarefas?

Digamos que uma empresa esteja criando uma filial em quatro meses. Como primeiro passo, o prazo iminente é quebrado em um conjunto de atividades relativamente independentes. Uma dessas atividades é dividir todos os servidores e dados, de forma que cada nova empresa tenha seus próprios. Uma equipe de oito pessoas é montada para representar cada função que estará envolvida.

A primeira coisa que a equipe faz é dispor em uma parede, com notas em Post-It, todos os passos que podem pensar que tem que ser feitos para separar os servidores e os dados. Sua meta é criar um cenário em alto nível do trabalho que precisa ser feito, e não uma separação detalhada de tarefas. A melhor forma de garantir que a perspectiva sobre todas as funções sejam abordadas é envolver representantes mais bem informados. Gerenciar esse processo significa garantir que as funções corretas são representadas, as pessoas certas estão lá, eles estão mutuamente comprometidos em cumprir os prazos e o processo está organizado de forma a descobrir todos os trabalhos que precisam ser feitos.

Quando todos estão confiantes de que as notas na parede representam adequadamente todas as categorias gerais do que deve ser feito, a equipe as organiza em um planejamento trabalhável – rompendo quaisquer dependências que possam ser rompidas e reconhecendo as dependências reais.

Isso é apenas um planejamento em alto nível – o próximo passo é entrar em acordo sobre o que deve acontecer no próximo mês e quebrá-lo em mais detalhes. (No ambiente agitado de uma criação de nova empresa, tarefas detalhadas de planejamento além de um mês são geralmente uma perda de tempo.) Finalmente, a equipe está começando as tarefas. O desenvolvimento terá que escrever – e testar – scripts para separar dados e aplicações; é melhor que as operações tenham pedido o novo hardware, embora alguém tenha que primeiro fazer algumas experiências para resolver o tamanho correto; a segurança terá que criar permissões diferentes para *log-in* e pode também implementar isso imediatamente para que possam testar... e assim por diante.

Gerenciar essas tarefas significa garantir que cada trabalho tem um resultado testável, que todos aceitam o que será feito e testado até o final do mês e que a equipe se reúne todos os dias para revisar como tudo está progredindo e quem precisa de ajuda. No fim do mês, todos se reúnem, com seus compromissos cumpridos, para revisar o grande cenário e modificá-lo se necessário. Então o próximo conjunto de tarefas – e critérios de verificação – é tratado.

Andon

Um *andon* é uma lanterna portátil japonesa feita de papel esticado sobre uma armação de bambu. A Toyota usou a palavra *andon* para nomear a corda que os trabalhadores podiam puxar para "parar a linha", já que puxar uma corda *andon* geralmente faz luzes acenderem, chamando atenção para a área com problema. A ideia por trás do *andon* é tornar visíveis os problemas de forma que possam ser tratados imediatamente.

No decorrer do tempo, o *andon* veio a ser usado para qualquer tipo de painel de mensagem visual ou outro dispositivo de visualização que possa ser facilmente modificado. Os painéis de mensagem nas estações de trem que mostram linhas de saída são, às vezes, chamados de painéis *andon*. Um painel *andon* chama a atenção para qualquer anormalidade que requeira atenção, mostrando dinamicamente mudanças de estado e localizações de coisas que são frequentemente reconfiguradas (por exemplo, qual servidor é atualmente o servidor de testes).

Sinais visuais

Um sistema *andon* de desenvolvimento de software poderia ser composto por lâmpadas de lava, uma vermelha e uma verde, as quais são acionadas pelos resultados do sistema de montagem (*build*) e teste. Se a montagem é bem-sucedida e passa nos testes, a lâmpada verde borbulha. Se a lâmpada vermelha começa a borbulhar, os desenvolvedores sabem que têm apenas alguns minutos para encontrar o problema ou desfazer o código que acabaram de enviar até que ela comece a borbulhar mais rápido. Certamente, um sistema *andon* poderia ser um simples e-mail, mas onde está a graça nisso?

Dashboard

As pessoas gostam de estar em equipes bem-sucedidas. É interessante ter sucesso em objetivos locais – por exemplo, desenvolver um sistema de controle eletrônico para o 777. Entretanto, é realmente excitante contribuir para o sucesso global de um programa – por exemplo, observar a primeira decolagem do 777 com o sistema de controle que sua equipe desenvolveu. Alan Mulally tentou reunir toda a equipe trabalhando no 777 frequentemente para ver como a aeronave estava progredindo. O maior evento aconteceu dois anos antes do primeiro voo programado, quando o primeiro avião deixou a linha de montagem em suas próprias rodas. Ele convidou cerca de 10.000 trabalhadores e seus familiares para um evento encenado para parabenizar a todos pelos seus progressos e inspirar sua dedicação contínua à causa.

É importante para equipes ver o progresso global de seu trabalho no seu contexto e no contexto das metas mais amplas da empresa. Para isso, usamos vários tipos de *dashboards*. Cada sala de equipe deveria ter quadros grandes e visíveis na parede para mostrar a todos o quão bem a equipe está indo – ou não – e para deixar o *status* visível para qualquer um que caminhe na sala. Coisas como quadros *burn-down**, grafos de testes de aceitação escritos e bem-sucedidos e assim por diante são muito úteis. Quadros de estado global de um esforço multiequipe deveriam estar disponíveis na "sala de guerra" principal, como a Boeing a chamava, para todos verem. Equipes espalhadas deveriam ter visibilidade em seu estado também, e aqui um *dashboard* eletrônico poderia ser a ferramenta perfeita. *Dashboards* eletrônicos são também úteis para métricas-chave que são mais fáceis de gerar eletronicamente que manualmente.

Frequentemente perguntamos a nossas turmas, "Em sua organização, como as pessoas conhecem o seu progresso em direção ao objetivo global de seu trabalho?" (Veja exercício 4 no final desse capítulo.) É surpreendente o número de equipes cuja resposta é, "Na verdade, essa informação não está facilmente disponível". Organizações que não comprometem as pessoas em um objetivo derradeiro de seu trabalho estão desperdiçando uma grande oportunidade de inspirar pessoas e equipes a contribuir, entusiasmadas com seus melhores esforços para a causa.

Incentivos

No livro *The Living Company*,[13] Arie de Geus discute por que algumas empresas têm uma vida longa – um século ou mais – e outras não. "Empresas morrem porque seus gerentes se concentram na atividade econômica de produzir bens e serviços e esquecem que sua verdadeira natureza de organização é de ser uma comunidade de humanos"[14], afirma de Geus. "A quantidade de pessoas que cuidam,

---

* N. de R. T.: Uma representação gráfica, em um plano cartesiano, de trabalho para fazer × tempo, frequentemente usada em métodos ágeis como Scrum.
[13] *The Living Company*, por Arie de Geus, Harvard Business School Press, 1997.
[14] Ibid., p.3.

confiam e se engajam no trabalho não tem apenas um efeito direto no resultado final, mas o efeito mais direto, de qualquer fator, em sua empresa é o tempo de vida esperado."[15]

Há dois tipos de empresas, de acordo com de Geus: a empresa econômica e a empresa rio. O propósito da empresa econômica é produzir resultados máximos com recursos mínimos e produzir riqueza para um grupo de gerentes e investidores. O propósito de uma empresa rio, por outro lado, é manter-se fluindo, isto é, ficar nos negócios e fornecer empregos a longo prazo. Por exemplo, Sakichi Toyoda e Kiichiro Toyoda tinham como seu propósito primordial proporcionar empregos para trabalhadores japoneses descobrindo como produzir produtos complexos que, de outra forma, teriam que ser importados.

Na empresa econômica, de Geus diz, há um contrato implícito entre a empresa e o indivíduo: o indivíduo entregará uma habilidade em troca de remuneração. Em uma empresa rio, o contrato implícito é diferente: "O indivíduo entregará cuidado e comprometimento em troca do fato que a empresa *tentará desenvolver o potencial de cada indivíduo ao máximo*".[16] Comprometimento é uma via de dois sentidos: pessoas estão comprometidas com a empresa sentem que a empresa está comprometida com elas.

Avaliações de desempenho

Provavelmente, a parte mais ignorada do conselho de Deming é essa: elimine taxas de desempenho anual para trabalhadores assalariados; não sabote a cooperação de equipe recompensando desempenho individual. Deming foi bastante inflexível sobre sua crença que classificações de mérito anuais criam competição em vez de cooperação e matam o orgulho no trabalho realizado. Contudo, a avaliação de desempenho serve para diferentes propósitos, dependendo do contrato implícito que o indivíduo tem com a empresa. Em uma empresa econômica, onde o contrato do funcionário é a troca de remuneração por habilidade, o objetivo da avaliação de desempenho é determinar a quantidade de remuneração que um indivíduo deveria receber. Esse propósito terá, sem dúvida, uma grande tendência a fomentar competição em vez de cooperação.

Por outro lado, quando uma empresa está comprometida em desenvolver o potencial de cada indivíduo ao máximo, a avaliação de desempenho pode ser um tempo à parte para refletir sobre onde está esse potencial e que passos a empresa e o indivíduo deveriam dar para promover o desenvolvimento do potencial do indivíduo. Assim, só teremos um sistema de classificação quando ponderarmos honesta e abertamente se o indivíduo seria melhor conduzido a uma progressão técnica ou uma progressão gerencial, qual atribuição de treinamento e trabalho seria melhor para o próximo ano, quais áreas específicas (falar em público, por exemplo) precisam de melhoria para apoiar o crescimento da carreira.

Avaliações de desempenho anuais nunca deveriam surpreender funcionários com *feedback* inesperado. Ciclos de *feedback* de desempenho deveriam ser muito

---

[15] Ibid., p.10.
[16] Ibid., p.118. Itálico no original.

mais curtos que um ciclo de avaliação anual, ou mesmo trimestral. Se a avaliação de desempenho anual é a única vez que funcionários descobrem como estão indo, algo está realmente errado no sistema de avaliação. Critérios de revisão de desempenho deveriam colocar grande ênfase em trabalho em equipe, fazendo com que contribuições para a equipe sejam tão importantes – ou até mais importantes – quanto contribuições individuais. Você tem aquilo que recompensa, então se encontra formas eficazes de recompensar a colaboração, terá um maior retorno.

Avaliações unidirecionais dão a aparência de que apenas as pessoas avaliadas precisam melhorar, mas Deming insiste que a maioria dos problemas de desempenho é um problema de gestão. Quando um funcionário não tem um bom desempenho, a primeira questão que um gerente deveria perguntar é, "O que estou fazendo de errado?". Gerentes deveriam ter responsabilidade pessoal pelo desempenho de sua organização e colaborar com seu pessoal para melhorar o *sistema* de desempenho.

Ranking

Imagine uma equipe tentando se recuperar de um engano que criou um problema desafiador. Em um mundo *lean*, eles trabalham juntos, debatem ideias, experimentam coisas e, quando encontram uma solução, seguem seu caminho de não atribuir culpa. Afinal, qualquer um deles poderia ter cometido o mesmo erro. Em vez disso, eles continuam trabalhando para encontrar uma forma de imunizar o sistema de erros para que o problema nunca mais aconteça novamente.

Agora imagine a mesma equipe, com a diferença de que os membros sabem que uma vez por ano seus supervisores têm que ir a uma sessão secreta e classificar o departamento inteiro para que aumentos e promoções possam ser distribuídos em ordem de valor e contribuição para a empresa. Os membros da equipe devem dar a seus supervisores munição para mostrar porque eles são melhores que seus colegas de equipe, assim como para obter uma classificação mais alta e um aumento melhor e uma tacada melhor para uma promoção. O incentivo para atribuir culpa e pegar crédito individual por encontrar uma solução é alto; a colaboração é fortemente desencorajada pelo tal sistema de *ranking*. Se você tem um sistema de *ranking* em sua empresa, uma iniciativa *lean* será vazia na melhor das hipóteses. Os comportamentos que o sistema de *ranking* encoraja são competição, esconder informação de forma que pareça boa e esconder problemas de forma que não pareça tão ruim.

Compensação[17]

Nada é mais suscetível a criar disputa e interferir na colaboração do que o sistema usado para determinar compensação, não importa qual sistema esteja em vigor. Embora nenhum sistema de compensação jamais será perfeito, alguns são melhores que outros. Oferecemos as seguintes diretrizes.

---

[17] Partes desta seção vêm de um artigo originalmente publicado por Mary Poppendieck na *Better Software Magazine*, agosto de 2004, sob o título "Unjust Deserts".

Diretriz nº 1: Garanta que o sistema de promoção seja intangível

Na maioria das organizações, ganhos salariais significativos vêm de promoções que deslocam pessoas para uma classe de salário mais elevado, não de aumentos anuais de pagamento. Onde promoções não estão disponíveis, como é o caso para muitos professores, aumentos salariais anuais ou "por mérito" têm uma tendência a se tornarem controversos, pois esses aumentos são a única forma de fazer mais dinheiro. Quando promoções estão disponíveis, funcionários tendem a não enfatizar aumentos anuais e a se concentrar no sistema de promoção. Esse sistema de promoções tende a encorajar as pessoas a se deslocarem para a gerência conforme se esgotam as oportunidades nas áreas técnicas. As empresas tratam esse problema com "progressões duais" que oferecem escalas salariais de nível gerencial para gurus técnicos.

O fundamento de qualquer sistema de promoção é uma série de categorias de trabalho, cada uma com uma faixa salarial de acordo com os padrões industriais e as médias regionais. As pessoas devem ser colocadas corretamente em uma categoria de modo que suas habilidades e responsabilidade correspondam às exigências do trabalho do seu nível. Atribuições iniciais e decisões de promoção deveriam ser feitas com cuidado e revisadas por uma equipe de gestão.

Geralmente, categorias de trabalho são incorporadas em títulos, e promoções tornam pública a nova categoria de trabalho por meio de um novo título. A categoria de trabalho de uma pessoa é considerada em geral informação pública. Se os funcionários são bem colocados em suas categorias de trabalho e são promovidos apenas quando estão claramente agindo em uma nova categoria de trabalho, então diferenças salariais baseadas na categoria de trabalho são geralmente consideradas justas. Assim, uma equipe pode ter pessoas sênior e júnior, generalistas e especialistas altamente qualificados, todos ganhando quantidades diferentes de dinheiro. Enquanto o sistema de determinação de categorias de trabalho e promoções for transparente e for considerado justo, esse tipo de diferença salarial raramente é um problema.

Diretriz nº 2: Retire a ênfase em aumentos anuais

Quando a ferramenta principal para aumento significativo de salário é a promoção, então é importante concentrar toda a atenção possível em garantir que o sistema de promoção é justo. Quando se trata do sistema de avaliação que guia os aumentos de pagamento anual, é melhor não tentar classificar as pessoas tão duramente. Use avaliações principalmente para manter todos em um nível adequado em sua categoria salarial. Avaliações poderiam identificar aqueles que estão prontos para promoção e aqueles que precisam de atenção, mas isso deveria disparar um processo separado de promoção ou ação corretiva. Cerca de quatro categorias de avaliação são suficientes, e um supervisor competente com bons critérios de avaliação e entradas de fontes adequadas pode fazer avaliações justas que cumpram esses propósitos.

Mesmo quando aumentos anuais são fracamente acoplados ao mérito, avaliações sempre serão de grande interesse para os funcionários; por isso, deve-se ter atenção para torná-las justas e equilibradas. Durante a última década, indicadores balanceados de desempenho* têm se tornado populares para avaliações de gestão – ao menos na teoria. Indicadores balanceados de desempenho garantem que os múltiplos aspectos do trabalho de um gerente receberão atenção. Uma versão simples de um indicador balanceado de desempenho também poderia ser usada para avaliações que causam impactos nos aumentos anuais para enfatizar que as pessoas devem se desempenhar bem em muitas dimensões para serem eficazes. A informação para um indicador de desempenho deveria vir de todas as áreas: colegas de equipe, clientes, gestão sênior, aqueles que recebem orientação de um líder. É importante que os funcionários percebam que as informações para um indicador de desempenho são válidas e cobrem os múltiplos aspectos de seu trabalho. Também é importante manter as coisas simples, pois muita complexidade inflará demais a atenção para um sistema de pagamento que funciona melhor quando é suavizado. Finalmente, indicadores de desempenho não deveriam ser usados para alimentar um sistema de *ranking*.

Diretriz nº 3: Recompense baseado no alcance de influência, e não no alcance de controle

Não há maior desmotivador que um sistema de recompensa considerado injusto. Não importa se o sistema é justo ou não, se ele é visto como injusto, então aqueles que acham que têm sido tratados de forma injusta rapidamente perderão sua motivação. As pessoas percebem injustiça quando sentem que perderam recompensas que acham que deveriam ser compartilhadas. Produtos excelentes são desenvolvidos por meio de esforços cooperativos de muitas pessoas e, assim, em um ambiente de desenvolvimento, recompensas individuais inevitavelmente deixarão as pessoas esquecidas se sentindo tratadas com injustiça. Além do mais, quando recompensas individuais fomentam competição em um ambiente onde cooperação é essencial para o sucesso, mesmo aqueles que recebem recompensas provavelmente não as apreciarão.

Nós não queremos bônus!

Visitamos uma empresa onde a gestão sênior estava planejando dar bônus de incentivo aos desenvolvedores que cumprissem prazos individuais e objetivos de produtividade. Como a equipe de gestão era da área do marketing, eles estavam mais familiarizados com compensação baseada em comissões e estavam tentando desenvolver uma versão técnica da mesma coisa.

    Os desenvolvedores ficaram espantados e nos falaram sobre isso. "Se alguém vem até mim agora e faz uma pergunta, fico feliz em ajudar", uma pessoa disse. "Com o sistema de pagamento de incentivo, de forma alguma eu gastaria meu tempo auxiliando alguém. Eu não apenas ganharia menos dinheiro por não estar trabalhando nas minhas coisas, como ele ganharia mais porque pareceria melhor."

---

* N. de R. T.: *Balanced scorecards*, no original; trata-se de uma metodologia de gestão estratégica buscando a maximização de resultados.

Felizmente, o gerente da equipe de desenvolvimento estava na reunião e ouviu essas observações. Mais tarde, ele interveio para que o sistema proposto de bônus de incentivo fosse reconsiderado.

— Mary Poppendieck

A sabedoria convencional diz que as pessoas deveriam ser recompensadas baseando-se nos resultados que estão sob seu controle. Entretanto, quando o compartilhamento de informações e a cooperação são essenciais, recompensas deveriam ser baseadas em um alcance de influência da pessoa em vez de seu alcance de controle. Por exemplo, testadores não deveriam ser recompensados com base no número de defeitos que encontram, mas, em vez disso, desenvolvedores e testadores deveriam igualmente ser recompensados com base na habilidade da equipe de criar código livre de defeitos. Equipes de desenvolvimento não deveriam ser recompensadas com base no sucesso técnico de seus esforços; em vez disso, a equipe inteira deveria ser recompensada com base no sucesso de seus esforços nos negócios.

Diretriz nº 4: Encontre motivações melhores que o dinheiro

Embora recompensas monetárias possam ser um poderoso guia de comportamento, a motivação que elas fornecem não é sustentável. Uma vez que as pessoas tenham uma renda adequada, a motivação vem de coisas como realização, crescimento, controle sobre o trabalho de alguém, reconhecimento, progresso e um ambiente de trabalho amigável. Não importa quão bons possam ser sua avaliação e seu sistema de recompensa, não espere que eles façam muito mais para guiar o desempenho formidável a longo prazo.

O bônus controverso

Um vice-presidente de engenharia me contou que uma vez sua empresa deu a uma equipe de 14 pessoas um bônus de $100,000. Os membros da equipe foram orientados a distribuir o bônus da forma que quisessem. Isso deveria ter sido algo bom, mas foi impossível para o grupo concordar em como dividir o dinheiro. No final, o dinheiro foi dividido igualmente entre os membros da equipe, mas a maioria ficou zangada porque achou que isso era injusto.

— Mary Poppendieck

No livro *Hidden Value*,[18] Charles O'Reilly e Jeffrey Pfeffer apresentam muitas estudos de caso de empresas que obtêm um desempenho soberbo de pessoas comuns. Essas empresas têm valores centrados em pessoas que são alinhados com ações em todos os níveis. Eles investem em pessoas, dividem amplamente a informação, confiam em equipes e enfatizam liderança em vez de gerência. Finalmente,

---

[18] O'Reilly, Charles A., III, and Jeffrey Pfeffer, *Hidden Value: How Great Companies Achieve Extraordinary Results with Ordinary People*, Harvard Business School Press, 2000.

eles não usam dinheiro como principal motivador; eles enfatizam a recompensa intrínseca de diversão, crescimento, trabalho em equipe, desafio e realização.

Trate recompensas monetárias como explosivos, pois elas terão um impacto poderoso quer você pretenda, quer não. Assim, use-as levemente e com cautela. Elas podem deixá-lo em apuros muito mais rápido do que podem resolver seus problemas. Uma vez que você percorra a trilha das recompensas financeiras, você pode nunca mais conseguir voltar, mesmo quando elas deixam de ser eficazes como inevitavelmente acontecerá. Certifique-se de que as pessoas são compensadas de forma justa e adequada e então avance para formas mais eficazes de melhorar o desempenho.

Tente isto

1. Reveja o Sistema de Conhecimento Profundo de Deming, o qual parafraseamos assim:

    a. É o produto inteiro, a equipe inteira, o sistema inteiro o que importa.

    b. Quando algo dá errado, muito provavelmente foi causado pelo sistema, o qual faz disso um problema de gestão.

    c. Use o método científico para mudar e melhorar.

    d. Com as pessoas, as coisas que importam são habilidade, orgulho, especialidade, confiança e cooperação.

    Imagine que Deming programou uma turnê em sua organização para a próxima semana. Prepare uma apresentação para ele de como cada um desses pontos é tratado em sua organização. Qual você acha que seria o conselho dele? Você estaria preparado para agir?

2. Reveja os 14 pontos de Deming com sua equipe. Para cada um, discuta: esse é um ponto relevante em sua organização hoje? É importante? Se o considerarmos relevante e importante, o que se sugere que deveríamos fazer diferente? O que é necessário para fazer a mudança?

3. Como as equipes são formadas, mapeadas e conduzidas em sua organização? Elas realmente são grupos de trabalho ou verdadeiras equipes? Quantas equipes são tipicamente individuais?

4. Preencha a Avaliação Visual do Espaço de Trabalho a seguir:

    a. Na coluna 2, responda a questão colocada na coluna 1 conforme se relaciona com sua organização;

    b. Na coluna 3, classefique o quanto a sua organização é autodirecionada. Dê a sua organização uma pontuação de 0 a 5, onde 0 = as pessoas recebem ordens sobre o que fazer e 5 = as pessoas descobrem entre elas qual trabalho é o próximo.

Questão	Prática atual	Pontuação
1) Como as pessoas sabem o que os clientes realmente querem?		
2) Como as pessoas resolvem as questões técnicas?		
3) Como as pessoas sabem em que funcionalidades trabalhar a seguir?		
4) Como as pessoas sabem em quais defeitos trabalhar a seguir?		
5) Como as pessoas sabem quais testes foram bem-sucedidos?		
6) Como as pessoas sabem seu progresso em direção à realização do objetivo global de seu trabalho?		

5. A próxima vez que sua empresa fizer uma pesquisa com funcionários, adicione essas questões:

   a. Você acha que o sistema de compensação é justo?

   b. Você acha que o sistema de promoção é justo?

   c. Classifique como a compensação afeta sua dedicação ao trabalho (escala de 1 a 5):

      1. Ela me enfurece e me atrapalha quando tento fazer um bom trabalho.

      2. Algumas vezes ela me chateia e ocasionalmente afeta meu desempenho.

      3. Ela não faz muita diferença.

      4. Ela ocasionalmente me motiva a trabalhar mais.

      5. Ela me motiva a trabalhar mais todos os dias.

Capítulo 7

Conhecimento

Criando conhecimento

Séculos atrás, o recurso crítico restritivo era a terra. Aqueles que controlavam a terra controlavam tudo. Em algum momento, a restrição se tornou a habilidade pessoal, e as associações e os comerciantes prosperaram mais que os proprietários de terras. Depois, a revolução industrial transferiu a restrição para o capital e o poder passou a ser orientado pelo dinheiro. Hoje, a restrição é o conhecimento: o conhecimento técnico, o conhecimento de gestão, o conhecimento de processo e o conhecimento de mercado. A maior parte deste conhecimento está sendo expressa na forma de software.

A maioria de nossos atuais paradigmas permanece arraigada ao pensamento e medições industriais/financeiras. As organizações que irão dominar este século serão aquelas que deslocarem o foco para o conhecimento.

Rally[1]

"Pretendíamos criar uma ferramenta para gerenciar o desenvolvimento ágil de software", disse Ryan Martens, vice-presidente de tecnologia da Rally Software Development.[2] "Mas a maior parte da experiência de nossa equipe estava baseada no sucesso do modelo cascata, e nos vimos realizando o modelo cascata em incrementos limitados no tempo". Ryan sabia, a partir sua experiência anterior, que as empresas de software podem ser rápidas e reativas no início de suas vidas, mas, depois de um tempo, a base de código sempre cresce (esta é a questão, no fim das contas) e torna-se cada vez mais difícil de ser modificada. Ele compreendeu que o

---

[1] Observação: os autores atuam junto ao conselho consultivo técnico da Rally Software Development e têm uma pequena participação financeira na empresa.
[2] Esta seção é resultante de uma entrevista feita com Ryab Martens. Utilizada com a sua permissão.

desenvolvimento ágil era considerado um antídoto para essas dores do crescimento. O que ele ainda não havia percebido era que o código fonte é tão tolerante à mudança quanto mais estiver isolado de seus defeitos.

Qualquer coisa que dificulte a alteração do código fonte é considerada débito técnico. Você pode pagar um preço integral pelo código enquanto o constrói ou pode escolher entrar em débito técnico. Porém, tenha em mente que o débito técnico traz consigo uma taxa muito alta de juros, e quanto mais tempo você ficar nesse débito, mais difícil será para pagar sua dívida. Ryan descobriu que o débito técnico era a maior restrição da Rally: "Descobrimos que o único jeito de se chegar à frente é tendo uma equipe, um processo, uma infraestrutura técnica e ideias orientadoras que nunca deixam acumular dívidas.

"Tivemos muito débito técnico durante o primeiro ano", falou Ryan. "Lançávamos um *release* do software a cada oito ou dez ciclos semanais, e duas semanas do ciclo eram gastas 'endurecendo' o software". ["Endurecendo" é outra forma de se dizer "testando-e-corrigindo".] É claro que utilizávamos o JUnit para testes de unidade, mas uma grande parte de nosso código estava na interface do usuário [IU]. Utilizamos o HTTPUnit para testar a IU, mas vimos que ele não era capaz de testar os fluxos das páginas. Por isso, muitos dos testes de IU, junto com todos os nossos testes de aceitação, eram feitos manualmente. Talvez tivéssemos uns 300 ou 400 testes manuais, e nunca conseguimos executá-los todos de uma só vez. Nosso débito técnico aumentava a cada *release* de produto. A carga de testes era terrível, e ela só continuava a crescer.

"No início do segundo ano, nos organizamos para atacar a causa raiz dessa dívida: nossa plataforma de controle do fluxo de páginas não nos permitia entrar no sistema e testar com testes de unidade no nível de aplicação. Ao mesmo tempo, geramos informações estatísticas que demonstravam que a estrutura de nosso controle de páginas estava desperdiçando o tempo dos usuários com excesso de cliques. Em função disso, decidimos levar nossa plataforma de controle de páginas para os *frameworks* Spring e AJAX e testar os fluxos com o Fitnesse.[3] Se pudéssemos utilizar esta arquitetura deste ponto em diante, pelo menos interromperíamos o acúmulo de débito dos testes manuais.

"Tentamos a nova arquitetura em algumas páginas novas e relativamente experimentais, a fim de aprender como ele funcionava. Os poucos clientes que tinham solicitado alterações em funcionalidades desta parte da aplicação ficaram empolgados e toleraram os problemas ocasionais à medida que estávamos aprendendo. Depois de duas versões de partes isoladas da aplicação, ficamos confiantes o suficiente para substituir gradualmente nossas antigas páginas pela nova arquitetura. Como uma indústria, somos treinados a pensar em novas versões orientadas a mudanças arquiteturais baseadas em *big-bang*. Aprender a pensar em pequenos incrementos e de forma iterativa é uma ideia vital para nortear a agilidade. Aprendemos que mudanças incrementais de arquitetura funcionam muito bem; você não irá necessitar – ou querer o risco – de uma grande arquitetura do tipo *big-bang*.

---

[3] Fitnesse é um *framework* de código aberto que roda FIT dentro de um wiki. FIT é uma ferramenta de código aberto que cria especificações na forma de anotações legíveis pelo ser humano e que são também testes de aceitação. Veja www.fitnesse.org e *Fit for Developing Software: Framework for Integrated Tests*, de Rick Mugridge e Ward Cunningham, Prentice Hall, 2005.

"O Spring revelou-se fácil de testar. No entanto, o AJAX necessita da execução direta no navegador *web*. Trouxemos o JIFFIE, que liga o Java ao Internet Explorer, a fim de podermos escrever testes unitários em Java que testavam o AJAX pelo navegador. As ações corretivas cairam de duas para uma semana. Mas (há sempre um mas) verificamos que apenas um número reduzido de engenheiros de teste tinham conhecimento suficiente para escrever os novos testes, e também passamos a acumular dívida de automação. Os testes automatizados se tornaram um gargalo, de tal forma que nossa cobertura de testes manuais começou a ir na direção errada.

"Assim que entramos no terceiro ano, passamos a responsabilidade da manutenção do *test harness* de IU para nossos desenvolvedores, que já eram os responsáveis pela escrita dos testes de unidade do JUnit e das *fixtures* do FIT. Os testadores permaneceram responsáveis pela criação das tabelas do Fitnesse e dos testes do JIFFIE. Isto se tornou cada vez mais importante, pois introduzimos múltiplas configurações de hospedagem e então tínhamos de testar diferentes configurações da aplicação. A infraestrutura de testes se tornou mais complexa e, portanto, ela precisa ser mais robusta; só que ela somente pode ser mantida pela equipe que conhece a arquitetura da interface de usuário – os desenvolvedores. Estamos utilizando o Fitnesse para criar os scripts de todos os nossos testes. Estamos colocando muito esforço em *build* de um único botão para o *test harness* do sistema que testa todas as nossas configurações de produto.

"Finalmente, contratamos uma empresa de serviços para nos ajudar a pagar nosso débito de testes manuais que ainda persistia mediante a automação de todos. Substituímos toda a nossa arquitetura original de IU quatorze meses depois de tomarmos a decisão de mudar para o Spring. Agora que estamos percebendo o total benefício de trabalhar sem dívida, podemos liberar software todos os meses sem 'endurecer', o que nos permite passar para atualizações mensais e utilizar os *releases* trimestrais para focar nas melhorias de funcionalidade mais importantes.

"Investimos muito esforço em nosso *framework* de testes, pois ele é a chave do crescimento da complexidade da aplicação sem o crescimento da equipe de desenvolvimento no mesmo ritmo. Aprendemos que o Desenvolvimento Orientado a Testes de Aceitação é o caminho a ser trilhado – ele é a única forma de se manter a agilidade da tecnologia à medida que a aplicação engrandece. A chave é compreender o que cria débito e diminuir o ritmo – ocasionalmente – para entender e perceber que você está nele por um longo curso.

"Percebemos tudo isso mediante reflexão e adaptação constantes. Após cada iteração e cada *release*, discutíamos o que funcionava e o que não funcionava, depois fazíamos uma lista daquilo com que iríamos nos comprometer para a mudança – comprometimento é essencial. Abordávamos um elemento da lista por vez e experimentávamos para ver o que funcionava.

"Uma das coisas que nós tentamos acabou se tornando surpreendentemente bem-sucedida. Quando reduzimos o tempo de correções de duas para uma semana, decidimos utilizar a semana livre para permitir que todos pudessem fazer uma pausa da alta pressão das iterações. Então, ao invés de usar a semana para desenvolver mais o código, transformamos esse momento naquilo que chamamos de *hackathon**. Durante um *hackathon*, que ocorre imediatamente após um *relea-*

---

* N. de R.: *Hack-a-thon* é a união das palavras *hack* e *marathon*, é uma gíria que, neste contexto, significa um evento em que programadores se encontram para programar de forma colaborativa e informal.

se, os desenvolvedores estão livres para experimentarem tudo o que quiserem. No entanto, se os clientes encontrarem defeitos no *release*, os desenvolvedores terão que parar o *hackathon* para criar um *patch* de correção. Você pode imaginar que os desenvolvedores se tornam extremamente cautelosos para evitar qualquer coisa que prejudique o *release* e diminua seu tempo de *hackathon*. Mas o maior retorno do *hackathon* é que nossas ideias mais criativas e inovadoras são incubadas durante este tempo – um tempo dedicado para construir a visão do produto, projetar ações de melhoria de *design* e arquitetura. Ele é, sem dúvida, o momento mais produtivo de todos."

O foco da Rally em débito técnico destaca como saímos do mundo financeiro, onde débito é um termo financeiro, para entrar no mundo de conhecimento, onde débito técnico significa que a expressão de nosso conhecimento está incompleta. A história de Ryan também enfatiza o melhor modo de criar conhecimento: encontre o maior problema que está impedindo o sucesso da empresa e concentre todos na compreensão de como é possível solucionar o problema. Vá até ele um passo de cada vez, verifique até onde você chegou e faça-o novamente e novamente e novamente. Torne isso a essência do trabalho de todos.

Qual é exatamente o seu problema?

Em 1950, a Toyota quase foi à falência e teve que despedir um terço de seus funcionários. O Sistema Toyota de Produção cresceu a partir do compromisso de nunca mais ter de experimentar novamente esta situação de sofrimento. O Sistema Toyota de Produção foi e permanece dedicado, fundamentalmente, à redução de custos. O modelo Toyota pensa da seguinte forma: o mercado determina o que ela irá comprar e quase sempre define o preço. Lucro é o que sobra depois de você subtrair seus custos do preço de mercado – então, quanto mais baixos os custos, mais altos os lucros e, desta forma, maior a chance de permanecer no negócio e proteger os empregos.

A Toyota não tinha muito dinheiro ou ferramentas quando o Systema Toyota de Produção foi desenvolvido. Ela tinha quatro objetivos bem simples:[4]

1. Entregar para o cliente produtos e serviços com a mais alta qualidade possível.

2. Desenvolver o potencial de cada empregado com base no respeito mútuo e na cooperação.

3. Reduzir os custos pela eliminação do desperdício em todos os processos existentes.

4. Construir plantas de produção flexíveis que pudessem responder às mudanças do mercado.

---

[4] Isao Kato, gerente aposentado de treinamento e desenvolvimento da Toyota no Japão, citado por Art Smalley em "TPS vs. Lean Additional Perspectives", http://www.superfactory.com/articles/Smalley_TPS_vs_Lean_Additional_Perspectives.htm.

O Sistema Toyota de Produção é a abordagem da Toyota para atender a estes objetivos.

A Rally percebeu que a maior ameaça aos seus lucros de longo prazo era medida em unidades de tempo. Quanto mais longa fosse a fase de estabilização do produto (o "endurecimento" citado antes), maior o débito que ela teria. Quanto maior o débito, mais linear a relação entre a complexidade do sistema e o tamanho da equipe de desenvolvimento. A Rally sabia que ao longo do tempo, uma relação linear entre pessoas e o tamanho do produto seria morte certa. Por isso, a companhia decidiu atacar o débito técnico com a mesma sede de vingança que a Toyota sempre atacou os custos.

Art Smalley é um dos poucos norte-americanos que aprenderam o Sistema Toyota de Produção nos anos 80, enquanto trabalhava para a Toyota no Japão. Ele fica incomodado com os registros insatisfatórios das iniciativas *lean* de outras empresas e reflete sobre a causa raiz dessas falhas que impedem o ganho de força do modelo. Os dois candidatos que ele põe em primeiro plano são 1) as implementações de *lean* parecem estar mais focadas em ferramentas e práticas do que na resolução de problemas básicos e 2) o treinamento *lean* parece estar mais focado nos especialistas da operação do que na melhoria das habilidades de resolução de problemas das equipes de trabalho cotidiano.[5]

Smalley acredita que o primeiro passo de qualquer esforço de melhoria deve iniciar com duas perguntas básicas:

1. Como você pretende ter lucros e satisfazer seus clientes?
2. Qual é exatamente o seu problema principal?

As iniciativas *lean* devem sempre começar com uma visão clara de como você faz dinheiro e ter uma compreensão nítida do problema mais crítico que está impedindo você de conquistá-lo. O problema pode ser débito técnico, por exemplo, a garantia de que cada novo jogo de videogame seja "divertido", o tempo de resposta do sistema ou ainda a integração entre o hardware e o firmware. Seja qual for o problema, para se tornar *lean* você deve iniciar com um problema de alta prioridade, claramente definido, que esteja restringindo o sucesso do seu negócio.

Quando você tiver um problema claramente definido, o próximo passo é utilizar um método disciplinado de resolução de problemas, baseado nos princípios básicos, para solucionar o problema. Treine todos sobre como realizar isso em relação às suas atividades diárias. Crie um ambiente no qual as equipes de trabalho de todos os níveis da companhia continuem a utilizar uma abordagem disciplinada de resolução dos maiores problemas vigentes há muitos anos. Isso é um trabalho duro e requer um pensamento de longo prazo. Não obstante, é esse o caminho que a Toyota trilhou para sustentar o sucesso.

---

[5] Veja Art Smalley, "TPS vc Lean and the Law of Unintended Consequences", http://www.superfactory.com/articles/smalley_tps_vs_lean.htm.

Um modo científico de pensar

Tom é Ph.D. em física e Dustin, nosso filho, é Ph.D. em engenharia ambiental. Ambos passaram vários anos de suas vidas sob a direção de um orientador, utilizando o método científico para criarem e publicarem conhecimento. Como todo cientista sabe, o método científico funciona da seguinte forma:

1. Observe e descreva um fenômeno ou grupo de fenômenos.
2. Formule uma hipótese para explicar o fenômeno.
3. Utilize a hipótese para prever alguma coisa – a existência de outros fenômenos ou os resultados de novas observações.
4. Realize experimentos para ver se as previsões estão corretas.
5. Se os experimentos satisfazem a hipótese, então ela pode ser vista como uma teoria ou regra.
6. Se os experimentos não satisfazem a hipótese, então ela deve ser rejeitada ou modificada.

O método científico é o DNA do Sistema Toyota de Produção. Todo trabalhador da Toyota deve estar apto a utilizar as técnicas básicas de resolução de problemas como abordagem básica para a realização de seu trabalho. Os trabalhadores da Toyota operam como uma comunidade de cientistas, conduzindo experimentos em campo, aprendendo constantemente e codificando novos conhecimentos para o futuro, do mesmo modo que os cientistas fazem há muito tempo.

A Figura 7.1. mostra o método de resolução de problemas da Toyota à esquerda e o quanto ele se assemelha ao ciclo de Planejar, Fazer, Verificar e Atuar (PDCA: *Plan*, *Do*, *Check*, *Act*) que Deming ensinou ao Japão nos anos 50. A Toyota abraçou o modo científico de pensar, acrescentando a ele o conceito de *Stop-the-Line* (parar a produção para resolver problemas), de Sakichi Toyoda, e de Just-in-Time (fluxo contínuo e unitário), de Kiichiro Toyoda. O resultado é o

Toyota	Deming
1. Isole o problema.	
2. Procure pela causa raiz.	
3. Proponha uma contramedida.	
4. Especifique os resultados esperados.	1. Planeje
5. Execute a contramedida.	2. Execute
6. Verifique os resultados.	3. Verifique
7. Acompanhe e padronize.	4. Atue

Figura 7.1 *O método de resolução de problemas do Sistema Toyota de Produção e o ciclo de PDCA.*

Sistema Toyota de Produção – a resolução disciplinada de problemas num nível detalhado e consistente, disseminado por toda a empresa, que tem como foco a remoção da maior restrição vigente que nos impede de obter um lucro maior.

O mais importante é lembrar que este método de resolução de problemas nunca é utilizado no vácuo. Ele é utilizado, consistente e repetidamente, para atacar o maior problema vigente enfrentado pela equipe. Como em todo ambiente científico disciplinado, a equipe de trabalho espera manter registros de todas as suas observações, suas hipóteses, seus experimentos e seus resultados. A quantidade de conhecimento criado por experimentos que dão errado é no mínimo igual àquela gerada ao se encontrar uma solução para o problema.

Mantendo registros daquilo que você já sabe

"Você sabe qual é o maior problema do desenvolvimento iterativo?", nos perguntou um gerente de produto. "Eu gosto da possibilidade de ficar tentando novas coisas, mas realmente não posso ficar registrando todas as coisas que eu tento. Preocupa-me ter que voltar ao mesmo território e ter que aprender as mesmas lições de novo." Se o aprendizado não for absorvido de uma maneira útil, então as pessoas de fato esquecerão o que elas aprenderam, e mesmo que as pessoas se lembrem individualmente do que aprenderam, a organização não se beneficiará da aprendizagem a menos que ela seja capturada de uma forma útil.

Tanto Sakichi Toyoda quanto Kiichiro Toyoda foram fundamentalmente inventores. Eles registraram patentes em países por todo o mundo. Vender os direitos de patente do tear automatizado rendeu o capital de investimento que permitiu Kiichiro iniciar uma companhia de automóveis. Inventores que registraram patentes aprenderam muito sobre como manter registros de tudo que eles aprenderam, pois o processo de obtenção de uma patente depende fortemente da conservação de registros diários detalhados de quem sabia o que e quando, como eles o compreenderam, e quais as implicações tiveram naquele momento. Como se espera que os livros de anotações dos inventores sejam utilizados regularmente pelo inventor e seus colaboradores, eles são escritos de forma concisa e generosamente salpicados com tabelas e gráficos. Dado que estes registros podem terminar como evidência legal numa disputa de patente, os cientistas se asseguram de que eles estejam corretos, completos e atualizados.

Todos nós tínhamos livros de anotações

Meu nome consta de duas patentes: US Patents 5,995,690 e 6,052,135.

Na 3M, muito do investimento era dirigido a novos produtos, e esses investimentos eram protegidos pela submissão de patentes. Todos os novos empregados técnicos ganhavam no primeiro dia que iniciam seu trabalho um livro de anotações de laboratório, e era de responsabilidade de seus gerentes ter a certeza de que eles sabiam como utilizá-lo.

Na prática, aprendíamos a preencher nossos livros de anotações de laboratório lendo os registros dos outros cientistas – afinal, toda a página de um livro de anotações tinha de ser lida, compreendida e assinada por um colega, de preferência dentro de aproximadamente um dia depois do registro. Víamos gráficos rabiscados à mão, figuras de preparação de experimentos, tabelas de dados (frequentemente, pequenas impressões de computador coladas nas páginas do caderno) e alguns breves sumários de conclusões.

Rapidamente entendemos que tudo o que fazíamos que gerasse conhecimento deveria ser registrado de forma concisa em nosso caderno de anotações de laboratório. Quando ele ficava cheio, o arquivávamos numa biblioteca e adquiríamos um novo. Naquele momento, a informação importante do livro de anotações já havia sido extraída e utilizada em novos experimentos, ficando resumida em registros de invenção ou colocada à disposição de alguma outra forma que não precisássemos recorrer a eles novamente – mas se isso fosse necessário, sabíamos exatamente onde encontrá-los.

— Mary Poppendieck

No desenvolvimento de software, muitas vezes o código fonte e os testes são a combinação correta de rigor e concisão para documentar o conhecimento introduzido no produto. Mas os experimentos realizados e as opções investigadas durante o caminho para tomar decisões sobre o produto em desenvolvimento são facilmente esquecidos, pois eles nunca o fazem no software. Somente escrever alguma coisa não necessariamente transforma aquilo em conhecimento e a informação é perdida tão facilmente num mar da documentação excessiva quanto por falta da documentação.

The Knowledge-Creating Company,[6] um livro de Ikujiro Nonaka e Hirotaka Takeuchi fala sobre os mecanismos e processos pelos quais o conhecimento é criado em uma empresa. Eles observam que as empresas ocidentais pensam no conhecimento como algo que é escrito. As companhias japonesas pensam no conhecimento escrito somente como a ponta de um *iceberg*: a maior parte do conhecimento está contida nos *insights* subjetivos, nas intuições, nos pressentimentos e nos modelos mentais. Este conhecimento, o conhecimento tácito, não vem do estudo, mas sim da experiência. Ele não pode ser facilmente processado por um computador ou armazenado num banco de dados. É difícil formalizá-lo e transmiti-lo aos outros.

Alguns pensam que se somente "documentarmos" aquilo que aprendemos pelo desenvolvimento iterativo – isto é, escrevermos as decisões tomadas, por que as tomamos e o que nós aprendemos – criaremos a aprendizagem organizacional. Mas é bem provável que a pilha de documentos que criamos junte pó ou tome o espaço um disco, tornando-se muito inútil como um processo de aprendizagem. Tendemos a escrever diários, associando inconscientemente a profundidade das ideias com a espessura de nossa pilha de papéis.

Mas para aqueles que recebem a documentação final, a espessura da pasta de documentos é geralmente inversamente proporcional à sua utilidade na transmissão de conhecimento. Para criar conhecimento, temos de pensar não no processo de escrita, mas sobre as pessoas que usarão o que está sendo escri-

---

[6] Ikujiro Nonaka and Hirotaka Takeuchi, *The Knowledge-Creating Company: How Japanese Companies Create the Dynamics of Innovation*, Oxford University Press, 1995.

to. É assim que os redatores técnicos ganham a vida, então eles poderiam ser questionados a exercer um papel-chave na preservação do conhecimento da equipe.

O relatório A3

No início de suas carreiras, os engenheiros da Toyota aprenderam a disciplina de condensar o pensamento complexo numa única folha de papel A3.[7] Isso faz com que as pessoas filtrem e refinem seus pensamentos, de tal forma que qualquer um que leia o relatório A3 tenha todas as perguntas respondidas numa uma folha de papel. Diferentes relatórios A3 apresentam diferentes propostas, mas todas elas capturam o conhecimento crítico de uma forma fácil de ser armazenada num banco de dados, fácil de ser publicada numa área de trabalho, fácil de ser enviada a um gerente e fácil de ser incorporada em futuros experimentos.

A documentação A3

Coloque duas folhas A4 lado a lado e você terá uma folha A3. Uma grande folha de papel deve ser tudo que é necessário para descrever o trabalho de um cliente, capturar conhecimento sobre um desvio de falha de sistema ou resumir todos os pontos necessários para uma tomada de decisão. Longos relatórios consomem tempo e são ineficazes, sobretudo quando as ideias complexas precisam ser comunicadas.

Diretrizes

1. Utilize o menor número possível de palavras.
2. Uma imagem vale por mil palavras. Utilize figuras, gráficos e tabelas.
3. Tudo deve se ajustar em um lado de uma folha A3.
4. Relatórios A3 são documentos dinâmicos. Utilize e altere em função de seu *feedback*.
5. Se o conteúdo não é suficiente para uma A3, condense-o numa folha A4!
6. O conteúdo e a estrutura devem suportar sua proposta.
   - Uma resolução de problema A3 pode conter:
     a. Resumo do problema
     b. Análise da causa raiz
     c. Contramedidas sugeridas

---

[7] Existem muitos exemplos de relatórios A3 no livro *Toyota Product Development System*, de Morgan e Liker, nas páginas 269-276, e um exemplo no livro *Toyota Way*, de Liker, nas páginas 244-248.

- d. Experimentos planejados
- e. Medições e *feedback*
- Um compartilhamento de conhecimento A3 pode conter:
  - a. Identificação do problema de travamento da base de dados específica.
  - b. Gráfico de dispersão mostrando exemplos de travamento × mecanismos de gatilho suspeitos.
  - c. Lista de gatilhos suspeitos conhecidos.
  - d. Curva de custo/benefício das chamadas filhas × o tempo gasto em cada filha, com uma linha mostrando onde o travamento ocorre e não ocorre.
  - e. Discussão de gatilhos adicionais suspeitos de travamento.
- Um A3 descrevendo um conjunto mínimo de características úteis pode conter:
  - a. Descrição do trabalho do cliente a ser feito com o software.
  - b. Valor econômico para as organizações cliente / fornecedor (desenvolvimento).
  - c. O que os clientes poderão fazer quando o conjunto de características estiver completo.
  - d. Diagrama mostrando o que está e não está incluso.
  - e. Diagrama mostrando as interações com outros sistemas.
  - f. Cronograma de execução desejado.
- Um A3 de objetivo do cliente pode conter:
  - a. Um caso de uso de uma página.
  - b. Projeto de interface gráfica para atingir o objetivo.

A era da Internet

Agora que estamos na era da Internet, temos formas muito poderosas para criar e encontrar conhecimento. As poderosas ferramentas de busca mudam a forma como encaramos a indexação de conteúdo. Os *blogs* atraem para o autor um grande número de pessoas técnicas. A Wikipedia é um modelo rápido e eficaz de coleta e julgamento do conteúdo de enormes bibliotecas de informação. Ao mesmo tempo, "os sistemas de gestão de conhecimento" não aparecem numa recente pesquisa sobre os meios de comunicação utilizados pelos trabalhadores do conhecimento.[8] As ferramentas de busca e a publicação de conteúdo na era da Internet não nos eximem da obrigação de resumir de forma concisa o nosso conhecimento de uma forma disciplinada e útil. Mas elas sem dúvida influenciarão nossas abordagens de como manter registro daquilo que sabemos.

---

[8] Veja Andrew McAffe, "Enterprise 2.0: The Dawn of Emergent Collaboration", *MIT Sloan Management Review*, Primavera 2006.

Comprometimento Just-in-Time

Um amigo nosso é um piloto comercial de Innsbruck. Recentemente, ele ampliou sua licença de piloto com uma avaliação por instrumentos feita numa escola dos Estados Unidos. Ele nos disse que o foco de sua aula de voo por instrumentos era a tomada de decisão, pois as pesquisas indicavam que a principal causa de acidentes com aviões monopilotados são as decisões erradas do piloto. Aqui está o que ele aprendeu:

> Quando você tiver uma decisão para tomar – digamos que esteja nebuloso e você tem de decidir se irá aterrisar ou não – a primeira coisa que você deveria fazer é decidir quando a decisão deverá ser tomada. Em seguida, deve esperar até aquele momento para tomar a decisão, pois é nele que você terá o maior conhecimento sobre a situação. Mas você nunca poderá esperar depois daquele momento para decidir, pois poderá terminar seu voo de encontro a algo muito duro – por aqui, existem rochas nas nuvens.[9]

À medida que guiamos nosso processo de desenvolvimento de produto, precisamos reconhecer que desenvolver um produto está totalmente relacionado com aprendizagem, e quanto mais adiarmos nossas decisões, mais podemos aprender. Mas também não queremos colidir com uma montanha. Portanto, a chave está no controle do tempo. As organizações de desenvolvimento enxuto *lean* tomam decisões Just-in-Time, e começam decidindo exatamente o que isso significa.

O software é um produto único, pois devido à sua natureza básica, subentende-se que ele deve ser modificado. Desta forma, podemos tipicamente adiar nossas decisões por um longo período. Infelizmente, esta característica do software estimula alguns a protelar o início do desenvolvimento. Se não estivermos criando incrementos específicos de progresso técnico, provavelmente não estaremos progredindo no todo. Se não estivermos realizando experimentos e obtendo *feedback*, provavelmente não estaremos aprendendo muito e, no final de contas, o trabalho de qualquer processo de desenvolvimento de software é criar conhecimento que possa ser introduzido no software.

Projeto baseado em alternativas

Duas diferentes abordagens para o aprendizado evoluíram no mundo do desenvolvimento de software, sendo ambas baseadas na geração de conhecimento mediante experimentos iterativos. No primeiro caso, os experimentos são feitos construindo-se um sistema que é tolerante à mudança, de tal forma que conforme aprendemos, podemos facilmente incorporar o aprendizado no sistema através do que chamamos de "refatoração". No segundo caso, os experimentos são construídos como opções bem-formadas e completamente investigadas, para que no último momento responsível possamos escolher a opção que apresenta a melhor solução geral para o quebra-cabeça.

---

[9] Nossos agradecimentos a Werner Wild por essa história. Utilizada com permissão.

A segunda abordagem é chamada de projeto baseado em alternativas (*set-based design*) e é mais apropriada para a tomada de decisões irreversíveis de alto impacto. Existem muitas dessas decisões no desenvolvimento de hardware, o que faz com que o projeto baseado em alternativas seja em particular melhor aplicável em hardware e, muito frequentemente, aos aspectos orientados ao hardware do software embarcado. Existem menos decisões irreversíveis de alto impacto no desenvolvimento de software, mas elas certamente não estão ausentes. As decisões de interface de usuário podem ser difíceis de modificar uma vez que os usuários já estejam acostumados com elas. Deve-se analisar muito bem as estratégias de segurança e desempenho de um serviço hospedado antes mesmo do primeiro *release*. Produtos de *release* único com datas de lançamento sazonais, tais como jogos e software de preparação fiscal, são bons candidatos para uma abordagem baseada em alternativas no desenvolvimento. O projeto baseado em alternativas é a abordagem preferencial para se tomar decisões arquiteturais decisivas que, uma vez tomadas, serão muito caras de se reverter.

Como funciona o trabalho de projeto baseado em alternativas? Suponha que algum desastre tenha recaído sobre sua empresa. Você deve tomar uma ação imediata e duas coisas são claras: 1) existe um prazo completamente inflexível e 2) falhar no cumprimento não é uma opção. O que você faz? Se você quiser ter certeza absoluta de sucesso, você organiza três equipes para desenvolver a solução: a equipe A é organizada para desenvolver uma solução muito simples que absolutamente ficará pronta dentro do prazo. A solução estará longe da ideal, mas pelo menos ela estará pronta. A equipe B é organizada para desenvolver uma solução preferível que pode ficar pronta dentro do prazo se tudo correr bem. A equipe C é organizada para desenvolver a solução ideal, mas a probabilidade deles conseguirem concluir no prazo é muito pequena.

A equipe A desenvolve sua solução subótima, mas os membros da equipe esperam que a equipe B cumpra o cronograma, pois eles sabem que a solução da equipe B é melhor. A equipe B trabalha muito duro para cumprir a prazo, ao mesmo tempo em que torce para a equipe A, pois ela é seu *backup*, e aguarda contra toda a esperança que o time C conclua seu trabalho no tempo. A equipe C se esforça muito para cumprir o prazo, mas os membros da equipe estão muito contentes que as equipes A e B estão como *backup*.

Quando chega o final de prazo, haverá uma solução e ela será a melhor possível naquele momento. Além disso, até mesmo quando o prazo final é antecipado poderá haver uma solução funcional disponível. Caso o prazo final seja postergado, a solução ótima poderá estar pronta. Se o processo está em curso, a empresa pode começar a utilizar a solução A, então tão logo ela estiver pronta, trocar para a solução B e, por fim, passar para a solução C.

Quando é absolutamente essencial fornecer a melhor solução possível no menor tempo possível, um projeto baseado em alternativas continua fazendo muito sentido. Mas quando aplicamos um projeto baseado em alternativas num ambiente de desenvolvimento, ele acaba parecendo para muitas pessoas como algo anti-intuitivo. Pessoas que entendem o desenvolvimento baseado em alternativas vivem mais facilmente em ambientes que liberam produtos com uma cadência regular, sem tolerância às perdas de prazos. Seu jornal diário é um bom exemplo, assim como a maioria das revistas. As peças de teatro sempre estreiam na noite de abertura, os noticiários acontecem no horário todos os dias e as roupas da estação estão sempre prontas para serem entregues quando chega a temporada.

O desenvolvimento de produto nesses ambientes assume a forma de aprontar várias opções e, em seguida, montar a melhor combinação pouco antes do prazo final. Quando o cronograma realmente importa, ele não é gerenciado como uma variável independente, mas sim como uma constante que todos compreendem e honram.

Por essa razão, não deve ser uma surpresa que a Toyota nunca tenha perdido um prazo de entrega de produto. Tampouco deve ser uma surpresa que a Toyota trabalhe com projeto baseado em alternativas. O projeto baseado em alternativas é mais do que um método para cumprir cronograma. É um método para se aprender tanto quanto seja possível a fim de se tomar as melhores decisões.

Então, como é que isso funciona em software? Podemos ver na Figura 7.2 um cronograma de nove meses com decisões específicas de alto impacto agendadas para pontos de sincronização. Cada uma dessas decisões está agendada para o último momento responsível; depois será tarde demais. Para cada uma dessas decisões, múltiplas opções serão totalmente desenvolvidas. Quando se chega ao ponto de sincronização, o sistema está montado e testado com cada opção. A opção que apresenta a melhor solução global do sistema é a escolhida. Note-se que a melhor opção para cada subsistema não é necessariamente a escolhida. A opção que mostrar a melhor solução global é a escolhida. É por isso que cada conjunto de opção deve ser totalmente desenvolvido para testes no ponto de sincronização.

Exemplo 1: Projeto de interface de dispositivo médico

Um gerente com quem falamos usa esta abordagem baseada em alternativas no projeto de interface de um dispositivo médico. Seu departamento é responsável pelo desenvolvimento de interfaces baseadas em monitores que os técnicos utilizam para controlar dispositivos médicos. Quando um líder de produto vem a ele

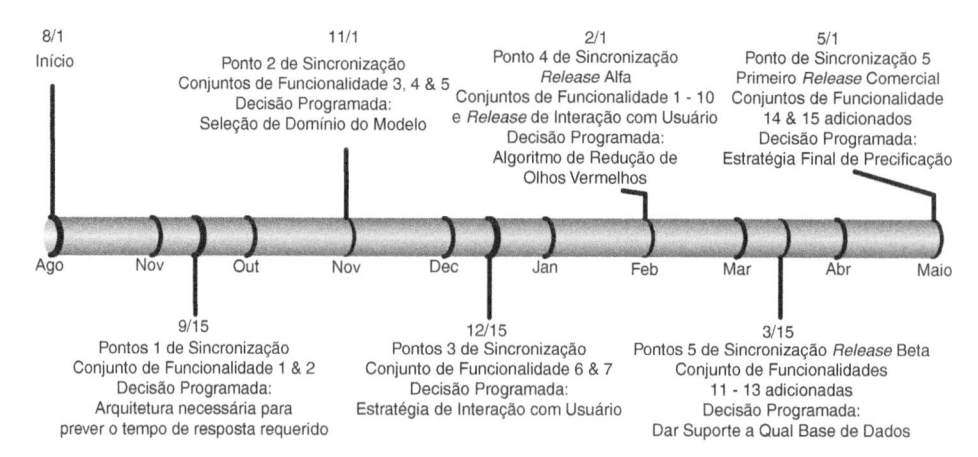

Figura 7.2 *Cronograma de* release *de produto com decisões-chave agendadas em pontos de sincronização.*

com uma nova ideia, o gerente percebe que ele apresenta apenas uma vaga ideia sobre o que a interface realmente deve fazer. Diante isso, o gerente aloca três ou quatro equipes para desenvolver opções durante uma iteração de seis semanas. Ao final de seis semanas, as equipes apresentam suas criações para o líder de produto, que sempre acaba gostando de algumas características de uma opção e recursos de outra. Então, o gerente aloca duas equipes para desenvolver plenamente essas duas opções por mais seis semanas da segunda iteração. Ao final da iteração, ele descobre que o líder de produto pode escolher com exatidão quais características ele deseja. "E é nesse ponto", o gerente nos diz, "que o software está metade pronto, e eu sei que o líder de produto ficará totalmente feliz com o produto".

Exemplo 2: Redução dos olhos vermelhos

Depois de uma conversa, alguém que gerenciava um produto de software para impressoras propôs um dilema para Mary. Ele disse que tinha 12 semanas para desenvolver para uma nova impressora em cores, e o prazo simplesmente não poderia ser transferido. O pessoal de marketing disse à ele que conseguiriam vender um maior número de impressoras caso elas tivessem a capacidade de reduzir automaticamente o efeito dos olhos vermelhos. Naquele momento, a redução dos olhos vermelhos já era um problema resolvido caso o operador apontasse o olho vermelho no computador, mas fazer com que o computador determinasse onde estavam os olhos vermelhos na figura e os corrigisse automaticamente ainda não era um problema resolvido.

O dilema era esse: existia um simples algoritmo que o gerente sabia que poderia ficar pronto em tempo, mas ele não sabia se seria um algoritmo ótimo. Existia um algoritmo muito melhor, mas ele não estava certo se ficaria pronto até o prazo máximo de 12 semanas. Então, o que ele deveria fazer – assumir o risco com um algoritmo melhor ou assumir a rota segura e fazer o mais simples?

"É meio óbvio que você deveria fazer os dois", disse Mary.

"Mas como eu vou conseguir os recursos?", perguntou o gerente.

"Você disse que poderia vender um número muito grande de impressoras adicionais caso você pudesse fornecer a redução dos olhos vermelhos", respondeu Mary. "E você está me perguntando como poderá conseguir os recursos?"

"Você tem razão", ele disse. "Mas como vou explicar à minha gerência que eu estou fazendo duas coisas quando uma terá que ser descartada?"

"Diga a eles e não se preocupe", falou Mary. "Garanto a você que teremos a redução dos olhos vermelhos no prazo desejado. E melhor do que isso, teremos um espetacular algoritmo que poderá fazer parte do primeiro *release*, mas se não for possível, ficará pronto para o próximo."

Exemplo 3: Interfaces plugáveis

Algumas decisões simplesmente não ficam claras até o final do desenvolvimento. Talvez as interfaces externas não sejam tão claras, ou no caso do software embarcado, o hardware ainda não tenha sido construído. Frequentemente, o papel exato de vários usuários não é determinado pela área de negócios, ou tecnologias tais como *middleware* e a camada de persistência ainda não foram escolhidas. Algumas decisões poderão nunca serem tomadas. Por exemplo, uma pessoa pode digitar numa entrada de dados no primeiro *release*, mas o reconhecimento de voz a substituirá para alguns usuários posteriormente. Uma solução nesses casos é criar interfaces plugáveis selecionadas por chaves comutadoras no momento da construção. Objetos simulados (*mock objects**) são úteis como espaços reservados para as decisões que estão sendo adiadas ou para as opções que serão escolhidas depois.

Software embarcado deveria ser desenvolvido para rodar em dois ambientes: o ambiente de desenvolvimento com simulador e o ambiente real. Normalmente, o registro (*log*) e as ações em caso de erros serão diferentes em cada ambiente e serão selecionados por uma variável de controle (*flag*). Interfaces plugáveis para bancos de dados, *middleware* e interfaces de usuário são comuns, mas construir múltiplos casos de papéis de usuário é menos comum. Uma vez, em aula, uma desenvolvedora descreveu sua estratégia para determinar o tamanho do arquivo: "Não era claro se o arquivo tinha de ser grande ou pequeno, por isso construí ambos os casos para que eu pudesse decidir na última hora qual dos dois iria utilizar", disse ela.

"Você tem certeza de que não perdeu tempo construindo dois quando você sabia que teria de jogar um fora?", alguém perguntou.

"Certamente eu perdi!", respondeu ela. "Isso não tomou muito esforço adicional e, quando chegou a hora de entregar o software, ele estava prontinho."

Por que isso não é desperdício?

O que consideramos "desperdício" dependente quase inteiramente de como vemos o problema que estamos tentando resolver. Lembra a resposta de emergência das equipes A, B e C. Fomos questionados: "Por que não colocar pessoas da Equipe A na Equipe B e aumentar as chances de obter a melhor solução antecipadamente?". Lembre-se, no entanto, que esta era uma emergência e a falha não era uma opção. Se tivéssemos dito que isso era uma questão de vida ou morte e uma falha significaria a morte de alguém, ainda assim o trabalho da Equipe A pareceria desperdício?

Nos exemplos acima, uma falta de sincronia do mercado geraria mais desperdício – incluindo muito mais tempo por parte de todo o resto dos membros da equipe – do que o relativamente pequeno esforço incremental de criar opções técnicas. Desenvolver opções técnicas para termos a certeza de que tomamos decisões ótimas resulta em produtos de mais alta qualidade – reduzindo muitas vezes os custos de suporte e garantia ao longo da vida de um produto. Se o desenvolvimento baseado em alternativas parecer um desperdício, o nosso quadro de referência está provavelmente limitado às questões de desenvolvimento imediato, em vez do cenário como um todo.

Refatoração

Como observamos no Capítulo 2, o objetivo da maior parte do desenvolvimento de software é criar uma base de código tolerante à mudança e que nos permita

---

* N. de R. T.: Objeto simulado foi a tradução adotada para *mock object* no livro *TDD Desenvolvimento Guiado por Testes*, Bookman, 2010. Estamos seguindo a mesma linha de tradução.

adaptá-la ao mundo conforme ele muda. Como veremos no Capítulo 8, podemos fazer isso usando um processo iterativo, juntamente com as disciplinas que permitem a tolerância à mudança: testes automatizados, pequenos lotes, *feedback* rápido, e assim por diante. Só que há dois perigos nesta estratégia. Primeiro, podemos tornar irreversíveis algumas decisões fundamentais feitas de forma incorreta caso sejam realizadas muito cedo. Como vimos, este perigo deve ser identificado e tratado com o uso de um projeto baseado em alternativas.

O segundo perigo do desenvolvimento incremental é que, ao produzirmos mudança, adicionamos complexidade e o código rapidamente se torna não gerenciável. Este não é um perigo pequeno. Ele é altamente provável a menos que mitiguemos o risco de forma agressiva. A refatoração é o mecanismo fundamental para mitigar o risco e minimizar o custo da complexidade do código fonte. A refatoração permite que os desenvolvedores esperem para adicionar funcionalidades até que elas sejam necessárias e, então, as adicione tão facilmente como se eles tivessem feito isso no começo.

A justificativa por trás da refatoração é esta:

1. Adicionar funcionalidades antes de termos a certeza de que elas são necessárias aumenta a complexidade, tornando-a a pior forma de desperdício no desenvolvimento de software. Portanto, a maioria das funcionalidades deve ser adicionada de forma incremental.

2. Quando adicionamos funcionalidades e mudanças ao código fonte existente, é essencial não adicionar complexidade ao mesmo.

3. A refatoração reduz a complexidade do código fonte simplificando seu projeto. Isso permite que novas funcionalidades sejam acomodadas com a mínima complexidade.

Deixe espaço para o que precisa acontecer

O estilo YAGNI[10] diz: "Não dê suporte àquilo que você ainda não precisa".

Gordon Bell disse: "Os componentes mais baratos, mais rápidos e mais confiáveis de um sistema computacional são aqueles que ainda não existem".[11]

É uma atitude dizer que se você não constrói em excesso, deixa espaço para o que precisa acontecer. Todas as decisões de projeto são provisórias. Somente quando você sabe mais é que você pode plugar uma decisão melhor.

Por exemplo, hoje eu uso uma lista simples. Quando executo um teste de desempenho, descubro que a pesquisa é um gargalo do sistema. Então, uso uma estrutura inteligente que ainda "parece" a mesma por fora, mas possui um melhor desempenho.

Um desenvolvimento que é sensível àquilo que varia pode "dar espaço para a variação"; o estilo de experimento nem sempre tem que acontecer primeiro.

— Bill Wake[12]

---

[10] YAGNI significa "Você não vai precisar disso", ou "*You Aren't Going to Need It*", em inglês. Esta é outra maneira de dizer: Sem Funcionalidades Adicionais ou Escreva Menos Código.
[11] Citado em "More Programming Pearls", de Jon Bentley, Addison-Wesley, 1988, p. 62.
[12] Gostaríamos de agradecer a Bill Wake pelo *insight*. Utilizado com permissão.

Provavelmente, o maior erro que podemos cometer é enxergar a refatoração como uma falha em "Fazer Direito na Primeira Vez". Na verdade, a refatoração é o capacitador fundamental que limita a complexidade do código, aumentando a tolerância à mudança, o valor e a longevidade do código fonte. A refatoração é como um exercício: é necessário para manter um código saudável. Até mesmo as pessoas mais pressionadas no mundo, os executivos e presidentes, arranjam tempo para se exercitar e manter sua capacidade para responder de forma efetiva ao próximo desafio. Da mesma forma, até mesmo os desenvolvedores mais pressionados do mundo arranjam tempo para refatorar e manter a capacidade do código fonte com o objetivo de acomodar as mudanças.

A refatoração requer uma abordagem agressiva de testes automatizados, semelhante àquela utilizada na Rally, descrita no início deste capítulo. À medida que as mudanças são feitas para reduzir a complexidade do código fonte, os desenvolvedores devem ter as ferramentas à mão para terem a certeza de que não irão introduzir qualquer tipo de consequência indesejada. Eles precisam de um dispositivo de testes que capte qualquer defeito introduzido de forma inadvertida no código fonte à medida que a complexidade vai sendo simplificada. Eles também precisam utilizar integração contínua e parar a produção no minuto em que um defeito é detectado. O tempo e o esforço investidos em testes automatizados e melhoria contínua do código fonte e dos testes associados é o tempo gasto eliminando desperdícios e reduzindo a complexidade. As estratégias *lean* para se eliminar desperdícios e reduzir a complexidade são as formas mais conhecidas de adicionar nova capacidade ao menor custo possível. A refatoração é como a publicidade: não custa pois se paga.

Sistemas legados

Existem dois tipos de software: o tolerante à mudança e o legado. Alguns sistemas de software são relativamente fáceis de adaptar às mudanças de negócio e tecnologia, e outros são difíceis de mudar. Estes sistemas difíceis de mudar são identificados como sistemas "legados" no mundo de desenvolvimento de software. O software tolerante à mudança é caracterizado por dependências limitadas e compreensivos dispositivos de teste que apontam as consequências não intencionais da mudança. Assim, podemos definir os sistemas legados como sendo sistemas que não estão protegidos por uma suíte de testes. Um corolário disto é que você está construindo código legado cada vez que constrói software sem testes associados.

Os sistemas legados estão por toda a parte e, portanto, uma grande porção do desenvolvimento de software destina-se ao código legado. Brian Marick identifica três abordagens para se lidar com sistemas legados:[13]

1. Reescreva e caia fora
2. Refatore na submissão
3. Estrangule

---

[13] Brian Marick, "Exploration through Example," www.testing.com/cgi%2Dbin/blog/2005/05/11.

Reescrever o código legado é uma abordagem atraente para aqueles gerentes que sonham um dia caminhar para o escritório e ver que todos os seus problemas desapareceram como por um passe de mágica, e que o computador faz agora todas as coisas que eles nunca puderam fazer com o sistema aposentado. O problema é que esta abordagem tem um lado negativo. Tentar copiar uma lógica obscura e converter uma base de dados – que provavelmente deve estar corrompida – é muito arriscado. Além disso, como vimos anteriormente, talvez dois terços dos recursos e das funções do sistema antigo não são utilizados e não são necessários. No entanto, muitas conversões de sistemas legado ainda tentam importar a própria complexidade que fez o sistema legado resistir à mudança em primeiro lugar.

Muitas vezes, refatorar o software legado é a melhor abordagem. Como observamos acima, a refatoração requer um *test harness*, mas o código legado, por definição, não possui um. Assim, o primeiro passo é quebrar as dependências e, em seguida, colocar testes nas seções independentes de código a fim de ser capaz de refatorá-lo. É inviável, na sua maior parte, adicionar testes de unidade ao código legado, então a ideia aqui é criar testes de aceitação (também chamados de testes de história – uma referência às histórias do usuário (*user stories*) que descrevem por meio de exemplos o comportamento do negócio esperado no código fonte. Para ajudá-lo neste assunto, indicamos o livro *Working Effectively with Legacy Code*,[14] praticamente a bíblia da refatoração do código legado.

A terceira abordagem para lidar com código legado é estrangulá-lo. Martin Fowler[15] usa a metáfora do caule da videira estranguladora que cresce em torno da figueira, tomando sua forma e acabando por estrangular a árvore. Por fim, a árvore murcha e só a videira sobrevive. Para estrangular o código legado, você adiciona um código estrangulador – com testes automatizados – toda vez que precisa mexer numa parte do código legado. Você intercepta qualquer atividade de que precisa para mudar e a envia para um novo fragmento de código que substitui o antigo. Enquanto você estiver trabalhando nisso, poderá ter que capturar alguns ativos e colocá-los numa nova base de dados. Aos poucos, você constrói um novo código e uma nova base de dados até descobrir que as partes do antigo sistema, que realmente são utilizadas, foram todas substituídas. No início deste capítulo, vimos como a Rally utilizou a abordagem do estrangulador para substituir sua interface de usuário em torno de quatorze meses.

Exemplo

Na conferência Agile 2005, Gerard Meszaros e Ralph Bohnet,[16] ambos da Clearstream Consulting, de Calgary, relataram o sucesso da migração de um complexo sistema de faturamento com cerca de 140.000 linhas de código Smalltalk, cerca de 1.000 classes e mais de uma dúzia de algoritmos para cálculos de carga. Sua abordagem foi criar um conjunto de testes de regressão para o sistema existente e, em seguida, migrar o código até que o novo sistema produzisse os mesmos resul-

---

[14] Michael Feathers, *Working Effectively with Legacy Code*, Prentice Hall, 2005.
[15] Martin Fowler, "StranglerApplication", www.martinfowler.com/bliki/StranglerApplication.html.
[16] Gerard Meszaros and Ralph Bohnet, "Test-Driven Porting", Agile 2005 Experience Report. Informação adicional via e-mail. Utilizado com permissão.

tados do sistema anterior. Os testes de regressão tomaram a forma de tabelas em planilhas Excel. Essas tabelas eram executadas contra o sistema legado e os resultados que elas produziam eram considerados a resposta "correta". Em seguida, os desenvolvedores se dirigiam para a parte do sistema legado que produzia aqueles resultados e portavam o código para Java (era um excelente código, dado que tinha sido feito em Smalltalk). À medida que a equipe desenvolvia o novo sistema, eles utilizavam o Fitnesse para rodar todos os dias as tabelas de teste contra o novo código, até que os resultados produzidos pelo sistema legado fossem duplicados no outro sistema. Nesse ponto, a funcionalidade era considerada completa. Meszaros e Bohnet relataram que a migração foi feita em seis meses, dentro do prazo, e com apenas 20 defeitos sendo abertos ao longo de um mês de testes de aceitação do usuário. Mais importante ainda, Ralph relata que talvez 55% do código legado foi deixado para trás, pois consideraram que não estava sendo utilizado.

Resolução de problemas

Muitas vezes, nossas despesas de hotel são pagas pelas empresas que visitamos. A parte interessante vem quando chegamos no balcão do hotel e eles pedem um cartão de crédito. "Nossa conta será paga pela empresa XYZ, não é?", Mary diz. Metade das vezes a resposta é: "Oh, sim, seu cartão de crédito é apenas para incidentes". E na outra metade das vezes a resposta é: "Não, eu não vejo nenhuma informação sobre XYZ pagando pelo seu quarto". Em seguida, vem o aborrecimento familiar de pedir ao hotel que encaminhe a conta diretamente para a empresa XYZ antes de fazer o *check-out*. A parte mais frustrante desse incômodo surge quando a pessoa no balcão do hotel diz: "Ah, sim, este problema acontece o tempo todo". E Mary inevitavelmente responde: "Se vocês têm esse problema o tempo todo, por que não fazem nada à respeito?".

A marca de uma excelente organização não é a que eles não tenham problemas, mas sim que não tenham problemas sistêmicos. Numa excelente organização, todos, em todos os níveis, possuem um canal regular e confiável para resolver os problemas que encontram no trabalho diário. Se mais de uma vez formos cobrados indevidamente por um hotel de alta categoria, isso nos indica que o hotel, apesar de sua elevada classificação, carece de um processo de melhoria sistêmica.

Não adianta ter um processo de desenvolvimento de software se ele não for acompanhado de um caminho para aqueles que lutam com suas idiossincrasias possam corrigi-las. Toda equipe deveria ter um horário regular para localizar e corrigir de forma sistemática aquilo que torna mais difícil suas vidas. A Rally, por exemplo, reserva tempo ao final de cada iteração para discutir os problemas e comprometer-se com as mudanças específicas e, então, dar prosseguimento a esses compromissos, um por um.

A primeira regra da melhoria de processo é tentar não fazer tudo de uma vez. Quando os esforços de melhoria de processo são esporádicos, as pessoas ficam com a tendência de querer resolver todos os problemas de uma vez. Esta é uma reminiscência de grandes projetos e de longos ciclos de *releases*, que têm uma tendência semelhante à criação de grandes grupos de trabalho. A ideia é estabelecer uma cadência de melhoria contínua.

Encontros frequentes e regulares permitem a uma equipe encontrar seu maior aborrecimento, livrar-se dele e, então, continuar no próximo. Geralmente, o maior aborrecimento pode ser descrito em termos bem abrangentes, por exemplo, "Nossa vida seria muito mais fácil se tivéssemos tempo suficiente para fazer todas as coisas que todo mundo quer que façamos". Contudo, uma afirmação tão ampla não fornece muita tração para acionar a resolução do problema.

Uma abordagem disciplinada

Uma abordagem disciplinada para resolver um problema faz uma equipe deixar o pensamento ávido e ir para um novo conhecimento, contramedidas específicas e resultados permanentes. O método científico discutido anteriormente nesse capítulo fornece um bom esboço de como proceder:

1. Defina o problema.
2. Analise a situação.
3. Crie uma hipótese.
4. Realize experimentos.
5. Verifique resultados.
6. Acompanhe e padronize.

1. Defina o problema

É bom para uma equipe dizer "queremos ser mais sensíveis aos clientes", mas como, exatamente, uma equipe lidaria com isso? Vamos seguir uma equipe pelo processo de resolução de um problema. Esse maior problema da equipe era uma longa lista de reclamações dos clientes que dizia que seus pedidos estavam sendo ignorados, e, dessa forma, a equipe decidiu olhar mais de perto o problema.

2. Analise a situação

Primeiro, a equipe examinou as primeiras funcionalidades que tinham sido implantadas nos últimos quatro *releases* e traçou o tempo de ciclo de funcionalidades em um diagrama de Pareto. Os dados (Figura 7.3) pareciam razoavelmente bons – mais que três quartos de funcionalidades foram implantadas dentro de seis semanas a partir do recebimento do pedido.

Contudo, os membros da equipe sabiam que havia um monte de itens em sua fila de pedidos que haviam ignorado, especialmente porque novas funcionalidades continuavam sendo adicionadas o tempo todo. Logo, eles plotaram um diagrama de Pareto da idade das funcionalidades que estavam atualmente na fila (Figura 7.4).

Tempo de ciclo de funcionalidades implantadas

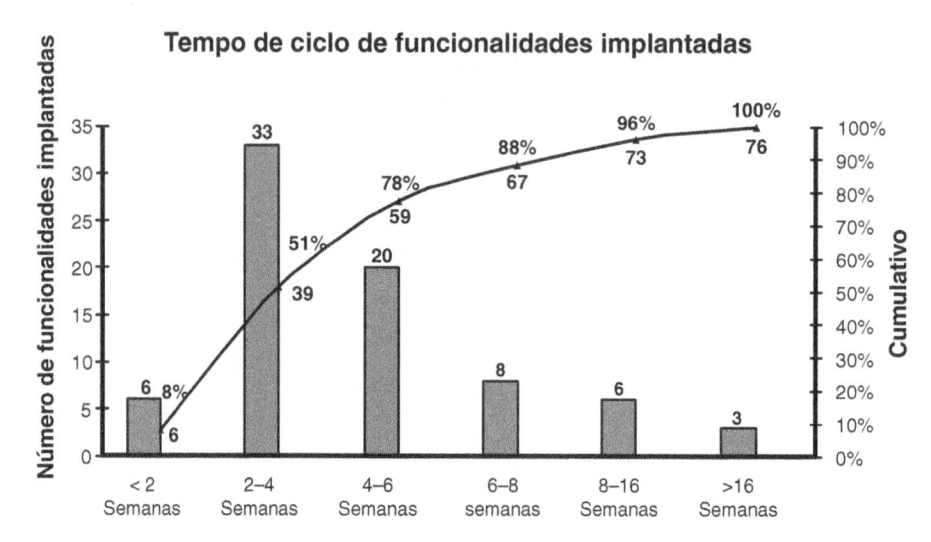

Figura 7.3 *Diagrama de Pareto: tempo de ciclo de funcionalidades implantadas.*

Os dados mostravam que mais de 60% dos pedidos na fila tinham mais que oito semanas de idade. Ainda no gráfico anterior, viram que apenas nove pedidos que realmente entregaram tinham mais que oito semanas de idade. Parecia que eles estavam trabalhando apenas nos pedidos mais recentes e não nos mais antigos.

Os dados também mostravam que a equipe tinha fechado um total de 76 pedidos nos últimos quatro *releases*, ou uma média de 19 por *release*. Os *releases*

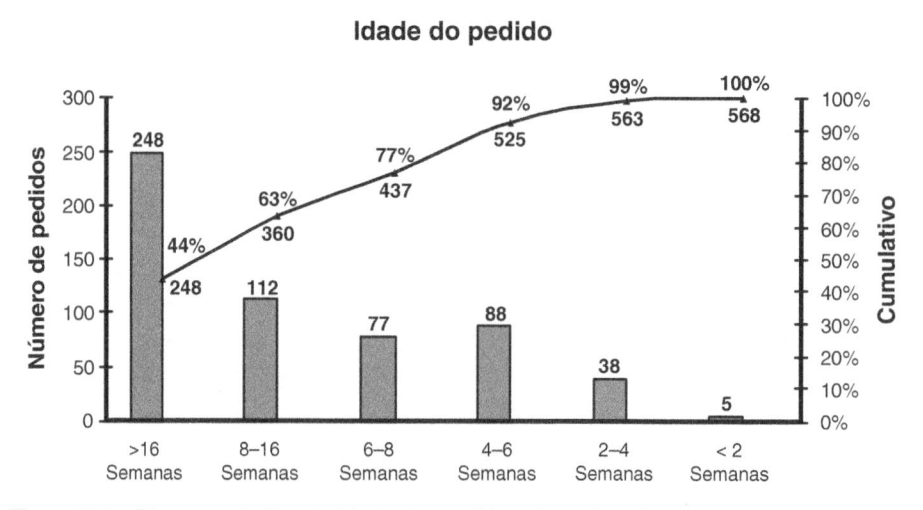

Idade do pedido

Figura 7.4 *Diagrama de Pareto: idade dos pedidos ativos dos clientes.*

estavam separados por duas semanas, assim sua taxa atual era de cerca de dez pedidos por semana. Uma vez que havia 568 pedidos na fila, na taxa em que estavam indo, levaria mais que um ano (55-60 semanas) para finalizarem o trabalho na fila corrente, mesmo sem novos pedidos.

A equipe traçou em seguida a taxa de entrada de pedidos por categorias de prioridade (Figura 7.5).

3. Crie uma hipótese

Uma parte crítica do método científico, e aquela que é frequentemente negligenciada pela pressa das equipes em resolver problemas, é formular uma hipótese que possa ser testada. Os membros da equipe notaram que a taxa de entrada média das três mais altas categorias de prioridade dos pedidos (emergência, urgente e importante) era de dez por semana, a qual era aproximadamente a mesma taxa de saída atual. Logo, sua hipótese era que se eles pudessem reduzir a fila para 40-50 pedidos, parar de aceitar pedidos "normais" e "menores" e aumentar levemente a taxa de realização dos pedidos, poderiam completar novos pedidos em quatro semanas em 90% do tempo.

4. Realize experimentos

Os membros da equipe decidiram ver se poderiam reduzir o *backlog* enviando um e-mail a todos que tinham pedidos mais antigos que oito semanas. O e-mail dizia que estavam tentando reavaliar o *backlog* de pedidos e gostariam de confirmar se pessoa desejaria que seu pedido permanecesse na fila. Se eles não obtivessem confirmação em uma semana, assumiriam que o pedido podia ser cancelado. A Tabela 7.1 mostra a resposta ao e-mail:

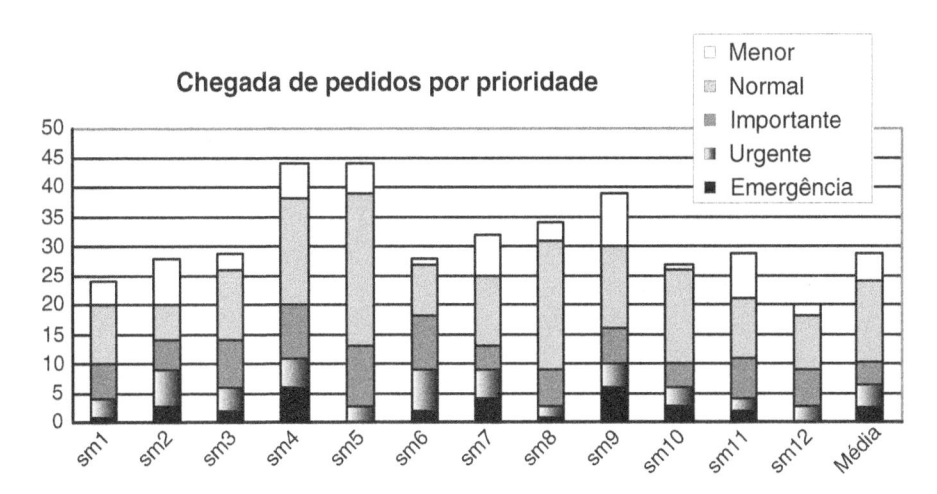

Figura 7.5 *Taxa de chegada de pedidos.*

Tabela 7.1 *Resposta à requisição de confirmação de necessidade de pedido*

Categoria de idade	Total	Retirados		Confirmados		Sem resposta	
8-16 semanas	112	1	1%	26	23%	85	76%
>16 semanas	248	20	8%	3	1%	225	91%

Os membros da equipe notaram que 99% dos pedidos com mais de 16 semanas não eram mais desejados 77% dos pedidos com mais de 8 semanas não eram mais válidos. Eles olharam os 29 pedidos que foram confirmados e descobriram que todos tinham uma prioridade "importante". Em seguida, olharam os itens restantes na fila e enviaram um e-mail similar, mas dessa vez enviaram-no apenas para aqueles cujos pedidos eram "normal" ou "menor". Isso reduziu ainda mais a fila para 100 pedidos; contudo, os clientes ainda estavam enviando pedidos com prioridades "normal" ou "menor", e a equipe achava que se eles removessem essas designações, os clientes simplesmente atribuiriam uma prioridade mais alta. Assim, experimentaram formas de lidar com pedidos de prioridade mais baixa dos clientes. O experimento que funcionou melhor foi fazer o membro de suporte ao cliente da equipe ligar para os iniciadores dos pedidos de mais baixa prioridade e trabalhar com eles para ver se havia outra forma de resolver o problema. Em 65% do tempo, havia uma solução alternativa relativamente rápida. Em 10% do tempo, o solicitante era convencido de que o pedido não se justificava baseando-se no esforço envolvido. Por conseguinte, três quartos dos pedidos de mais baixa prioridade eram retirados por meio de contato pessoal.

5. Verifique resultados

A equipe foi capaz de aumentar sua taxa média de conclusão para 25 pedidos por *release* (a cada duas semanas). Durante as semanas seguintes, a fila foi gradativamente reduzida a cerca de 50 pedidos por meio de uma combinação de cancelamento de pedidos mais velhos e de conclusão de pedidos de mais alta prioridade ligeiramente mais depressa do que chegavam. A equipe mediu sua habilidade de fornecer um retorno confiável. Os dados mostraram que o comprimento da fila era o fator determinante no tempo de resposta aos pedidos; por isso, os membros da equipe estavam confiantes de que, com a fila de 50 pedidos, poderiam prometer um retorno em quatro semanas aos pedidos em 90% do tempo.

6. Acompanhe e padronize

Os membros da equipe anunciaram a seus clientes que completariam a maioria dos pedidos dentro de quatro semanas, mas acharam que isso encorajou mais clientes a submeterem pedidos; portanto, eles colocaram um segundo membro da equipe para trabalhar com o serviço de contato com o cliente, ajudando a limitar a taxa de chegada de pedidos e encontrando soluções alternativas para pedidos de baixa prioridade. Além disso, eles conseguiram aumentar sua taxa média de conclusão para 28 pedidos por *release*, devido, em parte, ao tempo de retorno reduzido. Em um mês, a fila estabilizou-se em quatro semanas de trabalho. A equipe preparou um relatório de suas experiências e o apresentou a outras equipes em um seminário interno da empresa.

Eventos Kaizen

Seguimos uma equipe de trabalho ao longo de um processo típico de resolução de problemas, algo que deveria ser incorporado nas atividades do dia a dia das equipes de trabalho existentes. Às vezes, é uma boa ideia para as equipes dar um passo atrás nas atividades do dia a dia e concentrar-se unicamente em melhorar um aspecto essencial de seu processo. Isso é especialmente útil se a mudança afetar múltiplas áreas da empresa, e, deste modo, membros de muitas funções e equipes diferentes precisam ser envolvidas.

Imagine uma organização que tenha determinado que seu problema-chave é a implantação, e então decide que a coisa mais importante a fazer agora é automatizar a implantação do software nos clientes. Isso implicará muito mais que escrever scripts. Envolverá a mudança de trabalhos e processos, interações com outros departamentos, expectativas do cliente sobre o que receberá na implantação, e assim por diante. Essa é uma boa oportunidade de considerar um evento Kaizen.

A palavra Kaizen significa "mudar para melhor" em japonês. Eventos Kaizen são uma ferramenta *lean* bem conhecida que junta representantes de diferentes áreas funcionais para trabalharem intensamente por alguns dias ou por uma semana em resolver um problema bem definido e crítico. Durante o evento, todos os processos necessários para resolver o problema são realmente mudados pela equipe Kaizen. Depois do evento, a equipe Kaizen se dispersa e seus membros voltam aos seus trabalhos comuns com o processo aprimorado em seu lugar.

Eventos de melhoria em grande grupo

Às vezes, uma mudança é importante demais para que uma pequena equipe seja formada e contratada para implementá-la em alguns dias. Por exemplo, um mapa de fluxo de valor pode ter mostrado que as maiores oportunidades estão em mover testes muito mais para frente no processo, o que poderia significar um repensar completo de muitos trabalhos e de algumas estruturas organizacionais. Isso é um problema muito maior, e, de fato, tão maior que provavelmente definhará a menos que seja direcionado no alvo. Para tal problema, um evento em grande grupo pode ser a resposta.

Eventos de melhoria em grande grupo são frequentemente modelados no Workout da GE[17], considerado uma força essencial por trás do sucesso marcante da GE nos anos 90. Implementado por Jack Welch muito antes – e, em

---

[17] Veja *The GE Workout*, de David Ulrich, Steve Kerr and Ron Ashkenas, McGraw-Hill, 2002.

primeiro momento, no lugar – do Seis Sigma, o Workout da GE foi projetado para cortar a burocracia e resolver problemas organizacionais que ninguém parecia ter tempo para resolver na nova empresa *downsized*. Técnicas similares foram amplamente usadas em outras organizações para permitir que empregados comuns iniciem e executassem mudanças multifuncionais pequenas e grandes.

Em um evento de melhoria em grande grupo, um grupo grande, multifuncional e multinível de pessoas é montado e desafiado a criar soluções para um problema organizacional específico e crítico. Essas soluções deveriam ser baseadas em princípios *lean* e deveriam ser práticas o suficiente para ser implementadas em um futuro próximo – em, talvez, 90 dias. Esse tipo de evento é geralmente um encontro facilitado que dura cerca de três dias. Depois de uma licença clara de um executivo patrocinador, pequenos grupos fomentam ideias para resolver os problemas, criando recomendações, se encontrando para consolidar ideias e unindo informação de apoio às recomendações. No final do evento, os participantes elaboram um conjunto de recomendações com o material de apoio. Cada recomendação é defendida por alguém que herdará a responsabilidade de implementar a recomendação imediatamente caso seja aprovada. Ao final do encontro, o patrocinador retorna, as recomendações são apresentadas e discutidas, e o patrocinador (esperançosamente) aprova ou rejeita cada uma. Os defensores das recomentações aprovadas são indicados a implementá-las e podem esperar receber o tempo e o apoio para fazê-lo.

Essa é a teoria. E ela funciona na prática. Contudo, normalmente os eventos de melhoria em grande grupo fracassam por diversas razões:

1. Uma falta de foco nos processos de núcleo de negócios levam a:

- Melhorias aleatórias

- Otimização local em vez de global

Isso pode também ser um problema com eventos Kaizen de pequenos grupos; melhorias deveriam tratar o problema de negócios mais crítico e marcante.

2. Muitas ideias são aprovadas, mas poucas são implementadas, pois:

- Ninguém "assume" responsabilidade por implementar cada ideia.

- Não há licença para fazer mudanças através dos limites.

- Nenhum tempo é alocado para as pessoas fazerem as mudanças.

- Não há acompanhamento do patrocinador.

Falta de acompanhamento é especificamente um problema com eventos de grande grupo e leva a um amplo desencorajamento. É melhor não realizar um evento a deixá-lo fracassar. Resultados inconclusivos mostram uma falta de respeito com as pessoas envolvidas.

Eventos Kaizen e eventos em grande grupo são bons lugares para pessoas aprenderem a resolver problemas, atacar problemas multifuncionais e fazer mudanças drásticas em um tempo curto. A melhoria, porém, deveria ser natural para equipes de trabalho, as quais deveriam constantemente e de maneira disciplinada identificar e remover a maior restrição atual que impede seu processo de contribuir com o máximo possível para a melhoria dos resultados globais dos negócios.

Tente isto

1. Em sua próxima reunião de equipe, discuta isso: qual é, exatamente, nosso maior problema? E o que, exatamente, vamos fazer sobre isso?

2. Fale sobre projeto baseado em alternativas na reunião de equipe. Descubra se alguém tem quaisquer exemplos de quando usaram tal abordagem quando desenvolviam software. (Em um grupo de oito, haverá geralmente alguém que tenha. Se não houver, tente uma experiência de projeto baseado em alternativas não relacionada a software.) Peça para a pessoa descrever a experiência, a lógica, e se foi ou não uma boa ideia.

3. Qual é a prática de sua equipe em relação à refatoração? Antes de adicionarem novas funcionalidades, vocês mudam o *design* para simplificá-lo sem fazer qualquer mudança na funcionalidade e testam o novo projeto para garantirem que nada mudou? Vocês refatoram para simplificar imediatamente depois de ter uma nova funcionalidade funcionando?

4. Pegue um documento que espera-se que sua equipe produza e, na reunião de equipe, trabalhe para descobrir como ele pode caber em um formato de relatório A3. O novo formato resume adequadamente toda a informação do documento velho? Na próxima vez que o documento for distribuído, anexe a versão A3 na frente. Depois de fazer isso algumas vezes – se for prático – tente distribuir apenas o relatório A3 e não mais o documento. O que acontece?

5. Se algo pequeno dá errado em uma cadência regular, as pessoas incomodadas pelo problema têm alguma forma de corrigi-lo? Sua equipe tem reuniões regulares para discutir esses problemas chatos, refletindo sobre como as coisas são feitas e o que poderia ser feito melhor? Quantas vezes é realizada? A equipe trabalha em conjunto, usando uma abordagem disciplinada de solução de problemas para fazer algo sobre as questões que surgem? Isso funciona em um problema por vez?

Capítulo 8

Qualidade

Feedback

A clientes que querem novos sistemas de informação geralmente era dito que levaria muito tempo para desenvolver software de alta qualidade. Mas, para alguns clientes, isso simplesmente não era aceitável. Obter o software que precisavam – rapidamente – era essencial para a sobrevivência, mas não poderiam tolerar baixa qualidade. Quando confrontadas com a falta de alternativas, exceto romper o compromisso entre qualidade e velocidade, algumas empresas descobriram que *há* uma forma de desenvolver software soberbo muito rápido – e, no processo, elas criaram uma vantagem competitiva duradoura.

Quando isso se tornou uma questão de sobrevivência e os velhos hábitos não eram adequados para a tarefa, melhores maneiras de desenvolver novos produtos foram inventadas pela necessidade. Em todos os casos, esses processos de desenvolvimento mais robustos têm duas coisas em comum:[1]

1. *Feedback* rápido e excelente
2. Uma disciplina detalhada

---

[1] Veja Kim B. Clark and Takahiro Fujimoto, *Product Development Performance*, Harvard Business School Press, 1991.

O programa Polaris[2]

Em 4 de outubro de 1957, uma crise atingiu o Departamento de Defesa dos Estados Unidos. A União Soviética lançava o Sputnik I, o primeiro satélite artificial a orbitar a Terra. O público norte-americano surpreso raciocinou que já que os soviéticos já tinham atirado mísseis de curto alcance de submarinos na superfície e agora tinham a tecnologia para mísseis de longo alcance, juntar os dois resultaria na capacidade de lançar armas nucleares que poderiam penetrar as defesas do país. A crise se intensificou um mês depois, quando o Sputnik II foi lançado. Esse era um satélite muito maior e até carregou uma cadela chamada Laika.

A Marinha norte-americana tinha acabado de iniciar o programa Polaris, um programa para desenvolver submarinos que pudessem lançar mísseis enquanto submersos. O primeiro submarino Polaris foi planejado para estar operacional em 1965. Obviamente, levar nove anos para lançar o submarino não era aceitável. Duas semanas depois do Sputnik I circundar o mundo, o prazo foi alterado para 1959. Dois anos e meio depois, em 9 de junho de 1959, o primeiro míssil Polaris era lançado de um submarino. Até o final de 1960, dois sumarinos Polaris estavam patrulhando o mar.[3]

Como pôde um objetivo tão complexo tecnicamente, que deveria levar nove anos, ser concluído em tão pouco tempo? Para começar, no minuto em que o prazo mudou, o Diretor Técnico, Vice-Almirante Levering Smith, concentrou sua equipe em um objetivo simples: implantar uma força de submarinos no *menor tempo possível*. Isso significava não haver desperdício de tempo, não haver funcionalidades extras e não haver atrasos – em suma: *fazer valer cada minuto*.

Dentro de semanas, o Almirante Smith havia confiscado os dois submarinos atualmente em construção como submarinos de ataque e os havia esticado 130 pés (cerca de 40 metros) para dar lugar aos mísseis.[4] Uma vez que 16 mísseis caberiam nos submarinos recém-esticados, 16 mísseis é o número padrão de mísseis em um submarino até hoje. O Almirante Smith precisava dos submarinos imediatamente, pois havia modificado o objetivo do desenvolvimento de criar o sistema derradeiro em nove anos para criar uma progressão de sistemas: A1, A2 e A3.[5] A versão A1 conteria tecnologia que seria lançada em cerca de três anos. A versão A2 seria desenvolvida em paralelo, mas avançaria mais lentamente para permitir o uso de tecnologias mais desejáveis. A versão A3 incorporaria todo o aprendizado no desenvolvimento das versões anteriores.

Dentro de cada versão, o Almirante Smith orquestrava rápida e afiadamente os incrementos voltados para o progresso técnico. Ele cuidadosamente controlava o projeto de sistemas e gerenciava rigidamente as interfaces entre os componentes, assinando pessoalmente os desenhos de coordenação. Contudo, em vez de

---

[2] O Programa Aegis e o Programa Atlas têm histórias similares; contudo, o Programa Polaris tem independência superior e documentação não tendenciosa.
[3] "The Polaris: A Revolutionary Missile System and Concept", de Norman Polmar, Naval Historical Colloquium on Contemporary History Project, em www.history.navy.mil/colloquia/cch9d.html, 17 de janeiro de 2006.
[4] Ibid.
[5] Veja Harvey Sapolsky, *The Polaris System Development: Bureaucratic and Programatic Success in Government*, Harvard University Press, 1972.

gerenciar os detalhes dos subsistemas, ele tinha diversos subsistemas concorrentes desenvolvidos em praticamente todas as áreas de incerteza técnica. Isso permitia a ele escolher a melhor opção depois que a tecnologia havia sido desenvolvida. Finalmente, o Almirante Smith exigiu a mais alta confiabilidade; por isso, desde o início os submarinos Polaris foram testados exaustivamente e tinham redundância integrada.

Como observa o historiador Harvey Sapolsky:[6]

> O programa Polaris é considerado um sucesso extraordinário. O míssil fora lançado muitos anos antes da programação FBM [Fleet Ballistic Missile*] original. Não houve indícios da ultrapassagem de custos. Como testes frequentes indicam, o míssil funciona. A construção do submarino foi completada rapidamente. Não chega a ser surpresa que o Escritório de Projetos Especiais seja considerado amplamente uma das mais eficazes agências no governo.

O projeto Polaris nos deu o PERT (Técnica de Avaliação e Revisão de Programa), um novo e inovador sistema de planejamento desenvolvido para gestão do projeto Polaris. O PERT foi amplamente considerado a razão para o sucesso notável do Polaris, mas Harvey Sapolsky considera isso um mito.[7] Sapolsky defende que o sistema PERT, ao menos nos estágios iniciais do projeto Polaris, foi principalmente uma fachada para assegurar a continuação do financiamento do programa. Naqueles primeiros anos, o PERT não era confiável como sistema de planejamento, pois objetivos técnicos mudavam muito rápido e frequentemente aqueles diagramas PERT não poderiam ser mantidos atualizados. Posteriormente, o programa Polaris foi uma vítima de sua própria publicidade; a certa altura seus gerentes foram obrigados a usar, de fato, o sistema PERT que haviam ignorado e preferiram abandoná-lo.

Sapolsky atribui o sucesso do programa Polaris não ao PERT, mas à liderança técnica do Almirante Smith e seu foco cirúrgico nos incrementos sincronizados de progresso técnico, a abordagem baseada em opções para desenvolvimento de componentes, a ênfase em confiabilidade e um profundo senso de missão entre todos os participantes.[8]

Planejando *release*

Quando os eventos políticos subitamente derrubaram o calendário do programa Polaris, a primeira coisa que o Vice-Almirante Smith fez foi passar de um plano de nove anos para um sistema perfeito para um plano incremental de um sistema minimalista que cresceria cada vez melhor. Ele planejou demonstrar a capacidade mais incerta (o submarino lançador de mísseis) em um quarto do tempo previsto. Em seguida, desenvolveria o sistema mais simples que pudesse funcionar e o lançaria o mais breve possível (A1). Ao mesmo tempo, ele desenvolveria

---

[6] Ibid., p. 11.
* N. de R. T.: Míssil Balístico de Frota.
[7] Ibid., Capítulo 4.
[8] Ibid., Capítulo 5.

uma versão melhor e a lançaria logo em seguida (A2). Uma vez que a primeira versão fosse lançada e a segunda versão estivesse em andamento, ele começaria o desenvolvimento da versão "derradeira" (A3). Essa abordagem resultou em mais capacidade, entrega mais rápida e menor custo que o plano original (veja a Figura 8.1).

Se essa abordagem é boa para hardware tecnicamente complexo, ela é ainda melhor para software. Vamos pegar um programa de desenvolvimento de software por meio do mesmo processo.[9] O programa começa com a identificação de uma necessidade do mercado (ou uma necessidade do negócio), o conceito do produto, o custo alvo e o tempo de entrega. Isso estabelece as restrições gerais do programa. As pessoas com experiência no domínio do cliente e na tecnologia disponível fazem uma rápida determinação de "ordem de magnitude bruta" de quais capacidades a organização pode esperar desenvolver dentro das restrições.

Em vez de gastar o tempo de investimento inicial desenvolvendo um plano detalhado de longo prazo, levamos um curto tempo para criar um plano de *release* incremental. Planejamos um desenvolvimento a curto prazo para verificar as funcionalidades mais críticas e estabelecer a arquitetura base. Planejamos uma rápida entrega de um conjunto mínimo útil de capacidades para começar a gerar receita (ou retorno). Organizamos *releases* adicionais para acrescentar mais capacidades em uma base periódica.

A Figura 8.2 mostra um plano de *release* de nove meses em seis *releases* de conjuntos de funcionalidades. Cada *release* ainda é dividido em três iterações de duas semanas para desenvolver conjuntos de funcionalidades.

O objetivo do primeiro *release* é desenvolver o conjunto de funcionalidades que estabelecerá a viabilidade e a arquitetura preliminar; portanto, ela deveria criar uma fatia fina através de todas as camadas da aplicação, mostrando como tudo se mantém junto.

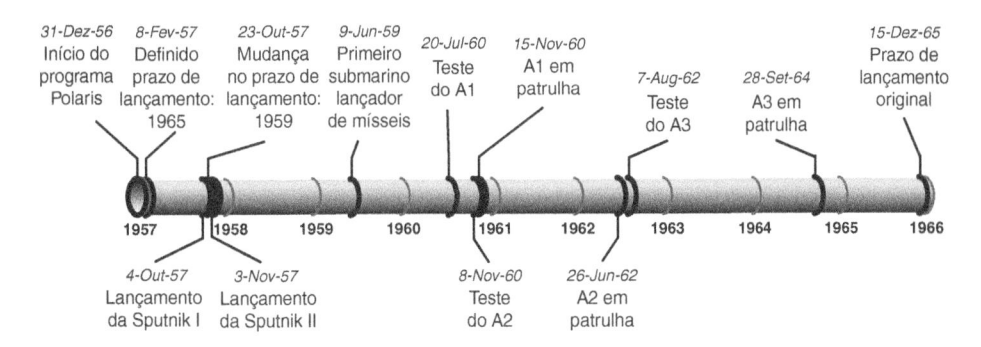

Figura 8.1 *A cronologia do Polaris.*

---

[9] Para um cenário completo do planejamento, veja *Agile Estimating and Planning*, de Mike Cohn, Addison-Wesley, 2005.

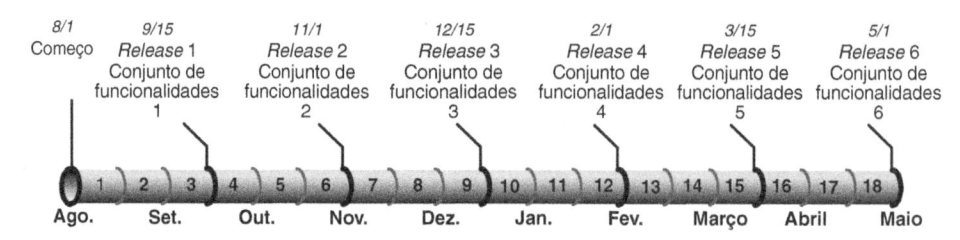

Figura 8.2 *Plano de* releases *para um esforço de nove meses dentro de 18 iterações de duas semanas e seis* releases.

Depois disso, conjuntos de funcionalidades deveriam ser escolhidos baseando-se nas seguintes considerações:[10]

1. Conjuntos de funcionalidades com alto valor antes daqueles com valor mais baixo.

2. Conjuntos de funcionalidades com alto risco e alto valor antes daqueles com valor mais baixo.

3. Conjuntos de funcionalidades que criarão novo conhecimento significativo antes daqueles já bem compreendidos.

4. Conjuntos de funcionalidades com um custo mais baixo para desenvolver e dar suporte antes daqueles com custo mais alto.

Um plano de *releases* dá a você uma base para testar hipóteses técnicas e de mercado antes de investir uma grande soma de dinheiro em planos detalhados. Você pode ter uma leitura inicial da viabilidade do plano começando a implementação e rastreando o progresso. No primeiro *release*, você terá dados reais para prever com muito mais precisão o esforço necessário para implementar todo o projeto do que se gastasse as mesmas seis semanas gerando prerrequisitos e planos detalhados.

Se você implementar um plano de *releases* e achar que está atrasado no primeiro *release*, deveria assumir que o plano é agressivo demais. A abordagem preferida nesse ponto é simplificar o processo de negócio ou o produto em desenvolvimento, simplificar a abordagem técnica para implementar as funcionalidade ou remover funcionalidades inteiramente. É geralmente melhor manter um *timebox* fixo de iterações e *releases* e limitar funcionalidades àquelas que podem ser completamente implementadas dentro do *timebox*.

Certamente há ambientes – jogos, por exemplo – em que *releases* incrementais para o público não são viáveis. Porém, na maior parte dos ambientes, desenvolvimento incremental ainda é uma ideia muito boa. Você apenas "lança" o produto internamente para um ambiente que é tão próximo quanto possível do ambiente de produção. Ter um produto "pronto para release" a

---

[10] Ibid., pg. 80-87.

cada três meses dá a todos um controle concreto do progresso real. Essa é uma forma particularmente boa de gerenciar risco em desenvolvimento de software personalizado.

Arquitetura

Durante o primeiro mês do programa Polaris acelerado, o Vice-Almirante Smith agiu rapidamente para colocar limites no sistema. Os mísseis estavam indo para um submarino, dois submarinos estavam prestes a serem construídos e o comprimento que esses submarinos poderiam ter era 130 pés. Dezesseis mísseis se encaixariam nesse espaço e, sem mais delongas, as restrições arquiteturais de alto nível foram estabelecidas. Depois disso, não levou muito tempo para criar o projeto (arquitetura) do sistema em alto nível. Ele foi decretado pelo espaço limitado dos submarinos e pela tecnologia de mísseis existente. O princípio base do projeto do sistema era definir e controlar rigidamente interfaces enquanto garantia-se que subsistemas eram conjuntos completos de funcionalidades que poderiam ser desenvolvidos e testados independentemente por empreiteiras diferentes com um mínimo de comunicação. Isso era necessário porque a pequena equipe do Vice-Almirante Smith não podia se envolver nos detalhes de cada subsistema, e, em todo caso, dar às equipes das empreiteiras a liberdade de ser criativas era necessário porque o sistema exigia uma série de inovações para funcionar.

O ponto de partida de um grande sistema complexo deveria ser uma arquitetura de sistemas divisíveis que permitisse a equipes criativas trabalhar de forma paralela e independente em subsistemas que entregam conjuntos de funcionalidades críticas. Um subsistema é um conjunto de capacidades valorizadas pelo usuário. Isso não é uma camada – a ideia *não* é ter equipes separadas desenvolvendo a camada de banco de dados, a camada de interface com o usuário e assim por diante. Um subsistema deveria ser dimensionado para que possa ser desenvolvido por uma equipe ou intimamente associado a um grupo de equipes.

Conforme se torna evidente que a tolerância à mudança é um valor-chave na maioria dos sistemas de software, arquiteturas que suportam desenvolvimento incremental – tais como arquiteturas orientadas a serviços e arquiteturas baseadas em componentes – estão substituindo rapidamente arquiteturas monolíticas. Mesmo com essas arquiteturas, ainda há algumas restrições, particularmente àquelas que lidam com requisitos não funcionais (segurança, desempenho, extensibilidade, etc.), que são mais bem consideradas antes que o desenvolvimento de conjuntos de funcionalidades comece. Contudo, o objetivo de uma boa arquitetura de software é manter o mínimo possível de tais decisões irreversíveis e fornecer um *framework* que dê suporte ao desenvolvimento iterativo.

A própria arquitetura pode, e geralmente deveria, ser desenvolvida incrementalmente. Em *Software by Number*, Mark Denne e Jane Cleland-Huang justificam que a arquitetura de software é composta de elementos e que esses elementos deveriam ser desenvolvidos conforme se tornassem necessários pelos conjuntos de funcionalidades concorrentemente sob desenvolvimento. Em produtos de sucesso cujo tempo de vida é de muitos anos, um grande aprimoramento arquitetural pode ser esperado a cada três anos, mais ou menos, conforme novas aplicações são descobertas e capacidades que nunca foram pensadas na arquitetura original são exigidas. É hora de abandonar o mito de que a arquitetura é algo que deve estar completo antes que qualquer desenvolvimento comece.

Iterações

O desenvolvimento iterativo é um estilo de desenvolvimento que cria incrementos sincronizados de progresso técnico em uma cadência constante. A Figura 8.3 mostra um típico processo de desenvolvimento iterativo de software.

Começando do canto inferior esquerdo da Figura 8.3, encontramos um *backlog*, uma lista de funcionalidades desejadas e priorizadas descritas em alto nível. Resumidamente, antes de implementar uma funcionalidade, ela é analisada pelos membros da equipe que entendem o domínio do cliente e a tecnologia. Eles a quebram em "histórias",[11] unidades de desenvolvimento que podem ser estimadas de forma confiável e completadas dentro de poucos dias. Em uma reunião de planejamento, a equipe determina quantas histórias pode implementar na próxima iteração – baseada em seu histórico*(velocidade) – e se compromete a completar essas histórias. Durante a iteração, toda a equipe se reúne brevemente todos os dias para falar sobre como o planejamento da iteração está indo, para manter-se no caminho certo para cumprir seu comprometimento de implementação e para ajudarem uns aos outros. No final da iteração, as histórias devem estar *feitas* – integradas, testadas, documentadas e prontas para uso. Uma reunião de revisão é realizada para demonstrar o progresso e obter *feedback*, o qual pode ser capturado como uma história ou uma mudança no *backlog*. Depois de algumas iterações, um conjunto útil de funcionalidades está completo e pronto para ser implantado.

Agora vamos fazer uma caminhada mais detalhada ao longo de uma implementação típica de desenvolvimento iterativo de software.

Preparação

A Figura 8.4 começa com um *backlog* que é inicialmente montado no início do esforço de desenvolvimento. O *backlog* é uma lista de funcionalidades desejadas, restrições, ferramentas necessárias, e assim por diante. Ele é mais bem usado como um roteiro sucinto do produto do que como uma longa lista de coisas por fazer. O *backlog* é dinâmico – isto é, itens podem ser adicionados ou subtraídos à vontade, baseando-se no aprendizado da equipe. Cada item do *backlog* tem uma estimativa grosseira, e o total de todas as estimativas dá uma estimativa do tempo para completar o esforço. Alguém (o campeão, ou, em Scrum, o *Product Owner*) é responsável por manter as prioridades do *backlog* atual adequadas às necessidades do negócio.

---

[11] Para os detalhes de uso de histórias de usuários, veja *User Stories Applied*, de Mike Cohn, Adison-Wesley, 2004.

* N. de R. T.: *Track record*, no original.

Figura 8.3 *Visão geral de desenvolvimento iterativo.*[12]

Os itens do *backlog* começam como grandes itens, uma vez que a abordagem *lean* sugere atrasar a análise detalhada até o último momento responsável. Conforme os itens se aproximam do topo da lista de prioridades, eles precisam ser quebrados em pedaços menores e mais gerenciáveis. Um item de *backlog* não está pronto para ser desenvolvido até que seu projeto esteja empacotado em uma ou mais histórias. As pessoas que implementarão cada história devem entender a história de um jeito claro o suficiente para estimar de forma confiável seu esforço de implementação – entregas confiáveis exigem estimativas confiáveis.[13] Cada história deveria ter algum valor claro da perspectiva do negócio, mas o critério para dimensionar uma história é seu esforço de implementação – uma boa história tem tipicamente de meio dia a quatro dias de trabalho. As pessoas que projetam o produto devem decidir se o valor de uma história vale seu custo de implementação.

Itens de *backlog* são geralmente funcionalidades expressas em termos de metas de negócio; uma meta de alto nível pode parecer mais com uma epopeia do que com uma história. Membros da equipe que tem um bom entendimento do trabalho do cliente (*Product Owners*, analistas, etc.) lideram o esforço para quebrar epopeias em histórias conforme se aproximam do topo de lista de prioridades. Técnicas de análise padrão, tais como casos de uso essenciais

---

[12] A arte de Screen Beans é usada com permissão da A Bit Better Corporation. Screen Beans é uma marca registrada da A Bit Better Corporation.

[13] Para detalhes na estimativa de histórias, veja *Agile Estimating and Planning*, de Mike Cohn, Addison-Wesley, 2005.

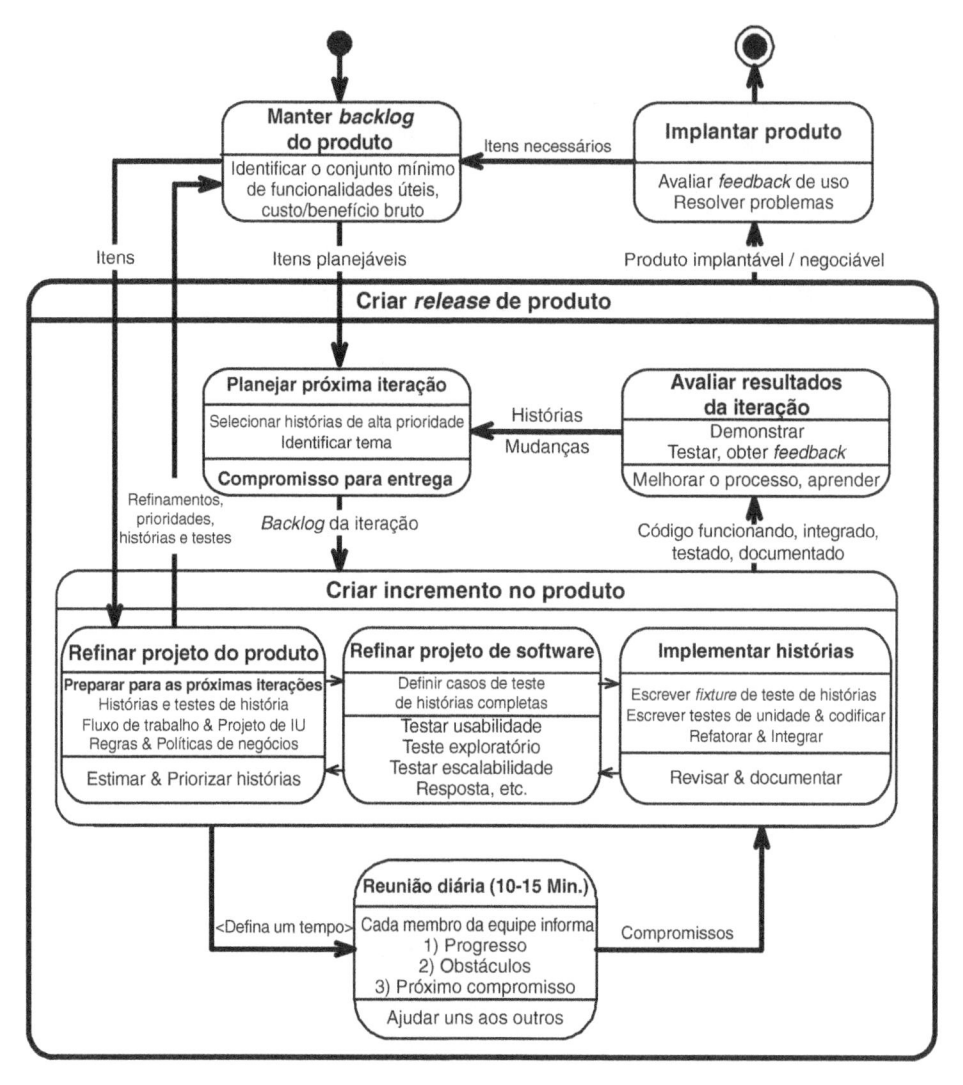

Figura 8.4 *Um exemplo de desenvolvimento iterativo.*

combinados com modelos conceituais de domínio, regras e políticas de negócios e protótipos em papel de interfaces com usuário (IU), são eficazes para pensar segundo este ponto de vista de projetar o produto. Se um caso de uso é pequeno o bastante, pode ser mapeado para uma história. Por outro lado, pode ser preciso muitas histórias sobre mais de uma iteração para compreender o cenário principal de um caso de uso complicado com suas interfaces, regras e persistência associados.

O objetivo da preparação da iteração é projetar a porção do produto "inteiro" que será desenvolvida em seguida. Decisões sobre regras de negócios, políticas, fluxo de trabalho, funcionalidade e projeto de interface precisam ser tomadas. Essa atividade de projeto cria histórias "suficientes" cuidadosamente pensadas Just-in-Time para a próxima iteração. Uma boa história é uma unidade bem definida de trabalho a ser implementada, pequena o suficiente para que possa ser estimada de forma confiável e completada dentro da próxima iteração. O objetivo é *não* criar documentos extensos de análise para todo o produto. Em vez disso, o objetivo é fornecer amostras suficientes de testes para tornar o objetivo do negócio claro para o implementador.

Planejamento

No início de uma iteração, há uma reunião de planejamento. A equipe inteira, em colaboração com o campeão ou com o *Product Owner*, estima quanto tempo as histórias de maior prioridade levarão para serem desenvolvidas, testadas, documentadas e implantadas (ou estarem prontas para implantação). Os membros da equipe pegam a primeira história e se comprometem a completá-la. Eles pegam uma segunda história e decidem se podem se comprometer a entregar essa também. Esse processo continua até os membros da equipe não estarem mais confiantes de que serão capazes de entregarem a próxima história.[14] Os membros da equipe se comprometem com o objetivo da iteração, o qual descreve o tema de um conjunto de funcionalidades que aceitaram implementar durante a iteração. Ninguém diz à equipe quanto trabalho deveria pegar, mas, depois de algumas iterações, cada equipe estabelece sua velocidade que dá a todos uma boa ideia de quanto a equipe consegue completar em uma iteração.

Os membros da equipe deveriam considerar o comprometimento como uma garantia de que trabalharão juntos como uma equipe para cumprir a meta. Ocasionalmente, a equipe pode se comprometer em excesso, ou dificuldades técnicas inesperadas podem surgir. Quando isso acontecer, a equipe deve adaptar a situação de uma forma apropriada, mas deveria também procurar pela causa raiz do excesso de comprometimento e tomar as medidas para que isso não aconteça novamente.

Implementação

Durante a iteração, toda a equipe trabalha junta para atingir o objetivo da iteração. Todos participam de uma reunião diária de 10-15 minutos para discutir o que cada membro realizou desde a última reunião, o que planejam fazer para a próxima reunião, que problemas estão tendo e onde precisam de ajuda. A interação da equipe nessa reunião provê informação suficiente para membros individuais saberem o que fazer em seguida para cumprirem a meta da equipe sem precisar serem mandados.

A abordagem preferida é o desenvolvimento dirigido por histórias de teste (também chamado de desenvolvimento dirigido por testes de aceitação*). Trabalhando uma história por vez, os membros da equipe concentrados em projetar os detalhes funcionais, fluxo de trabalho e interface com o usuário trabalham com os desenvolvedores para expressar precisamente o que o produto precisa fazer em termos de casos de teste. Essa discussão leva a uma definição de variáveis relevantes

---

[14] Ibid.

* N. de R. T.: *Story-test driven development* e *acceptance-test driven development*, respectivamente.

e de políticas e regras de negócios aplicáveis no domínio. Usando essa linguagem compartilhada, eles definem comportamentos específicos em termos de entradas ou sequências de passos e resultados esperados.[15] Enquanto alguns membros da equipe desenvolvem um número suficiente de instâncias de teste, os desenvolvedores criam *fixtures** para serem a interface dos casos de teste com a aplicação e criam o código para satisfazer esses casos de teste.Quando os desenvolvedores precisam de esclarecimento ou detalhes adicionais, os membros da equipe que entendem as necessidades do cliente estão disponíveis para discutir a questão e ajudar a definir exemplos adicionais de testes para registrarem o acordo alcançado. O conjunto completo de testes de exemplo torna-se, na realidade, uma especificação do projeto do produto muito detalhada e autoverificada.

Como funciona o FIT

No livro *Fit for Developing Software*,[16] Rick Mugridge e Ward Cunningham apresentam a ferramenta de código aberto FIT como um instrumento para ajudar equipes a se comunicarem umas com as outras criando exemplos concretos do que o código deveria fazer. Os exemplos estão no formato de uma tabela. Quando texto é acrescentado entre as tabelas, o resultado é uma especificação legível. Desenvolvedores escrevem *fixtures*, as quais conectam o código da aplicação às tabelas. O *framework* FIT executa a aplicação para verificar que cada comportamento especificado nas tabelas está corretamente implementado. Uma vez que uma *fixture* é escrita, analistas e testadores podem escrever quantos casos de testes quiserem para garantir que a aplicação está fazendo o que é esperado conforme sua funcionalidade cresce. Quando o FIT executa, ele produz relatórios que são tabelas de entrada marcadas com verde para os testes que foram bem-sucedidos e com vermelho para os testes que falharam. Essa saída pode ser mantida em arquivo para efeitos regulamentares ou simplesmente medida para determinar quão perto do "concluído" está o código.

— Tom Poppendieck

Para implementar o comportamento especificado por um teste de uma história, desenvolvedores usam desenvolvimento guiado por testes de unidade (TDD). Eles começam escolhendo um comportamento simples para o código que contribuirá com o objetivo do teste de uma história. Para implementar esse comportamento, os desenvolvedores escolhem objetos, métodos e parâmetros de métodos devidamente nomeados. Sempre que possível, eles escolhem nomes consistentes com os nomes usados no teste de uma história. Eles documentam sua decisão de projeto escrevendo um teste de unidade, o qual falha até que o novo código retorne o comportamento esperado. Eles então escrevem código simples para fazer o teste ser bem-sucedido sem quebrar qualquer teste anterior. O passo final no ciclo é avaliar e melhorar o código base resultante refatorando-o para remover qualquer duplicação, a fim de torná-lo simples e fácil de entender e

---

[15] Veja Eric Evans, *Domain Driven Design*, Addison-Wesley, 2003.

* N. de R. T.: *Fixture* é o conjunto de recursos ou dados comuns necessários para a execução dos testes. Ver livro Kent Beck, *TDD Desenvolvimento Guiado por Testes*, publicado pela Bookman.

[16] Rick Mugridge e Ward Cunningham, *Fit for Developing Software: Framework for Integrated Tests*, Prentice Hall, 2005.

para garantir que o objetivo do teste é claro. Eles repetem esse ciclo, acrescentando cada comportamento adicional até que passe o teste da história escolhida. Quando o conjunto completo de testes da história passa, é hora de continuar a próxima história.

Uma história não está terminada até que a equipe atualize seções associadas a qualquer usuário, cliente ou documentação de conformidade regulatória em respeito à prática. *Não* deveria haver *crédito parcial* para histórias. Histórias não contam até que seu código funcionando totalmente esteja integrado, testado, documentado e pronto para implantação. No final de cada iteração, o objetivo é ter funcionalidades "entregáveis" e completas. Algumas equipes vão além disso e lançam software em produção no final de cada iteração.

Avaliação

No final de uma iteração, uma reunião de revisão é realizada para a equipe mostrar a todos os interessados quanto valor eles criaram. (Aplausos seriam apropriados.) Se a revisão mostra algo que precisa ser mudado, pequenas questões tornam-se novas histórias enquanto questões maiores vão para o *backlog*, onde serão priorizadas com os demais itens. E, sem mais delongas, a reunião de planejamento para a próxima iteração começa.

Perceba que descrevemos três ciclos de aprendizagem aninhados, uma vez para toda a iteração, uma vez para cada história e uma vez para cada pedacinho de código (veja a Figura 8.5). O grupo crescente de testes de história e testes de unidade expressa o conhecimento atual de como o produto e o software precisam funcionar para fazer o trabalho do cliente. Conforme a equipe aprende, os grupos de testes precisarão ser adaptados para expressar o conhecimento recém-criado. A mágica é que os testes fazem o custo da mudança ser muito baixo, pois se alguém contraria uma decisão de projeto, um teste falhará imediatamente, o que alertará a equipe para parar, até que corrija o código e/ou atualize os testes que expressam o projeto.

Variação: Interface com usuário

Na prática, a maioria das organizações modifica seu processo iterativo para atender suas circunstâncias. Um contexto especial que pode requerer modificação é o desenvolvimento da interface com o usuário. No Capítulo 3, introduzimos a Alias (agora parte da Autodesk), uma empresa de gráficos 3-D cujos produtos são centrados em interações com o usuário. Já que um excelente projeto de interação com o usuário é uma vantagem competitiva essencial da empresa, na maioria das equipes de desenvolvimento são nomeados dois *designers* de interação dedicados. Durante cada iteração, esses *designers* de interação têm muitos trabalhos:

- Coletar dados do usuário para iterações futuras
- Testar a interação com o usuário desenvolvida na iteração anterior
- Responder questões que surjam conforme a codificação prossegue na iteração atual

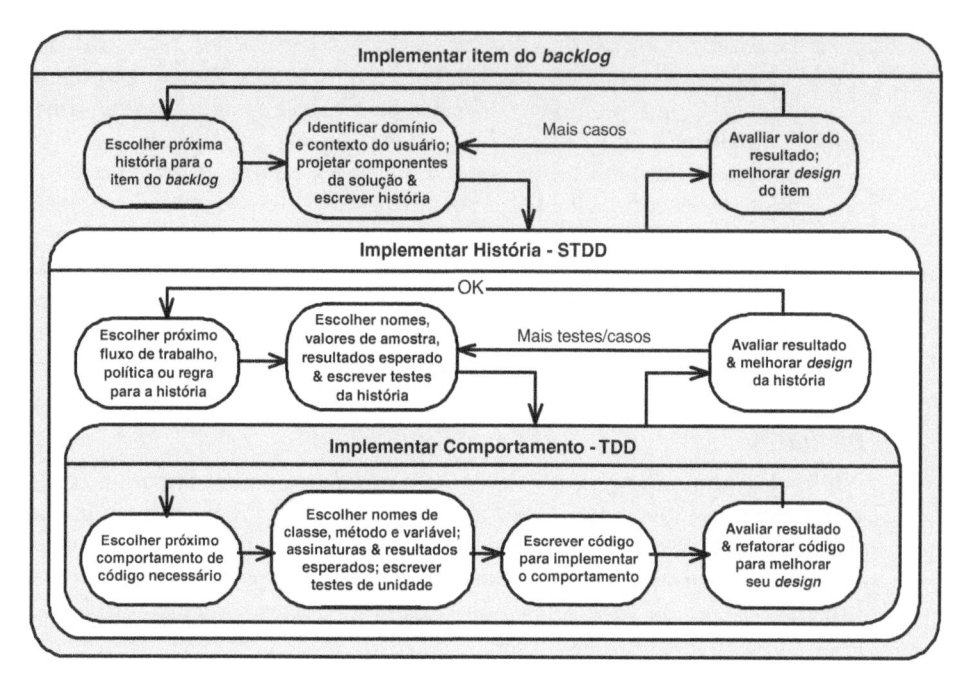

Figura 8.5 *Ciclos de aprendizado aninhados.*

- Projetar em detalhes a interface com usuário a ser codificada na próxima iteração

A Figura 8.6 mostra como o desenvolvimento continua. Antes que o projeto da interação com usuário seja codificado, dados do cliente são recolhidos, várias opções são testadas por meio de protótipos e um projeto detalhado pronto para codificação é terminado. O teste de usabilidade do código em produção ocorre uma iteração após a codificação.

Disciplina

Estávamos dando uma aula em uma empresa cujo processo de desenvolvimento era relativamente caótico. A aula ia bem até chegarmos à parte de qualidade, e então um pouco de desânimo apareceu. "Vocês querem dizer que temos que fazer todas essas coisas? Achávamos que *lean* significava ir rápido, mas essa coisa de qualidade parece um *monte* de trabalho!". Sem dúvida.

Pouco depois dessa aula, demos um seminário para desenvolvedores aeroespaciais. Quando chegamos à parte da qualidade, ouvimos: "Ah, já fazemos *isso* há anos". E certamente o faziam. As pessoas nesse grupo provavelmente sabiam mais sobre testes automatizados que quaisquer outras que tenhamos encontrado.

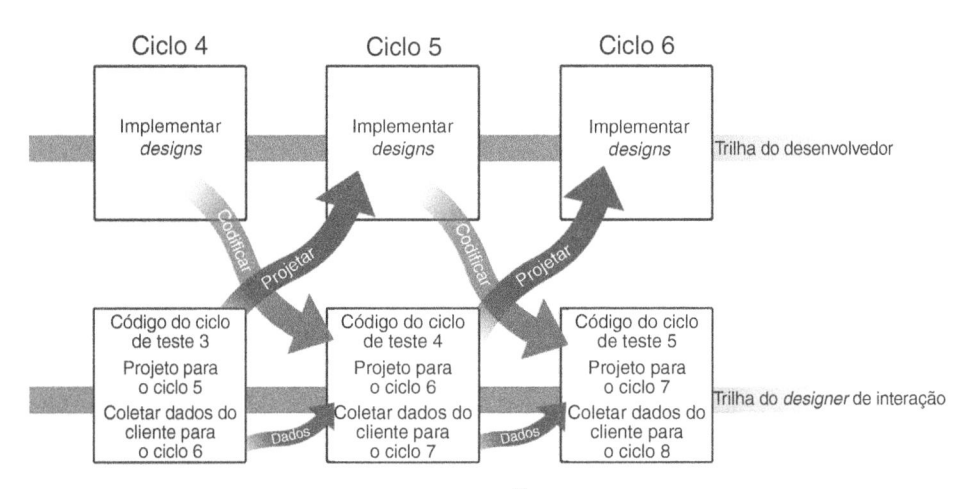

Figura 8.6 *Projeto iterativo de* design *de interação.*[17]

Você não pode ir rápido sem construir qualidade no produto, e isso necessita de muita disciplina. Achamos que tal disciplina é uma segunda natureza para pessoas que trabalham em sistemas críticos, empresas com programas Seis Sigma e organizações com alta avaliação de CMM. Porém, para uma empresa pequena crescendo rapidamente que não pensou muito sobre qualidade, tornar-se *lean* significa tornar-se muito disciplinado na forma com que o software é desenvolvido.

Os cinco Ss

Quando entramos na sala de uma equipe, temos uma impressão imediata do nível de disciplina apenas olhando ao redor. Se a sala está bagunçada, a equipe provavelmente é descuidada, e se a equipe é descuidada, pode ter certeza de que o código base é bagunçado. Em uma organização veloz, as pessoas sabem onde encontrar o que elas precisam imediatamente, pois há um lugar para cada coisa e cada coisa está no seu lugar. Na planta de produção de Mary, inspeções de governança eram realizadas semanalmente, e elas incluíam tanto a área de programação quanto o chão de fábrica.

Os cinco Ss são uma ferramenta *lean* clássica para organizar um espaço de trabalho de modo que tudo esteja à mão no momento que é necessário e não exista desordem extra. Os esses são de cinco palavras japonesas que começam com S: seiri, seiton, seiso, seiketsu e shitsuke. Elas podem ser traduzidas por: ordenar, sistematizar, limpar, padronizar e manter.

Recentemente, remodelamos nossa cozinha, e, conforme mudávamos para o novo espaço, nos vimos usando os 5 Ss para reconfigurar nosso espaço de trabalho.

---

[17] De Lynn Miller, diretor de desenvolvimento de interface com o usuário, Autodesk, Toronto, usado com permissão. Originalmente publicado em "Case Study of Customer Input for a Successful Product", Experience Report, Agile 2005.

1. **Seiri (Ordenar)**: Primeiro classificamos todas as nossas ferramentas de cozinha e descartamos qualquer coisa não usada nos últimos anos. Apenas as coisas que realmente usávamos voltaram para a cozinha.

2. **Seiton (Sistematizar)**: O grande projeto era encontrar um lugar para que tudo se tornasse fácil de encontrar e estivesse à mão. Mudamos prateleiras e investimos em gavetas organizadoras e ganchos de parede. Rearranjamos as coisas muitas vezes antes de encontrarmos o lugar certo para cada instrumento e utensílio.

3. **Seiso (Limpar)**: Com tudo finalmente arrumado, limpamos a cozinha e estávamos prontos para cozinhar.

4. **Seiketsu (Padronizar)**: Concordamos então com duas (novas!) políticas: encheríamos e ligaríamos a máquina de lavar louça todas as noites, e arrumaríamos tudo na manhã seguinte.

5. **Shitsuke (Manter)**: Agora só temos que manter a disciplina.

O espaço de trabalho de desenvolvimento de software não é apenas a sala de trabalho, mas também a área de trabalho na tela de um computador, o leiaute do servidor da equipe e o código base em que todos estão trabalhando. Assim, depois que você aplica os cinco Ss na sala da equipe, pense em aplicá-los no espaço de trabalho lógico atrás da tela. E, uma vez que o software é um reflexo da organização que o desenvolve, dê uma boa olhada no código base também.

1. **Seiri (Ordenar)**: Ordene as coisas nas estações de trabalho e servidores da equipe e encontre as versões antigas de software e os arquivos e relatórios antigos que nunca mais serão usados. Faça cópias de segurança se precisar, e então apague-os.

2. **Seiton (Sistematizar)**: Leiautes de áreas de trabalho e estruturas de arquivo são importantes. Eles deveriam ser criados de modo que as coisas estivessem logicamente organizadas e fossem fáceis de encontrar. Qualquer espaço de trabalho que seja usado por mais de uma pessoa deveria obedecer a um esquema comum da equipe para que as pessoas pudessem encontrar o que precisam em qualquer lugar que acessassem.

3. **Seiso (Limpar)**: Caramba, isso foi um trabalhão. Hora de jogar fora as latinhas e os copos de café, limpar as digitais das telas dos monitores e recolher todo aquele papel. Limpe os quadros brancos depois de fotografar desenhos importantes que foram esquematizados lá.

4. **Seiketsu (Padronizar)**: Coloque alguma automação e padronização no lugar para garantir que cada estação de trabalho sempre tenha a última versão das ferramentas, que as cópias de segurança ocorram regularmente e que o lixo não se acumule.

5. **Shitsuke (Manter)**: Agora você só tem que manter a disciplina.

Os cinco Ss para Java

1. **Seiri** (**Ordenar**): Reduza o tamanho do código base. Jogue fora todos os itens desnecessários imediatamente. Remova:
   - Código morto
   - Importações (*imports*) não usadas
   - Variáveis não usadas
   - Métodos não usados
   - Classes não usadas
   - Código redundante refatorado
2. **Seiton** (**Sistematizar**): Organize os projetos e pacotes. Tenha um lugar para cada coisa e mantenha cada coisa em seu lugar.
   - Resolva ciclos de dependência de pacotes
   - Minimize as dependências
3. **Seiso** (**Limpar**): Limpe. Problemas são mais visíveis quando tudo está arrumado e limpo.
   - Resolva falhas e erros em testes de unidade (sucesso == 100%)
   - Melhore a cobertura dos testes de unidade (> 80%)
   - Melhore o desempenho dos testes de unidade
   - Verifique o desempenho do conjunto de todos os testes (*All tests*)
   - Resolva alertas de verificação de estilo
   - Resolva alertas de PMD*
   - Resolva alertas de javadoc
   - Resolva todas as pendências
4. **Seiketsu** (**Padronizar**): Depois que tudo estiver arrumado, mantenha dessa forma. Reduza a complexidade no decorrer do tempo para facilitar a manutenção.
5. **Shitsuke** (**Manter**): Use e siga procedimentos padrão.
   Esse é o jeito que fazemos as coisas.

— Kent Schnaith[18]

Padrões

À medida que viajamos pelo mundo, começamos a apreciar a importância dos padrões. Realmente apreciamos os sistemas de trens e metrô que encontramos em qua-

---

* N. de R. T.: Analisador estático de código Java que identifica problemas potenciais como código duplicado, focos de alta complexidade ciclomática, *bugs*, código morto, etc.

[18] Da comunicação particular via e-mails. Usado com permissão.

se todas as cidades europeias, mas gostamos especialmente do Reino Unido, pois tentamos arduamente não dirigir por lá. Não conseguimos evitar dirigir na Nova Zelândia recentemente, mas mesmo depois de duas semanas tínhamos que ficar atentos a cada curva ou podíamos nos ver do lado errado da estrada. Todos os aparelhos elétricos que temos podem operar em qualquer tensão e carregamos uma mala cheia de adaptadores de tomadas (veja a Figura 8.7). Aprendemos a pensar em temperatura em Celsius e distâncias em quilômetros, mas não nos acostumamos a usar interruptores elétricos onde o desligado é para cima.

Padrões tornam possível operar reflexivamente e passar informações sem desperdício de conversão. Uma infraestrutura padronizada com uma arquitetura comum reduz a complexidade e, consequentemente, os custos. Qualquer organização que queira ser veloz terá padrões em vigor. Aqui estão alguns dos padrões que uma organização de desenvolvimento de software deveria considerar:

1. Convenções de nomenclatura
2. Padrões de codificação
3. Convenções de interação com usuário
4. Estruturas de arquivos
5. Práticas de gestão de configuração
6. Ferramentas
7. Padrões de registro de erros
8. Padrões de segurança

Obviamente, padrões são inúteis no papel; eles precisam ser usados consistentemente para terem valor. Em um ambiente *lean*, padrões são vistos como a melhor forma atual de fazer um trabalho, de modo que são sempre seguidos. Deve-se partir do princípio, entretanto, de que *sempre* há um jeito melhor de fazer as coisas, assim todos são ativamente encorajados a desafiar cada padrão. A qualquer momento em que um jeito melhor é encontrado e comprovado como mais eficaz, ele se torna o novo padrão. A disciplina de seguir – e constantemente mudar – os padrões deveria ser parte da estrutura de uma organização.

Figura 8.7 *Padrões?*

Apreciando padrões

Conheço um caso em que havia dois programas, ambos com o nome SYNC. Eles foram armazenados no mesmo local em dois sistemas diferentes. No Sistema 1, o SYNC salvava arquivos locais mesclando-os no arquivo mestre, no Sistema 2, o SYNC restaurava os arquivos locais substituindo-os a partir do arquivo mestre. Aconteceu de uma operadora que frequentemente trabalhava no Sistema 1 ir trabalhar no Sistema 2. Ela encontrou o SYNC no mesmo local em que ela sempre encontrava o SYNC; portanto, assumiu que fosse o mesmo. Ela executou o SYNC para mesclar uma grande quantidade de transações recentes para o arquivo mestre. Para seu pavor, o arquivo mestre foi copiado sobre seus arquivos locais, apagando completamente tudo o que ela estava tentando salvar. Esse foi um "engano" muito caro, e a causa raiz provavelmente foi a ausência de padrões de nomenclatura.

— Mary Poppendieck

Revisões de código

"As revisões de código são um desperdício?", as pessoas frequentemente perguntam em nossas aulas. Uma boa pergunta. Achamos que usar revisões de código para forçar padrões, ou mesmo para encontrar defeitos é um desperdício. Analisadores de código e verificações de IDE são as ferramentas adequadas para forçar a maioria dos padrões enquanto práticas de teste automatizado são a forma adequada de evitar a maioria dos defeitos. Revisões de código deveriam estar concentradas em uma classe diferente de problemas. Por exemplo, o código de desenvolvedores inexperientes poderia ser revisado para simplicidade, tolerância à mudança, ausência de repetição e outras boas práticas de orientação a objetos. Revisões de código podem também ser uma boa ferramenta para conscientização de questões como complexidade. Uma organização que conhecemos calcula o Índice de Complexidade Ciclomática de McCabe[19] para código recém-enviado, e quando ele alcança um limiar de 10, uma revisão de código é disparada.

Revisão formal de código

Em nossa organização, um grupo de desenvolvedores Cobol estavam migrando para Java. Eles tiveram treinamento na sintaxe de Java, mas o pensamento voltado a objetos é anti-intuitivo para pessoas que há anos já fazem programação procedural. Usamos revisões de código para ajudar a mostrar aos desenvolvedores como usar padrões-modelo ao escrever e refatorar código orientado a objetos. Quando um desenvolvedor terminava uma seção de código e requisitava uma revisão, ela era realizada o mais breve possível e era aberta a qualquer um que quisesse assistir. O desenvolvedor mostrava o código a dois líderes técnicos que, então, discutiam como ele poderia ser melhorado. Os dois especialistas nem sempre concordavam, e a discussão que se seguia conferia aos desenvolvedores as ferramentas para pensarem em vez das respostas. A atmosfera das revisões era tão aberta e educacional que se tornaram

---

[19] O Índice de Complexidade Ciclomática de McCabe é uma medida do número de caminhos de execução ao longo de um programa. Veja "Uma Medida de Complexidade", por Thomas J. McCabe, *IEEE Transactions on Software Engineering*, Vol. Se-2, N° 4, Dezembro de 1976.

muito populares. Em pouco tempo, cada vez mais desenvolvedores estavam sentando com os revisores, pois aprendiam muito. A capacidade coletiva dos novos desenvolvedores Java aumentou radicalmente por meio desse processo.

— Jill Aden[20]

Algumas políticas que exigem revisões de código antes do *check-in* criam um grande acúmulo de trabalho inacabado esperando por revisão, mas, em um ambiente *lean*, essa é uma situação inaceitável que deveria ser agressivamente evitada. Uma forma de fornecer revisões de código sem atrasos é usar alguma forma de *pares* enquanto o código está sendo escrito.

Pares

Pares (também chamada programação em pares) é a prática de ter duas pessoas trabalhando lado a lado na mesma tarefa. Isso provê uma revisão de código contínua em um fluxo em vez de um lote. O uso sensato de pares pode ser muito valioso. Desenvolver código em pares pode melhorar o aprendizado, o trabalho em equipe e as habilidades de resolução de problemas. Além disso, frequentemente os pares aumentam a produtividade devido à qualidade e à robustez do código serem melhoradas quando vistas por dois conjuntos de olhos. Além disso, os pares tendem a desviar interrupções e a manter cada um na tarefa. Qualquer um que já tenha programado dirá a você que desenvolver software é um exercício contínuo de resolução de problemas, e a resolução de problemas em pares é um padrão que encontramos em muitas profissões. Os pares tornam mais fácil acrescentar pessoas novas à equipe, pois há um programa integrado de tutoria.

O trabalho em pares não é para todo mundo, nem para todas as situações. Contudo, ele frequentemente cria uma sinergia: duas pessoas frequentemente entregarão código mais integrado, testado e livre de erros trabalhando juntas do que poderiam produzir trabalhando em separado. Além disso, o trabalho em pares é uma das melhores formas de atingir os benefícios de revisões sem acumular inventários de trabalho inacabado.

Revisões de código aberto

Em unidades de Código Aberto, os "*committers**" revisam todo o código antes que seja enviado para o código base. *Committers* são desenvolvedores confiáveis que demonstram sua competência e comprometimento com o projeto. Tipicamente, há um *committer* a cada dez contribuintes, e o código é sempre enviado em pequenos lotes. Isso permite que as submissões sejam revisadas e enviadas muito rapidamente. Depois da submissão, o código está sujeito à revisão de toda a comunidade, onde o exame é imediato e o conselho

---

[20] De uma apresentação no encontro Twin Cities OTUG, em junho de 2003, e conversas posteriores. Usado com permissão.

* N. de R. T.: Colaboradores que enviam códigos para o repositório da comunidade.

é dado de graça. Dizem que se você quer realmente aprender a codificar, experimente o Código Aberto e terá bastante *feedback* sobre como melhorar.

— Mary Poppendieck

À prova de erros

Quando você conecta um projetor a um *laptop* com um cabo de vídeo, é difícil conectá-lo de forma errada, pois ele é à prova de erros. Um lado é mais largo que o outro e tem mais pinos. Depois de uma olhada rápida, a maioria das pessoas fará certo. Um cabo USB, por outro lado, não é tão simples. Quantas vezes você tentou de um jeito, empurrou um pouco, percebeu que estava ao contrário, o virou e tentou de novo? Embora seja impossível conectar um cabo USB de forma errada, não é sempre óbvia a forma que ele deveria estar orientado. Esse cabo não é à prova de erros o suficiente para nosso gosto.

O pior transgressor, contudo, já não existe mais. O cabo IDE apareceu em 1984 no IBM AT, onde era usado para conectar o disco rígido à placa do sistema. Por muitos anos, o cabo teve 40 buracos que se conectavam em 40 pinos do *drive* de disco. Havia uma faixa vermelha do lado para você saber em que lado era o pino 1, mas, frequentemente, era difícil dizer onde o pino 1 estava no *drive*, ou a faixa era difícil de ver, ou você simplesmente não estava prestando atenção. Como resultado, muitas vezes o cabo ficava conectado de cabeça para baixo ou desalinhado, perdendo alguns pinos em um canto ou outro. A muitos *drives* mortos de disco ou controladores fritos pode ser atribuído o fato que esse cabo não era à prova de erros. Várias barras e abas foram adicionadas ao *drive* e ao conector, mas essas não eram localizadas de forma regular e a maioria não era eficaz. Levou anos para a indústria remover o pino 20 de cada *drive* de disco, preencher o espaço do pino 20 no conector e, finalmente, tornar impossível cometer um erro com um cabo IDE (veja a Figura 8.8).

Quando perguntamos em uma aula se alguém já montou um PC com um cabo IDE antigo, sem mudança no pino, geralmente temos alguns murmúrios conforme as pessoas em volta levantam as mãos. Então pedimos a todos que já cometeram um erro com um cabo IDE para baixarem suas mãos. Invariavelmente, todas as mãos baixam. Nós também tivemos nossa cota de desalinhamentos de cabos IDE e sabemos duas coisas: todos que já conectaram um cabo IDE não seguro se consideravam especialistas e todos sabiam bastante para serem muito cuidadosos. No entanto, quase todos cometemos, uma hora ou outra, um erro conectando esse cabo.

Erros não são culpa da pessoa que os cometem; eles são culpa do sistema que não é à prova de erros nos lugares em que erros podem ocorrer. Com o software,

Figura 8.8 *Um conector IDE seguro.*

qualquer coisa que pode dar errado cedo ou tarde *dará* errado – basta perguntar às pessoas em operação, caso não acredite em nós. Por isso, não perca tempo contando o número de vezes que os indivíduos são "responsáveis" por defeitos e os pressionando para serem mais cuidadosos. Cada vez que um defeito é detectado, *pare*, encontre a causa raiz e invente uma forma de prevenir que um defeito similar ocorra no futuro. Talvez um novo teste de unidade devesse ser a contramedida adequada, mas uma equipe de desenvolvimento deveria pensar amplamente em formas eficazes de fazer código à prova de erros. Envolva testes e operações na identificação de falhas potenciais e adicione imunidade a erros antes que os defeitos ocorram.

Automação

Uma das formas mais recompensadoras de desenvolvimento à prova de erros é automatizar tarefas rotineiras.[21] Mesmo pequenas equipes deveriam automatizar tudo que pudessem, e mesmo tarefas ocasionais deveriam ser candidatas à automação. A automação não apenas evita erros eventuais que as pessoas sempre cometerão como mostra respeito a sua inteligência. Tarefas repetitivas não estão apenas propensas a erros; elas mandam a ideia de que é correto tratar pessoas como robôs. As pessoas não deveriam estar fazendo coisas por hábito; deveriam estar pensando sobre maneiras melhores de fazer seus trabalhos e resolver problemas.

Exemplos de automação

1. ***Build** de um clique**: automatizar o *build* é o primeiro passo. Depois do *build*, dispare um conjunto de testes automatizados para ver se algo quebrou. Muitas equipes usam o Ant.**

2. ***Builds* programados**: uma vez que o *build* pode ser feito em um passo, é fácil programá-lo. Um *build* pode ser disparado por um relógio ou por um envio de código. Muitas vezes, equipes usam Cruise Control.***

3. **Notificação de resultados de *build***: não tem sentido fazer um *build* se ninguém sabe os resultados. É fácil configurar uma notificação por e-mail se o *build* falha. É divertido ligar um sinalizador vermelho para alertar a todos de uma falha no *build*.

4. ***Release* em um passo**: um *release* provavelmente significa criar um ramo (*branch*) de lançamento e empacotar o código em um arquivo ou conjunto de arquivos que possam ser baixados da Internet ou distribuídos em um CD. Esse realmente devia ser um processo automatizado. Não há margem para erro.

---

[21] Para ideias do que e como automatizar, veja *Pragmatic Project Automation: How to Build, Deploy and Monitor Java Applications*, de Mike Clark, Pragmatic Press, 2004. Veja também *Pragmatic Project Automation for .NET*, de Ted Neward and Mike Clark, Pragmatic Press.

* N. de R. T.: Compilação e montagem de todo o projeto.

** N. de R. T.: *Ant* é uma ferramenta de software livre, utilizada para automatizar o *build* no desenvolvimento de software.

*** N. de R. T.: Cruise Control é uma ferramenta que automatiza o processo de *build*, provendo várias tarefas que facilitam o controle sobre o código.

5. **Instalação à prova de balas**: quando os arquivos de distribuição chegam ao local do cliente, o processo de instalação deveria ser automatizado, mesmo se você envia pessoas ao local para ajudar. A mídia de distribuição poderia incluir algumas ferramentas de diagnóstico para ajudar quando (não se) uma instalação falha.

Desenvolvimento guiado por testes (TDD)

Como mencionamos no Capítulo 2, Shigeo Shingo ensinou que há dois tipos de testes: testes que encontram defeitos depois que eles ocorrem e testes que previnem defeitos.[22] Ele considerava o primeiro tipo de testes puro desperdício. O objetivo do desenvolvimento *lean* de software é, em primeiro lugar, prevenir que defeitos entrem no código base, e a ferramenta para fazer isso é o desenvolvimento dirigido por testes.

"Não podemos deixar testadores escreverem testes antes que desenvolvedores escrevam código", um gerente de testes nos disse. "Se fizermos isso, os desenvolvedores simplesmente escreveriam o código para passar nos testes!". De fato, esse é o ponto. Algumas pessoas acham que o trabalho do testador é interpretar a especificação e traduzi-la em testes. Em vez disso, por que não tornar os testadores envolvidos na escrita de especificações na forma de testes executáveis para começar? Isso tem a vantagem de fornecer um processo de tradução à prova de erros, e, se feito com as ferramentas corretas, pode também fornecer rastreabilidade automática da especificação para o código. Quanto mais regulada é sua indústria, mais atrativa pode ser a especificação executável.

Se o trabalho de testar é prevenir defeitos em vez de encontrá-los, então deveríamos considerar o que isso significa para os vários tipos de testes que costumamos empregar. Brian Marick propõe que escolhamos o teste de quatro perspectivas que vemos na Figura 8.9. Essa figura mostra que testar tem dois propósitos: queremos dar suporte aos programadores conforme eles fazem seu trabalho, e também precisamos criticar o produto global que o software suporta. Podemos fazer isso de uma perspectiva técnica ou de uma perspectiva de negócios. Isso nos dá quatro categorias gerais de testes, as quais descreveremos brevemente.

Testes de unidade (também chamados testes de programador)

Testes de unidade são escritos por desenvolvedores para testar que sua intenção de projeto é realmente realizada pelo código. Quando os desenvolvedores escrevem esses testes primeiro, eles acham que o projeto de código evolui a partir dos testes, e, de fato, o grupo de testes de unidade torna-se a especificação do software. Escrever testes primeiro geralmente fornece um projeto mais simples, pois escrever código que é testável guia a um baixo acoplamento de código. Por causa desse ciclo virtuoso, quando os desenvolvedores começarem a usar desenvolvimento dirigido por testes, eles relutarão em desenvolver software de qualquer outra forma.

---

[22] Veja Shigeo Shingo, *Study of 'Toyota' Production System*, Productivity Press, 1981, Chapter 2.3.

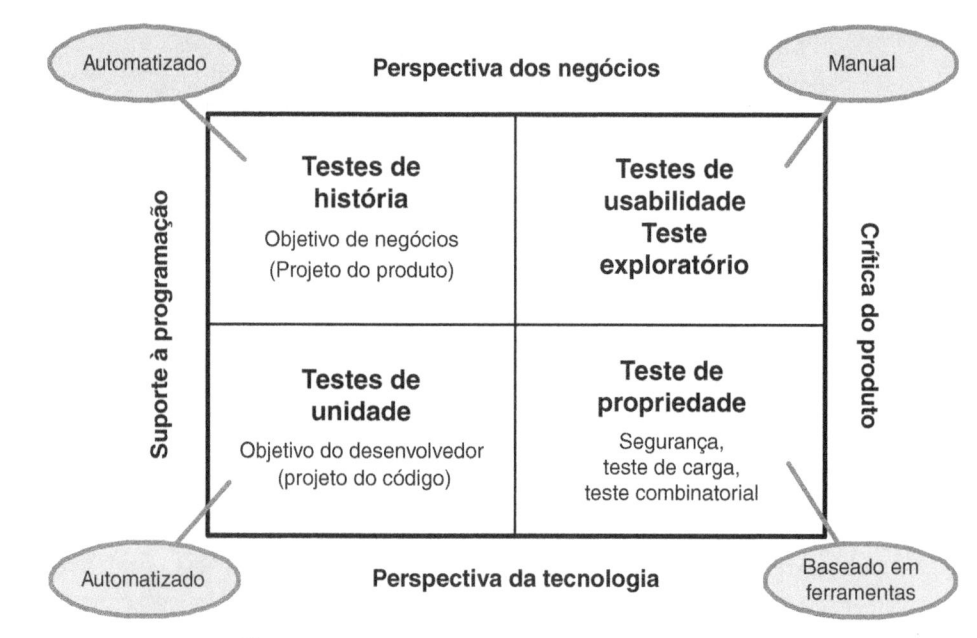

Figura 8.9 *Tipos de teste.*[23]

Uma seleção de testes de unidade é montada em um *test harness* que é executado no momento da *build*. O conjunto de testes de *build* deve ser rápido. Um conjunto de *build* e testes deveria levar menos que 10 minutos, ou outros desenvolvedores evitarão usá-lo. Portanto, o código testado com o conjunto de teste de *build* é frequentemente separado do banco de dados com objetos simulados (*mock objects*)*para acelerar a execução.

A razão dos testes de unidade serem às vezes chamados testes de programador é que programadores usam ferramentas de teste de unidade para testar mais do que pequenos elementos de código. Ferramentas de teste de unidade são usadas para teste em qualquer nível: unidade, funcionalidade ou sistema.

Testes de história (também chamados testes de aceitação)

Testes de história identificam o objetivo de negócios do sistema. São os testes que determinam se o software dará corretamente suporte aos clientes para fazerem seu trabalho. Quando testes de história são escritos antes do código, ajudam todos a pensar sobre o que realmente envolve o trabalho dos clientes e como será apoiado pelo software. A equipe trabalha por meio de exemplos do que o sistema deveria fazer, e os testes de história tornam-se uma especificação por exemplos. Se vamos escrever uma especificação antes da hora, ela também pode ser executável para evitar o desperdício de escrever testes depois e de rastrear código para especificações.

---

[23] De Brian Marick, "Agile Testing Directions", disponível em www.testing.com/cgi-bin/blog/2003/08/21-agile-testing-project-1. Usado com permissão.

Testes de história automatizados geralmente não são executados por meio da interface com o usuário; eles geralmente deviam ser executados sob a interface. Para que isso funcione, as interfaces com usuário deveriam ser uma fina camada de apresentação; toda a lógica e políticas deviam estar em camadas abaixo testáveis separadamente. Normalmente, a camada remanescente de interação com o usuário pode perfeitamente ser testada separadamente da lógica de negócios.[24]

Testes de história deveriam ser automatizados e rodar sempre que possível. Geralmente, eles não são parte do conjunto de teste de *build*, pois quase sempre exigem um servidor ou banco de dados. Contudo, uma seleção de testes de história deveria ser executada todos os dias, um conjunto mais completo deveria rodar toda a semana e todos deveriam passar no final de uma iteração.

Teste de usabilidade e exploratórios

Testes de usabilidade e exploratórios são, por definição, testes manuais. Quando um sistema passa em seus testes automáticos, sabemos que ele faz aquilo que deve fazer, mas não sabemos como será percebido pelos usuários ou o que mais poderia fazer que não pensamos em testar. Durante testes de usabilidade, usuários reais experimentam o sistema. Durante testes exploratórios, especialistas peritos em testes descobrem o que o sistema faz nos limites ou com entradas inesperadas. Quando testes exploratórios descobrem uma área de código que não é robusta, um teste deveria ser escrito para mostrar aos desenvolvedores o que precisa ser feito, e o teste devia ser acrescentado ao *test hardness*.

Teste de propriedade

Entre os testes de propriedades estão os assim chamados requisitos não funcionais, tais como tempo de resposta, escalabilidade, robustez, e assim por diante. Existem ferramentas especializadas para testar sistemas sob carga, para verificar problemas de segurança, etc. Há também ferramentas que geram testes combinatoriais que testam cada configuração possível que o sistema poderia encontrar. Se essas ferramentas são adequadas para seu ambiente, invista nelas e desenvolva as habilidades para usá-las bem. Comece usando-as no início do processo de desenvolvimento. Aplique-as em um ambiente o mais próximo que puder de condições reais de operação.

Gerência de configuração

A gerência de configuração é uma disciplina central em qualquer ambiente de desenvolvimento de software, e práticas ágeis criam demandas significativas em um sistema de gerência de configuração. Tenha em mente que:

---

[24] Camadas de interação visualmente orientadas, tais como aquelas encontradas em programas gráficos, jogos e softwares similares, estão mais propensas a exigirem inspeção manual do que interfaces orientadas a transações.

1. Qualquer área de código pode ser trabalhada por diversas pessoas ao mesmo tempo.
2. *Releases* são pequenos e frequentes.
3. Conforme um conjunto de funcionalidades é liberado para produção, novas funcionalidades estão sendo desenvolvidas.
4. Todo o código base sofre constante refatoração (melhoria contínua).

O sistema de gerência de configuração é o bibliotecário que verifica as linhas de código para as pessoas que as mudarão, e então arquiva corretamente as novas versões quando são enviadas de volta. Ele pode ser usado para gerenciar repositórios não apenas de código, mas também de documentação e resultados de testes, uma funcionalidade particularmente útil em um ambiente regulado. Cada organização de desenvolvimento deveria ter um sistema de gerência de configuração que suporta os cenários usados na organização e deveria estabelecer políticas que regem a forma que o sistema é usado.

Aqui estão alguns cenários típicos tratados pelos sistemas de gerência de configuração:[25]

1. Desenvolvedores trazem (*check out*) os arquivos para seus espaços de trabalho particulares. Eles fazem mudanças, e então, antes de enviar o código de volta, integram (*merge*) as mudanças com o código base atual em sua máquina e fazem um conjunto de *builds* e testes particular. Se todas as coisas funcionam, eles enviam seu novo código para o sistema de gerência de configuração, que dispara um conjunto de *build* e testes públicos.
2. Na hora de um *release*, um ramo de desenvolvimento (*branch*) que inclui todo o código a ser incluído no lançamento é criado. Os desenvolvedores continuam a adicionar novas funcionalidades à linha de código principal. Cada mudança feita em uma entrega de teste ou manutenção é integrada (*merge*) de volta na linha de código principal o mais breve possível. (Quando um código é entregue como parte da iteração ou um ramo é implantado sem modificação, esse cenário é desnecessário.)

Integração contínua

Sempre que código é trazido para um espaço de trabalho particular ou ramificado em uma linha de código separada, incompatibilidades surgirão entre as duas linhas de código. Quanto mais linhas de código em paralelo existirem, mais incompatibilidades existirão. Quanto mais frequentemente forem integradas, mais fácil será perceber problemas incipientes e determinar sua causa. Isso é tão fundamental que você esperaria que a integração contínua fosse uma prática padrão em todo lugar. Mas não é tão simples. Primeiramente, é anti-intuitivo para desenvolvedores

---

[25] Para muitos cenários e considerações adicionais de como usar sistemas de gerência de configuração, veja os artigos de Brad Appleton em: www.cmwiki.com/AgileSC-MArticles.

enviar seu código frequentemente; seus instintos são de se certificarem que uma tarefa inteira está completa antes de torná-la pública. Segundo, tempos demorados para configuração agravam o problema. *Builds* particulares levam tempo. Enviar código leva tempo. *Builds* e testes públicos podem levar muito tempo. Parar para corrigir problemas descobertos em conjuntos de *builds* e testes pode realmente de-sacelerar as coisas. Assim, há um incentivo muito forte em acumular grandes lotes de código antes de integrá-los no código base.

Esticar o tempo entre integrações é uma falsa economia. A abordagem *lean* diz respeito a atacar o tempo de configuração e reduzi-lo ao ponto em que a integração contínua é rápida e indolor. Essa é uma disciplina difícil, em parte porque desenvolver *build* rápido e capacidade de teste requer tempo, habilidade e atenção constante, e em parte porque parar para corrigir problemas pode ser uma distração. Contudo, uma grande epifania ocorre uma vez que uma equipe de desenvolvimento de software encontra maneiras de fazer *builds* rápidos e integração contínua e todos fielmente param para corrigir problemas logo que são detectados. Nos foi dito muitas vezes que essa é uma disciplina muito difícil de implantar, mas, uma vez que está funcionando, ninguém jamais pensaria em voltar ao jeito antigo de fazer as coisas. Invariavelmente, as equipes experimentam uma habilidade acelerada de fazer trabalho que faz até os céticos acreditarem.

Sincronização aninhada

Como mencionado anteriormente nesse capítulo, grandes sistemas deveriam ter uma arquitetura divisível que permitisse às equipes trabalharem concorrente e independentemente em subsistemas. Mas isso não é toda a história. O que acontece quando as equipes independentes tentam integrar esses subsistemas? Na teoria, as interfaces foram bem definidas e são estáveis, e não há surpresas quando os subsistemas são eventualmente integrados. Na prática, dificilmente funciona desse jeito. De fato, a falha da integração de subsistemas no final de projetos de desenvolvimento eram uma das maiores causas de extensão de planejamento, crescimento de custos e falha destes projetos.

Se você pensa no software como uma árvore e nos subsistemas como ramos, poderia ter uma visão de onde o problema deve estar. Geralmente, você não faria os ramos crescerem separados uns dos outros para depois enxertá-los no tronco de uma árvore. Similarmente, não deveríamos desenvolver subsistemas separados uns dos outros e então enxertá-los em um sistema. Deveríamos fazer subsistemas crescerem de um tronco vivo – se o tronco não existe, devíamos construí-lo primeiro. Os subsistemas serão assim organicamente integrados ao sistema, e não precisamos nos preocupar em tentar enxertar tudo no final.

A regra que descrevemos para linhas de código paralelas também vale para subsistemas maiores: quanto mais esforços paralelos de desenvolvimento houver, mais incompatibilidades existirão. Quanto mais frequentemente são integrados, mais fácil será observar problemas incipientes e determinar a causa. Em vez de definir interfaces e esperar que funcionem, deveríamos realmente *construir* as interfaces primeiro, fazê-las funcionar e, então, construir os subsistemas, sincronizando-os uns com os outros tanto quanto possível.

Como isso funciona na prática? Começa com integração contínua. Muitas vezes por dia os desenvolvedores enviam código, o qual dispara um conjunto de *build* e testes automáticos para verificar se tudo ainda está sincronizado no nível micro. Um *test hardness* de aceitação é executado durante a noite. Várias configurações e plataformas podem ser testadas durante o fim de semana. A cada iteração, todo o código base é sincronizado e trazido para um estado "entregável". Isso pode também ser sincronizado com outros subsistemas ou talvez com hardware. A cada *release*, o código é implantado para se sincronizar com os clientes.

Com grandes sistemas e equipes geograficamente dispersas, a sincronização aninhada é ainda mais crítica, pois ela fornece uma base para comunicação contínua e agrega regularmente o conhecimento coletivo das equipes em um local. Equipes trabalhando em subsistemas intimamente relacionados deveriam sincronizar seu trabalho a partir de uma base de código comum. Subsistemas principais deveriam ser reunidos no final de cada iteração. Em grandes projetos, o sistema inteiro deveria ser sincronizado sempre que possível. Usando o Polaris como um exemplo, pontos de sincronização completa do sistema ocorreram quando o primeiro míssil foi lançado, quando o A1 foi testado, quando implantado, e assim por diante. Esses pontos de sincronização de todo o sistema nunca tiveram mais do que 18 meses de intervalo, e você pode ter certeza de que houve muitos mais pontos de sincronização de subsistemas. Embora 18 meses possa parecer um longo tempo, a sincronização completa do sistema ocorreu seis vezes mais frequentemente do que solicitado no planejamento original do Polaris.

Sincronização completa do sistema significa trazer o sistema para um estado de "pronto para entrega", na medida do possível. Se há quaisquer testes de campo que podem ser executados, os pontos de sincronização são o momento de executá-los. Todas as equipes participantes e os clientes-chave deveriam estar envolvidos na análise e na tomada de decisões críticas a cada ponto de sincronização. Pontos de sincronização principais não são um evento de um dia. São muitos dias à parte para analisar completamente a "prontidão" do sistema, absorver o que foi aprendido, concentrar-se em decisões-chave que devem ser tomadas nesse ponto, fazer quaisquer correções de curso necessárias, planejar o próximo estágio em detalhes e celebrar o sucesso atual.

Tente isto

1. Usamos os termos plano de *release*, *backlog* e roteiro de produtos mais ou menos alternadamente. Esses termos significam a mesma coisa no seu ambiente? Caso contrário, como e por que são diferentes? Quanto dura cada um em termos de semanas de trabalho?

2. Quanto dura uma iteração em seu ambiente? Por que você usa essa cadência? O trabalho de definir claramente os detalhes do problema do cliente acontece dentro ou antes da iteração?

3. Discuta em uma reunião de equipe: qual é a diferença entre desenvolvimento dirigido por testes de história e desenvolvimento dirigido por testes de unidade? Quais são as vantagens e as desvantagens de cada um? Qual vocês usam? Qual *deveriam* usar?

4. Em uma escala de 0 a 5 (onde 0 = baixo e 5 = alto), classifique sua organização em:

    a. Arquitetura padronizada

    b. Ferramentas padronizadas

    c. Convenções de codificação

    d. Gerência de configuração

    e. Testes de unidade automatizados

    f. Testes de aceitação automatizados

    g. Conjuntos de *build* e teste de um clique

    h. Integração contínua

    i. *Release* automatizado

    j. Instalação automatizada

    Some sua pontuação.

5. Em sua próxima reunião de equipe, peça a ela para dar uma olhada em sua sala. Classifique sua aparência geral na escala de 0 a 5 (alto). Agora classifique a limpeza e a simplicidade de seu código base na mesma escala. Os resultados são similares? Se vocês têm uma pontuação de 3 ou menos, proponha à equipe fazer um exercício de 5S, primeiro na sala e depois no código base.

6. Quem é responsável por implantar padrões? Quem deveria ser? Com que fidelidade os padrões são seguidos? Com que facilidade são mudados? Há uma conexão entre as duas últimas respostas em sua organização?

Capítulo 9

Parceiros

Sinergia

"Em uma regata de 8 com timoneiro, um barco pode cobrir uns 2.000 metros sobre a água em aproximadamente 5,5 minutos. Contudo, um barco com um único remador, na melhor das hipóteses, é capaz de cobrir a mesma distância em torno de 7 minutos. A diferença está na sinergia, e se remar mais rápido for uma questão de sobrevivência, os cooperadores seriam os mais apropriados".[1]

As parcerias não são feitas para a redução de custo, para reduzir os riscos ou para acrescentar capacidade. A razão fundamental da parceria é a *sinergia*: pessoas – e empresas – podem alcançar melhores resultados pela cooperação do que eles podem alcançar individualmente.

Emergência!

Terça-feira, 2 de dezembro de 2003. Uma séria violação de segurança foi descoberta num servidor Gentoo Linux em uma universidade italiana. O administrador de sistema rastreou o problema da melhor forma que pôde, e por uma cadeia de contatos, entrou em contato com um desenvolvedor na Austrália que já havia liderado o desenvolvimento daquela área do código. O desenvolvedor deixou tudo de lado e trabalhou durante a noite italiana com o administrador de sistema para apontar a posição exata da brecha. Então ele reuniu um amigo e eles trabalharam durante a noite australiana escrevendo um "remendo" (*patch*). Eles enviaram o remendo para um pequeno grupo de usuários-desenvolvedores Gentoo Linux, que tinham sido alertados para ficarem a postos para os testes. Menos de 30 horas depois do

---

[1] "The Synergism Hypothesis: On the Concept of Synergy and Its Role in the Evolution of Complex Systms," de Peter A. Corning, Ph.D., *Journal of Social and Evolutionary Systems*, 21(2), 1998.

ataque ser descoberto, um anúncio da brecha de segurança e o *patch* de segurança já testado foi distribuído aos usuários de Linux no mundo inteiro.

Esta história foi contada por Philip Evans e Bob Wolf em um artigo da *Harvard Business Review* intitulado "Collaboration Rules" (Regras de Colaboração).[2] Eles resumiram: "Ninguém autorizou ou dirigiu este esforço. Nenhum amador ou profissional foi pago pela participação ou teriam sido punidos por não o terem feito. O trabalho de nenhum deles dependia de parar o ataque. Ninguém ficou calado com medo da responsabilidade legal. Em vez disso, a maior comunidade de usuários foi mantida informada sobre todos os desenvolvimentos. Ainda assim, apesar da necessidade da mais alta segurança, um grupo de aproximadamente 20 pessoas, em que apenas alguns já haviam se encontrado alguma vez, empregados por uma dúzia de empresas diferentes, vivendo em diferentes fusos horários e mantendo-se distantes das suas descrições de emprego, realizaram a tarefa em aproximadamente 29 horas, o que poderia ter consumido semanas ou meses de colegas em cubículos contíguos".[3]

Sábado, 1º de fevereiro de 1997.[4] Um incêndio no início da manhã destruiu a fábrica número um da Aisin, aquela que fazia todas as válvulas P colocadas nos automóveis da Toyota. Uma válvula P é uma peça do tamanho de uma carteira de cigarros que controla a pressão das linhas do freio traseiro, e a Toyota tinha talvez uns dois ou três dias de estoque em suas mãos. As válvulas P são peças de alta precisão feitas por instrumentos especializados, mas teoricamente elas poderiam ser feitas com ferramentas de propósito geral. A Aisin imediatamente fez uma chamada convocando toda empresa que tivesse ferramentas adequadas para ajudar. Sessenta e duas empresas responderam e, dentro de horas, os diagramas para a válvula foram apanhados e os sistemas de ferramenta improvisados. Os voluntários se coordenaram entre si assim que eles compreenderam como as válvulas de alta precisão eram produzidas, e a Denso se encarregou de coordenar a bagunça logística. Mesmo que a Toyota tenha fechado todas as suas fábricas na terça-feira, um pequeno fornecedor, Kyoritsu Sangyo, orgulhosamente entregou a produção das primeiras 1.000 válvulas de qualidade. Na quinta-feira, 36 fornecedores, ajudados por 150 subcontratados, estavam produzindo pequenos lotes de válvulas P, e a Toyota começou a reabrir suas fábricas. Uma semana depois do fogo, a Toyota estava de volta à produção de mais de 16.000 carros por dia, cada um contendo válvulas P feitas com máquinas manuais. Foram necessárias 6 semanas para a Aisin reedificar sua linha de produção e, consequentemente, ela pagou todos os fornecedores provisórios durante esse tempo. A Toyota também deu a cada fornecedor de primeira fila um bônus para demonstrar seu apreço, o qual eles prontamente passaram aos fornecedores de segunda e terceira fila.

"Os paralelos entre estas histórias são notáveis", segundo Evans e Wolf.[5] "Em ambas, os indivíduos encontraram uns aos outros e deram passos em pa-

---

[2] Esta seção é um resumo de duas histórias contadas em "Collaboration Rules", Philip Evans and Bob Wolf, *Harvard Business Review*, July-August, 2005.
[3] Ibid., p. 99.
[4] Ibid. Veja também "The Toyota Group and the Aisin Fire,", de Toshihiro Nishiguchi and Alexandre Beaudet, *Sloan Management Review*, Fall, 1998.
[5] Ibid., p. 100; itálico no original.

péis sem um plano ou uma estrutura de comando e controle estabelecida. Uma extensa rede humana foi organizada em horas e formou um 'enxame' contra uma ameaça. As pessoas, as equipes, e as empresas colaboraram sem contratos legais ou negociação de pagamento. E, apesar da falta de qualquer 'bastão' autoritário ou 'cenoura' financeira, aquelas pessoas trabalharam *como no inferno* para resolver o problema."

As pessoas e as empresas que responderam a estas duas emergências estavam acostumadas a colaborar. Elas já tinham estabelecido uma compreensão de como se comunicar uns com os outros para fazerem as coisas. Elas tinham aprendido a fazer isto sem a presença de um líder visível, cada pessoa ou empresa realizando o que fosse necessário caso tivessem as habilidades para contribuir. Alimentadas pela confiança e pago com aplausos, cada comunidade foi governada não por contratos ou hierarquias, mas por regras sobre como as pessoas e as equipes trabalham juntas e como elas se comunicam.

Código Aberto

Sabemos que um excelente software pode ser desenvolvido e mantido por voluntários trabalhando por todo o mundo com poucas e simples ferramentas de comunicação e algumas regras básicas. De fato, muitas das pessoas que desenvolvem software de Código Aberto trabalham de dia como desenvolvedores. Alguns até podem ser pagos por seus empregadores para contribuir em iniciativas de Código Aberto, mas muito frequentemente não o são. As contribuições de Código Aberto vêm de desenvolvedores que modificam um programa existente para resolver um problema próprio e logo compartilham os resultados. Mas nada disso explica o sucesso inerente do modelo do Código Aberto.

A maioria dos projetos de Código Aberto possue um líder, pelo menos no começo. Todos os projetos de Código Aberto possuem *"committers"*, um círculo fechado de confiança de pessoas que têm a autoridade de agregar o novo código à base de fontes. Originalmente, o criador do projeto é o *committer*, mas à medida que o projeto cresce, mais desenvolvedores ganham o direito de se juntar ao círculo interno de *committers*. Os *committers* forçam a adoção dos padrões que possam ter sido estabelecidos e atuam como revisores de primeira linha. É uma honra para novos membros terem seus códigos agregados (via *commit*), embora contribuir com código que não tenha sido completamente testado seja embaraçoso. A comunidade ativa de qualquer projeto realiza revisões impiedosas do código no momento em que eles o veem, forçando os padrões pela pressão agressiva de seus pares. Definitivamente, isto é um esporte de equipe desafiador, com grandes recompensas psicológicas por gerar uma contribuição extraordinária.

Muitas pessoas têm obsessões que as absorvem completamente fora do trabalho. Com o Código Aberto esta obsessão resulta somente em estar escrevendo código. Existe algo sobre o software que pode ser terrivelmente atraente. Poderíamos nos perguntar o que podemos fazer para tornar igualmente atraente o desenvolvimento de software em nossa organização.

Voltando aos 14 pontos de Deming, o ponto 12 é provavelmente o mais importante: elimine as barreiras que tiram das pessoas o direito de se orgulhar de suas habilidades. Prazos finais artificiais, gerentes sem nenhuma ideia do que realmente é um bom código fonte, bases e práticas de código relaxadas, nenhuma forma de ver se o novo código funciona, nenhuma ideia do que os usuários realmente desejam, recompensas individuais para as contribuições da equipe – cada um desses itens rouba de cada membro da equipe de desenvolvimento o orgulho da habilidade. O orgulho constrói o compromisso, e sem compromisso mútuo um grupo realmente não é um time.

E se um líder de desenvolvimento de software tivesse uma descrição de trabalho semelhante a de um líder de projeto de Código Aberto? Para conseguir voluntários para trabalhar em Código Aberto, um novo líder de projeto precisa de uma ideia atraente e uma boa abordagem. Para manter os voluntários comprometidos, o líder – e depois a comunidade dos *"committers"* – devem reconhecer, apreciar e aplaudir o bom trabalho. Bom trabalho significa resolver o problema (os desenvolvedores também são os clientes na maioria dos casos, portanto eles realmente entendem o problema) com um código conciso, legível, agregado ao sistema em partes muito pequenas. Desenvolvedores de Código Aberto não desperdiçarão seu tempo trabalhando em software que está confuso ou quebrado – ou se eles o fizerem, começarão consertando-o. E ninguém, realmente, diz aos desenvolvedores de Código Aberto o que fazer. Eles são perfeitamente capazes da compreender isso para si próprios.

Para uma equipe de desenvolvimento disciplinada e competente não há nenhuma moeda que possa bater o respeito, a confiança e o aplauso.

Redes globais

O Boeing 787 Dreamliner está sendo projetado e desenvolvido por uma rede global porque a Boeing acredita que a sinergia de muitas culturas com áreas variadas de experiência irá resultar num avião superior. A Procter & Gamble decidiu que precisava de novas ideias mais depressa do que ela poderia gerar, então agora ela procura ideias inovadoras em todas as partes de uma rede global e as traz para dentro do desenvolvimento de novos produtos.[6] Explorar o talento inovador mundial não é a única razão para se ter redes globais. Ambas empresas enxergam que elas devem vender seus produtos no mundo inteiro, portanto as redes globais são necessárias para ajudá-las a entender e encontrar as necessidades dos mercados globais.

No desenvolvimento de software, possuímos nossa própria e bem respeitada rede global: comunidades de Código Aberto. Do Código Aberto aprendemos que as pessoas não precisam estar no mesmo fuso horário para trabalhar conjuntamente num software. A pergunta é: o que as pessoas precisam para colaborar estreitamente no desenvolvimento de software, especialmente se elas não estiverem na mesma localização?

Reexaminemos as duas histórias do início desta seção. A primeira coisa que a Aisin fez foi encaminhar um pedido de ajuda e 62 empresas responderam. Todos estavam engajados em recuperar a produção da Toyota; e isso representava tanto uma questão de orgulho quanto de necessidade econômica. Com o compromisso

---

[6] "Connect and Develop: Inside Procter & Gamble's New Model for Innovation," de Larry Huston and Nabil Sakkab, *Harvard Business Review*, March 2006, pp. 5866.

estabelecido, o foco mudou para a comunicação. Durante a crise pós-incêndio fogo, a Aisin poderia entregar os projetos esquemáticos para todo o mundo, mas ela não poderia ajudar aquele número de fornecedores a trabalharem na válvula P com um máquina manual. A Aisin tinha seus equipamentos automatizados; ela tinha pouca experiência na utilização de ferramentas manuais. Os fornecedores aprenderam a trabalhar de forma manual organizando entre eles reuniões diárias, de modo que os operadores das máquinas pudessem contar para os outros operadores o que eles aprendiam.

Consertar uma brecha de segurança no Linux começou com o compromisso de um antigo líder de projeto na Austrália em consertar uma falha no código que ele tinha acabado de trabalhar. Muitas pessoas dependiam desse código, então, como uma questão de orgulho, ele mergulhou de cabeça no problema para ajudar. Ele passou horas em comunicação um-a-um com um administrador de sistema da Itália antes que eles apontassem o lugar exato no código onde estava a falha. Então, se juntaram com um amigo que vivia próximo para desenvolver a correção do sistema, uma vez que a solução de problemas difíceis é mais bem realizada pela troca de ideias com mais alguém – sobretudo quando ela toma toda a noite.

Muitas vezes, somos questionados sobre como melhorar os canais de comunicação das equipes globais, mas muito frequentemente vemos que a raiz do problema não é a comunicação e sim a ausência de uma equipe comprometida. As redes globais e os grupos de trabalho distribuídos não se tornam times somente porque alguém os chama de times. Fornecer canais para uma comunicação rica é muito importante quando os membros da equipe estão localizados em fusos horários diferentes, mas dificilmente é suficiente para transformar um grupo de trabalho num time.

O desafio de se criar sinergia entre pessoas que estão geograficamente dispersas é muito semelhante ao desafio de se criar sinergia entre pessoas que estão no mesmo local: acima de tudo, os membros da equipe devem estar mutuamente comprometidos com a conquista de um objetivo comum. Com equipes globais, o desafio do compromisso mútuo simplesmente possui uma dimensão a mais: a comunicação eficaz entre os membros da equipe é mais difícil.

De grupos de trabalho global para equipes globais

Aqui estão algumas técnicas que achamos úteis na criação de comprometimento e na facilitação da comunicação entre grupos de trabalho que estão geograficamente bem separados:

1. **Integração frequente**: Muitas vezes, um grupo de trabalho é composto de várias pequenas equipes, cada uma numa localização separada. Se as responsabilidades da equipe refletem a arquitetura funcional do sistema, então as equipes podem trabalhar normalmente em módulos separados de forma quase independente. Esta pode ser uma estrutura muito eficaz, mas as equipes devem utilizar uma sincronização aninhada, integrando com frequência seus esforços. A integração regular e frequente apresenta muitos benefícios, desde o estabelecimento do compromisso mútuo até a criação de um repositório comum de conhecimento. Quanto mais rápido o conhecimento for transferido para a base de código, mais fácil será para compreender o código, cada vez mais os testes do programador comunicarão as intenções de cada equipe local e melhor ficarão os seus resultados combinados de cada equipe.

2. **Intercâmbio de pessoas**: Muitas vezes, vemos que uma equipe em um país possui todas as capacidades técnicas necessárias para desenvolver um sistema, mas seus "requisitos" chegam em grandes lotes por meio de documentos elaborados a diversos fusos horários de distância. Como se pode imaginar, quando se termina a aplicação várias semanas ou meses depois da chegada dos requisitos, constata-se que não é exatamente o que os clientes desejavam. Grandes separações entre clientes ou analistas e a equipe de desenvolvimento – com a comunicação sendo feita através de paredes – raramente funciona bem. O melhor modo de tratar esta situação é colocar por longos períodos umas duas pessoas de uma equipe na outra equipe, de preferência em base de rodízio. Umas duas pessoas da equipe que entendem as necessidades dos clientes devem ser colocadas junto à equipe de desenvolvimento, ou, de forma alternativa, duas pessoas que fazem parte da equipe de desenvolvimento devem ser colocadas com aqueles que entendem os clientes. O rodízio dessas pessoas nestas posições é ainda mais eficaz.

3. **Intercâmbio de testes**: Estamos familiarizados com um caso em que a transferência de requisitos entre as equipes era tratada por meio do envio de testes executáveis para a equipe remota, ao invés de requisitos funcionais. As pessoas que entendiam os clientes desenvolviam os testes detalhados pelos quais o código deveria passar. Eles enviavam os testes para a equipe remota. Se o código passava nos testes, então considerava-se que ele estava funcionando. No entanto, eles viam que, a menos que as iterações fossem concluídas e testadas uma vez por semana no ambiente do cliente, a distância era muito grande e a equipe remota estaria longe de entregar o que o cliente realmente desejava.

4. *Proxy*: Temos visto equipes dispersas muito bem-sucedidas se comunicando por meio de uma única pessoa. Alguém de uma localidade remota se torna membro de uma equipe principal e passa a trabalhar como um "*proxy*" (procurador) para o resto da equipe. Todo dia, essa pessoa assume a responsabilidade de fornecer uma grande quantidade bem definida de trabalho e a envia para a equipe remota, chamando-a todo dia para descrever o que precisa ser feito, responder perguntas e receber o trabalho concluído. Assim, a equipe remota mantém uma comunicação efetiva com uma pessoa da equipe principal, e a equipe principal considera a equipe remota uma extensão de seu *proxy*, que pode submeter o trabalho a várias pessoas.

5. **Líder de equipe viajante**: Em certo caso que chegou até nós, cada subequipe de cada localidade tinha um Oobeya, ou "sala de guerra", com aqueles grandes e visíveis gráficos mostrando o *status* e os problemas do projeto. Os gráficos de *status* eram mantidos de forma idêntica em cada uma das quatro salas pelo mundo. O líder de programa viajava de uma sala a outra, mantendo reuniões regulares de *status* em cada localidade. As outras localidades eram chamadas para as reuniões, que renovavam o compromisso mútuo de todas as equipes com o objetivo comum do projeto.

6. **Nenhum cidadão de segunda classe**: Quando parte de uma equipe devia trabalhar utilizando um segundo idioma, enquanto outros membros da equipe utilizavam seu primeiro idioma, ou quando um grupo é subcontratado enquanto o outro é parte da empresa contratante, ou quando um grupo claramente tem salários ou posições mais altas que o outro, as pessoas podem facilmente adquirir a percepção de que um grupo é "melhor" do que o outro. Tal percepção destruirá rapidamente o respeito, a confiança e o compromisso que são essenciais para o verdadeiro trabalho em equipe.

A equipe da fibra de luz

Nishijima-san decidiu que nosso plástico condutor de luz seria um grande produto para a Sumitomo-3M. Viajamos juntos pelos Estados Unidos durante três semanas para ver possíveis aplicações e Nishijima-san voltou para o Japão para formar uma equipe. Em algum dado momento dos dois anos e meio seguintes, ele enviou pelo menos dois engenheiros da sua equipe para se juntar a minha equipe nos Estados Unidos. Os engenheiros se revezaram para que todos pudessem passar vários meses na equipe dos Estados Unidos, contribuindo para o nosso trabalho e aprendendo sobre a óptica e a tecnologia. Toda a noite, os engenheiros japoneses se juntavam a uma reunião de equipe realizada no Japão para manter todo o mundo informado. Então, nas nossas reuniões, eles nos colocavam em dia do progresso feito no Japão.

Tentamos videoconferências, mas elas não funcionaram muito bem. Felizmente, elas não foram necessárias, pois quem quer que estivesse nos Estados Unidos, era visto do Japão como um membro titular da equipe, e toda a noite eles envolviam seus colegas em nossa equipe. Quando viajamos para o Japão, já conhecíamos todo mundo da equipe e nos sentimos como se fôssemos parte daquela equipe. Escolhemos em conjunto um nome para a marca que funcionasse bem em qualquer idioma. Se eu fosse fazer tudo isso de novo, faria do mesmo modo, com a única exceção de que enviaria dois engenheiros para o Japão em troca dos engenheiros que Nishijima-san nos enviou.

Provavelmente, a maior preocupação tenha sido a propriedade intelectual conjunta, embora a 3M e a Sumitomo-3M estivessem estreitamente associadas e possuíssem acordos de propriedade intelectual. Contudo, com os engenheiros da Sumitomo-3M em nossa equipe em tempo integral, não podíamos fazer muito para classificar quem desenvolvia as ideias. Por essa razão, o vice-presidente que patrocinava o programa nos disse para ignorar essa questão, e pediu para que os advogados a tratassem. Estou convencida de que esta decisão foi vital para ajudar nossas equipes a se sentirem iguais. Com o passar do tempo, realizamos várias invenções conjuntas, inclusive fui nominada em uma das patentes.

— Mary Poppendieck

Terceirização

Equipes globais podem existir inteiramente dentro de uma única empresa ou podem cruzar os limites de empresa. De fato, o mesmo é verdade das equipes locais: os membros podem vir de dentro de uma única empresa ou de empresas diferentes. A terceirização envolve ter um pouco do trabalho de sua empresa feito por outra empresa – que pode estar do outro lado da rua ou a meio mundo distante. A terceirização acrescenta uma dimensão diferente da distância. Ela levanta a questão da lealdade. Quando os trabalhadores tomam decisões de troca, como eles pesam os interesses da própria empresa, da outra companhia e da *joint venture*? E como eles equilibram a questão da terceirização com a permanência de seus próprios empregos?

Os melhores arranjos de terceirização respondem essas perguntas de forma muito clara: os melhores interesses das empresas individuais e seus respectivos empregados serão melhor servidos promovendo-se os melhores interesses da *joint venture*. Sem tal clareza, submetemos os funcionários a velados conflitos de interesse. Como podemos evitar esses conflitos? A resposta depende de que tipo de trabalho está sendo terceirizado. Vamos dar uma olhada em três possibilidades: infraestrutura, transações e desenvolvimento.

Infraestrutura

Quando iniciamos nosso negócio em 1999, sabíamos que precisávamos de um site e de recursos de e-mail, mas não tínhamos nenhum interesse em configurar um servidor. Portanto, encontramos uma empresa (que parecia ser do Canadá) que hospedaria nosso site e forneceria o e-mail mediante um modesto valor mensal. Com o passar dos anos, a empresa melhorou suas ofertas e baixou seus preços, a tal ponto que, às vezes, nos admiramos que algum pequeno negócio queira hospedar seu próprio site e servidor de e-mail. Não nos preocupamos com tempos de queda de serviço, com segurança, ou mesmo com o crescimento. O serviço é muito fácil de usar e nas poucas ocorrências em que precisamos do suporte técnico, a resposta foi mais do que satisfatória.

Terceirizamos nossa infraestrutura – que é provavelmente a coisa mais fácil de se terceirizar. As características esperadas da infraestrutura estão bem definidas no mercado, sendo fornecidas por muitos vendedores, a um preço competitivo. Mesmo tendo competência técnica para fornecer nossa própria infraestrutura, obtemos um maior retorno se investirmos nossos esforço em outro lugar. Faz muito sentido terceirizar a infraestrutura quando o mercado pode fornecê-la de forma mais competente e rentável do que você mesmo pode fazê-lo. A maioria das pessoas já está acostumada com a terceirização da infraestrutura.

Transações

Outra coisa que pode ser terceirizada são as transações. Por exemplo, uma empresa que tem de transcrever muitos documentos de papel para um formato eletrônico pode digitalizar os documentos e então remetê-los para qualquer parte do mundo para transcrição. Como a transcrição consome muito esforço, enviar documentos para um país com tarifas de trabalho mais baixas pode ser muito rentável.

Mas há uma advertência aqui: e se a verdadeira vantagem competitiva na indústria vai para a empresa que sabe como capturar os dados de forma eletrônica e dispensar os documentos em papel? As empresas que terceirizam a transcrição para baixar seus custos perderão o estímulo de se perguntar, em primeiro lugar, porque os documentos devem ser transcritos. Antes de terceirizar as transações, você deve primeiramente simplificar o fluxo de valor e tentar eliminar a necessidade das transações.

A maior parte do conflito de interesses em transações terceirizadas reside na abordagem de compensação do trabalho por empreitada. Quando um terceiro é pago com base pela transação, o seu estímulo é reduzir o tempo por transação. Mas se o verdadeiro valor reside na redução do número de transações, os sistemas de compensação de trabalho por empreitada geram um conflito entre a fidelidade ao próprio empregador e a fidelidade com a empresa que gera as transações.

Por exemplo, no Capítulo 2 contamos a história de como a BMI, uma companhia aérea britânica, terceirizou seu *call center* para a Fujitsu. Tipicamente, as empresas de *call center* são pagas com base no número de chamadas (transações) que elas realizam, mas a Fujitsu foi capaz de mostrar à BMI que ela podia reduzir o número de chamadas que manipulava e diminuir as despesas operacionais da BMI simultaneamente. Assim, a Fujitsu conseguiu convencer a BMI mudar o incentivo para que o pagamento fosse feito com base nas chamadas em potencial, de tal forma que eles pudessem fazer dinheiro ajudando a BMI a economizar dinheiro – uma parceria do tipo ganha-ganha. Esta abordagem por compensação torna claro que buscar o bem da *joint venture* é o melhor interesse de todos.

Desenvolvimento

Assim como a terceirização da infraestrutura faz muito sentido, a terceirização do desenvolvimento de software de processos comuns da indústria – o processo de compras, por exemplo – também poderia fazer muito sentido. No entanto, você pode esperar adquirir uma média da indústria com este tipo da terceirização, dado que seu fornecedor estará normalmente trabalhando com outras empresas do seu ramo. Se suas práticas estiverem abaixo do esperado, então a terceirização é uma forma rápida de lhe trazer para a média da indústria. Terceirizar este tipo de desenvolvimento é basicamente o mesmo que terceirizar a infraestrutura – e isso raramente levanta problemas de lealdade.

Algumas empresas terceirizam uma parte do desenvolvimento – por exemplo, os testes manuais de interface são normalmente terceirizados, já que demandam muito esforço. No entanto, a verdadeira vantagem vai para a empresa que enxerga que os testes não precisam ser feitos manualmente pela interface do usuário. Essa empresa irá automatizar os testes abaixo da interface do usuário, e então integrará esses testes o mais cedo possível no processo de desenvolvimento. De fato, ela tentará escrever os testes primeiro e então escrever o código para que ele passe nos testes. Essa empresa terá uma significativa vantagem competitiva em seu processo de desenvolvimento de software como um todo, acima da companhia que terceiriza os testes manuais.

Terceirizar o desenvolvimento de componentes-chave de seu produto ou o software que suporta os principais diferenciais de seu processo requer uma ponderação cuidadosa. Algumas empresas mantem totalmente interno este tipo de desenvolvimento, provendo uma alavanca-chave na criação da vantagem competitiva. Outras empresas aprenderam a terceirizar estas áreas críticas do desenvolvimento de forma efetiva. Por exemplo, nos Estados Unidos, mais de 70% das partes de um carro da Toyota são desenvolvidas e fabricadas por seus fornecedores.[7] As redes globais de inovação da Boeing e da Procter & Gamble, mencionadas anteriormente neste capítulo, lhes dão acesso ao pensamento técnico mais avançado do mundo, onde que que ele exista. Assim, o desenvolvimento avançado que

---

[7] Veja Jeffrey H. Dyer, *Collaborative Advantage: Winning Through Extended Enterprise Supplier Networks*, Oxford University Press, 2000, p. 33.

era costumeiramente feito dentro da empresa, agora é executado em parceria com outras empresas.

As empresas que ganham uma vantagem significativa da terceirizar áreas críticas do desenvolvimento operam a partir de alguns princípios básicos:

1. A razão de se terceirizar capacidades críticas é motivada pela necessidade de acesso a um maior conjunto de capacidades técnicas do que aquele que a empresa possui ou para ampliar sua compreensão e alcance de mercado, ou ambos.

2. A terceirização de capacidades críticas está sempre baseada numa relação ganha-ganha. Não se espera que a parceria crie sinergia, mas ela é gerenciada para criar sinergia. O sistema de compensação, as regras de interação e as expectativas de gestão dão sinais claros aos trabalhadores de que a lealdade para com a *joint venture* é equivalente à lealdade às suas empresas individuais, e uma *joint venture* bem-sucedida servirá aos seus melhores interesses.

3. As companhias exibem um profundo respeito para com os seus parceiros, e este respeito é introduzido nos processos e procedimentos que utilizam para enquadrar os detalhes da sociedade.

A gestão do fornecedor – quando bem feita – pode trazer para o mundo do desenvolvimento as mesmas vantagens decisivas que a gestão da cadeia de suprimentos trouxe para o mundo da fabricação. Tudo começa com um reconhecimento de que a terceirização não é redução de preço, não é redução de riscos, nem é aumento de capacidade. Terceirização é a criação de sinergia. É o dar-se conta de que, remando juntas, as empresas podem atingir a linha de chegada mais depressa do que a mais forte conseguiria sozinha.

Contratos

Qual é o objetivo dos contratos? Existem duas escolas de pensamento sobre esta questão:

1. O objetivo dos contratos é proteger cada parte do comportamento oportunista da parte contrária.

2. O objetivo dos contratos é estabelecer estímulos apropriados a fim de que as empresas trabalhem juntas de forma sinérgica.

Dependendo da abordagem que você toma, os contratos podem tornar o Desenvolvimento *lean* de Software impraticável num ambiente de contratação, ou ele pode prover uma estrutura para todas as partes trabalharem em conjunto a fim de atingirem os melhores resultados possíveis.

O Acordo T5

A BAA gerencia a maioria dos principais aeroportos do Reino Unido, e foi uma entidade pública até 1987. Ela começou a construir o Terminal 5 no aeroporto de Heathrow em 2002 e a abertura do terminal está programada para o dia 30 de março de 2008.* O projeto é enorme – com custo de £ 4,2 bilhões. Desde o começo, a BAA percebeu que ela simplesmente não poderia permitir aquele tipo de custos adicionais e prazos extendidos que são tão típicos de projetos com essa dimensão. Qualquer atraso significativo no projeto, por qualquer razão que fosse, não importando quem tivesse culpa, seria uma marcha fúnebre para a BAA.

Portanto, a BAA estudou o que deu errado em projetos de aeroportos com grandes atrasos e estouro de orçamento, bem como com outros projetos públicos que haviam sido mal-direcionados. Chegou-se à conclusão de que o processo de contratação era a causa dos problemas. Num súbito golpe de inovação em gestão, a BAA percebeu que o problema essencial era que os contratos tentavam se desfazer do risco repassando-os para os terceiros. Os terceiros cobravam mais para assumirem o risco, mas no final, se existissem problemas, seria a BAA que sofreria, e não os terceiros. Portanto, a BAA decidiu assumir e gerenciar o próprio risco do projeto, pois não podia perder seu desempenho enquanto tivesse de tratar de contratos e tribunais.

A BAA inventou o que ela chama de Acordo T5 – um documento com valor legal que substitui os contratos convencionais e modifica as regras de jogo da construção. A BAA aceita assumir todo o risco – e em troca os terceiros aceitam a trabalhar em equipes integradas, a mitigar os riscos, e a trabalhar para realizar os resultados da melhor forma possível. O projeto é dividido em aproximadamente 150 subprojetos, e cada um possui uma equipe de terceiros, um orçamento acordado e uma margem de capital de risco/incentivo. Os terceiros são pagos por tempo e materiais. Se alguma coisa precisar ser refeita, não haverá nenhum argumento, eles ainda serão pagos. Se o subprojeto exceder seu orçamento, o dinheiro é retirado da margem de risco/incentivo daquele subprojeto. Ao término do subprojeto, a equipe responsável pelo mesmo divide dois terços de qualquer capital que tenha sobrado na margem de risco/incentivo.

O Acordo T5 trata tanto de risco como de incentivos de um modo completamente não ortodoxo, e a BAA está convencida de que está economizando uma quantidade significativa de dinheiro enquanto mantém seus riscos baixos. O acordo eleva o limiar de conflito e baixa o custo da colaboração, pondo todos os incentivos para os terceiros a fim de que colaborem uns com os outros. Entre a supervisão da BAA, a pressão dos pares e o orgulho do trabalho artesanal, as equipes não só fizeram as coisas a tempo, como se envolveram por várias semanas num deslizamento que ocorreu devido ao mau tempo. Até

---

* N. de R. T.: Este trecho foi escrito antes da inauguração, que ocorreu em 27 de março de 2008.

agora, o projeto está dentro do prazo e todos estão com a expectativa de que o Terminal 5 esteja pronto para a sua abertura programada para o dia 30 de março de 2008.

O contrato PS 2000

O contrato PS 2000 foi desenvolvido pela Sociedade Norueguesa de Computação em aliança com a Universidade Norueguesa de Ciência e Tecnologia (NTNU) e as principais indústrias e organizações públicas da Noruega. Desenvolvido especificamente para ser utilizado em grandes projetos de TI da área pública, o contrato PS 2000 surgiu da observação de que é muitas vezes difícil redigir uma especificação detalhada de um sistema de TI durante o processo de aquisição e oferta. Ele está baseado nas seguintes premissas:

1. As melhores práticas mostram que um modelo de desenvolvimento iterativo flexível é mais ajustado às incertezas e riscos de muitos projetos de TI de grande escala.

2. Isso requer mecanismos para estabelecer uma compreensão comum entre a parte contratada e o cliente.

3. A parte desenvolvendo o sistema é a mais qualificada para encontrar o melhor modo de atingir os objetivos e necessidades do cliente.[8]

O que o contrato PS 2000 tem de singular é que ele é um contrato sobre como o cliente e o contratado trabalharão em conjunto, não uma especificação do que será entregue. O corpo do contrato estabelece conselhos de tomada de decisão, denomina mediadores em caso de desacordo, e especifica os direitos gerais e as obrigações de cada parte. Os objetivos e custos do projeto são referenciados em anexos. O contrato especifica o método pelo qual o sistema será iterativamente explorado, e conforme mais detalhes são combinados, os objetivos são substituídos pelos detalhes combinados de uma maneira iterativa. O anexo de custos especifica o método pelo qual ambas as partes irão compartilhar qualquer economia ou estouro e fornecem um limite superior e inferior do preço global.

Contratos relacionais

Tanto o Acordo T5 como o contrato de PS 2000 são contratos relacionais,[9] isto é, eles descrevem as relações das partes ao invés dos resultados esperados da relação. Os acordos relacionais têm como foco o alinhamento dos incentivos das partes com o bem da *joint venture*. A suposição subjacente é que as pessoas na-

---

[8] Retirado de http://dataforeningen.no/?module=Articles;action=ArticleFolder.publicOpenFolder;ID=1044, Fevereiro de 2006. Veja este web site para mais informações.
[9] O Lean Construction Institute possui mais exemplos de contratos relacionais em www.leanconstruction.org

turalmente buscarão os interesses da sua própria empresa; portanto, um acordo relacional é especificamente construído para deixar bem claro para as pessoas que fazem o trabalho que os melhores interesses das suas empresas individuais são melhores servidos quando elas se concentram aos melhores interesses da *joint venture*.

Uma *joint venture*

Nossas duas empresas tinham tecnologias complementares muito novas e percebemos que, combinando-as, poderíamos criar um produto realmente inovador. Porém, separadamente, essas tecnologias eram a base de uma porção muito grande do negócio de cada empresa. Não havia nenhum jeito de trabalharmos em conjunto sem colocar nossos negócios em risco até que assinássemos um acordo de *joint venture*, protegendo a propriedade intelectual de cada empresa.

Foi desafiador trabalhar nos detalhes. Eu e meu colega da outra empresa sabíamos exatamente como queríamos colaborar, mas precisávamos de um modo de definir como as invenções conjuntas seriam definidas, como elas seriam tratadas, como a propriedade intelectual prévia de cada empresa seria protegida, o que aconteceria se uma das partes optasse por sair da *joint venture*, e assim por diante. Investimos pouco tempo e esforço nos preocupando sobre como a pesquisa prosseguiria – fundamos um conselho de governança para vigiar essas questões – ou como os custos seriam divididos – o que seria fácil. Gastamos somente um pouco mais de tempo trabalhando os detalhes da participação nos lucros do acordo.

A parte realmente difícil foi criar um acordo que permitisse os cientistas e engenheiros das duas empresas sentarem-se em uma sala para, conjuntamente, realizarem um *brainstorming* de ideias sobre como suas tecnologias poderiam colaborar para fazer um produto superior. Isto foi um verdadeiro desafio, pois o que estava em jogo era o bem mais precioso de cada companhia: era sua propriedade intelectual.

O acordo levou alguns meses para ser concretizado e, no final de tudo, tratava somente da forma de como trabalharíamos em conjunto. Com o documento assinado e pregado numa prateleira, podíamos continuar finalmente o negócio de trabalhar em conjunto.

— Mary Poppendieck

Peter Drucker estimou que as relações colaborativas poderiam economizar em uma *joint venture* de 25 a 30% do custo do negócio.[10] Certamente vemos isto no caso da BAA: elevando o limiar de conflito e baixando o limiar de risco entre seus muitos subcontratados, ela reduziu significativamente tanto o risco quanto os custos da BAA. Ao longo deste livro, vimos que uma abordagem *lean* para o desenvolvimento de software pode criar melhorias significativas na qualidade do software, na velocidade de entrega e na manutenibilidade de longo prazo do sistema. Vimos que estes benefícios vêm da sinergia das pessoas que combinam suas habilidades e experiências para criar um conhecimento conjunto mais efetivo do que aquele que eles poderiam criar separadamente.

---

[10] Peter Drucker, *Management Challenges for the 21st Century*, Harper Business, 2001, p.33.

A maior parte dos contratos de desenvolvimento de software está baseada num conjunto de suposições diferentes. Eles incluem uma especificação de produto como parte da linguagem do contrato e supõem que a especificação representa de forma substancial o resultado desejado. Se essa suposição estiver equivocada, a maioria dos contratos oferece remédios ineficazes. Um contrato relacional começa com a suposição de que o produto não pode ser efetivamente especificado em contrato; portanto, o discurso se concentra em como as partes trabalharão em conjunto para determinarem o que entregar.

Os contratos relacionais indicam, em geral, metas de custo e cronograma. As duas partes aceitam trabalhar em conjunto, utilizando os mecanismos do contrato, para entregar o melhor valor possível dentro das metas de custo e cronograma. O contrato define incentivos para as partes a fim de que trabalhem de forma colaborativa em prol da *joint venture*, e reduz os incentivos das partes quando promovem interesses individuais.

O uso de contratos relacionais no desenvolvimento de software é uma área nova e emergente. Acreditamos que aqueles que aprendem a forjar relações sinérgicas além dos limites da empresa verão pelo menos 25 a 30% de redução de custos conforme previsto por Drucker, e muito possivelmente, farão o trabalho de forma muito mais significativa.

Tente isto

1. Na próxima reunião de equipe, descubra se alguém já contribuiu com algum projeto de Código Aberto. Neste caso, peça para que cada um responda às seguintes perguntas: por que você passou seu tempo livre codificando? Por quanto tempo você fez nisso? Quanto tempo você gastou nisso?

    Se for apropriado, faça também as seguintes perguntas: o que o manteve trabalhando por tanto tempo? Porque você parou? Do que você mais gostou quando trabalhou em projetos de Código Aberto? Qual foi a coisa que mais o aborreceu?

2. Identifique uma "equipe global" no seu mundo e faça um *brainstorming* com outras pessoas envolvidas nessa equipe para responder as seguintes perguntas:

    a) Essa é uma equipe ou uma associação de equipes em diferentes localidades?

    b) Os membros da equipe estão comprometidos com uma meta comum? Qual é a meta? Todos os membros da equipe aceitariam que esta é uma meta que eles estão pessoalmente comprometidos a realizar?

    c) Como as pessoas em diferentes localidades sabem se elas fizeram um bom trabalho? De onde vem o aplauso pelo trabalho?

    Se você não envolveu pessoas de todas as localidades neste exercício, então faça com que pessoas de outra localidade repitam o exercício e compare os resultados.

3. Qual é o principal objetivo da terceirização na sua empresa? Quais tipos de atividades a empresa mantém em seu interior ao invés de terceirizar? Os incentivos dos acordos de terceirização estão alinhados com os melhores interesses da sua empresa e de seus clientes? Você pode imaginar formas nas quais seus arranjos de terceirização pudessem criar perguntas da lealdade nas mentes dos funcionários de sua empresa? E na outra empresa?

4. Para as empresas contratantes: que tipos de contratos você utiliza geralmente? O que você vê como o benefício-chave desse tipo de contrato? Qual é o risco-chave? Se você estivesse no lugar dos seus terceiros, o que você veria como benefícios e riscos dessa espécie do contrato?

5. Para as empresas contratadas: em que tipos de contratos você costuma participar? Alguns tipos de contrato são melhores do que outros? Considere seu modelo favorito de contratação e reconsidere-o do ponto da vista das empresas contratantes. O que você vê como benefícios e riscos para elas?

Capítulo 10

Jornada

Aonde você quer ir?

"O que eu faço agora?", frequentemente ouvimos. "Minha empresa está em um mundo de sofrimento e ela realmente precisa melhorar. Os princípios *lean* fazem muito sentido. Contudo, o que eu faço com os princípios? Como eu os implemento – agora – na minha empresa?"

Isso nos lembra de Alice enquanto ela trilhava o País das Maravilhas:[1]

'Poderia me dizer, por favor, que caminho devo tomar para sair daqui?'
'Isso depende bastante de onde você quer chegar', disse o Gato.
'O lugar não importa muito –', disse Alice.
'Então não importa que caminho você vai tomar', disse o Gato.
'– desde que eu chegue em algum lugar', acrescentou Alice como uma explicação.
'Ó, você certamente chegará', disse o gato, 'se caminhar o bastante'.

No Capítulo 7, recomendamos que comece uma iniciativa *lean* respondendo duas questões:

1. Como você cria valor para os clientes e gera lucro?

2. Qual, exatamente, é seu principal problema agora?

A isso, acrescentamos mais duas questões:

3. O que ameaça sua existência contínua no futuro?

4. O que você *realmente* pensa das pessoas?

---

[1] *Alice no País das Maravilhas*, do Reverendo Charles Lutwidge Dodgson sob o pseudônimo Lewis Carroll, originalmente publicado em 1865.

Um computador sobre rodas

Durante o final dos anos 70 e começo dos anos 80, a Toyota estava indo muito bem. Porém, em 1985, o valor do iene começou sua forte queda em comparação às outras moedas, levando os fabricantes japoneses de carros a transferir a produção para o exterior para satisfazer mercados estrangeiros. Como resultado, o Japão se viu com mais capacidade de produção automotiva que o mercado doméstico poderia esperar absorver, o que levou à queda de preços e criou uma forte pressão de queda nos lucros. Como produtores de baixo custo, a Honda e a Toyota eram capazes de suportar um alto nível de P&D, mas os outros fabricantes japoneses de automóveis fizeram cortes em desenvolvimento, o que levou a uma espiral descendente nas suas vendas. Por fim, os principais fabricantes japoneses de automóveis, exceto a Honda e a Toyota, foram comprados por agrupamentos globais tais como GM, Ford, Daimler-Chrysler e Renault. Repentinamente, a Honda e a Toyota estavam competindo com esses agrupamentos globais em sua própria casa.[2]

Ao mesmo tempo, o Sistema Toyota de Produção tornou-se bem conhecido e amplamente copiado. Conforme os outros fabricantes automotivos se tornavam mais eficientes, a liderança da Toyota como o produtor automotivo mais eficiente do mundo diminuía. Avanços técnicos nas funcionalidades veiculares foram rapidamente copiados – por exemplo, conforme o mercado migrava para minivans e camionetes esportivas, a maioria das empresas de automóveis rapidamente o seguiu. Além disso, com o resto do mundo relativamente saturado com automóveis, estava claro que o mercado crescente do futuro se moveria para a Ásia.

Nessa atmosfera, a Toyota desenvolveu uma estratégia a longo prazo para criar uma vantagem competitiva sustentável. Essa estratégia, melhor expressa como *Design Inteligente, Produção Inteligente, Carro Inteligente*, centrava-se em usar tecnologia da informação para fazer inovações geradoras de lucro difíceis de copiar. Durante os anos 90, a Toyota tornou-se uma empresa de sistemas de informação muito competente.

Sob a bandeira da *Produção Inteligente*, a Toyota substituiu a tradicional linha única de montagem por meia dúzia de linhas pequenas separadas por *buffer* de estoque e sincronizadas por software, dando um impulso na produtividade que é difícil de copiar. O *Design Inteligente* incluiu digitalização de padrões de produção A3 e o desenvolvimento de uma forma de simular processos de produção em sistemas CAD durante o processo de projeto, acelerando muito o tempo para ingresso no mercado (*time-to-market*) para novos carros. A iniciativa de *Carro Inteligente* levou a maiores investimentos no desenvolvimento de produção eletrônica interna e capacidade de software embarcado, possibilitando à Toyota lançar o Prius no Japão em 1999. Com acelerador, freios e câmbio *drive-by-wire*, o híbrido surpreendentemente popular é realmente um computador sobre rodas.

O sucesso da Toyota com tecnologia da informação chega a ser supreendente, visto que a empresa tem uma reputação por sua abordagem minimalista para TI.

---

[2] As informações para essa seção vieram de *Automobiles: Toyota Motor Corporation Gaining and Sustaining Long-term Advantage Through Information Technology*, caso preparado pelo Columbia Project: Use of Software to Achieve Competitive Advantage, por William V. Rapp, pesquisador da Faculdade de Relações Internacionais Ritsumeikan, da Universidade de Kyoto, Japão, abril de 2000.

Enquanto competidores construíam plantas altamente automatizadas para reduzir o trabalho em veículos, a Toyota experimentou a automação e não achou que valeria o custo/benefício quando o custo total fosse considerado. Enquanto competidores investiam pesado em sistemas computadorizados de planejamento e automação *cross-docking*, a Toyota sentiu que as pessoas deveriam estar no centro do processo de produção e que sistemas manuais simples funcionariam melhor. A gestão da Toyota tradicionalmente resistia a usar sistemas de informação para gerenciar fluxo de materiais e planejamento de produção.[3] Achamos notável que uma empresa que fora tão cuidadosa em usar sistemas de informação tornou-se uma líder na alavancagem desses sistemas em processos de produção, em sua abordagem de desenvolvimento e em seus produtos.

Uma perspectiva a longo prazo

Algumas empresas sobrevivem por centenas de anos – mas não muitas. Em *The Living Company*, Arie de Geus salienta que a expectativa de vida média de uma corporação multinacional – Fortune 500 ou equivalente – está entre 40 e 50 anos.[4] As pessoas vivem em média 75 anos; logo, podem esperar viver talvez três quartos a mais que as empresas que existiam quando nasceram. A expectativa média de vida de empresas bem estabelecidas é uma ordem de magnitude menor que as empresas de maior vida. Nenhuma espécie viva tem uma discrepância tão grande entre sua expectativa média de vida e a esperança máxima de vida.

Instituições como igrejas, exércitos e universidades vivem por séculos. Por que grandes empresas morrem ou são compradas tão jovens? Mais importante, como boas empresas podem sobreviver mais que algumas gerações de gestão? Apenas para estar na lista de empresas que de Geus estudou, a empresa tinha que ser muito bem-sucedida. A empresa não apenas tinha passado pela fase de inicialização e pelas dores do crescimento de uma companhia em expansão, mas tinha se tornado uma grande corporação multinacional. E, então, o mundo mudou, e muitas dessas corporações muito bem-sucedidas foram incapazes de se adaptar à nova realidade.

As organizações que se tornaram bem-sucedidas tendem a estabelecer seus hábitos nos períodos em que estão crescendo rapidamente e em que há muita demanda de mercado. Cedo ou tarde, porém, todo motor de crescimento esgota seu combustível, e o sucesso do passado não aponta mais para o caminho de crescimento futuro. Nesse ponto, as organizações que desenvolveram a capacidade de aprender e se adaptar são as únicas que sobrevivem. De Geus acredita que é esta habilidade dos gerentes de vislumbrarem o futuro que os possibilita se adaptar àquele futuro antes que seja tarde demais; mas, infelizmente, gerentes frequentemente desenvolvem "cegueira para o futuro", preferindo ficar no trilho que guiou ao sucesso do passado.

---

[3] Veja *The Toyota Way Fieldbook*, Jeffrey Liker and David Meier, McGraw Hill, 2006, pg. 208-212.
[4] Arie de Geus, *The Living Company: Habits for Survival in a Turbulent Business Environment*, Harvard Business School Press, 1997, 2002, p. 1.

Essa visão de "cegueira para o futuro" é destacada por Clayton Christensen,[5] segundo o qual as empresas que se movem ao público classe A para manter as margens de lucro, deixando o mercado menos lucrativo para seus competidores, são frequentemente surpreendidas por tecnologias revolucionárias. Essas empresas servem seus clientes atuais tão bem que têm pouco incentivo para imaginar um futuro repleto de riscos e baixas margens de lucro. Vemos tecnologias revolucionárias na indústria de computadores o tempo todo, como hardware menor, mais rápido e de baixo consumo substituindo equipamentos maiores e mais rentáveis. Em software, vemos pacotes de software barato substituindo ofertas com caras licenças por equipamento e software de autosserviço substituindo consultores intensivos de negócios. Em uma indústria que se move tão rápido quanto a nossa, prever e estar preparado para se adaptar ao futuro é uma questão de sobrevivência.

A Toyota possui uma habilidade tremenda em aprender e pensar de uma forma revolucionária. Sakichi Toyoda aconselhou seu filho Kiichiro e seu sobrinho Eiji, "fique à frente do tempo". Em 1934, a empresa Toyoda adicionou a produção de carros à produção de teares, mesmo que levasse duas décadas para os automóveis começarem a compensar. Em 1958, com a venda de pouco mais que 2.000 carros por mês, a Toyota construiu uma nova fábrica com uma capacidade de 10.000 carros por mês para o espanto de seus distribuidores e concorrentes.[6] Contudo, a fábrica posicionou a empresa a liderar o mercado conforme a economia japonesa se expandia nos anos 60. Em 1984, a Toyota abriu a fábrica do New United Motor Manufacturing Incoporated (NUMMI) em Fremont, Califórnia, posicionando-a para fabricar nos Estados Unidos um ano *antes* da queda vertiginosa do iene frente ao dólar. A estratégia Inteligente da Toyota foi iniciada com a aquisição de uma fábrica de eletrônicos em 1989, bem antes da sobrecapacidade começar a assolar o mercado japonês. Em 1995, a Toyota adquiriu um controle acionário em Daihatsu para fortalecer sua posição no mercado asiático. Hoje, a Toyota se concentra em carros sensíveis ao ambiente e sistemas de tráfego inteligentes como vias essenciais para crescimento futuro.[7]

Uma organização que espera sobreviver a longo prazo deve desenvolver consistentemente uma visão perspicaz do futuro e basear decisões nessa visão a longo prazo.

Centrada em pessoas

Cientistas dirão a você que o primeiro passo na resolução eficaz de um problema é colocar o problema em um *framework* conceitual que reflete uma boa compreensão de como as coisas realmente funcionam. Por exemplo, Frederick Wins-

---

[5] Veja Clayton Christensen, *The Innovator's Dilemma*, Harvard Business School Press, 1997; Harper Business, 2000, e Clayton Christensen e Michael Raynor, *The Innovator's Solution*, Harvard Business School Press, 2003.

[6] Eiji Toyoda, *Toyota: Fifty Years in Motion*, Kodansha, 1987. Publicado primeiramente em japonês em 1985.

[7] Veja *Automobiles: Toyota Motor Corporation Gaining and Sustaining Long-term Advantage Through Information Technology*, caso preparado pelo Columbia Project: Use of Software to Achieve Competitive Advantage, por William V. Rapp, Pesquisador da Faculdade de Relações Internacionais Ritsumeikan da Universidade de Kyoto, Japão, abril de 2000.

low Taylor baseou seu trabalho em uma compreensão incorreta da natureza dos trabalhadores – ele começou com a premissa de que os trabalhadores da linha de frente são inerentemente preguiçosos e basicamente intercambiáveis. Práticas de gestão baseadas nessa atitude com respeito às pessoas são incapazes de estimular a inteligência de trabalhadores "comuns". Quando uma organização com uma cultura baseada no pensamento da produção em massa tenta uma iniciativa *lean*, os resultados serão provavelmente medíocres.

Há dois *frameworks* conceituais a respeito do uso de tecnologia no ambiente de trabalho. O primeiro *framework* sugere que deveríamos automatizar profissões existentes para reduzir a necessidade de pessoas ou do nível de habilidade necessário para realizar o trabalho. O segundo *framework* nos encoraja a usar a tecnologia para ampliar as capacidades dos trabalhadores.[8] Como vimos, a Toyota opera no segundo *framework*. Mas o que há de errado com o primeiro? Automatizar tarefas de rotina soa como uma boa ideia. De fato, como notamos no Capítulo 8, automatizar tarefas repetitivas nos processos de *build* e implantação elimina variação e nos dá resultados consistentes e confiáveis.

Entretanto, remover pessoas de um processo – ou esperar que pessoas realizem um processo mecanicamente – significa que o processo não tem mais a capacidade de mudança, adaptação ou descoberta. Por exemplo, empresas farmacêuticas gastaram bilhões automatizando a rotina de pesquisa de medicamentos. Elas substituíram técnicos de laboratório por robôs, tornando possível testar muito mais compostos de medicamentos do que poderiam anteriormente. Isso devia levar a muito mais medicamentos populares – mas os resultados foram desapontadores. A razão, muitos especulam, é que "desqualificando" o trabalho de experimentação de medicamentos e removendo o elemento humano, as empresas fizeram suposições implícitas sobre quais espaços deveriam ser explorados e perderam a capacidade humana de perceber resultados inesperados e tentar novos espaços experimentais.[9]

A diferença entre automação de testes em indústrias farmacêuticas e automação de testes em desenvolvimento de software é essa: a automação de testes em medicamentos "desqualifica" os testadores (substituindo-os por robôs), enquanto automação eficaz em teste de software "valoriza" os testadores. Isto é, ela automatiza testes de rotina repetitivos de forma a liberar os testadores para se concentrarem em tornar o processo de desenvolvimento à prova de erros, garantindo que os usuários acharão o software fácil de usar, fazendo testes exploratórios e teste de propriedades. Em poucas palavras, desqualificar trabalhadores cria pessoas intercambiáveis, enquanto valorizar trabalhadores cria pessoas pensantes.

A questão a resolver antes de você embarcar em uma iniciativa *lean* é essa: o que você *realmente* pensa das pessoas? Considere sua atitude em relação ao processo. Você acha que um processo bem documentado que todos seguem sem questionar é o caminho para a excelência? Ou você acha que a razão para se padronizar um processo é que as pessoas que fazem o trabalho tenham algo sólido

---

[8] Ibid., e veja também Larry W. Hunter and John J. Lafkas, "Opening the Box: Information Technology, Work Practices, and Wages", Working Paper 98-02-C, Wharton, Financial Institutions Center, June 1999.
[9] De "Supporting Cheap and Rapid Iteration (with a Human Touch)", de Robert D. Austin, Cutter Consortium Business-IT Strategies Advisory Service, April 19, 2006.

para questionar e mudar? Os princípios *lean* são solidamente baseados na segunda perspectiva.

Considere sua atitude com relação ao planejamento. Ela o faz ficar nervoso quando alguém sugere que a equipe de desenvolvimento deveria decidir o que pode ser feito em uma janela de tempo para então dizer aos gerentes, e não o contrário? Ou considere sua atitude a respeito da atribuição de trabalho. Parece antinatural para as pessoas descobrirem por conta própria o que fazer em seguida em vez de alguém dizer a elas?

Para os princípios *lean* funcionarem, seu *framework* conceitual sobre as pessoas tem de que conter a crença fundamental de que as pessoas que fazem o trabalho sabem como fazer seu melhor. Você tem que ficar nervoso é com automação que elimina pessoas do processo ou reduz os níveis de habilidade necessários para fazer um trabalho. Você tem que achar estranho que muitos níveis de autorização – ou mesmo um nível de autorização – sejam exigidos para decisões feitas na linha de frente. Você tem realmente que acreditar que não há forma melhor de resolver problemas do que dar às pessoas que fazem o trabalho o treinamento, as ferramentas, a autorização e o suporte para resolverem seus próprios problemas e melhorar seus próprios processos.

O que aprendemos?

Antes de nos decidirmos mudar algo, é sempre bom pesquisar ideias úteis que já existem para ver o que podemos aprender delas. Examinaremos, a seguir, duas iniciativas: Seis Sigma e Teoria das Restrições.

Seis sigma

Um dos problemas iniciais com iniciativas Seis Sigma, há muito tempo já resolvido, era a tentativa de aplicar práticas que são adequadas em produção para processos de desenvolvimento. Ao se tornar claro que, em desenvolvimento, a variação é uma coisa boa e experimentos falhos geram muito mais aprendizado que os bem-sucedidos, as empresas perceberam que Design para Seis Sigma (*Design For Six Sigma* – DFSS) é a variação correta de Seis Sigma para desenvolvimento de software. Com muita ênfase em descobrir a voz do consumidor e esclarecer a ênfase em solução de problemas dirigida por dados, o DFSS tem muitas boas ferramentas a oferecer a uma equipe de desenvolvimento.

Líderes de processo – líderes naturais de equipes de trabalho

Os programas Seis Sigma diferem do Sistema Toyota de Produção (*Toyota Production System* – TPS) no papel de agentes de mudança. Programas Seis Sigma frequentemente recomendam que cerca de 1% da força de trabalho seja treinada como Faixa Preta, líderes de processo que não deveriam ter responsabilidade de sua área. Contudo, eles são relativamente omissos quanto ao treinamento que os supervisores de primeira linha deveriam receber. Em vez de se concentrar em líderes de processo ou agentes de mudança, a Toyota concentra seu esforço de treinamento principalmente em líderes naturais de equipes de trabalho, acreditando que essas pessoas deveriam liderar e ser responsáveis pelos resultados de suas equipes de trabalho.[10] Acreditamos que uma iniciativa *lean* deveria acompanhar de perto a abordagem Toyota e se concentrar em treinar preferencialmente líderes naturais de equipe a líderes de processo.

Ferramentas – resultados

Conhecemos um caso em que uma fábrica apresentou uma melhoria radical em todos os resultados de corte de despesas medidos pela empresa, mas quando a fábrica foi avaliada pelos especialistas de processos corporativos, ela recebeu uma pontuação muito baixa – já que havia alcançado resultados excepcionais sem demonstrar evidências do uso das ferramentas de melhoria de processo corporativamente sancionadas que os especialistas achavam que eram essenciais. Essa claramente é uma iniciativa de melhoria que se perde. Cada ferramenta – incluindo mapas de fluxo de valor – foi desenvolvida para tratar tipos específicos de problemas. Se o problema em questão não é melhor tratado por uma ferramenta, então ela não deveria ser usada. A equipe de trabalho e o líder da equipe de trabalho deveriam ser treinados na resolução de problemas experimentais e encarregados de usar a ferramenta adequada para resolver seus problemas atuais mais importantes.

Teoria das Restrições

Eliyahu Goldratt, que cunhou o termo Teoria das Restrições, começou seu áudiolivro *Beyond the Goal*[11] com a proposição de que a tecnologia pode trazer benefícios se, e apenas se, diminuir uma limitação (remover uma restrição). Se você aceita essa premissa, então encara o fato óbvio de que as pessoas estavam trabalhando muito bem antes da tecnologia aparecer, pois havia regras ou acomodações para lidar com a limitação. Por exemplo, o Boeing 777 foi desenvolvido antes de haver banda larga ou a Rede Mundial de Computadores. Telefones e faxes eram muito usados, mas quem ainda usa faxes? A Boeing criou sites FTP e apoiou alguns dos primeiros sistemas de e-mails interempresas.

Apenas introduzir uma nova tecnologia não removerá necessariamente a limitação que ela foi projetada para remover, pois as acomodações feitas para lidar com a limitação estão tão arraigadas à estrutura da empresa que nem mesmo são reconhecidas. Por exemplo, quando o e-mail se tornou amplamente disponível por provedores de serviços de Internet, grandes empresas levaram anos para abrir seus sistemas de e-mail para o mundo externo. Estávamos enviando e-mails de casa aos nossos filhos na faculdade antes de podermos nos comunicar com fornecedores por meio de nossos sistemas de e-mail no trabalho.

---

[10] *TPS vs. Lean and the Law of Unintended Consequences*, de Art Smalley, www.superfactory.com/articles/smalley_tps_vs_lean.htm .
[11] *Beyond the Goal*, Eliyahu Goldratt, Your Coach in a Box Series, Gildan Autio, 2005.

O problema em remover limitações é que não apenas temos que superar a restrição, mas também temos que reconhecer a acomodação que estamos fazendo para viver com a restrição – sempre uma tarefa difícil – para então remover a acomodação e, finalmente, substituí-la pelas novas regras.

Para adotar uma nova tecnologia de forma bem-sucedida, Goldratt afirma que devemos responder quatro questões:[12]

1. Qual é o poder da nova tecnologia?
2. Quais limitações a nova tecnologia diminui?
3. Quais regras nos ajudaram a acomodar a limitação?
4. Quais regras deveríamos usar uma vez que a limitação é substituída?

No caso do ERP (*Enterprise Resource Planning*), uma vez que uma nova tecnologia que dá a gerentes o acesso a uma vasta quantidade de informação, ela ajuda na tomada de decisões melhores. Antes do ERP, as decisões eram tomadas baseando-se em regras que criavam otimização local, pois não havia dados para tomar decisões globais para todo o sistema. Por exemplo, gerentes de produção tentavam otimizar a eficiência de máquinas e gerentes de vendas usavam fórmulas de custo de produtos para decidir o preço deles. Tomar decisões com base em otimização local era uma abordagem apropriada quando era a única alternativa. Essas regras de decisão criaram resultados muito melhores que decisões aleatórias. Contudo, uma vez que o ERP fornece os dados para tomar decisões melhores para todo o sistema, as regras de otimização local devem ser abandonadas ou então o potencial do ERP passará despercebido. Muitas das falhas de ERP podem ser atribuídas à falha em remover as acomodações e revisar as regras dos dias pré-ERP.[13]

Mudando as regras

Cada estado nos Estados Unidos e cada província no Canadá tem um sistema para registrar penhor de propriedades. Quando uma propriedade é oferecida como garantia, uma instituição de empréstimo pode verificar no sistema para ver se a propriedade está livre de penhores e então registrar o novo penhor. Quase todos os aspectos desses sistemas são regidos por leis do estado ou da província.

No final dos anos 90, trabalhei com uma empresa que estava automatizando sistemas de registro de penhor de propriedades em muitos estados norte-americanos. A ideia era fornecer aos estados um sistema de processamento de imagens para "escanear" a documentação legal necessária e, assim, automatizar o fluxo de trabalho de entrada de dados e coleta de taxas.

Eu estava em uma equipe que tinha dois especialistas da Colúmbia Britânica. "Levamos em consideração um sistema de processamento de imagens", disseram os especialistas, "mas decidimos que seria melhor acabar com o papel e adotarmos um sistema de entrada de dados baseado na Web. Como a lei exige um sistema em papel, elaboramos uma legislação modelo que nos permitiria nos livrarmos do papel e pressionarmos os legisladores a adotarem as novas leis. Levou mais de um ano, mas as leis foram aprovadas, e, depois

---

[12] Ibid.
[13] Ibid.

disso, migrar para um sistema baseado na Web foi relativamente rápido e fácil. Agora todas as províncias do Canadá estão adotando a mesma legislação."

Para meu espanto, ninguém nos Estados Unidos considerou adotar um sistema sem papel similar. As leis que exigem papel estão tão arraigadas à estrutura do trabalho do governo que aparentemente não passou na cabeça de ninguém que o papel era uma acomodação que poderia ser facilmente removida, mesmo quando estimulados pelas pessoas que mudaram as leis no Canadá. Os sistemas de imagem resultantes foram muito caros para implementar e continuaram exigindo entrada de dados manuais para as imagens dos formulários em papel.

— Mary Poppendieck

Corrente Crítica

Corrente Crítica é o termo de Goldratt para a aplicação da Teoria de Restrições em projetos. Goldratt acredita que a restrição essencial de projetos – ele considera o desenvolvimento de produto um projeto – é criada quando estimativas são consideradas compromissos. É pedido para as pessoas que trabalham em um projeto estimarem a quantidade de esforço que cada atividade exigirá, mas elas têm que adivinhar, pois os projetos são empreendimentos únicos e, por definição, estão repletos de incógnitas. Já que a estimativa será considerada um comprometimento, o estimador acomoda-se incluindo uma grande quantidade de tempo "de segurança" no caso das coisas saírem erradas. Entretanto, mesmo se as coisas saírem bem, o tempo estimado será usado de qualquer forma, visto que estimadores não querem que ele pareça superestimado.[14]

Goldratt recomenda que estimativas sejam conhecidas apenas como tal – estimativas – e que as margens de segurança anexadas a estimativas individuais deveriam ser removidas das atividades e acumuladas em um *buffer* de projeto. Com essa abordagem, atividades individuais serão concluídas muito mais depressa, e o *buffer* de projeto pode ser distribuído por todas as atividades para absorver variação. No livro *Agile Estimating and Planning*,[15] Mike Cohn explica em detalhes como fazer isso para software.

Note que *buffers* de projeto não irão acelerar a execução global do projeto até que sejam mudadas as acomodações a práticas passadas que estão incorporadas na expectativa e nos mecanismos de recompensa. Para que a Corrente Crítica funcione, todos – da gestão sênior até aqueles que fazem estimativas – devem abandonar a expectativa de que atividades deveriam ser entregues dentro da janela de tempo estimada. De fato, se metade das atividades não leva mais tempo que seu tempo estimado, o sistema não alcançará a melhoria desejada.

Um problema adicional com o uso de Corrente Crítica para desenvolvimento de software está no pressuposto de que todas as atividades necessárias para completar o desenvolvimento deveriam ser conhecidas antecipadamente e que as dependências entre elas são entendidas. Como vimos, essas suposições são inadequadas para a maior parte do desenvolvimento de software. Primeiramente, pre-

---

[14] Ibid.
[15] Mike Cohn, *Agile Estimating and Planning*, Prentice Hall, 2006, Chapter 17.

cisamos abandonar a ideia de que todos os requisitos deveriam ser conhecidos no começo de um esforço de desenvolvimento. Segundo, deveríamos concentrar nossos esforços criativos em romper dependências.

Em um alto nível, o *buffer* de projeto da Corrente Crítica faz sentido, mas em um nível detalhado, ele é uma acomodação ao passado. Se quebrarmos dependências e tivermos uma equipe dedicada desenvolvendo em incrementos pequenos e implantáveis, não teremos mais os problemas que essa Corrente Crítica foi projetada para resolver. Um mestre na Teoria de Restrições reconheceria isso como um resultado natural da aplicação da Teoria de Restrições: investigue as acomodações incorporadas na abordagem da Corrente Crítica e desenvolva novas regras para usar agora que a restrição foi removida.

Acomodações

Escondido em nossas práticas, nossos processos e nossas regras está um grande número de acomodações colocadas lá para lidar com restrições reais ou imaginadas. Essas acomodações estão tão arraigadas à estrutura de nossas vidas que, geralmente, não percebemos que estão lá. Muitas das práticas estabelecidas por nós foram colocadas lá para lidar com problemas específicos que não são mais relevantes ou nunca foram relevantes para nossa situação particular. Por exemplo, a definição inicial de custo, cronograma e escopo é, em grande parte, uma acomodação para um mecanismo de financiamento que compromete todo o dinheiro no início de um projeto. Quando projetos são incrementalmente financiados, como a maioria do desenvolvimento de novos produtos é financiada, não há razão para corrigir esses parâmetros no começo de um ciclo de desenvolvimento.

O ambiente de desenvolvimento de 30 anos atrás, de 20 anos atrás, ou mesmo de 10 anos atrás era inteiramente diferente do ambiente de hoje, e as acomodações que fazíamos para lidar com limitações de memória, poder de processamento, capacidade de comunicação e opções de software não são mais adequadas. Desenvolvimento orientado a objetos, teste de unidade e de aceitação automatizados, arquiteturas orientadas a serviços, documentação orientada a tópicos e inúmeras ferramentas para desenvolvimento em pequenos lotes apareceram recentemente e estão sendo constantemente melhorados. A Web tem gerado inovações que vão desde o desenvolvimento de Código Aberto até a poderosa capacidade de busca e Voz sobre IP (VoIP). Em um ambiente que está mudando tão rapidamente, deveríamos ficar alertas para as acomodações que continuamos a fazer para restrições que não estão mais presentes.

Hipótese

Uma vez que você tenha decidido aonde quer ir e tenha considerado o que já sabe sobre iniciativas de mudança, o próximo passo é desenvolver uma hipótese sobre como embarcar em uma jornada *lean*. Nossa hipótese é essa:

A forma mais eficaz de começar com um desenvolvimento *lean* é:

- Treine líderes de equipe e supervisores (de preferência para agentes de mudança).
- Enfatize o pensamento no trabalho (em vez de documentação).
- Meça alguns indicadores-chave (em vez de muitos pontos de dados).

Treinamento

No começo do século 20, enquanto Sakichi Toyoda fazia teares no Japão, Henry Ford iniciava sua empresa automotiva e Frederick Taylor publicava suas ideias na Administração Científica, um cientista chamado Charles Allen estava desenvolvendo um programa de educação industrial em New Bedford, Massachusetts. Ele adotou uma nova abordagem – ele sentiu que a maior parte do aprendizado acontece no trabalho e, então, ensinou as pessoas a aprenderem por meio da experiência participativa.

Em 1917, Massachusetts desenvolveu um modelo para educação vocacional norte-americana que foi posteriormente copiado em todo o país, e Charles Allen era seu diretor. Havia uma guerra em andamento, e a US Shipping Board* decidiu construir mil novos navios. Confrontada com uma necessidade urgente do aumento dez vezes maior do número de construtores navais especializados, a Shipping Board aproveitou Charles Allen para inspecionar seu treinamento. Durante os dois anos seguintes, 88,000 trabalhadores passaram pelos programas de treinamento que Allen desenvolveu, os quais eram considerados um grande sucesso. Ele resumiu sua experiência e sua filosofia no livro *The Instructor, the Man and the Job*.[16]

Charles Allen acreditava que a maior parte do treinamento acontecia no trabalho, por isso concentrou-se em ensinar supervisores a treinar os trabalhadores. Seu primeiro pressuposto era que os supervisores eram altamente habilidosos no trabalho que supervisionavam. Os programas de treinamento de Allen ensinaram os supervisores a transferir seu conhecimento a novos trabalhadores usando quatro passos: preparação, apresentação, aplicação e teste. Ao mesmo tempo em que a indústria automobilística estava ensinando engenheiros industriais a encontrar "a melhor forma" e dizendo aos trabalhadores o que fazer, Allen estava ensinando a supervisores de construção naval a cooperar com trabalhadores para resolver problemas. Sua filosofia era "Se o aprendiz não aprendeu, o professor não ensinou".

Avancemos 20 anos para 1940. A US War Production Board** enfrentava um problema similar: uma intensificação rápida na produção de aeronaves e munições criou uma grande demanda por trabalhadores especializados, o que era

---

* N. de R. T.: Agência norte-americana emergencial (e temporária) criada para regular, investigar e desenvolver operações marítimas comerciais e de segurança.

[16] Charles Allen, *The instructor, the Man and the Job: a Handbook for Instructors of Industrial and Vocational Subjects*, J. B. Lippincott Co., Filadelfia, 1919.

** N. de R. T.: Agência norte-americana emergencial (e temporária) criada durante a Segunda Guerra para regular e adaptar a produção e alocação de materiais e combustível nos Estados Unidos durante o período de guerra.

agravado pela partida da maioria dos homens jovens disponíveis para lutarem na guerra. Movida pelo sucesso de Allen, a War Production Board desenvolveu o TWI (*Training Within Industry*), um programa focado em qualificar os supervisores para o treinamento dos trabalhadores. Os módulos básicos desse programa de treinamento eram:[17]

- **Instrução de Trabalho (IT):** Esse programa de treinamento foi baseado no pressuposto de que trabalhadores experientes poderiam ser muito bons no que fazem, mas podem ter pouca experiência em ensinar outros a fazer a mesma coisa. Usando os quatro passos de Allen, os supervisores foram ensinados a 1) preparar o trabalhador, 2) apresentar a operação, 3) fazer o trabalhador tentar fazer a operação, 4) acompanhá-lo frequentemente, encorajando perguntas e, gradualmente, diminuindo o treinamento conforme o trabalhador torna-se proficiente.

- **Métodos de Trabalho (MT):** Esse programa de treinamento foi baseado no pressuposto que os trabalhadores tem muitas ideias boas sobre como melhorar as coisas, mas podem não ser encorajados a agir por essas ideias. Os supervisores foram ensinados a ajudar os trabalhadores a: 1) dividir o trabalho, 2) questionar cada detalhe, 3) desenvolver um novo método junto com os colegas, 4) vender amplamente o novo método, obter a aprovação e aplicá-lo.

- **Relações de Trabalho (RT):** Esse programa de treinamento ensinou aos supervisores a tratar as pessoas como indivíduos e ajudá-las a resolver problemas de "pessoas" de forma eficaz e honesta. Os supervisores foram ensinados a: 1) conhecer a história inteira; 2) pesar as questões, e não tirar conclusões precipitadas; 3) agir, e não passar a bola; 4) acompanhar e verificar os resultados.

Seguindo o exemplo de Allen, o treinamento TWI assume que os supervisores de primeira linha sabem fazer o trabalho das pessoas que se reportam a eles, e, portanto, podem agir como professores. É interessante notar que o sexto e o sétimo pontos de Deming levam às mesmas questões do programa de treinamento TWI:

6. Institua treinamento. Gerentes devem saber fazer o trabalho que supervisionam e ser capazes de treinar trabalhadores.

7. Institua liderança. O trabalho dos gerentes é ajudar as pessoas a fazerem um trabalho melhor e remover barreiras no sistema que as impeça de fazer seu trabalho com orgulho.

Talvez 2 milhões de supervisores dos Estados Unidos tenham recebido o treinamento TWI, ao qual foi creditado grandes aumentos em produtividade e uma enorme queda de perdas de tempo e queixas. Quando a guerra chegou ao fim em 1945, da mesma forma acabou o programa TWI – ao menos nos Estados Unidos. O treinamento TWI foi oferecido em países se recuperando da guerra e foi espe-

---

[17] Veja Jim Huntzinger, "The Roots of Lean", www.lean.org/Community/resources/ThinkersCorner.cfm.

cialmente bem aceito no Japão. Como foi feito com as ideias de Deming, a Toyota trouxe para dentro as ideias do TWI, acrescentou suas próprias experiências e fez um programa Toyota único. Atualmente, os supervisores na Toyota recebem treinamento baseado nas ideias de Charles Allen como as implementadas no programa TWI.[18]

Pensar

O executivo Teruyuki Minoura da Toyota diz que o "T" no TPS é abreviação de *"Thinking"* (pensar), em vez de "Toyota", e que a maior força do *"Thinking Production System* – Sistema de Produção do Pensar" é a forma de desenvolver as pessoas. "Sob um sistema de 'empurrar' trabalho, há pouca oportunidade para os trabalhadores ganharem sabedoria, pois eles apenas produzem de acordo com as instruções que são dadas", afirma. "Em contraste, um sistema de 'puxar' trabalho pede ao trabalhador para usar sua cabeça para propor um processo de produção em que ele possa decidir o que precisa ser feito e o quão rapidamente necessita ser feito."[19]

A maioria dos programas de melhoria enfatiza demais a documentação e não enfatiza o suficiente o encorajamento de cada pessoa a pensar cada minuto em como sua situação de trabalho pode ser melhorada. Certamente, a maioria das empresas acredita que encorajam os trabalhadores a pensar em melhorias. Durante anos, vimos sistemas de sugestões que encorajam trabalhadores a escreverem suas boas ideias e as enviar ao sistema de sugestões, e durante anos os programas de sugestões se tornaram uma experiência negativa de melhoramentos. No desenvolvimento de software, usamos retrospectivas para gerar listas de coisas que deveriam mudar, mas frequentemente a mesma lista é gerada de novo e de novo.

O problema é que a maioria das ideias de nossos programas de sugestão e *brainstorming* são entregues a outra pessoa para avaliação e, ocasionalmente, para implementação. Isso é um erro. As pessoas com ideias, trabalhando com suas equipes, deveriam ser aquelas que implementam suas ideias. Elas não deveriam ser convidadas a colocarem suas ideias em um sistema de sugestões para serem implementadas por outros. Elas não deveriam apenas acrescentar suas ideias a uma longa lista de boas ideias. Quando boas ideias de melhoramento tornam-se o problema de outra pessoa, os criadores têm menos investimento pessoal em desenvolver a ideia, e o conhecimento tácito sobre o problema é também deixado para trás.

Deveria ser esperado que todos os trabalhadores, o tempo todo, questionassem o modo como seu processo atual funciona e que fossem ativamente encorajados a usar técnicas eficazes de resolução de problemas para experimentar novas ideias e implementar aquelas que funcionam. A documentação devia existir como uma base para esse processo de resolução de problemas. Ela deveria ser desenvol-

---

[18] Veja *TPS vs. Lean and the Law of Unintended Consequences*, por Art Smalley, Ibid.
[19] 8 de outubro de 2003, Public Affairs Report, Toyota Motor Corporation, www.toyota.co.jp/en/special/tps/tps.html .

vida por equipes de trabalho, usada por equipes de trabalho, mantida por equipes de trabalho e rapidamente mudada por equipes de trabalho.

Se valorizamos pessoas engajadas e pensantes, temos que ter um cuidado especial com os programas de avaliação que são baseados em documentação. Tipicamente, esses programas medem a maturidade de uma organização por sua conformidade com os procedimentos documentados. Embora o objetivo pareça bastante inócuo na superfície, na prática, o processo de avaliação geralmente impõe pressão em uma organização para congelar sua documentação e assim não mudar seus processos. O resultado é uma tendência perturbadora de remover o "direito de pensar" dos trabalhadores da linha de frente. Muitas vezes os trabalhadores são encorajados a fazer exatamente o que está documentado, enquanto a ênfase adequada seria encorajar os trabalhadores a questionar constantemente o que está documentado. Programas de avaliação focados em documentação tendem a valorizar a estabilidade da documentação. De fato, eles deveriam ver a mudança frequente de documentação como um sinal de uma organização que aprendeu a pensar.

Medidas

Encontrar medidas eficazes para equipes de desenvolvimento tem sido sempre desafiador, pois os resultados frequentemente não são aparentes até algum tempo antes do esforço de desenvolvimento estar terminado. Isso levou à proliferação de medidas baseadas na premissa de que se cada pedaço do processo é otimizado, os resultados do processo também serão otimizados. Essa premissa é uma visão fundamentalmente equivocada da forma que o sistema funciona. Embora seja verdade que otimizar cada parte de um processo apresentará benefícios se você começar com um processo totalmente fora de controle, também é verdadeiro que otimizações locais acabarão sabotando a otimização do sistema global.

Tentar melhorar as medidas erradas cria incentivos errados – frequentemente levando a consequências não desejadas. Por exemplo, gerentes de projeto frequentemente são medidos com base no valor agregado. Contudo, o valor agregado é uma medida de aderência ao plano; ele ignora a questão de se o plano é a melhor forma de atingir os resultados desejados ou não. Essa é a forma de obter software entregue a tempo, dentro do orçamento, com o escopo planejado completo, mas ainda tendo clientes insatisfeitos.

Medidas disfuncionais

Uma colega que chamarei de Michelle (não é seu nome real) assumiu uma organização de desenvolvimento de software disfuncional alguns anos atrás. Quando ela chegou, o desempenho de desenvolvedores era medido em linhas de código por hora. O desempenho de testadores era medido pelo número de defeitos encontrados – mais defeitos indicavam melhor performance.

Nem consigo pensar em duas medidas mais adequadas para levar a comportamento disfuncional. Medir linhas de código por hora encoraja os desenvolvedores a produzir quantidade sem considerar o valor. Medir o número de defeitos encontrados cria um enorme desincentivo para os testadores colaborarem com os desenvolvedores para produzir código livre de defeitos.

A primeira coisa que Michelle fez foi mudar as medidas. Linhas de código não eram mais medidas, e as equipes (desenvolvedores e testadores juntos) eram recompensadas por *não* encontrarem defeitos. Nos últimos dois anos, por meio dessa e de outras iniciativas, Michelle transformou em grande parte a organização em um contribuinte produtivo e apreciado pelo demonstrativo de resultados da empresa.

— Tom Poppendieck

Então, quais medidas deveríamos usar para encorajar o comportamento correto? Propomos que, em vez de proliferar medidas, é melhor *reduzir* o número de medidas e encontrar medidas a nível de sistema que guiem o comportamento correto a nível de subsistemas. Em organizações *lean*, é bem conhecido que essas medidas são: tempo de ciclo, resultados financeiros e satisfação do cliente. Vejamos como elas poderiam ser usadas em desenvolvimento de software.

Tempo de ciclo

A medida mais fundamental de *lean* é o tempo de ciclo: quanto tempo – em média – leva para ir do conceito ao dinheiro ou do "pedido" do cliente à implantação do software? Essa única medida fornece um indicador a nível de sistema de sua capacidade de processo. Além disso, ela expõe cada desperdício no sistema: Cada falta de habilidade, cada capacidade fraca e cada implementação defeituosa aumenta o tempo de ciclo. Tentar fazer demais de uma vez só aumenta o tempo de ciclo, assim como a complexidade, dependências desnecessárias e intolerância à mudança.

Quando você mede o tempo de ciclo, não deveria medir o tempo mais curto ao longo do sistema. É uma má ideia medir quão bem você está despachando, pois, em um ambiente *lean*, pressa não deveria ser necessária ou mesmo aceitável. A questão não é quão rápido você *pode* entregar, mas quão rápido você entrega *confiável e repetidamente* uma nova capacidade ou responde um pedido do cliente.

O objetivo de uma organização de desenvolvimento é, antes de tudo, estabelecer um ciclo de tempo confiável e repetível para cada classificação de trabalho, e, então, reduzir esse tempo de ciclo por meio de melhorias contínuas. Essa única medida guia todos os tipos de bom comportamento em cada área da organização, pois leva todos a adotarem soluções de equilíbrio.

Concentrar-se na redução do tempo de ciclo requer o comprometimento total das pessoas que acrescentam valor. Ela impulsiona a colaboração, impulsiona a preocupação com a qualidade e impulsiona os padrões. Quase todo o resto que você possa medir – capacidade de cumprir prazos, quantidade de trabalho produzido, velocidade para o mercado e mesmo utilização – melhorará com a redução do tempo de ciclo. Contudo, o oposto não é verdadeiro; se você se concentrar em otimizar as medidas de subsistemas, o tempo de ciclo provavelmente se moverá na direção errada.

Quero ver alguns exemplos do que deveria medir para o tempo de ciclo.

Quando um defeito vai para sua lista de defeitos, dê a ele uma data. Quando ele é resolvido, calcule quanto tempo ele ficou na lista. Acompanhe esses números: tempo médio de ciclo e desvio padrão dos defeitos resolvidos, e média de idade dos itens na lista de defeitos.

Quando um item vai para o *backlog* do produto, dê a ele uma data. Se ele é dividido em pedaços menores, cada pedaço mantém a data original. Se dois itens são combinados, o novo item ganha a data mais antiga. Quando um item é implantado, subtraia a data original da data de implantação. Esse é o tempo de ciclo. Calcule o tempo médio de ciclo e o desvio padrão para os itens em cada *release*. Também calcule o tempo médio de espera de itens ainda no *backlog*.

Mas eu ponho itens grandes no *backlog* do produto. Ninguém gastou tempo algum neles, e clientes não os consideram um "pedido".

1. Nesse caso, você poderia dividir itens de *backlog* em três categorias:

   A Funcionalidades que os clientes acham ter "pedido" ou itens que tiveram qualquer investimento mensurável de tempo.

   B. Coisas que você precisa dividir de forma a pensar sobre a arquitetura, estimar planejamento global, etc.

   C. Itens do roteiro do produto realmente grandes.

   Itens vão para a categoria mais alta na qual se enquadram – assim, se há clientes que estão esperando por um item do roteiro, ele vai para o A.

   Dê uma data a tudo que chega para o *backlog*. Acrescente uma nova data se um item se move de C para B. Adicione outra data quando ele se movimenta para A.

Quando um item é implantado, calcule três categorias dos tempos de ciclo:

1. Tempo decorrido desde que foi atribuído à Categoria A.
2. Tempo decorrido desde que foi atribuído à Categoria B.
3. Tempo decorrido desde que foi atribuído à Categoria C.

A cada *release*, calcule o tempo médio de ciclo e o desvio padrão para cada uma das três categorias. Veja o que os números dizem. Você precisa de algumas categorias diferentes?

Aproveite para ver qual é a idade média dos itens A deixados no *backlog*? Está dentro de um *release* ou dois o tempo médio de ciclo dos itens A no *release*? Se a média de idade dos itens A é significativamente mais longa que dois ciclos de um *release*, você não está limitando o trabalho pela sua capacidade.

Retorno financeiro

A maioria dos esforços de desenvolvimento recebe financiamento baseado em um caso de negócio. Mesmo o governo e as organizações sem fins lucrativos fazem investimentos baseados em casos de negócio. Recomendamos que a medida principal de sucesso de desenvolvimento seja a realização do caso de negócio. Isso significa, certamente, que apenas os casos de negócio realistas deveriam ser usados para justificar o desenvolvimento e que será necessário *um acompanhamento por meio da medida dos resultados reais*. É verdade que leva tempo para o caso de negócio ser realizado e é verdade que há outros fatores envolvidos. Contudo, o princípio básico aqui é que se você mede o que realmente quer, é muito mais provável que você o obtenha.

Se a meta derradeira do esforço de desenvolvimento é criar um produto rentável, então a equipe de desenvolvimento deveria entender o modelo de perdas e ganhos (*Profit and Loss* – P&L) para o produto para que possam equipar seu trabalho para criar um produto mais rentável. Para desenvolvimento interno, desenvolvimento contratado ou desenvolvimento sem fins lucrativos, a equipe devia ser desafiada a perceber um retorno de investimento (ROI) adequado ou qualquer outra métrica de negócios (por exemplo, produção) que é usado para justificar o investimento.[20]

Descobrimos que a maior parte das empresas não expõe suas equipes de desenvolvimento às implicações financeiras do seu trabalho. Entretanto, cada equipe de desenvolvimento com as quais falamos ficaria encantada em entender os objetivos financeiros de seus esforços, em tomar decisões de custo/benefício com aqueles objetivos em mente e em experimentar o senso de comprometimento que vem do encontro com esses objetivos.

Às vezes, o objetivo não será financeiro; pode ser o aumento de audiência de uma estação pública de rádio, o aumento do número de crianças que recebem vacinação, etc. Em todo caso, o primeiro passo na contratação de uma equipe de desenvolvimento é comunicar uma declaração clara e convincente do que constitui o sucesso, e o passo final é medir esse sucesso – ou a falta dele – e torná-lo visível.

Satisfação do cliente

Grandes soluções satisfazem os clientes. É verdade que as necessidades básicas devem ser supridas, e o desempenho deve estar alinhado com os competidores. Contudo, o objetivo do desenvolvimento *lean* deveria ser encontrar formas de satisfazer os clientes entendendo profundamente sua situação e resolvendo completamente seu problema. No livro *The Ultimate Question*,[21] Fred Reichheld afirma que empresas que satisfazem os clientes ganham uma vantagem competitiva sustentável, enquanto empresas que desagradam os clientes os perderão no momento em que uma alternativa mais atrativa estiver disponível.

Reichheld propõe uma única e simples medida para descobrir se os clientes estão satisfeitos: o grau de recomendação (*net promoter score*). Faça uma pergunta simples aos clientes: quais as chances de você recomendar nosso produto ou serviço? Os clientes respondem em uma escala de 0 (não recomendaria) a 10 (recomendará definitivamente). As respostas são agrupadas assim: pontuações 9 e 10 indicam um "promotor". Pontuações de 0 a 6 indicam um "detrator". Pontuação de 7 ou 8 indica um cliente passivo. Essas pontuações são similares às notas da escola, em que de 90 a 100 é A ou B, enquanto a pontuação abaixo de 70 é uma pontuação insuficiente.

---

[20] Para exemplos de modelos P&L e ROI para equipes de desenvolvimento, veja nosso primeiro livro, *Lean Software Development; An Agile Toolkit* por Mary e Tom Poppendieck, Addison-Wesley, pg. 83-91.

[21] Veja *The Ultimate Question: Driving Good Profits and True Growth*, por Fred Reichheld, Harvard Business School Press, 2006.

Para calcular o grau de recomendação, subtraia a porcentagem de detratores da porcentagem de promotores. Você obterá um número entre –100% e 100%. Empresas médias poderiam ter uma pontuação de cerca de 10%. Empresas realmente boas estão nos 50% ou em uma escala ainda maior. Pontuações negativas são causa de sérias preocupações. Reichheld apresenta evidências de que o grau de recomendação está altamente correlacionado à fatia de mercado e rentabilidade, tornando uma boa visão em alto nível da satisfação do cliente com apenas um número.

Roteiro

Uma viagem de mil quilômetros começa com um único passo.[22]

O desenvolvimento *lean* é uma jornada que começa onde você está e o leva longe no futuro. Como despedida, oferecemos um breve roteiro para começar sua jornada:

1. **Comece onde está:** Como você cria valor e tem lucro?
2. **Encontre sua maior restrição:** Qual é o maior problema limitando sua capacidade de criar valor e ter lucro?
3. **Preveja sua maior ameaça:** Qual é a maior ameaça à sua capacidade de continuar criando valor e tendo lucro a longo prazo?
4. **Avalie sua cultura:** Estabeleça e reforce o profundo respeito pelos trabalhadores da linha de frente e pelos parceiros. Remova as barreiras que estão no caminho do orgulho no trabalho realizado.
5. **Treine:** Treine chefes de equipe, supervisores e gerentes em como liderar, como ensinar e como ajudar os trabalhadores a usarem uma abordagem disciplinada para melhorar processos de trabalho.
6. **Resolva o maior problema:** Desfaça a maior restrição sobre as equipes de trabalho. Espere muitos experimentos rápidos que acabarão apontando um caminho para a solução.
7. **Remova acomodações:** Descubra as regras que tornam possível viver com a restrição. Decida quais novas regras deveriam haver.
8. **Meça:** Veja se o tempo de ciclo fim-a-fim, a rentabilidade real e a satisfação real dos clientes melhoraram.
9. **Implemente:** Adote mudanças apoiadas por resultados.
10. **Repita o ciclo:** Com o maior problema abordado, algum outro se tornará seu maior problema. Encontre-o e repita o ciclo.

---

[22] La-Tzu (604 a.C.-531 a.C.), *The Way of Lao-Tzu*; isso também poderia ser traduzido como "uma viagem de mil quilômetros começa onde você está".

Tente isto

Oferecemos esse programa de 21 passos para implementar desenvolvimento de software *lean*. Cada passo contém apenas um breve esquema do que deveria ser feito. Você encontrará os detalhes espalhados pelas partes anteriores desse livro. Considere-os como sugestões – experimente-os e veja se eles produzem os resultados que você está procurando para sua organização.

Otimize o todo

1. **Implemente os princípios *lean* ao longo do fluxo de valor inteiro e do produto completo:** Nomeie um líder ou uma equipe de liderança do fluxo de valor que aceite a responsabilidade pelo fluxo de valor inteiro, começando e terminando com os clientes. Concentre-se no produto todo, não apenas no software. Desenhe um mapa de fluxo de valor e procure por interrupções no fluxo, retornos ou *churn*, e por áreas no fluxo que não estão disponíveis quando necessárias, nem são capazes de entregar os resultados esperados. Corrija os processos falhos e abasteça capacidades ausentes no sistema.

2. **Reestruture as medidas:** São muito altas as probabilidades de haver medidas locais dentro do fluxo de valor, e probabilidades igualmente altas dessas medidas levarem à subotimização – ou pior – disfunção. Pare de usar medidas locais e use medidas de fluxo de valor em vez disso.

3. **Reduza o custo de passagem de limites:** Se há grandes atrasos no fluxo de valor, eles provavelmente ocorrem nas fronteiras do departamento ou da empresa. Olhe esses limites cuidadosamente e avalie o quanto estão realmente custando. Qualquer coisa que você possa fazer para acelerar o fluxo do valor através dessas fronteiras quase certamente reduzirá o custo da passagem da fronteira.

Respeite as pessoas

4. **Treine líderes de equipe/supervisores:** Em vez de concentrar-se em líderes de processo, dê aos líderes de equipe naturais o treinamento, a orientação, a licença e o tempo para implementar os princípios *lean* nessas áreas.

5. **Transfira a responsabilidade e tomada de decisão para os mais baixos níveis possíveis:** Sua iniciativa *lean* deveria ser implementada pelas equipes de trabalho que criam valor sob a orientação de seus líderes existentes. Faça com que as equipes de trabalho projetem seus próprios processos *lean* com a orientação de líderes de equipe e supervisores adequadamente treinados. Espere que as equipes de trabalho perguntem o que precisam para fazer os novos processos funcionarem.

6. **Alimente o orgulho dos membros da equipe:** Muitas coisas impedem o orgulho no trabalho realizado: recompensas individuais acima das recompensas de

equipe, espaços e práticas de trabalho descuidadas, prazos impossíveis, falta de tempo para teste ou refatoração adequada, imposição de processos, tarefas de rotina ou tarefas feitas para robôs, etc. Arranque e elimine essas práticas: nunca crie incentivos conflituosos entre os membros da equipe, automatize tarefas de rotina, deixe os trabalhadores decidirem a melhor abordagem para seu trabalho, nunca peça trabalho sujo pelo interesse de cumprir prazos. Encoraje compromisso passional e espere resultados de alta qualidade. Isso terá um impacto sustentado muito mais positivo do que os incentivos e bônus individuais.

Entregue rápido

7. **Trabalhe em lotes pequenos:** Reduza o tamanho do projeto. Encurte ciclos de *release*. Estabilize. Repita. Esvazie cada lista e fila, e limite de forma agressiva seu tamanho daqui para frente.

8. **Limite o trabalho conforme a capacidade:** Tenha equipes trabalhando em uma cadência repetível para estabelecer a capacidade. Espere que as equipes puxem das filas com base em sua velocidade comprovada e que terminem completamente o trabalho antes de começarem com mais trabalho. Limite o tamanho das filas e não aceite trabalho a menos que exista um espaço vazio na fila.

9. **Concentre-se no ciclo de tempo e não na utilização:** Pare de se preocupar com a utilização de recursos e comece a medir a resposta pelo tempo de chegada ao mercado (*time to market*) e/ou ao cliente.

Postergue o comprometimento

10. **Acabe com a noção de que é uma boa prática começar o desenvolvimento com uma especificação completa:** Desenvolvimento concorrente significa permitir que a especificação surja do processo de desenvolvimento. Desenvolvimento concorrente economiza dinheiro, economiza tempo, produz melhores resultados e permite que você tome decisões com base nos dados mais atuais. Não há nada para não gostar no desenvolvimento concorrente, então por que se apegar à ideia de que deveria haver uma especificação completa antes de começar com o desenvolvimento? Se a resposta é guiada pelo financiamento inicial, então mude para financiamento incremental. Se é guiada por práticas de contrato de preço fixo, mude para outro modelo de contrato.

11. **Quebre dependências:** Em vez de se preocupar com dependências, faça todo o possível para quebrá-las de forma que qualquer funcionalidade possa ser acrescentada em qualquer ordem. Uma arquitetura divisível de sistemas é fundamental. Questione impiedosamente as dependências e tolere-as com muita parcimônia.

12. **Mantenha opções:** Desenvolva múltiplas opções para todas as decisões irreversíveis e nunca feche qualquer opção até o último momento de resposta. Decisões críticas de projeto são impasses. Invista suficientemente em entender o impacto de cada opção para ter os dados e a confiança para fazer a melhor escolha. Para todas as outras decisões, crie código tolerante a mudanças, mantenha-o limpo e simples e não hesite em mudá-lo.

Crie conhecimento

13. **Crie equipes construtoras de *design*:** Garanta que a arquitetura de sistemas permita aos produtos serem quebrados em módulos lógicos que podem ser endereçados a equipes multifuncionais representando os interesses de todos os passos no fluxo de valor. Forneça a cada equipe a liderança e os incentivos adequados para manter o engajamento, a transparência e o *feedback* intensivo. Essas equipes devem ser encorajadas a compartilhar mais cedo e mais frequentemente, a falhar rápido e a aprender constantemente.

14. **Mantenha uma cultura de melhoria constante:** Crie o tempo e a expectativa de que cada equipe e cada função continuamente examinará e melhorará seus processos e testará suas suposições. Sustente eventos multiequipes e multifuncionais para identificar acomodações e restrições no fluxo de valor e as substitua por práticas e políticas que melhorarão resultados globais.

15. **Ensine métodos de resolução de problemas:** Ensine o ciclo PCDA ou o método científico ou alguma variação desses métodos de resolução de problemas. Espere que as equipes estabeleçam hipóteses, conduzam muitos experimentos rápidos, criem documentação concisa e implementem mudanças justificadas.

Integre qualidade

16. **Sincronize:** Reduza agressivamente o trabalho inacabado. Escreva os testes primeiro. Teste o código o mais cedo possível. Não coloque os defeitos em uma lista – pare e corrija-os no momento que forem detectados. Integre o código de forma contínua e extensiva sempre que possível. Use sincronização aninhada para integrar sistemas maiores e mais complexos.

17. **Automatize:** Aceite que as pessoas cometem erros e evite erros por meio da automação. Automatize cada processo que puder o mais breve possível. Automatize teste, *builds*, instalação, qualquer coisa que é rotina, mas não se esqueça de automatizar de uma forma que apóie as pessoas e que as mantenha pensando em como fazer melhor as coisas.

18. **Refatore:** Mantenha o código base limpo e simples, e no instante que as duplicações aparecem, refatore o código, os testes e a documentação para reduzir a complexidade.

Elimine o desperdício

19. **Forneça liderança de mercado e liderança técnica:** Garanta que haja uma responsabilidade clara de desenvolver um entendimento profundo do que o cliente valoriza intimamente associada a um profundo entendimento do que a tecnologia pode entregar. Certifique-se de que a equipe construiu a coisa certa.

20. **Não crie nada, exceto valor:** Garanta que todos os passos em todos os processos estão concentrados, na medida do possível, nas atividades que criam valor ou na maior capacidade de agregar valor. Meça a eficácia do ciclo de processo e a mantenha melhorando.

21. **Escreva menos código:** Limite de forma agressiva as funcionalidades em um sistema para apenas aquelas que são absolutamente necessárias para agregar valor. Desenvolva uma intolerância organizacional à complexidade.

Bibliografia

"Google Philosophy—The Things Google Has Found to Be True," disponível em www.google.com/corporate/tenthings.html.

"Inditex: The Future of Fast Fashion," *The Economist*, June 18, 2005.

"PC Magazine 1999 Technical Excellence Awards—Web Applications: Google," *PC Magazine*, December 14, 1999, Volume 18, Number 22, p. 104.

Allen, Charles. *The Instructor, the Man and the Job: A Handbook for Instructors of Industrial and Vocational Subjects,* J. B. Lippincott Co., Philadelphia, 1919.

> *O material baseado no trabalho de Allen ainda é usado na Toyota.*

Appleton, Brad. Artigos sobre Agile Software Configuration Management disponíveis em www.cmwiki.com/AgileSCMArticles.

Astels, David. *Test-Driven Development*, Prentice Hall, 2004.

> *Livro premiado. Esse é o livro para ter se você está implementando desenvolvimento guiado por testes.*

Augustine, Sanjiv. *Managing Agile Projects*, Addison-Wesley, 2005.

> *Um ótimo sumário de práticas de liderança ágil.*

Austin, Robert D. *Measuring and Managing Performance in Organizations*, Dorset House, 1996.

> *Você tem o que você mede, mas não pode medir tudo, logo o que deveria fazer? Um dos melhores livros de medição de desempenho que eu já vi.*

Balle, Freddy and Balle, Michael. "Lean or Six Sigma," disponível em www.lean.org/library/leanorsigma.pdf.

Beck, Kent (with Cynthia Andres). *Extreme Programming Explained, Second Edition.* Addison-Wesley, 2005.

> *O livro sobre XP em que tudo começou. A segunda edição é um livro completamente novo e é ótimo.*

Boehm, Barry and Turner, Richard. *Balancing Agility and Discipline: A Guide for the Perplexed*, Addison-Wesley, 2004.

    A real dicotomia é guiado por aprendizagem versus *guiado por plano.*

Brin, Sergey and Page, Lawrence. "The Anatomy of a Large-Scale Hypertextual Web Search Engine," *Computer Networks and ISDN Systems*, 30(1– 7):107–117, April 1998.

Brooks, Frederick.*The Mythical Man-Month, Anniversary Edition*, Addison-Wesley, 1995, originalmente publicado em 1975.

    Um clássico que resistiu ao teste do tempo. Mostra como pequenas coisas mudaram em 30 anos.

Carrison, Dan. *Deadline! How Premier Organizations Win the Race Against Time*, AMACOM (American Management Association), 2003.

    Histórias sobre como projetos muito grandes e de alto perfil cumprem prazos impossíveis. Confira o capítulo sobre o Boeing 777.

Christensen, Clayton. *The Innovator's Dilemma*, Harvard Business School Press, 1997; Harper Business, 2000.

    Um grande livro sobre como tecnologias disruptivas substituem líderes de mercado quase todo o tempo.

Christensen, Clayton, Cook, Scott, and Hall, Taddy. "Marketing Malpractice: The Cause and the Cure," *Harvard Business Review*, December 2005.

Clark, Kim B. and Fujimoto, Takahiro. *Product Development Performance: Strategy, Organization, and Management in the World Auto Industry*, Harvard Business School Press, 1991.

    Mostra como a chave para a integridade do produto é fluxo de informação, do mercado à equipe técnica e dentre todos os membros da equipe técnica.

Clark, Mike. *Pragmatic Project Automation: How to Build, Deploy and Monitor Java Applications.* Pragmatic Press, 2004.

    Tornar lean *à prova de falhas requer automação. Esse livro mostra como.*

Cohn, Mike. *Agile Estimating and Planning*, Addison-Wesley, 2005.

    Então você quer ser ágil e quer saber o que acontece ao planejamento? Leia isso!

Cohn, Mike. *User Stories Applied*, Addison-Wesley, 2004.

    Os detalhes sobre como usar histórias para guiar seu processo de desenvolvimento.

Collins, James C. *Good to Great*, Harper Business, 2001.

    Os cinco princípios para criar grandes organizações. Um grande livro.

Constantine, Larry, and Lockwood, Lucy. *Software for Use*, Addison-Wesley, 1999.

    O livro oficial sobre design *centrado no uso.*

Cusumano, Michael A. and Selby, Richard W., *Microsoft Secrets*, paperback edition, Simon & Schuster, 1998. Originalmente publicado em 1995.

    Como a Microsoft desenvolveu software na metade dos anos 90: pequenas equipes, arquitetura divisível, integração diária, código disponível para release *a cada trimestre.*

de Geus, Arie. *The Living Company: Habits for Survival in a Turbulent Business Environment*, Harvard Business School Press, 1997, 2002.

Deming, W. Edwards. *Out of the Crisis*, MIT Press, 2000.

Denne, Mark and Cleland-Huang, Jane. *Software by Numbers: Low-Risk, High Return Development*, Prentice Hall, 2004.

Esse livro mostra como tirar proveito de implantação organizada baseada na análise econômica. Fornece sólidas justificativas econômicas para desenvolvimento ágil.

Drucker, Peter. *Management Challenges for the 21st Century*, Harper Business, 1999.

Evans, Eric. *Domain-Driven Design: Tackling Complexity in the Heart of Software*, Addison-Wesley, 2004.

Um livro extremamente importante que propõe que o entendimento do domínio está no coração do grande projeto de software e mostra como fazê-lo.

Evans, Philip and Wolf, Bob. "Collaboration Rules," *Harvard Business Review*, July–August 2005.

Feathers, Michael. *Working Effectively with Legacy Code*, Prentice Hall, 2005.

Se você está trabalhando com código legado, pegue esse livro!

Ferdows, Kasra, Lewis, Michael A., and Machuca, Jose A.D. "Rapid-Fire Fulfillment," *Harvard Business Review*, November 2004.

Fielding, Roy T. "Shared Leadership in the Apache Project" *Communications of the ACM*, April 1999.

Fowler, Martin. "StranglerApplication," www.martinfowler.com/bliki/StranglerApplication.html.

Fowler, Martin et al. *Refactoring*, Addison-Wesley, 1999.

O livro clássico de refatoração.

Freedman, David H. *Corps Business: The 30 Management Principles of the US Marines*, Harper Business, 2000

Um grande livro sobre liderança, gerência e apresentando o melhor dos trabalhadores de linha de frente.

George, Michael and Wilson, Stephen. *Conquering Complexity in Your Business: How Wal-Mart, Toyota, and Other Top Companies Are Breaking Through the Ceiling on Profits and Growth*, McGraw-Hill, 2004.

Gilbreth, Frank B. Jr. and Carey, Earnestine Gilbreth. *Belles on Their Toes*, T.Y. Crowell Co., 1950.

Gilbreth, Frank B. Jr. and Carey, Earnestine Gilbreth. *Cheaper by the Dozen*, T.Y. Crowell Co., 1948.

Goldratt, Eliyahu. *Beyond the Goal: Eliyahu Goldratt Speaks on the Theory of Constraints (Your Coach in a Box)*, Coach Series, Gildan Audio, 2005.

Goldratt, Eliyahu and Cox, Jeff. *The Goal*, 2nd Revised Edition, North River Press, 1992, first published in 1984.

Se você não leu esse livro de negócios sobre a Teoria das Restrições aplicada à produção, você perdeu um clássico.

Hamel, Gary. "Management Innovation," *Harvard Business Review*, February 2006.

Hammonds, Keith H. "How Google Grows...and Grows...and Grows," *Fast Company*, Issue 69, April 2003.

Huntzinger, Jim. "The Roots of Lean—Training within Industry: The Origin of Japanese Management and Kaizen," e outros documentos utilizados para TWI estão disponíveis em http://artoflean.com/documents/pdfs/Handout_2c_Roots_of_Lean_and_TWI.pdf.

Kano, Noriaki, Seraku, Nobuhiko, Takahashi, Fumio, and Tsuji, Shinichi. "Attractive Quality and Must-Be Quality, Hinshitsu," *Quality, the Journal of the Japanese Society for Quality Control*, (April 1984), pp. 39–48.

Katzenbach, Jon R. and Smith, Douglas K. *The Wisdom of Teams*, Harvard Business School Press, 1992.

Kennedy, Michael. *Product Development for the Lean Enterprise: Why Toyota's System Is Four Times More Productive, and How You Can Implement It*, Oaklea Press, 2003.

> Se você quer saber como a empresa que inventou lean *(a Toyota)* faz o desenvolvimento de produtos, esse é o livro para ler.

Kerievsky, Joshua. *Refactoring to Patterns*, Addison-Wesley, 2005.

> O melhor guia how-to sobre refatoração.

Liker, Jeffrey and Meier, David. *The Toyota Way Fieldbook*, McGraw Hill, 2006.

Liker, Jeffrey and Morgan, James. *The Toyota Product Development System: Integrating People, Process, and Technology*, Productivity Press, 2006.

Liker, Jeffrey. *The Toyota Way: 14 Management Principles from the World's Greatest Manufacturer*, McGraw Hill, 2004.

> Vale o preço do livro apenas pelos dois capítulos sobre o desenvolvimento da Lexus e da Prius.

Lohmeyer, Dan, Pogreb, Sofya, and Robinson, Scott. "Who's Accountable for IT?" *McKinsey Quarterly*, December 7, 2004.

MacCormack, Alan. "Product-Development Practices That Work: How Internet Companies Build Software," *MIT Sloan Management Review*, Winter 2001, Vol. 40, Number 2.

MacGibbon, Simon P., Schumacher, Jeffrey R., and Tinaikar, Ranjit S. "When IT's Customers Are External," *McKinsey Quarterly*, Q1 2006.

Marick, Brian. "Agile Testing Directions," disponível em www.testing.com/cgi-bin/blog/2003/08/21-agile-testing-project-1.

Marick, Brian. "Approaches to Legacy Code," disponível em www.testing.com/cgi%2Dbin/blog/2005/05/11.

Martin, Robert C. *Agile Software Development: Principles, Patterns, and Practices*, Prentice Hall, 2002.

> Carrega profunda sabedoria sobre alavancar conceitos orientados a objetos.

McAfee, Andrew. "Do You Have Too Much IT?" *MIT-Sloan Management Review*, Spring 2004.

McAfee, Andrew. "Enterprise 2.0: The Dawn of Emergent Collaboration," *MIT Sloan Management Review*, Spring 2006.

Meszaros, Gerard and Bohnet, Ralph. "Test-Driven Porting," Agile 2005 Experience Report disponível em http://agile2005.org/XR23.pdf.

Miller, Lynn. "Case Study of Customer Input for a Successful Product," Experience Report, Agile 2005 relato disponível em http://agile2005.org/XR19.pdf.

Mira, Mattsson, Westblom, Ulf, Forssander, Stefan, Andersson, Gunnar, Medin, Mats, Ebarasi, Sari, Fahlgren,Tord, Johansson, Sven-Erik, Tšrnquist, Stefan, and Holmgren, Margareta. "Taxonomy of Problem Management Activities," proceedings of the 5th European Conference on Software Maintenance and Reengineering, March 2001, pp. 1–10.

Moore, Geoffrey A. *Crossing the Chasm, revised edition*, Harper Business, 2002; first published 1991.

O livro clássico de marketing para produtos de alta tecnologia. Se você está tentando vender conceitos enxutos/ágeis, esse é um bom livro para ler.

Mugridge, Rich and Cunningham, Ward. *Fit for Developing Software: Frame work for Integrated Tests*, Prentice Hall, 2005.

Qualquer um fazendo testes de aceitação automatizados, incluindo adaptação de código legado com testes de aceitação, deveria ler isso.

Neward, Ted and Mike Clark. *Pragmatic Project Automation for .NET*, Pragmatic Press, forthcoming.

Nonaka, Ikujiro and Takeuchi, Hirotaka. *The Knowledge Creating Company: How Japanese Companies Create the Dynamics of Innovation*, Oxford University Press, 1995.

Norwegian Computer Society. PS2000 Standard Contract—English Version, February 2006, disponível em http://dataforeningen.no/?module=Articles;action=ArticleFolder.publicOpenFolder;ID=1044.

O'Reilly, Charles A., III, and Pfeffer, Jeffrey. *Hidden Value: How Great Companies Achieve Extraordinary Results with Ordinary People*, Harvard Business School Press, 2000.

Ohno, Taiichi. *Toyota Production System: Beyond Large Scale Production*, Productivity Press, 1988.

Leitura obrigatória do pai do Sistema de Produção Toyota. Fácil de ler, envolvente e profundo.

Poppendieck, Mary and Poppendieck, Tom. *Lean Software Development: An Agile Toolkit*, Addison-Wesley, 2003.

Se você tem uma iniciativa enxuta (lean) em sua empresa e realiza desenvolvimento de software, deveria ler esse livro.

Poppendieck, Mary. "Unjust Deserts," *Better Software Magazine*, August 2004.

Ideias sobre compensação de equipes em uma organização enxuta/ágil.

Public Affairs Division, Toyota Motor Corporation. *The "Thinking" Production System: TPS as a Winning Strategy for Developing People on the Global Manufacturing Environment*, disponível em www.toyota.co.jp/en/special/tps/tps.html.

Rapp, William V., Co-Principal Investigator. "Automobiles: Toyota Motor Corporation: Gaining and Sustaining Long-Term Advantage Through Information Technology." Case Prepared for the Columbia Project: Use of Software to Achieve Competitive

Advantage by The College of International Relations Ritsumeikan University Kyoto, Japan, April 2000.

Raymond, Eric S. "The Cathedral and the Bazaar," disponível em www.catb.org/~esr/writings/cathedral-bazaar/cathedral-bazaar/, 2000.

Reichheld, Fred. *The Ultimate Question: Driving Good Profits and True Growth*, Harvard Business School Press, 2006.

Reinertsen, Donald G. *Managing the Design Factory*, The Free Press, New York, 1997.

Um livro excelente sobre desenvolvimento enxuto de produtos.

Rogers, Paul and Blenko, Marcia. "Who Has the D? How Clear Decision Roles Enhance Organizational Performance," *Harvard Business Review*, January 2006.

Sabbagh, Karl. *21st Century Jet: The Building of the 777*, produzido por Skyscraper Productions for KCTS/Seattle and Channel 4 London. 1995.

Sapolsky, Harvey. *The Polaris System Development: Bureaucratic and Programmatic Success in Government*, Harvard University Press, 1972.

Schwaber, Ken and Beedle, Mike. *Agile Software Development with SCRUM*, Prentice Hall, 2001.

O livro a ser lido para uma introdução a Scrum.

Schwaber, Ken. *Agile Project Management with Scrum*, Microsoft Press, 2004.

Um livro repleto de estudos de caso e dicas realistas sobre como fazer Scrum.

Shingo, Shigeo. *Study of Toyota Production System from an Industrial Engineering Viewpoint*, Productivity Press, 1981.

Shore, Jim. "Quality with a Name," disponível em www.jamesshore.com/Articles/Quality-With-a-Name.html

Smalley, Art. "TPS vs. Lean Additional Perspectives," disponível em http://artoflean.com/documents/pdfs/TPS_versus_Lean_additional_perspectives_v3.pdf.

Smalley, Art. "TPS vs. Lean and the Law of Unintended Consequences," disponível em www.superfactory.com/articles/smalley_tps_vs_lean.htm.

Smith, Preston G. and Reinertsen, Donald G. *Developing Products in Half the Time, Second Edition*, John Wiley and Sons, 1998, originally published in 1991.

Ainda é o clássico em desenvolvimento rápido de produtos.

Sobek, Durward Kenneth II. "Principles that Shape Product Development Systems: A Toyota-Chrysler Comparison," tese para o grau de Doutor (Engenharia Industrial e de Operações) na Universidade de Michigan, 1997.

Spear, Stephen and Bowen, H. Kent. "Decoding the DNA of the Toyota Production System," *Harvard Business Review*, September–October 1999.

Stalk, George. "Time—The Next Source of Competitive Advantage," *Harvard Business Review*, July 1988.

Sutherland, Jeff. "Future of Scrum: Parallel Pipelining of Sprints in Complex Projects," Agile 2005 Proceedings, disponível em http://jeffsutherland.com/scrum/SutherlandFutureOfScrumAgile2005.pdf.

Taylor, Suzanne and Schroeder, Kathy. *Inside Intuit*, Harvard Business School Press, 2003.

Toyoda, Eiji. *Toyota: Fifty Years in Motion*, Kodansha, 1987. First published in Japanese in 1985.

Toyota Motor Corporation. October 8, 2003, Public Affairs Report, disponível em www.toyota.co.jp/en/special/tps/tps.html.

Ulrich, Dave, Kerr, Steve, and Ashkenas, Ron. *The GE Workout*, McGraw-Hill, 2002. *Use isso como um guia para conduzir Eventos Kaizen em desenvolvimento de software.*

Van Schooenderwoert, Nancy. "Embedded Agile Project by the Numbers with Newbies," Proceedings, Agile 2006 Conference, Minneapolis, July 2006.

Van Schooenderwoert, Nancy and Morsicato, Ron. "Taming the Embedded Tiger—Agile Test Techniques for Embedded Software," Proceedings, Agile Development Conference, Salt Lake City, June 2004.

Vasilash, Gary S. "Engaging the ES 300," *Automotive Design and Production*, September 2001.

Vise, David A. "Google's Missing Piece," *Washington Post*, February 10, 2005.

Weick, Karl and Sutcliffe, Kathleen, *Managing the Unexpected: Assuring High Performance in the Age of Complexity,* Jossey-Bass, 2001.

Um livro fascinante sobre o que torna seguro os lugares muito perigosos, incluindo porta-aviões, fábricas de produtos químicos e cenas de emergência.

Womack, James and Jones, Daniel T. *Lean Solutions: How Companies and Customers Can Create Value and Wealth Together*, Free Press, 2005.

Womack, James, Jones, Daniel, and Roos, Daniel. *The Machine That Changed the World*, Rawson Associates, 1990.

Womack, James P. and Jones, Daniel T. *Lean Thinking*, Simon & Schuster, 1996; Second Edition, Free Press, 2003.

Por quase uma década, esse era o melhor livro sobre lean. *A edição revisada permanece um clássico.*

www.lean.org contém uma riqueza de recursos sobre pensamento lean.

Índice

14 pontos de Deming, 135-137
3M
    amostras de novos produtos, 69
    etapa de viabilidade, 69
    exemplo, 219-221
    foco no trabalho, 73-74
    handspreads, 69

A

a melhor maneira, 26-27, 59-61
abordagem lote e fila, 106-107
acomodações, 237-238
Acordo T5, 223-225
Aden, Jill, 203-204
adotando novas tecnologias, 235-237
AJAX, 161
ajudar uns aos outros, 57-58, 140-142, 192-193
alcance de influência *versus* alcance de controle, 155-157
Alias, 76-77
alinhamento, 88-89
Allen, Charles, 238-239
analisando a situação, 179-180
análise de desdobramento da função qualidade (QFD), 77-78
análise de Pareto, 49-50
análise de QFD (desdobramento da função qualidade), 77-78

andar grudados, 76-77
andon, 150-152
aplausos, 217
Appleton, Brad, 210-211
aprender fazendo, 43
aprendizado sistemático, 53-54
arquiteto chefe, 145-146
arquitetura de sistemas divisíveis, 191-192
arquitetura de software
    definição, 44
    feedback e qualidade, 191-192
    sistemas divisíveis, 191-192
assemble-to-order (montagem por pedidos), 56-57
atalhos *versus* velocidade, 57-58
atenção plena, 32-33
atrasos
    mapeando fluxos de valor, 109-110
    sete desperdícios, 98-100
aumentos como incentivos, 155-156
Austin, Rob, 62-63
Autodesk, 76-77
automatizando complexidade, 91-93
automatizando tarefas de rotina, 205-207, 232-234, 236-237
autonomação (Jidoka), 29-31
auto-organização, 40-41, 43, 114-115
avaliação, 197-199
avaliações de desempenho como incentivos, 152-155

B

BAA, gestão de aeroportos, 223-227
barreiras
 eliminando, 217
 interdepartamentais, 135-136
Beck, Kent, xi
Bell Gordon, 175-176
Benneton, 87
Beyond the Goal, 235-236
Black Belts, 234-235
Blanc, Honoré, 25-27
Blenko, Marcia, 78-79
BMI, 61-62
BMI, centro de atendimento, terceirizando, 221-222
Boehm, Barry, 55-56
Boeing
 787 Dreamliner, 217
 projeto 777, 131-134, 151-152, 235-236
 terceirizando, 222-224
Bohnet, Ralph, 177-178
bônus como incentivos, 156-158
Brin, Sergey, 68-69
build de um clique, 206-207

C

cabos do AT da IBM, 204-207
cadência
 estabelecendo, 124-125
 exemplo assíncrono, 125
 redução no tempo de ciclo, 124-125
Cagan, Martin, 74-75
campeões, 73-79, 145-146
Canadá, 236-237
cartões *kanban*, 34-35
caso de negócios, 244-245
causas raiz
 baixas qualidade e produtividade, 134-138
 de problemas, 134-138
 débito técnico, 161
 desperdício, 87
 falha em iniciativas *lean*, 163-164
 falha na melhoria de grupo, 184
cegueira para o futuro, 231-232
Christensen, Clayton, 231-232
Chrysler
 análise QFD (Quality Function Deployment – desdobramento da função qualidade), 77-78

liderança compartilhada, 77-78
 minivan NS, 77-78
churn
 desperdício, 47-48
 fluxos de valor, 109-110
 requisitos, 47-48, 109-110
 testar-e-corrigir, 47-48
Ciclo de Shewart, 134-135
ciclos de *release*, exemplo, 123-124
cinco S's, 198-201
Clark, Kim B., 73-74
Clark, Mike, 205-206
classes de trabalho, 154-156
classificando pessoas, 141, 153-155
Cleland-Huang, Jane, 191-192
clientes
 encantando, 70-74. *Veja também* Google
 entendendo, 71-72
 exemplo de serviço, 126-128
 foco no trabalho, 72-74
 medidas de satisfação, 245-246
 modelo de Kano, 70-74
 necessidades, 65-66
 satisfação como uma vantagem competitiva, 245-246
 satisfação, 70-74
CMM, 137-138
código
 complexidade, 88-89
 débito técnico, 161
 fonte de desperdício, 93-95
 não documentado, 94-95
 não implantado, 94-95
 não sincronizado, 93-94
 não testado, 93-94
Código Aberto
 abordagem do engenheiro chefe, 75-76
 exemplo de software, 216-217
 Forte Líder de Projeto, 75-76
 liderança, 75-76
 revisões, 204-205
Cohn, Mike, 237
coisas demais no processo, 121-124
"Collaboration Rules", 215
committers, 216-217
compartilhar cedo e frequentemente, 132-133
compensação
 alcance de influência *versus* alcance de controle, 155-157

alternativas para dinheiro, 156-158
aumentos anuais, 155-156
base de recompensas, 155-157
bônus, 156-158
indicadores balanceados de desempenho (*balanced scorecards* – BSC), 155-156
sistemas de promoção, 154-156
competência técnica superior..., 142
competição com base no tempo, 56-57
complexidade
  automatizando, 91-93
  causa raiz do desperdício, 87
  código de software, 88-89
  conjuntos mínimos de funcionalidades úteis, 90-92
  custos de, 88-90
  exemplo de estrutura de preços, 91-93
  limitando funcionalidades e funções, 89-91
  priorizando funcionalidades, 90-92
  vantagem competitiva, 88-89
comprometimento
  com mudança, 162
  desenvolvimento iterativo, 195-196
  planejamento como, 55-56
  princípio de adiamento, 54-56
comprometimento *Just-in-Time*
  decisões chave, 172-173
  decisões irreversíveis, 170-171
  e desperdício, 174-175
  e método científico, 165-166
  exemplo, 177-179
  exemplos
    interface de dispositivo médico, 172-173
    interfaces plugáveis, 173-174
    redução de olhos vermelhos, 172-174
  Faça Direito na Primeira Vez, 175-176
  introdução, 169-171
  perigos do desenvolvimento incremental, 174-175
  projeto baseado em alternativas, 170-175
  refatoração, 174-179
  sistemas legados, 176-179
  YAGNI (*You Arent Going to Need It* – Você não vai precisar disso), 175-176
conceitos anti-intuitivos
  desenvolvimento baseado em alternativas, 171-172
  integração contínua, 210-211
  lean, 35
  novos paradigmas, 35
  orientação a objetos, 203-204
  sete princípios, 46-47
condensando conhecimento, 167-168
confiança, 138-139
conflito de interesses, 221-222
conhecimento
  criação
    condensando conhecimento, 167-168
    débito técnico, 161
    definição de problemas, 163-164
    mantendo livros de anotações, 166-168
    na era da Internet, 169-170
    na Rally Software Development, 160-163
    perda de conhecimento, 165-170
    princípio de, 52-55
    rastreando conhecimento, 165-170
    relatórios A3, 167-169
  teoria do, 134-135
conhecimento tácito, 37-38, 53-54, 96-97, 166-168
conjuntos mínimos de funcionalidades úteis, 90-92
Conquering Complexity in Your Business, 87
conquistando complexidade, 29-30
considerações de segurança, cultura de parar a linha, 32-33
construtores de navios, treinamento, 238-241
Consultoria ClearStream, 177-179
contratantes, 224-225
contrato PS 2000, 224-226
contratos
  Acordo T5, 223-225
  BAA, gestão de aeroportos, 223-227
  de preço fixo, 138-139
  NTNU (Universidade Norueguesa de Ciência e Tecnologia), 224-226
  propósito de, 223-224
  PS 2000, 224-226
  relacionais, 225-227
  Sociedade de Computação Norueguesa, 224-226
  tempo e materiais, 224-225
controle de escopo, 48-49
controle de processo estatístico, 134-136
Cook, Scott, 72-73, 76-77
Corrente Crítica, 237-238
cotas numéricas, 136-137
Crawford-Mason, Clare, 138-139

cronogramas
  deslizando datas, 145-147
  e equipes, 146-147
  filosofia dos, 233-234
  inventário. *Veja* Just-in-Time
  kanban, 34-35
  releases da PatientKeeper, 114-115
culpa, 154-155
cultura de parar a linha
  andon, 150-152
  considerações de segurança, 32-33
  definição, 29-31
  e método científico, 165-166
Cunningham, Ward, 196
curva do sino, 142
custo benefício, 63, 168-169, 245-246
custos
  alvo, 189, 224-227
  competição com base no tempo, 56-57
  complexidade, 47-49, 88-90
  cruzando limites organizacionais, 61-63, 247
  de manutenção de software, 44-45
  do ciclo de vida, 44, 89-91
  economias de escala, 29-30
  funcionalidades extras, 47-49
  joint ventures, 226
  padrões, 201-202
  refatoração, 176-177
  relações sinérgicas, 227
  suporte e garantia, 174-175
  vantagem Keiretsu, 36

D

Darwin Information Typing Architecture (DITA), 143-144
dashboards, 148, 151-153
de Geus, Arie, 152-153, 230-231
débito técnico, 161
decisões. *Veja também* comprometimento
  chave, 172-173
  irreversíveis, 170-171
  reversíveis, 54-55
  tomando, 78-79
defeitos
  como gestão de problemas, 52
  descobrindo *versus* prevenindo, 50-51, 100-101. *Veja também* desenvolvimento guiado por testes (TDD)

filas, 48-50
inspecionando por, 50-51, 100-101
sete desperdícios, 99-101
sistemas de rastramento, 50-51
taxas, 50-51, 56-57, 99-100, 103-104
definição de objetivos, 229
Dell Computer, 35-37
Deming, W. Edwards
  14 pontos
    panorama, 135-137
    ponto 36, 217
    pontos 6 e 7, 217
  barreiras interdepartamentais, 135-136
  causas de problemas, 134-138
  Ciclo de Deming, 134-135
  cotas numéricas, 136-137
  dependências de inspeção, 135-136
  escolhendo fornecedores, 135-137
  introdução, 134
  liderança, 135-136
  medo, 135-136
  método científico, 134-135
  orgulho do trabalho, 136-137
  PDCA (planeje, faça, verifique, aja), 134-135, 165-166
  propósito de uma empresa, 136-137
  psicologia, 135-136
  sinergia, 134-135
  Sistema de Conhecimento Profundo, 134-135
  slogans, exortações e metas, 136-137
  teoria do conhecimento, 134-135
  treinamento, 135-137
  variação inerente ao sistema, 134-135
Denne, mark, 191-192
departamentos de TI
  clientes externos, 82-84
  colaboração em negócios, 82-86
  corrigindo, 84-85
  custo, 88
  exemplo de carga de trabalho, 120-121
  guia para o uso de tecnologia, 88-89
  modelo nós-eles, 83-84
  responsabilidade, 84-86
  versus empresas de software, 82-86
dependências, equipes, 147
desempenho individual como incentivos, 153-154
desenvolvimento baseado em opções, 147

desenvolvimento concorrente, 191-192
desenvolvimento de hipóteses, 181-182, 238-246
desenvolvimento *lean* de produto (enxuto), 37-39
desenvolvimento de software
   abordagem de grandes lotes, 90-91, 119
   aprendizado sistemático, 53-54
   concorrência, 191-192
   escola determinista, 45
   escola empírica, 45
   filas de defeitos, 48-50
   lidando com mudanças. *Veja* mudança, gerência
   medida de qualidade de processo, 116-117
   métodos guiados por planos, 55-56
   modelo cascata, 45-46, 52-53
   processos capazes, 115-116
   projeto detalhado, 52-53
   terceirizando, 222-224
   velocidade, vantagem competitiva, 57-58
   velocidade *versus* atalhos, 57-58
desenvolvimento de software, sistemas customizados
   colaboração TI-negócios, 82-86
   critérios de começo/fim, 82-83
   empresas de software *versus* TI interno, 82-86
   modelo nós-eles, 83-84
   pedidos de mudança, 82-83
   perfis de financiamento, 81-82
   pessoal, 82-83
   produtos *versus* projetos, 80-84
   responsabilidade, 84-86
desenvolvimento de software em grandes lotes, 90-91, 119
desenvolvimento guiado por testes (TDD)
   produtividade, 51
   propósito do, 207-208
   testes de história, 208-209
   testes de propriedades, 209-210
   testes de unidade, 207-209
   testes de usabilidade, 209-210
   testes exploratórios, 209-210
   tipos de testes, 207-208
desenvolvimento guiado por testes de história, 194-197
desenvolvimento iterativo
   avaliação, 197-199

comprometimento, 195-196
desenvolvimento guiado por testes de história, 194-197
   exemplo, 192-194
   feedback e qualidade, 192-199
   FIT (*Framework* para Testes Integrados), 196
   histórias, 192-196
   implementação, 195-198
   introdução, 192-194
   panorama, 192-193
   planejamento, 195-196
   preparação, 192-196
   variação de interface com usuário, 197-199
Design para Seis Sigma (DFSS), 234-235
designers de interação, 76-77, 142-143, 197-199
deslizando datas, 145-147
despachar, 149-150
despachando projetos, 115-116
desperdício. *Veja também* sete desperdícios
   antecipando, 95
   causa raiz, 87
   churn, 47-48
   código não documentado, 94-95
   código não implantado, 94-95
   código não sincronizado, 93-94
   código não testado, 93-94
   complexidade e, 87-93
   comprometimento *Just-in-Time*, 174-175
   conhecimento perdido, 95
   diagnosticando. *Veja* fluxos de valor
   documentação não codificada, 93-94
   documentação não usada, 96
   eliminação
      princípio de, 46-49
      reduzindo pela especificação, 47-49
      Taiichi Ohno em, 46-49
   funcionalidades extra, 47-49
   inventário como, 47-48
   maior fonte de, 47-49
   Muda, ix
   multitarefa, 97-99
   reconhecendo, 46-47. *Veja também* fluxos de valor
   regra de "poucos vitais e muitos triviais", 49-50
   regra de 80/20, 48-50
   sem valor agregado, 46-47, 101-102
   software inacabado, 47-48

desqualificação, 233-234
detrator, 85-86, 245-246
Detroit, 26-29, 131-132
DFSS (*Design* para Seis Sigma), 234-235
diferenciação, 71-72
dinheiro, como incentivo, 156-158
direito de pensar, 241-242
disciplina
   automatizando tarefas de rotina, 205-207
   cinco S's, 198-201
   desenvolvimento guiado por testes (TDD), 206-210
   gerência de configuração, 209-211
   integração contínua, 210-212
   limpar (seiso), 200-201
   manter (shitsuke), 200-201
   mesclando subsistemas, 211-213
   ordenar (seiri), 200-201
   organizando um espaço de trabalho, 198-201
   padrões para desenvolvimento de software, 201-205
   padronizar (seiketsu), 200-201
   pares, 203-205
   revisões de código, 202-204
   revisões de código aberto, 204-205
   sincronização aninhada, 211-213
   sistematizar (seiton), 200-201
   tornando à prova de erros, 204-207
discussão cara a cara, 97
disponibilidade de processos, 115-116
DITA (Darwin Information Typing Architecture), 143-144
"Do You Have Too Much IT?", 88-89
documentação, 93-94, 96
documentário PBS, 133
domínio, 100-101, 189, 192-193
donos de produto, 145-146
Doze é Demais, 59-60
Drucker, Peter, 36-37, 226-227

E

Easel Corporation, vii-viii
economias de escala, 28-29, 88
educação vocacional, 238-241
eficiência do ciclo de processo, 103-105, 108-111, 124
eficiências locais, 31-33

eliminação de gargalo, ix
eliminando barreiras, 217
empregados comuns, 131-132, 232-233
Empresa de Automóveis Ford, 26-27
empresa de software, 44
empresa econômica, 153
empresa rio, 153
empresas
   expectativa de vida, 230-233
   limites organizacionais,
      cadeias de fornecimento lean, 37
      contratos relacionais, 227
      custo para atravessar, 61-63, 247
      equipes, 220-221
      filas em cascata, 128-130
      fluxos de valor, 102-103
   propósito de, 136-137
   tipos de, 152-153
empresas de software *versus* TI interna, 82-86
empresas vencedoras, vii-viii
encantadoras, 85-86
encantando clientes, 70-74
endurecendo software, 161-162
engenharia baseada em conhecimento, 38-39
engenharia concorrente, 39-40
engenheiro chefe, 74-77
entender antes de fazer, 43
equipes. *Veja também* parceiros
   barreiras para, 141
   campeões, 145-146
   características de, 139-140
   completas, 78-81
   contratação, 245-246
   cronogramas, 146-147
   dependências, 147
   desenvolvimento
      3M, 77-81
      andar grudados, 76-77
      campeões, 144-145
      capacidade, 116-117
      cronograma puxado (*pull scheduling*), 127-130
   designers de interação, 197-199
   DFSS (*Design* para Seis Sigma), 234-235
   engenharia simultânea baseada em conjuntos de alternativas, 39-40
   especialização, 141-143, 218-219
   incentivos, 136-137
   medidas, 241-242

    melhoria de processo, 53-54
    meta de, 244-245
    obrigações de manutenção, 98
    orgulho do trabalho, 217
    prevenção de erros, 100-101
    recompensas, 156-157
    tamanho, e débito técnico, 163-164
deslizando datas, 145-147
especialistas, 142-144
especialização, 141-144
estrutura de divisão de trabalho, 147
gerentes de produto, 145-146
globais, 218-219
Honda, 76-77
Intuit, 76-79
liderança, 76-77, 144-146
limitando trabalho pela capacidade, 146-147
limites organizacionais, 220-221
localizadas no mesmo lugar, 217-220
multifuncionais, 77-78, 84-85, 97, 135-136
planejamento e controle baseados em responsabilidade, 145-147
projeto/construção, 132-133, 136-137, 145-146
Quicken, 76-77
remotas, 218-220
Scrum Product Owners, 145-146
ScrumMasters, 145-146
silos, 143-144
sistemas de *ranking*, 141
treinadores (*coaches*), 145-146
variação, 147
vencedoras, vii-viii
versus esforços individuais, 139
versus grupos de trabalho, 139-140, 218-219
equipes de fretamento, 245-246
era da Internet, e criação de conhecimento, 169-170
ERP (Enterprise Resource Planning), 236-237
escola determinista, 45
escola empírica, 45
escopo inchado, 48-49
escreva menos código, 52, 87-93
espaço de trabalho visual, 148-153
especialização, 141-144
especificação por exemplos, 206-209
especificações, 47-49, 161

Especificações de Requisitos de Software (SRS), 94-95
estabilidade de sistema e teoria das filas, 118-119
Estados Unidos
    consultas médicas, 121
    Deming e, 121
    invenção de partes intercambiáveis, 25-28
    produção Toyota, 222-223, 231-232
    registro de penhor, 236-237
    Toyota se muda para, 36
    turismo 3M, 219-220
Estimating and Planning, 237-238
estimativas
    como comprometimentos, 237
    esforço de implementação, 192-195
    histórias, 192-193
    nível granular, 146-147
    tarefas, 114-115
estrangulando código legado, 177-178
estresse (Mura), ix
estrutura de preço, exemplo de complexidade, 91-93
etapa de conceito, 68-69
etapa de dinheiro, 70-71
etapa de projeto de sistemas, 69
etapa de viabilidade, 68-69
etapa piloto, 69-70
Evans, Eric, 195-196
Evans, Phillip, 215
eventos Kaizen (mudança para melhor), 183-185
eventos mudar para melhor (Kaizen), 183-185
evitar o estresse, ix
Excel, 58-59
exemplo de atrasos em aeroportos, 148-149
exemplo de brecha de segurança em Linux, 214-215, 217-218
exemplo de *check-in* em balcões de aeroportos, 125-126
exemplo de consultas médicas, 121-122
exemplo de cronograma puxado (*pull scheduling*), 127-129
exemplo de interface de dispositivo médico, 172-173
exemplo de interfaces plugáveis, 173-174
exemplo de redução de olhos vermelhos, 172-174
exemplo de sistema de faturamento, 177-179

exortações, 136-137
exortações como incentivos, 136-137
experimentação, 181-183

F

FAA (Administração Federal de Aviação), 133
faça direito na primeira vez, 52
falhe rápido, 132-133
fatia de mercado, 81-82, 245-246
Feathers, Michael, 177-178
FedEx, 56-57
feedback e qualidade
    arquitetura, 191-192
    desenvolvimento iterativo, 192-199
    planejamento de release, 188-191
    programa Polaris, 186-192
    vantagem competitiva, 186-187
ferramentas para desenvolvimento ágil de software. *Veja* Rally
ferramentas para pensar, 45-46, 203-204
ferramentas *versus* resultados, 234-236
fidelidade, 220-223
filas em cascata, 128-130
financiamento incremental, 81-82
FIT (*Framework* para Testes Integrados), 94-95, 161, 196
Fit for Developing Software, 196
Fitnesse, 161
fixtures, 196
fluxos de valor
    atrasos, 109-110
    churn, 109-110
    diagnóstico de desperdício, 109-110
    exemplos, 103-110
    identificação do dono, 102-104
    mantendo simples, 103-104
    mapeando, 101-103
    para processos futuros, 110-111
    pontos de início/parada, 102-103
    preparação, 101-103
foco no trabalho, 72-74
fogo de Aisin, 215-218
folga, 38-39, 106-107, 119, 127-128, 146-147
força especialista de trabalho técnico, 59-60
Ford, Henry, 26-28
fornecedores, escolhendo, 135-137
fornecimento *lean* (enxutas), cadeias de, 37
Forte Líder de Projeto, 75-76

Fowler, Martin, 177-178
framework para testes integrados. *Veja* FIT
França, 25-27
Francis, Charles A., 27-28
Fujimoto, Takahiro, 73-74
Fujitsu, 61-62
funcionalidades
    conjuntos mínimos úteis, 90-92
    desperdícios, 47-49, 94-95
    limitando, 89-91, 175-176
    priorizando, 90-92
    YAGNI (*You Arent Going to Need It* – Você não vai precisar disso), 175-176
fusão entre mentes de negócio e tecnologia, 71-72

G

Gap, 88
Garantia de Qualidade (QA), 107-108, 113-114
gargalos (Muri), ix
Gates, Bill, 58-59
genchi-genbutsu (vá, veja, confirme), 75-76
General Motors, 26-28
George, Michael, 87
gerência
    de inovação como vantagem competitiva, 137-138
    de projeto, 145-146. *Veja também* gerentes de projeto
    funcional, 145-146
gerência de configuração, 209-211
gerenciando pessoas
    andon, 150-152
    barreiras interdepartamentais, 135-136
    causas de baixas qualidade e produtividade, 134-135
    centrando em pessoas, 232-234
    Ciclo de Deming, 134-135
    classes de trabalho, 154-156
    compartilhar cedo e frequentemente, 132-133
    compensação
        alcance de influência *versus* alcance de controle, 155-157
        alternativas para dinheiro, 156-158
        aumentos anuais, 155-156
        base de recompensas, 155-157
        bônus, 156-158

indicadores balanceados de desempenho (BSC – *balanced scorecards*), 155-156
sistemas de promoção, 154-156
confiança, 138-139
cotas numéricas, 136-137
cultura de parar a linha, 150-152
dashboards, 148, 151-153
Deming, 134-137
dependência de inspeção, 135-136
documentário PBS, 133
empregados comuns, 131-132, 232-233
escolhendo fornecedores, 135-136
espaço de trabalho visual, 148-153
incentivos
 avaliações de desempenho, 152-155
 desempenho individual, 153-154
 rankings, 153-155
kanban, 148-151
liderança, 135-136
medo, 135-136
método científico, 134-135
organizando trabalho, 149-151
orgulho do trabalho, 136-137
PDCA (planeje, faça, verifique, aja), 134-135, 165-166
pessoal júnior, 142-144, 155-156
por que programas falham, 137-139
programa Working Together, 137-139
projeto Boeing 777, 131-134, 151-152
projetos *versus* produtos, 82-83
psicologia, 135-136
quadros de parede, 151-152
rodízio de atribuições, 218-219
sinais visíveis, 150-152
sinergia, 134-135
Sistema de Conhecimento Profundo, 134-135
slogans, exortações e metas, 136-137
sob a curva do sino, 142-143
teoria do conhecimento, 134-135
teste cedo, falhe rápido, 132-133
trabalho autodirecionado, 149-153
treinamento, 135-137, 141-142
variação inerente ao sistema, 134-135
gerentes de produto, 145-146
gerentes de projeto, 64, 140, 145-146, 241-242. *Veja também* gerência
Gilbreth, Frank, 59-61
Gilbreth, Lillian, 59-61

Goldratt, Eliyahu, 235-237
Google
 filosofia da empresa, 66
 história do, 65-66
 inicialização, 68-69
 Keyhole, 67
 linha de tempo de desenvolvimento de produto
  etapa de conceito, 68-69
  etapa de dinheiro, 70-71
  etapa de projeto de sistemas, 69
  etapa de viabilidade, 68-69
  etapa piloto, 69-70
 mapas, 67
 princípio de democracia, 67
 princípio de excelência, 67
 princípio de valor, 66
 princípio de velocidade, 67
 princípios de desenvolvimento de produto, 66-67
 satisfação do cliente, 71-72
 sistema de classificação de páginas, 69-70
 teoria das filas, 118-119
 utilização de mão de obra, 118-119
Google Earth, 67
Google Local, 67
gráficos, 151-152
grandes cartões visíveis, 151-152
grau de recomendação, 245-246
grupos de trabalho, 139-140, 218-219
grupos de trabalho globais, 218-219

H

H&M, 87
hack-a-thon, 163
Hamel, Gary, 131-132, 137-139
Heathrow, 223-224
help desk da BMI, 61-62
Hidden Value, 157-158
histórias
 desenvolvimento iterativo, 192-196
 dividindo trabalho em, 116-117
 sem crédito parcial, 197-198
Honda, xiii, 76-77
Honeywell, 133-134
horas extras, 125-127
HTTPUnit, 161

I

implantação
  análise QFD (desdobramento da função qualidade), 77-78
  atrasos, 109-110
  código não implantado, 94-95
  conjuntos mínimos de funcionalidades úteis, 90-91
  disponível para produção, 105-106, 108-109
  incremental, 187-188
  obsolescência, 109-110
  projeto Polaris, 187-188
  tempo de ciclo, 180-181, 242-244
  tempo do conceito ao release, 116-117, 120
  tempo médio, 30-31, 104-105
incêndio, fábrica Aisin, 215-218
incentivos
  aplausos, 217
  avaliações de desempenho, 152-155
  culpa, 154-155
  desempenho individual, 153-154
  ranking, 153-155
indicadores balanceados de desempenho (*balanced scorecards* – BSC), 155-156
Índice de Complexidade Ciclomática de McCabe, 202-204
Inditex, 87-89
indústria Americana automotiva, 26-28
indústria automotiva. *Veja também* indústrias específicas
  América, 26-28
  Japão, 28-32
  venda de carros usados, 63
indústria têxtil, Japão, 27-29
infraestrutura, terceirização, 220-222
inovação
  começo de, 68-69
  gerência, 137-138, 224-225
  inspirada na Web, 237-238
inspeção zero, 30-32
inspeções
  dependências de, 135-136
  descobrindo defeitos, 50-51, 100-101. *Veja também* desenvolvimento guiado por testes
  prevenindo defeitos, 50-51, 100-101. *Veja também* desenvolvimento guiado por testes
  propósito de, 50-51
  tipos de, 50-51
integração contínua, 210-212
integração frequente, 218-219
integrando qualidade, 48-52
intercâmbio de testes, 218-219
interface com usuário
  projeto iterativo, 197-199
  teste, 161-162, 209-210
  vantagem competitiva, 197-199
  variação, 197-199
Intuit
  equipes completas, 78-79
  fundação da, 72-73
  limitando a complexidade, 89-90
  QuickBooks, 89-90
Quicken
  introdução de, 72-73
  times dirigentes, 76-77
Quicken Rental Property Management, 78-79
  times dirigentes, 76-77
inventário. *Veja também Just-in-Time*
  como desperdício, 47-48
  metáfora de pedras-e-fluxo, 31-33
  simulação com copos de café, 34-35
  sistema puxado, 34-35
ISO 9000, 137-139
itens de *backlog*, 192-196

J

Japão. *Veja também* Toyota; Sistema Toyota de Desenvolvimento de Produtos; Sistema de Produção Toyota
  indústria automotiva, 28-32
  indústria têxtil, 27-29
Java, cinco S's, 201
Jefferson, Thomas, 25-26
Jensen, Bent, 98-99
Jidoka (autonomação), 29-31
JIFFIE, 162
jogos, 40-41, 69-70, 190-191
Johnson, Jim, 47-48
joint ventures, 226-227
Jones, Daniel, 65-66
jornada
  acomodações, 237-238
  adotando novas tecnologias, 235-237
  automatizando tarefas de rotina, 232-234, 236-237

cegueira para o futuro, 231-232
centrando em pessoas, 232-234
Corrente Crítica, 237-238
cronogramas, 233-234
definição de objetivos, 229
desenvolvendo uma hipótese, 238-246
direito de pensar, 241-242
ERP, 236-237
expectativa de vida de corporação, 230-233
ferramentas *versus* resultados, 234-236
medidas, 241-246
o uso de tecnologia, 232-234
pensando, 240-242
roteiro, 246
Seis Sigma, 234-236
sistemas empurrados *versus* puxados, 240-242
Teoria de Restrições, 235-238
treinamento, 238-241
jornal, assinatura *online*, 71-72
Jula, John, 75-76
JUnit, 161
Juran, J. M., 49-50
Just-in-Time. *Veja também* inventário
   autonomação (Jidoka), 29-31
   cultura de parar-a-linha, 29-31
   definição, 28-29
   fluxo *Just-in-Time*, 29-30
   inspeção zero, 30-32
   Livro Verde, 30-31
   maximizando eficiências locais, 31-33
   metáfora de pedras-e-fluxo, 31-33
   produção sem estoque, 30-31
   tornando sistemas à prova de falhas, 30-32

K
Kanban, 34-35, 148-151
Kano, Noriaki, 70-74
Keiretsu, 36-37
Kennedy, Michael, 38-39
Keyhole, 67

L
L.L. Bean, 28-29
Laboratórios Bell, 134-135
lean (enxuto). *Veja também* desenvolvimento lean de software; produção em massa; Sistema de Produção Toyota; Sistema Toyota de Desenvolvimento de Produtos
   definição, xiii
   desenvolvimento de software, panorama, 40-41
   iniciativas
      primeiro passo, 163-164
      razões para falha, 163-164
   princípios, vantagem competitiva, 35. *Veja também* sete princípios
   produção, panorama, 35-36
   produção
      cadeia de fornecimento, 36-37
      Dell Computer, 35-37
      desenvolvimento de produto, 37-39
      engenharia baseada em conhecimento, 38-39
      fluxograma, 36
      Keiretsu, 36-37
      operações, 35-36
      produção, 35-36
      produção *versus* desenvolvimento, 37-38
      Southwest Airlines, 35-36
      Toyota *versus* outros produtores de veículos, 37
Lean Solutions, 65-66
Lei de Little, 117-119
Lei de Murphy, 80-81
Lexus, 37
liderança
   Código Aberto (Open Source), 216-217
   de processo, 144-146
   empresarial, 39-40, 59-60, 75-76
   equipes, 76-77, 144-146
   Forte Líder de Projeto, 75-76
   Honda, 76-77
   Intuit, 76-77
   líder de equipe viajante, 219-220
   organizações focadas no cliente, 73-79
   pontos de Deming, 135-136
   técnica, 144-146
liderança compartilhada, 77-78
Liker, Jeffrey, 37-38
limitando trabalho pela capacidade, 125-127, 146-147
limites organizacionais
   cadeias de fornecimento *lean* (enxutas), 37
   contratos relacionais, 227
   custo para atravessar, 61-63, 247

equipes, 220-221
filas em cascata, 128-130
fluxos de valor, 102-103
limpar (seiso), 200-201
linha de montagem. *Veja* produção em massa
linhas de tempo. *Veja* fluxos de valor
lista de sete anos, exemplo, 122-124
Livro Verde, 30-31
livros de anotações, mantendo, 166-168
livros e publicações
  Beyond the Goal, 235-236
  "Collaboration Rules", 215
  Conquering Complexity in Your Business, 87
  "Do You Have Too Much IT?", 88-89
  Doze é Demais, 59-60
  Estimating and Planning, 237-238
  Fit for Developing Software, 196
  Hidden Value, 157-158
  Lean Software Development, An Agile Toolkit, xiii
  Lean Solutions, 65-66
  Managing the Unexpected, 32-33
  Product Development Performance, 37, 73-74
  "Quality With a Name", 44
  Taxonomy of Problem Management Activities, 44
  The Instructor, the Man and the Job, 238-239
  The Knowledge-Creating Company, 166-167
  The Living Company, 152-153, 230-231
  The Machine That Changed the World, 35
  The Toyota Way, 37-38
  The Ultimate Question, 245-246
  Toyota Production System, 29-30
  "When IT's Customers Are External", 82-84
  Who has the D?, 78-79
  Working Effectively with Legacy Code, 177-178
lotes pequenos, 38-94, 118-119, 204-205
lucro, definição, 163

M

MacCormack, Alan, 52-53
MacGibbon, Simon, 82-83
Managing the Unexpected, 32-33
manter (shitsuke), 200-201

manutenção
  custo de, 44-45
  pessoal para, 98-99
mapas, Google, 67
Marick, Brian, 176-177, 207-208
Martens, Ryan, 160-161
maximizando eficiências locais, 31-33
McAfee, Andrew, 88-89
medidas
  controle estatístico de processo, 134-136
  disfuncionais, 242-243
  elevando níveis, 62-63
  grau de recomendação, 245-246
  medir em mais alto nível, 62-63
  melhorando as erradas, 241-242
  métricas de Sloan, 62-63
  otimize por decomposição, 62-63
  reduzindo o número de, 242-243
  reduzindo o número de, 62-63
  ROI (retorno de investimento), 244-246
  satisfação do cliente, 245-246
  Sloan, Alfred P., 62-63
  tempo de ciclo, 242-245
medo como incentivo, 135-136
melhoria contínua
  14 pontos de Deming, 135-136
  cadência, 178-179
  eliminação de desperdício, 176-177
  gerência de configuração, 209-210
  na PatientKeeper, 115-116
  objetivos da organização de desenvolvimento, 243-244
  princípios de, 60-61
  redução de complexidade, 176-177
melhoria em grande grupo, 183-185
Meszaros, Gerard, 177-178
metáfora de pedras-e-fluxo, 31-33
metas como incentivos, 136-137
método científico
  Ciclo de Deming, 134-135
  comprometimento *Just-in-Time*, 165-166
  cultura de parar a linha, 165-166
  etapas do, 165-166
  gerenciando pessoas, 134-135
  resolução de problemas, 165-166, 179-183
  Sistema de Produção Toyota, 165-166
  Toyoda, Kiichiro, 165-166
  Toyoda, Sakichi, 165-166
métodos guiados por planos, 55-56
Microsoft, respeito pelas pessoas, 58-59

Miller, Lynn, 76-77, 197-199
minivan NS, 77-78
minivan Sienna, 74-77
Minoura, Teruyuki, 240-241
mitos
   especificar antes reduz desperdício, 47-49
   existe a melhor maneira, 59-61
   otimize por decomposição, 62-63
   plano é comprometimento, 55-56
   pressa gera desperdício, 57-58
   previsões criam previsibilidade, 53-55
   terminando o código, 98
   testar para encontrar defeitos, 51-52
modelagem 3D, 132-133
modelo de desenvolvimento em cascata, 45-46, 52-53
modelo de Kano, 70-74
modelo de perdas e ganhos (P&L), 244-245
modelo industrial, 26-27, 29-30, 35
modelo nós-eles, 83-84
modelo P&L (*Profit and Loss* – perdas e ganhos), 244-245
modelos de domínio, 192-196
módulo de Instrução de Trabalho (IT), 239-241
módulo de Métodos de Trabalho (MT), 239-241
módulo de Relações de Trabalho (RT), 239-241
módulo RT (Relações de Trabalho), 239-241
Muda (desperdício), ix
mudança
   agentes, 234-235
   controle de escopo, 48-49
   desperdício, 48-49
   escopo inchado, 48-49
   gerência, 48-49
   tolerância, 191-192
Mugridge, Rick, 196
Mulally, Alan, 132-133, 136-137, 151-152
multitarefas, causando desperdício, 97-99
Mura (estresse), ix
Muri (gargalos), ix

N

National Center for Manufacturing Sciences (NCMS), 37
New United Motor Manufacturing Incorporated (NUMMI), 231-232
Nonaka, Ikujiro, 166-167
notas em Post-It, 150-151

O

O'Reilly, Charles, 157-158
Ohno, Taiichi
   desperdício, 46-49, 94-95
   fluxos de valor, 101-102
   introdução, 29-31
   planejamento, 55-56
Oobeya, 219-220
operações *lean* (enxutas), 35-36
ordenar (seiri), 200-201
organizações focadas no cliente
   campeões, 73-79
   engenheiro chefe, 74-77
   equipes completas, 78-81
   facilitando fluxo de informação, 73-81
   lei de Murphy, 80-81
   liderança compartilhada, 77-78
   liderança, 73-79
   objetivo do desenvolvimento, 76-77
   projeto para facilidade de produção, 79-80
   projeto para operações, 79-80
   responsabilidade, 77-79
   time dirigente, 76-77
   tomada de decisão, 78-79
   Tudo o que pode dar errado, acabará dando errado, 80-81
organizando trabalho, 149-151
organizando um espaço de trabalho, 198-201
orgulho do trabalho, 136-137
otimização por decomposição, 62-63

P

padrões para desenvolvimento de software, 201-205
padronização, resolvendo o problema de, 182-183
padronizar (seiketsu), 200-201
Page, Larry, 68-69
parceiros. *Veja também* equipes
   committers, 216-217
   contratos
      Acordo T5, 223-225
      BAA, gestão de aeroportos, 223-227
      NTNU (Universidade Norueguesa de Ciência e Tecnologia), 224-226
      propósito de, 223-224
      PS 2000, 224-226
      relacionais, 225-227

Sociedade de Computação Norueguesa, 224-226
eliminando barreiras, 217
equipes globais, 218-219
exemplos
   3M, 219-221
   Boeing 787 Dreamliner, 217
   brecha de segurança em Linux, 214-215, 217-218
   Procter & Gamble, 217
   software de Código Aberto, 216-217
igualdade de, 219-220
integração frequente, 218-219
intercâmbio de testes, 218-219
joint ventures, 226-227
líderes, 216-217
líderes de equipe viajantes, 219-220
Oobeya, 219-220
ponto 12 de Deming, 216
proxies (procuradores), 219-220
redes globais, 217-221
rodízio de pessoas, 218-219
sala de guerra, 219-220
sinergia, 214-224
terceirizando
   Boeing, 222-224
   centro de atendimento BMI, 221-222
   desenvolvimento, 222-224
   infraestrutura, 220-222
   introdução, 220-221
   princípios básicos, 222-224
   Procter & Gamble, 222-224
   Toyota, 222-224
   transações, 221-222
pares, 203-205
partes intercambiáveis, 25-27
PatientKeeper
  cronogramas de *release*, 114-115
  equipes de desenvolvimento, 114-115
  gerentes de produto, 114-115
  introdução à Scrum, vii-viii
  limitando complexidade, 90-91
  limitando trabalho pela capacidade, 146-147
  tempo de ciclo, 114-116
  velocidade de entrega, 112-116
PDCA (planeje, faça, verifique, aja), 134-135, 165-166
pedidos de mudança, 82-83
pensar, 241-242

perda de conhecimento, 165-170
perfis de financiamento, 81-82
perigos do desenvolvimento incremental, 174-175
PERT (*Program Evaluation and Review Technique* – Técnica de Avaliação e Revisão de Programa), 188
pesquisa de mercado, 77-78, 82-84
pessoal júnior, 142-144, 155-156
pessoas engajadas e pensantes, 57-60, 131-132, 241-242
pessoas intercambiáveis, 26-28
Pfeffer, Jeffrey, 157-158
planejamento
  como comprometimento, 55-56
  desenvolvimento iterativo, 195-196
  Taiichi Ohno, 55-56
planejamento de *release*, 188-191
planejamento e controle baseados em responsabilidade, 145-147
planeje, faça, verifique, aja (PDCA), 134-135, 165-166
ponto único de responsabilidade, 85-86
portfólio de produtos vencedores, vii-viii
práticas. *Veja também* princípios
  definição, 43
  para desenvolvimento bem-sucedido de software, 52-53
pressa gera desperdício, 57-58
Price, Jerry, 138-139
princípio de adiar comprometimentos, 55-56
princípio de criar conhecimento, 52-55
princípio de eliminar o desperdício, 46-49
princípio de entregar rápido, 56-58. *Veja também* velocidade
princípio de integrar qualidade, 49-52
princípio de otimizar o todo, 60-63
princípio de respeitar as pessoas, 58-60
princípio de valor, 66
princípios. *Veja também* práticas
  aprender fazendo, 43
  de terceirização, 222-224
  definição, 43
  desenvolvimento de software, 44-45
  desenvolvimento *lean* de software. *Veja* sete princípios
  entender antes de fazer, 43
Google
  princípio de democracia, 67
  princípio de excelência, 67

princípio de valor, 66
princípio de velocidade, 67
princípios de desenvolvimento de produto, 66-67
melhoria contínua, 60-61
priorizando funcionalidades, 90-92
Prius, 45
processo de aprovação, 102-103, 120
processo de desenvolvimento disponível e capaz, 115-116
processo de negócios, 40-41, 44, 190-191
processos
   capazes, 115-116
   com coisas demais, 121-124
   disponibilidade, 115-116
   grandes demais, 123-124
   medida de qualidade, 116-117
   minimizando elementos, 121-124
   minimizando tamanho, 123-124
   robustos, 186-187
   tempo médio, calculando, 117-119
Procter & Gamble, 72-73, 217, 222-224
produção. *Veja também* Sistema Toyota de Desenvolvimento de Produtos; Sistema de Produção Toyota
   Just-in-Time, 28-32
   produção enxuta (lean), 35-38
   versus desenvolvimento, 37-38
   vídeo cassetes, 80
produção em massa. *Veja também* produção *lean*; Sistema de Produção Toyota; Sistema Toyota de Desenvolvimento de Produtos
   a produção *lean* (enxuta), 36-37
   Empresa de Automóveis Ford, 26-28
   General Motors, 26-28
   indústria Americana automotiva, 26-28
   indústria japonesa automotiva, 28-32
   indústria têxtil japonesa, 27-29
   partes intercambiáveis, 25-27
   pessoas intercambiáveis, 26-28
   produção *Just-in-Time*, 28-32
   Sistema Americano de Produção, 25-26
Product Development for the Lean Enterprise, 38-39
Product Development Performance, 37, 73-74
produtividade, 51
produtos
   desenvolvimento. *Veja* desenvolvimento de software; Sistema Toyota de Desenvolvimento de Produtos; Sistema de Produção Toyota
especificações
   bases para testes de aceitação, 161
   redução de desperdício, 47-49
etapa de conceito, 68-69
versus projetos, 80-84
programa Polaris, 186-192
programa Working Together, 132-134
programadores. *Veja* parceiros; equipes
progressão dual, 154-155
projeto
   de código. *Veja* desenvolvimento de software
   intenção, teste, 207-209
   para facilidade de produção, 79-80
   para operações. *Veja* Sistema Toyota de Desenvolvimento de Produtos; Sistema de Produção Toyota
projeto baseado em alternativas, 170-175
projetos
   atrasos de tempo, 115-117
   bandeira vermelha, 115-116
   capacidade do processo, 115-116
   ciclo de entrega da PatientKeeper, 112-116
   despachando, 115-116
   disponibilidade do processo, 115-116
   dividindo o trabalho em histórias, 116-117
   fixando limites superiores, 116-117
   fixando limites superiores de tamanho, 116-117
   medindo, 116-117
   tempo de ciclo, 115-117
   tempo médio de processo, calculando, 117-119
   velocidade média, 116-118
   versus produtos, 80-84
Proulx, Tom, 76-77
proxies (procuradores), 219-220
psicologia, 135-136

Q

QA (Garantia de Qualidade), 107-108, 113-114
quadros de *burn-down*, 151-152
quadros de parede, 151-152
qualidade
   arquitetura de sistemas divisíveis, 191-192
   desenvolvimento iterativo
      avaliação, 197-199

comprometimento, 195-196
desenvolvimento guiado por testes de história, 195-196
estórias, 192-196
exemplo, 192-194
FIT (*Framework* para Testes Integrados), 196
implementação, 195-198
introdução, 192-194
panorama, 192-193
planejamento, 195-196
preparação, 192-196
variação de interface com usuário, 197-199
disciplina
automatizando tarefas de rotina, 205-207
cinco S's, 198-201
desenvolvimento guiado por testes (TDD), 206-210
gerência de configuração, 209-211
integração contínua, 210-212
limpar (seiso), 200-201
manter (shitsuke), 200-201
mesclando (fazendo merge de) sistemas, 211-213
ordenar (seiri), 200-201
organização um espaço de trabalho, 198-201
padrões para desenvolvimento de software, 201-205
padronizar (seiketsu), 200-201
pares, 203-205
revisões de código, 202-204
revisões de Código Aberto, 204-205
sincronização aninhada, 211-213
sistematizar (seiton), 200-201
tornando à prova de falhas, 204-207
papel do *feedback*
arquitetura, 191-192
desenvolvimento iterativo, 192-199
planejamento de *release*, 188-191
programa Polaris, 186-192
princípio de qualidade integrada, 48-52
processos de desenvolvimento robustos, 186-187
tolerância à mudança, 191-192
"Quality With a Name", 44
QuickBooks, 89-90
Quicken Rental Property Management, 78-79

R

Rally Software Development, 160-163
rastreabilidade, 94-95, 207-208
rastreando conhecimento, 165-170
Raymond, Eric, 75-76
reaprendizado, 95
recompensas. *Veja também* compensação; incentivos
bases para, 155-157
intrínsecas, 157-158
redatores técnicos, 94-95, 142-144
redes globais 217-221
refatoração, 174-179
regra de "poucos vitais e muitos triviais", 49-50
regra de 80/20, 48-50
Reichheld, Fred, 245-246
Reino Unido, 63, 201-202, 223-224
relatórios A3, 167-169
rentabilidade, 81-82, 135-136, 245-246
requisitos
cedo demais, 47-48, 109-110
churn, 47-48, 109-110
especificações de teste, 100-101
não funcionais, 191-192, 209-210
rançosos, 93-94
sobrecarregando, 48-49
SRS (Especificações de Requisitos de Software), 94-95
suposições de tempo, 237-238
resolução de problemas
abordagem disciplinada, 179-183
acompanhe, 182-183
analisando a situação, 179-180
definindo o problema, 163-164, 179-180
eventos Kaizen (mudança para melhor), 183-185
experimentação, 181-183
geração da hipótese, 181-182
introdução, 178-179
melhoria em grande grupo, 183-185
método científico, 165-166, 179-183
padronização, 182-183
primeira regra, 178-179
verificando resultados, 182-183
respeito pelas pessoas, 27-28, 58-61
responsabilidade, 77-79, 84-86
restrições, 235-238
resultados previsíveis, 53-55

retorno de investimento (ROI), 63, 244-246
retrospectivas, 240-241
reunião MetaScrum, vii-viii
revisões de código, 202-204
risco
   contratando a distância, 224-225
   desenvolvimento de software customizado, 190-191
   refatoração, 174-175
   trabalho inacabado, 47-48
rodízio de pessoas, 218-219
Rogers, Paul, 78-79
roubo de cabides, 138-139

S

sala de guerra, 219-220
Sapolsky, Harvey, 188
satisfação do cliente, 70-74, 245-246
Schnaith, Kent, 201
Schwaber, Ken, vii-viii
Scrum
   criação de, vii-ix
   definição, 51
   eliminação de desperdício, ix
   eliminação de gargalo, ix
   empresas vencedoras, vii-viii
   equipes vencedoras, vii-viii
   evitar o estresse, ix
   melhoria de qualidade, 51
   portfólio de produtos vencedores, vii-viii
   Tipo A, vii-viii
   Tipo B, vii-viii
   Tipo C, vii-viii
Scrum Product Owners, 145-146
ScrumMasters, 145-146
Sears, 56-57
seiketsu (padronizar), 200-201
seiri (ordenar), 200-201
Seis Sigma, 137-138, 234-236
seiso (limpar), 200-201
seiton (sistematizar), 200-201
sem crédito parcial, 197-198
sem segredos, 132-133
sete desperdícios. *Veja também* desperdícios
   atrasos, 98-100
   defeitos, 99-101
   funcionalidades extras, 94-95
   reaprendizado, 95
   trabalho inacabado, 93-95

transferência de controle, 96-97
troca de tarefas, 97-98-99
sete princípios
   adiar comprometimento, 52-55
   criar conhecimento, 52-55
   eliminar desperdício, 46-49
   entregar rapidamente, 56-58
   integrar qualidade, 48-52
   mitos
      especificar antes reduz desperdício, 47-49
      existe a melhor maneira, 59-61
      otimize por decomposição, 62-63
      plano é comprometimento, 55-56
      pressa gera desperdício, 57-58
      previsões criam previsibilidade, 53-55
      testar para encontrar defeitos, 51-52
   otimizar o todo, 60-63
   respeitar as pessoas, 58-61
Shimmings, Ian, 63
Shingo, Shigeo
   introdução, 30-32
   propósito de inspeções, 100-101
   sete desperdícios, 92-93
   tipos de inspeções, 50-51
shitsuke (manter), 200-201
Shook, Jim, 57-58
Shore, Jim, 44
Silicon Valley Product Group, 74-75
silos, 62-63, 143-144
simulação, cartões *kanban*, 34
simulação com copos de café, 34-35
sinais visíveis, 150-152
sinalizador visual, 151-152, 206-207
sincronização aninhada, 211-213
sinergia, 134-135, 214-224
Sistema Americano de Fabricação, 25-26
sistema de classificação de páginas, Google, 69-70
Sistema de Conhecimento Profundo, 134-135
Sistema de Gerência de Informação de Linhas Aéreas, 133
sistema de limites, 209-210
Sistema Toyota de Produção. *Veja também* produção *Just-in-Time*; produção em massa; Sistema de Produção Toyota
   autonomação (Jidoka), 29-31
   detectando anormalidades. *Veja* autonomação (Jidoka); cultura de parar a linha
   fluxo *Just-in-Time*, 28-30
   fluxos de valor, 101-102

indústria japonesa automotiva, 28-32
metas, 163-164
método científico, 165-166
panorama, 28-32
pensando, 240-242
sistemas empurrados *versus* puxados, 240-242
teares automatizados, 27-28
versus Seis Sigma, 234-236
sistema SED (vendas, engenharia, desenvolvimento), 76-77
Sistema Toyota de Desenvolvimento de Produtos. *Veja também* produção *Just-in-Time*; produção em massa; Sistema de Produção Toyota
   elementos fundamentais, 39-40
   engenharia simultânea baseada em conjuntos de alternativas, 39-40
   estudo de, 38-39
   filosofia de desenvolvimento de software, 45
   liderança empresarial, 39-40
   mão de obra técnica especializada, 39-40
   planejamento e controle baseados em responsabilidade, 39-40
   respeito pelas pessoas, 58-60
sistema de vendas, engenharia e desenvolvimento (SED), 76-77
sistemas de promoção como incentivos, 154-156
sistemas de sugestão, 240-241
sistemas empurrados, 240-242
sistemas legados, 176-179
sistemas puxados, 34-35, 240-242
sistematizar (seiton), 200-201
Sloan, Alfred P., 26-27, 62-63
slogans como incentivos, 136-137
Smalley, Art, 163-164
Smith, Levering, 187-188
Sobek, Durwood, 74-75
Sociedade de Computação Norueguesa, 224-226
software
   custo de manutenção, 44-45
   dificuldade de mudança. *Veja* sistemas legados
   embarcado, 44
   empresa, definição, 44, 173-174
   estrutura do. *Veja* arquitetura de software legado, 176-179
   linha de tempo de desenvolvimento, 44
Southwest Airlines, 35-36

Spolsky, Joel, 58-59
Spring, 161
Sprints, na PatientKeeper, vii-viii
SRS (Especificações de Requisitos de Software), 94-95
Stalk, George, 29-30, 57-58
sucesso de negócios
   recompensas por, 156-157
   responsabilidade por, 37, 39-40, 74-75
   restrições, 163-164
sucesso técnico, 156-157
superprodução, 48-49, 94-95
supervisores. *Veja* gerenciando pessoas
Sutcliffe, Kathleen M., 32-33
Sutherland, Jeff, 90-91, 113-114

T

Takeuchi, Hirotaka, 166-167
Taxonomy of Problem Management Activities, 44
TDD. *Veja* desenvolvimento guiado por testes
teares automatizados, 27-29
Técnica de Avaliação e Revisão de Programa (PERT), 188
tempo, competindo na base do, 56-57
tempo de ciclo
   medidas, 242-245
   PatientKeeper, 114-116
   reduzindo
      ajustando a chegada de trabalho, 120-122
      cronograma puxado (*pull scheduling*), 127-130
      estabelecendo uma cadência, 124-125
      limitando trabalho pela capacidade, 125-127
      minimizando o tamanho do processo, 123-124
      minimizando os elementos do processo, 121-124
   utilização e, 119
   velocidade, 115-117
tempo de ciclo repetível e confiável, 242-243
tempo de resposta
   comprimento da fila, 182-183
   confiabilidade, 115-116
   na capacidade de pico, 118-119
   por categoria, 102-103
   testando, 209-210

teoria das filas. *Veja também* velocidade
  estabilidade de sistema, 118-119
  exemplos
    cadência assíncrona, 125
    carga de trabalho em TI, 120-121
    check-in em balcões de aeroportos, 125-126
    ciclos de release, 123-124
    consultas médicas, 121-122
    cronograma puxado (*pull scheduling*), 127-129
    serviço ao cliente, 126-128
    thrashing, 126-128
    uma lista de sete anos, 122-124
  filas em cascata, 128-130
  Google, 118-119
  Lei de Little, 117-119
  redução do tempo de ciclo
    ajustando a chegada de trabalho, 120-122
    cronograma puxado (*pull scheduling*), 127-130
    estabelecendo uma cadência, 124-125
    limitando trabalho pela capacidade, 125-127
    minimizando elementos no processo, 121-124
    minimizando o tamanho do processo, 123-124
  tempo médio de processo, calculando, 117-119
  utilização, 118-119
  variação, 118-119
Teoria das Restrições, 235-238
teoria do conhecimento, 134-135
terceirizando
  Boeing, 222-224
  centro de atendimento BMI, 221-222
  conflitos de interesse, 221-222
  desenvolvimento, 222-224
  infraestrutura, 220-222
  introdução, 220-221
  princípios básicos, 222-224
  Procter & Gamble, 222-224
  Toyota, 222-224
  transações, 221-222
  vantagem competitiva, 221-223
test harness
  benefícios da, 100-101
  cronograma, 50-51
  interface com usuário, 162

sistemas legados, 176-178
testes de aceitação, 210-211
testes de unidade, 207-209
testes de usabilidade, 209-210
testando
  automatizando, 100-101
  Boeing 777, 132-134
  interface com usuário, 161-162, 209-210
  modelagem 3D, 132-133
  objetivo de negócios, 207-209
  objetivo de projeto, 207-209
  para encontrar defeitos, 51-52. *Veja também* desenvolvimento guiado por testes
  requisitos não funcionais, 209-210
  tarde demais, 106-107, 109-110
  teste cedo, falhe rápido, 132-133
  verificação, papel da, 52
testes
  de aceitação, 161, 195-196
  de programador. *Veja* testes de unidade
  de unidade, 207-209
  de usabilidade, 45, 209-210
  desenvolvimento guiado por testes de aceitação, 195-196
  desenvolvimento guiado por testes de história, 195-196
  intercâmbio de, 218-219
testes de história, 207-209. *Veja também* testes de aceitação
testes de propriedades, 209-210
testes exploratórios, 209-210
The Instructor, the Man and the Job, 238-239
The Knowledge-Creating Company, 166-167
The Living Company, 152-153, 230-231
The Machine That Changed the World, 35
The Toyota Way, 37-38
The Ultimate Question, 245-246
thrashing, exemplo, 126-128
timebox, 54-55, 190-191
tornando à prova de erros, 30-32, 201-207
Toyoda, Eiji, 29-30, 231-232
Toyoda, Kiichiro
  incentivos, 152-153
  introdução, 28-29
  método científico, 165-166
  rastreando conhecimento, 165-166
Toyoda, Sakichi
  incentivos, 152-153
  introdução, 27-28
  método científico, 165-166

pensamento evolucionário, 231-233
rastreando conhecimento, 165-166
Toyota
    competência técnica superior..., 141-142
    definição do problema, 163-164
    engenheiro chefe, 74-77
    genchi-genbutsu (vá, veja, confirme), 75-76
    incêndio na fábrica Aisin, 215-218
    iniciativa Carro Inteligente (Smart Car), 230-231
    lucros, xiii
    minivan Sienna, 74-77
    planejamento e controle baseados em responsabilidade, 145-147
    prazos de entrega de produto, 171-172
    projeto baseado em alternativas, 171-172
    responsabilidade, 77-79
    terceirizando, 222-224
    Trabalho em equipe é a chave..., 77-79
    treinando novos engenheiros, 141-142
    vantagem competitiva, 230
    versus outros produtores de veículos, 37
Toyota Production System, 29-30
trabalho autodirecionado, 149-152
trabalho demais. *Veja* limitando trabalho pela capacidade
trabalho inacabado, 93-95
transações, terceirizando, 221-222
transferência de controle, 96-97
treinadores, 145-146
treinamento
    construtores de navios, 238-241
    durante o trabalho, 238-241
    educação vocacional, 238-241
    etapas de Allen, 238-241
    módulo de Instrução de Trabalho (IT), 239-241
    módulo de Métodos de Trabalho (MT), 239-241
    módulo de Relações de Trabalho (RT), 239-241
    novos engenheiros, 141-142
    pontos de Deming, 135-137
    TWI (Treinamento Dentro da Indústria), 239-241
Tudo o que pode dar errado, acabará dando errado, 80-81

U

último momento responsivo, 54-55, 171-172, 192-195
United Airlines, 131-133
Universidade Norueguesa de Ciência e Tecnologia (NTNU), 224-226
US War Production Boards, 239-240
utilização
    e tempo de ciclo, 119, 247-248
    e teoria das filas, 118-119
    e variação, 118-130
    mão de obra Google, 118-119
    total, 106-107

V

valor
    clientes
        encantando, 70-74. *Veja também* Google
        entendendo, 71-72
        foco no trabalho, 72-74
        modelo de Kano, 70-74
        necessidades, 65-66
        satisfação, 70-74
    organizações focadas no cliente
        campeões, 73-79
        engenheiro chefe, 74-77
        equipes completas, 78-81
        facilitando fluxo de informação, 73-81
        Lei de Murphy, 80-81
        liderança, 73-79
        liderança compartilhada, 77-78
        meta de desenvolvimento, 76-77
        projetando para facilidade de produção, 79-80
        projetando para operações, 79-80
        responsabilidade, 77-79
        times dirigentes, 76-77
        tomando decisões, 78-79
        Tudo que pode dar errado, acabará dando errado, 80-81
Van Schooenderwoert, Nancy, 50-51
vantagem competitiva
    complexidade, 88-89
    feedback, 186-187
    inovação da gestão, 137-138
    interface com o usuário, 197-199

mão de obra especialista, 59-60
princípios lean, 35
satisfação do cliente, 245-246
terceirizando, 221-223
Toyota, 230
velocidade de desenvolvimento, 57-58
variação
   e teoria das filas, 118-119
   e utilização, 118-130
   inerente ao sistema, 134-135
variação de sistema, 134-135
variação em equipes, 147
velocidade. *Veja também* entrega rápida; teoria das filas
   atrasos de tempo, 115-117
   bandeira vermelha, 115-116
   capacidade de processo, 115-116
   ciclo de entrega da PatientKeeper, 112-116
   despachando, 115-116
   disponibilidade de processo, 115-116
   dividindo trabalho em estórias, 116-117
   fixando limites superiores, 116-117
   medindo, 116-117
   princípio de, 67
   projetos únicos, 117-118
   tempo de ciclo, 115-117
   tempo médio de projetos, 116-117
   versus atalhos, 57-58
venda de carros usados, 63
verificação e ciclos de *release* longos, 123-124
verificando resultados de resolução de problemas, 182-183

vídeos cassete, produção, 80
visão, 39-40
voluntários, 75-76, 215-217
voz do cliente, 74-75, 234-235

W

Wake, Bill, 175-176
WBS (*Work Breakdown Structure*), 147
Weick, Karl E., 32-33
Welch, Jack, 183-184
"When IT's Customers Are External", 82-84
Whitney, Eli, 25-26
Who has the D?, 78-79
Wild, Werner, 169-170
Wolf, Bob, 215
Womack, James, 65-66
Working Effectively With Legacy Code, 177-178
Workout, 183-185
Workout da GE, 183-185

Y

YAGNI (*You Aren't Going to Need It* – Você não vai precisar disso), 175-176
Yamada, Kosaku, 37
Yokoya, Yuji, 74-77

Z

Zara, 87-88

Princípios do Desenvolvimento *Lean* de Software

Elimine o Desperdício
Os três maiores desperdícios em desenvolvimento de software são:

Funcionalidades Extras
Precisamos de um processo que nos permita desenvolver apenas aqueles 20% das funcionalidades que dão 80 por cento do valor.

Churn
Se você tem necessidade constante de mudança de seus requisitos, você está especificando cedo demais.
Se você tem ciclos de teste e correção, está testando tarde demais.

Ultrapassagem de Limites
Limites organizacionais podem aumentar custos em 25% ou mais. Eles criam *buffers* que desaceleram o tempo de resposta e interferem na comunicação.

Integre Qualidade
Se você rotineiramente encontra defeitos em seu processo de verificação, seu processo é defeituoso.

Torne o Código à Prova de Falhas com Desenvolvimento Guiado por Testes (TDD)
Escreva especificação executável em vez de requisitos.

Pare de Construir Código Legado
Código legado é código que carece de testes unitários e de aceitação automatizados.

O Big Bang é Obsoleto
Use integração contínua e sincronização aninhada.

Crie Conhecimento
Planejamento é útil. Aprendizagem é essencial.

Use o Método Científico
Ensine as equipes a estabelecer hipóteses, conduzir muitos experimentos rápidos, criar documentação concisa e implementar a melhor alternativa.

Padrões Existem para Ser Contestados e Melhorados
Incorpore as melhores práticas atualmente conhecidas em padrões que são sempre seguidos enquanto encoraja ativamente a todos a contestar e mudar os padrões.

Desempenho Previsível é Conduzido por Feedback
Uma organização previsível não imagina o futuro e chama isso de plano; ela desenvolve a capacidade de responder rapidamente ao futuro conforme ele se revela.

Adie Comprometimentos
Acabe com a noção de que é uma boa ideia começar o desenvolvimento com uma especificação completa.

Quebre Dependências
A arquitetura do sistema deveria suportar um acréscimo de qualquer funcionalidade a qualquer momento.

Mantenha Opções
Pense no código como um experimento – faça-o tolerante a mudanças.

Planeje Decisões Irreversíveis para o Último Momento de Resposta
Aprenda tanto quanto possível antes de tomar decisões irreversíveis.

Entregue Rápido
Listas e filas são *buffers* entre organizações que desaceleram as coisas.

Entrega Rápida, Alta Qualidade e Baixo Custo São Totalmente Compatíveis
Empresas que competem na base da velocidade têm uma vantagem de custo significante, entregam qualidade superior e estão mais sintonizadas com as necessidades dos clientes.

Teoria das Filas se Aplica ao Desenvolvimento, e Não Apenas aos Servidores
Concentrar-se na utilização cria congestionamento de tráfego que realmente reduz a utilização.
Reduza o tempo de ciclo com pequenos lotes e menos coisas no processo.

Limite o Trabalho pela Capacidade
Estabeleça uma velocidade confiável e repetível com desenvolvimento iterativo.
Limite agressivamente o tamanho das listas e das filas para sua capacidade de entrega.

Respeite as Pessoas
Pessoas engajadas e pensantes fornecem a mais sustentável vantagem competitiva.

Equipes Prosperam no Orgulho, Comprometimento, Confiança e Aplausos
O que cria uma equipe? Membros que estão mutuamente comprometidos em atingir um objetivo comum.

Estabeleça Liderança Eficaz
Equipes eficazes têm líderes eficazes que despertam o melhor de uma equipe.

Respeite Parceiros
Fidelidade ao risco compartilhado nunca deve criar um conflito de interesses.

Otimize o Todo
Produtos brilhantes emergem de uma combinação de oportunidade e tecnologia.

Concentre-se no Fluxo de Valor Inteiro
—Do conceito ao dinheiro.
—Do pedido do cliente à entrega do software.

Entregue um Produto Completo
Desenvolva um produto completo, e não apenas um software.
Produtos completos são construídos por equipes completas.

Eleve as Medidas
Meça a capacidade de processos com o tempo de ciclo.
Meça desempenho da equipe com valores de negócio entregues.
Meça a satisfação do cliente com um grau de recomendação.